Principles of International Standards on Auditing

회계감사 바이블

저자 신일항

도서출판 탐진
www.tamjin.co.kr

머리말

회계감사(會計監査, auditing)는 피감사기업의 재무제표에 중요한 왜곡표시가 있는지 여부를 확인하기 위해 회계감사기준에 따라 회계감사를 수행한 후 재무제표에 대한 감사의견을 표명하는 감사인의 행위를 의미합니다. 회계감사는 우리가 해당 기업에 믿고 투자하거나 돈을 빌려줄 수 있도록 자본시장의 신뢰성을 제고하는 역할을 합니다. 그렇다 보니 회계감사는 자본시장에 존재하는 기업들 뿐 아니라 해당 기업에 투자하고자 하는 투자자 혹은 채권자들에게도 매우 중요한 영향을 미치게 됩니다. 이에 공인회계사로써 실무를 경험하고 대학에서 학생들을 가르치는 회계학 교수로써 회계감사를 알기 쉽게 전달하려는 목적으로 본서를 집필하게 되었습니다.

구체적으로 본서의 특징을 정리하면 다음과 같습니다.

(1) 이해 위주의 상세한 설명

회계감사 과목을 회계감사기준을 바탕으로 접근하면 해외 원문을 번역한 그 내용을 이해하기가 매우 어렵습니다. 이를 감안하여 본서는 회계감사 입문자 및 공인회계사 2차 수험생들이 회계감사의 원리를 자연스럽게 이해할 수 있도록 상세한 설명을 제시하였습니다.

(2) 회계감사의 주요내용에 대해 선택과 집중

회계감사를 배우는데 있어서 주요 내용에 집중하여 설명을 제공하였습니다. 즉 본 도서는 회계감사 내용에 대한 백과사전식 나열보다는 회계감사 영역에서 다뤄야 할 핵심적인 내용을 충실히 다루는 것을 목적으로 하였습니다.

(3) 풍부한 실제 기업 사례 제공

각 장의 내용 및 후반부에 해당 장에서 학습한 회계감사 개념이 실제 적용된 기업 사례를 제공함으로써 생생한 기업 현장의 회계감사 이슈를 이해하는데 도움이 되도록 하였습니다.

(4) 최신 회계감사 이슈 포함

가상자산 회계감사 이슈나 ESG 보고서 인증, 국제윤리기준의 도입과 같은 최신의 회계감사 이슈를 포함하여 독자들이 최신 회계감사 이슈를 이해하는데 도움이 되도록 하였습니다.

본서가 나오기까지 많은 분들의 도움이 있었습니다. 본서의 편집과 출판 과정에서 많은 도움을 주신 탐진출판사에 감사의 말씀을 드립니다. 마지막으로 이 책으로 회계감사에 입문할 독자들의 건투를 바라며, 향후 독자들의 비판과 조언을 기반으로 더욱 좋은 회계감사 도서를 만들기 위해 최선의 노력을 경주하겠습니다.

2022년 12월

가천관 연구실에서 저자 씀

차 례

Chapter 1 회계감사 개론

Chapter 2 감사절차와 감사증거 수집

차 례

차 례

차 례

차 례

차 례

차 례

Chapter
01
회계감사 개론

1. **회계감사의 필요성**
   1.1 회계의 의의와 역할
   1.2 회계감사의 필요성
2. **회계감사의 의의와 대상**
   2.1 회계감사의 의의
   2.2 회계감사의 준거기준
   2.3 회계감사 대상 회사의 범위
   2.4 감사인의 자격
   2.5 회계감사의 한계
3. **인증업무 개요**
   3.1 인증업무의 개념
   3.2 우리나라 인증업무기준체계에 근거한 업무 분류

학습목표

- 본 장을 통해 회계정보가 왜 필요한지를 이해하도록 한다.
- 회계감사가 자본시장에 왜 필요한지 그 필요성과 의의를 이해한다.
- 회계감사의 개략적인 절차와 한계를 이해하도록 한다.
- 감사인이 갖춰야 할 자격과 회계감사 대상 회사의 범위를 이해하도록 한다.
- 인증업무의 정의와 분류체계를 이해하도록 한다.

제1절 회계감사의 필요성

1.1 회계정보의 의의와 역할

은행 입장에서 처음 보는 기업, 즉 잘 알지도 못하는 기업이 찾아와서 돈을 빌려달라고 하면 은행은 선뜻 돈을 빌려 주기는 어려울 것이다. 이는 은행이 해당 기업의 채무상환 능력에 대한 정보를 갖고 있지 않기 때문이다. 이러한 상황을 우리는 정보 비대칭(Information Asymmetry)의 상황으로 부를 수 있다. 기업 내부의 경영진은 기업의 채무상환 능력 및 의도에 대해 정확히 알고 있다. 이는 기업 경영진이 기업의 회계정보인 재무제표를 작성할 주체이면서 동시에 채무상환 의사결정을 할 주체이기 때문이다. 반면에 외부 이해관계자인 은행 간에는 기업에 대한 정보가 기업 내부 경영자보다는 적기 때문에 해당 기업에 대해 보유한 정보량에 있어서 기업 내부의 경영진과의 차이가 존재한다. 이를 두고 우리는 기업에 대해 정보 비대칭성이 존재한다고 말할 수 있다. 즉 정보비대칭은 거래의 어느 한 쪽이 다른 쪽보다 우월한 정보를 보유하고 있는 상황을 지칭한다.

정보 비대칭 하에서는 자원배분의 효율성이 달성되지 못한다. 왜냐 하면 아무리 기업이 우량기업이어서 채무불이행 위험이 제로에 가까워도 은행은 잘 알지도 못하는 기업이 찾아와서 돈을 빌려달라고 하면 빌려줄리 만무하기 때문이다. 즉 은행과 기업 간의 정보 비대칭은 자본의 원활한 흐름을 방해하고 극단적으로는 자본시장의 작동을 멈추게 할 수 있어 시장실패(Market Failure)에 이르게 되는 원인이 될 수 있다.

이러한 자본 시장 내에 존재하는 정보 비대칭으로 인한 시장실패를 막기 위해서는 기업의 재무상태나 경영성과에 대한 핵심 재무정보를 알려주는 회계 정보(재무제표)가 필요하게 된다. 은행은 기업에게 돈을 빌려 주기에 앞서 기업의 채무상환능력 혹은 부도위험에 대한 평가를 할 수 있는 정보가 필요하다. 은행 입장에서 대출을 원하는 상대방이 개인이라면 최근의 재산 상황이나 소득 수준으로 채무상환능력을 평가하겠지만, 대출을 원하는 상대방이 기업이라면 최근의 재무상태나 경영성과 수준으로 채무상환능력을 평가할 것이다. 이 때 기업의 재무상태는 재무상태표라는 재무제표에 의해, 기업의 경영성과는 손익계산서라는 재무제표에 의해 정보를 얻을 수 있다. 이와 같이 회계정보는 기업 내부의 경영진과 외부 이해관계자 간에 존재하는 정보 비대칭을 완화함으로써 자본시장이 정상적으로 작동하는데 큰 기여를 하게 된다.

[그림 1-1] 정보비대칭

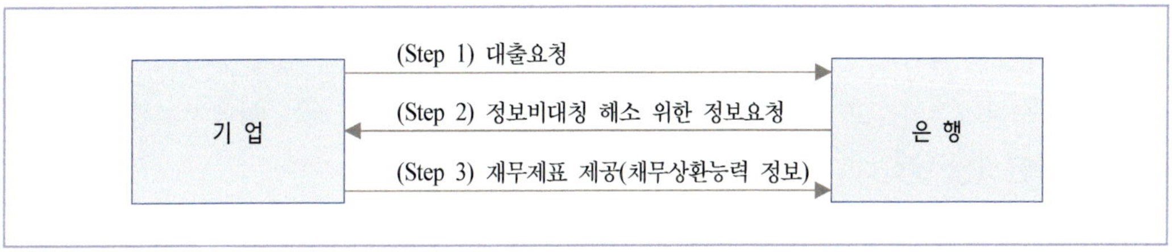

[그림 1-2] 회계정보

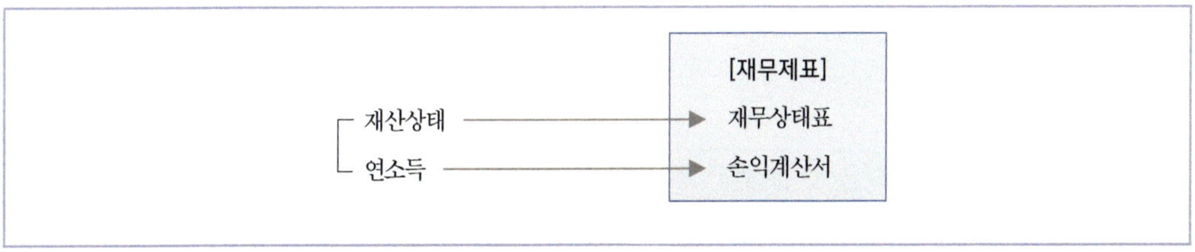

그렇다면 정보 비대칭을 완화함으로써 자본시장이 정상적으로 작동하는데 큰 기여를 하게 되는 회계정보는 무엇을 의미할까? 흔히 회계를 비즈니스 공용어라는 말을 한다. 미생이라는 직장인의 애환을 다뤘던 드라마를 보면 회사 초년생에게 재무부서 팀장이 회계는 경영의 언어이니 열심히 배우라고 충고하는 장면이 있는데 이는 비즈니스를 이해하는 데 회계 지식이 필수적이고 매우 중요함을 의미한다. 그렇다면 경영의 언어라는 회계는 무엇을 의미할까? 회계는 정보이용자의 합리적인 판단이나 경제적 의사결정에 필요한 유용한 경제적 정보를 식별, 측정, 전달하는 과정을 의미한다. 이는 1966년 미국회계학회에서 발표한 보고서(A Statement of Basic Accounting Theory)에 따른 회계에 대한 가장 널리 쓰이는 정의이다.

이러한 회계의 정의는 회계정보이용자의 경제적 의사결정, 예컨대 투자자라면 투자대상 물색 및 투자여부, 투자 금액 결정 등에 유용한 정보를 제공하기 위한 정보시스템(information system)으로써의 회계의 역할을 강조한다. 즉 회계는 회계정보이용자의 경제적 의사결정에 유용한 정보를 제공하기 위한 정보를 산출하는 일종의 시스템이다. 시스템은 투입물을 처리하여 산출물을 만드는 일련의 체계를 의미하는데, 회계가 일종의 정보시스템을 지칭한다면 투입물(input), 정보 처리(processing), 산출물(output)은 각각 무엇을 의미할까? 회계는 기업 입장에서 경제적 사건(input)중에서 회계적 사건을 식별하여 분개를 포함한 회계정보 산출 정보 처리 과정(processing)을 거쳐 회계정보에 해당하는 재무제표를 산출(output)하는 과정을 의미한다. 즉 회계는 회계정보를 산출하는 정보시스템이고 회계라는 정보시스템의 산출물은 바로 재무제표이다. 참고로 경제적 사건(input) 중에서 회계적 사건을 식별하여 회계정보를 산출하기 위한 정보처리 과정을 회계의 순환과정이라고 한다. 즉 기업은 기업 내에 경제적 사건이 발생했을 때 회계의 순환과정이라고 부르는 정보처리 과정을 통해 재무제표라는 회계정보를 산출물로 만들어 내게 되는 것이다.

[그림 1-3] 회계의 정의

Input → Processing → Output

• 경제적 사건 발생 • 회계의 순환과정 • 재무제표 공시

Ser	구 분	Ser	구 분
1단계	회계상 거래의 식별	5단계	수정분개 작성
2단계	분 개	6단계	수정후 시산표 작성
3단계	전 기	7단계	마감분개 작성
4단계	수정전 시산표 작성	8단계	재무제표 작성

1.2 회계감사의 필요성

(1) 분식회계의 정의와 사례

은행과 돈을 빌리려는 기업의 사례에서 확인할 수 있는 바와 같이 기업은 정보비대칭의 해소를 위해 회계정보를 공시하게 되고 이를 통해 은행은 해당 기업의 채무불이행 위험 혹은 부도위험을 평가하여 대출 의사결정을 하게 됨을 앞서 조금 전에 언급하였다. 그런데

자본시장의 정보비대칭을 완화하여 자본시장의 원활한 작동을 돕게 되는 회계정보는 분식회계로 인해 왜곡표시될 수 있다.

분식회계는 회계기준을 벗어나서 회사의 장부를 조작하는 행위로, 일반적으로는 회사의 실적을 좋게 보이게 하기 위해 회계장부를 조작하는 것을 의미한다. 여기서 '분식(粉飾)'이란 '가루 분(粉)'과 '꾸밀 식(飾)'으로서 실제보다 좋게 보이기 위하여 '겉을 꾸미는 것'을 의미한다.

최근에는 분식회계의 영어 표현으로 'accounting fraud(회계 사기)'를 많이 쓰지만, 과거에는 'window-dressing settlement'란 표현도 많이 썼다. 'window-dressing'이란 '창문 장식' 또는 '진열창 장식'을 뜻한다. 회계에서 재무제표는 기업을 들여다보는 '창문(window)'이므로, 창문을 '예쁘게 꾸며(dressing)' 집안을 제대로 볼 수 없게 만드는 것처럼 기업의 재무제표를 회계기준에 의해 작성하지 않음으로써 기업의 실상을 제대로 보여주지 않는 것이 분식회계다.

일반적으로 분식회계는 수익(매출, 영업외수익 등)이나 자산을 과대 계상하거나 비용(매출원가, 이자비용 등)이나 부채를 과소 계상하여 기업을 실제보다 좋게 보이게 하는 것을 말한다. 분식회계의 대표적인 사례는 가공의 매출을 기록하거나 기말 재고자산을 실제보다 과대 계상하여 매출원가를 줄이거나 회수가 어려운 채권에 대하여 대손충당금을 적게 계상하는 방법 등 다양하다.

기업을 실제보다 좋게 보이게 하는 분식회계와는 반대로 기업을 실제보다 나쁘게 보이게 하는 경우도 있는데, 이를 '역분식회계(逆粉飾會計)'라고 한다. 역분식회계도 회계기준 위반이라는 점에서 '분식회계'에 해당하지만, 기업을 실제보다 좋게 보이도록 하는 분식회계와 구분하기 위하여 '역분식회계'라고 부른다. 역분식회계는 많은 이익이 발생할 경우에 증가하는 세금 부담을 줄이거나 임금 인상 요구를 완화시키거나 거래처에서 납품단가를 낮추라는 요구를 피하기 위하여 이루어진다. 최근에도 이익이 많이 발생하면 거래처에서 납품단가를 낮추라고 할 것을 우려하여 회사가 어려워 보이도록 역분식회계를 한 회사의 임원이 징역형을 구형 받았다고 한다. 또는 경영진 등의 횡령을 감추기 위해 가공의 비용을 만들어 내서 회사의 실적을 낮추는 것도 회계장부를 조작하는 것이므로 역분식회계에 해당한다.

분식회계와 역분식회계가 미치는 영향은 다소 차이가 있을 수 있다. 예를 들어 분식회계를 한 기업의 주주는 주가 폭락이나 상장폐지 등을 통해 직접적인 피해를 보지만 역분식회계를 한 기업의 주주는 주식의 추가 매입 기회를 잃는 피해를 보고, 주주가 아닌 투자자들은 그 회사의 주식을 매입할 기회를 잃는 등 간접적인 피해를 보는 경우가 많다. 반대로 국세청 입장에서 보면 분식회계를 하면 기업이 납부하지 않아도 될 세금을 납부하므로 세수가 증가하지만, 역분식회계를 하면 탈세를 하게 되므로 분식회계보다 더 나쁜 결과를 가져온다.

재고자산 계정을 활용한 분식회계를 알아보도록 하자.

재고자산은 통상적인 영업과정에서 판매를 위하여 매입한 상품과 제조한 제품, 생산 중인 재공품, 생산에 사용될 원재료나 소모품 등으로 구성된다. 일반적으로 재고자산의 증가는 기업에 문제가 있음을 나타내는 신호다. 기업이 만든 제품이나 매입한 상품이 팔리지 않고 쌓이면 현금 회수가 안 되어 기업의 유동성 문제를 발생시킬 수 있고 재고보관비용도 증가한다. 특히 의류처럼 유행을 타는 제품은 철이 지나면 잘 팔리지 않기 때문에 재고에 민감하다.

재고자산의 원가배분 과정을 통해 기업 내에서 외부에 판매 가능한 총 재고자산 중에서 팔리지 않은 부분은 기말재고자산으로, 팔린 부분은 매출원가로 처리하게 된다. 이 때 보통 회계기간 말에 직접적으로 기말 재고 실사를 통해 기말 재고자산을 확정하게 되는데요, 예컨대 기업 내에서 외부에 판매 가능한 총 재고자산이 500개라면, 기말 재고 실사를 통해 기말 재고자산 수량이 200개라고 하면 판매수량은 500에서 기말재고 200을 차감하여 300으로 계상된다. 따라서 기말재고 수량을 뻥튀기하는 경우 매출원가를 감소시켜 이익을 높일 수 있다. 그런데 기업의 재고는 다양한 장소의 여러 창고에 분산되어 보관되므로, 회계감사인이 모든 재고자산 보관 창고를 직접 실사하는 것이 사실 상 불가능하다. 따라서 일시적으로 다른 창고에서 기말 재고자산을 이동시켜서 실사 대상 특정 창고의 기말재고 수량을 뻥튀기하더라도 감사인에게 적발되지 않을 가능성이 적지 않다.

[그림 1-4] 재고자산의 원가배분

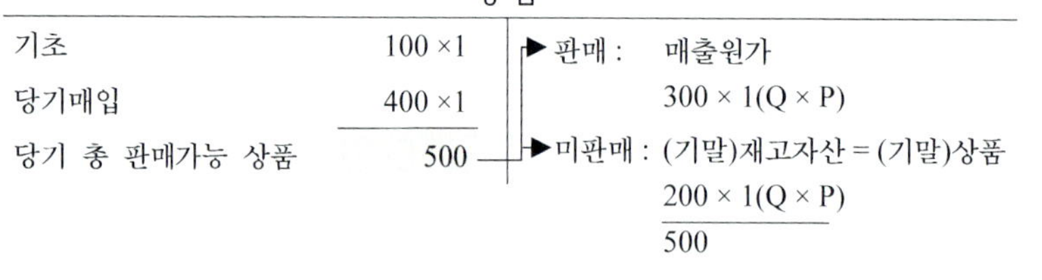

또한 회계에서는 재고자산을 취득원가와 순실현가능가치 중 낮은 금액으로 평가하는 '저가법'을 이용한다. 예를 들어 100원에 매입한 상품이 팔리지 않고 쌓여있어서 가치가 80원

으로 하락하면 20원의 '재고자산평가손실(비용)'을 인식해야 한다. 이처럼 팔리지 않고 쌓여있는 재고자산의 증가는 재고자산평가손실을 가져와 기업의 이익을 감소시킬 수 있다. 최근에 금융감독원이 발표한 "2021년 회계감리 지적사례"에도 재고자산평가손실을 인식하지 않아서 재고자산을 과대계상한 대표적인 분식회계 사례가 제시되어 있다.

재고자산 증가의 지표로는 재고자산회전율이 많이 이용된다. 재고자산회전율은 매출액을 재고자산으로 나누어 계산하며, 기업이 재고자산을 얼마나 잘 운용하고 있는지를 나타내는 지표다. 매출은 감소하고 재고는 쌓이게 되면 재고자산회전율이 감소하게 된다. 따라서 재고자산회전율의 감소는 일반적으로 기업에 나쁜 신호로 여겨진다.

그렇다면 경영진은 어떤 동기로 분식회계를 하게 될까? 이는 경영진 개인적 차원과 기업 차원의 두 가지 이유로 나누어 볼 수 있다.

경영진 개인적 차원에서 보면, 대다수의 경영자의 성과급이 이익에 연동되어 결정된다. 예컨대 이익의 특정한 비율만큼을 성과급을 가져가는 것이지요. 이 경우 경영자는 본인에게 귀속될 성과급 극대화를 위해 분식회계를 통해 이익을 높이려는 유인이 존재한다.

기업 차원에서는 기업이 작성한 회계정보에 의해 은행의 대출 의사결정이 수행되는 상황에서, 당신이 당장 많은 자금이 필요한 부도 직전인 기업의 회계정보 담당 임원이라면 어떻게 해야 할까? 아마도 부도 직전인 기업의 부채를 상환하기 위한 자금을 마련하기 위해 은행에 제공하는 회계정보를 의도적으로 좋게 보이도록 인위적인 왜곡을 할 수도 있다. 이를 우리는 흔히 분식회계라고 한다. 즉 자금이 필요한 기업의 경우 대출을 반드시 좋은 조건으로 받기 위해 실제 기업의 상황보다 재무상태를 좋게 보이도록 재무상태표를 수정하고 경영성과를 부풀리기 위해 손익계산서상의 당기순이익을 의도적으로 과대 계상할 수 있다.

(2) 회계감사의 필요성

위와 같은 기업의 분식회계는 자본시장에서 기업이 공시한 재무제표를 활용하여 해당 기업에 대한 경제적 의사결정을 하는 불특정 다수의 이해관계자들에게 잘못된 경제적 의사결정을 유도하는 결과를 불러 올 수 있다. 예컨대 실제로는 자금이 배분되어서는 안되는 기업임에도 분식회계를 통해 탈바꿈한 재무상태와 경영성과 정보를 제공하는 재무제표에 의해 은행은 대출을 하게 되는 잘못된 경제적 의사결정을 할 수 있게 되는 것이다. 이를 정보위험(Information Risk)이라고 지칭한다. 정보위험은 잘못된 정보에 의해 자본시장의 이해관계자가 잘못된 경제적 의사결정을 하게 될 위험을 의미한다. 예를 들어 은행이 분식회계로 인해 뻥튀기된 재무제표를 제시하는 기업에 거액의 대출을 해주는 사례가 바로 정보위험이 현실에서 실현된 사례로 볼 수 있다. 이러한 정보위험은 자본시장에서의 효율적인 자원배분을 저해하게 된다. 실제로는 절대 대출이 되면 안 되는 부도 직전의 기업에게 대출이 실행되는 경우 은행 대출의 부실화가 이루어지게 되고 이러한 현상이 누적되는 경우 은행의 부실화로 인해 결국 국민의 피땀 어린 세금이 은행을 살리기 위한 공적자금으로 쓰이게 된다.

이와 같은 자본시장에서의 정보위험을 완화시키기 위해서 바로 회계감사의 필요성이 제기된다. 회계감사는 피감사기업의 재무제표에 중요한 왜곡표시가 있는지 여부를 확인하기 위해 회계감사기준에 따라 회계감사를 수행한 후 재무제표에 대한 감사의견을 표명하는 감사인의 행위를 의미한다. 따라서 회계감사는 기업들이 분식회계를 수행하기 보다는 진실한 회계정보를 공시할 유인을 제공함으로써 자본시장의 정보위험을 감소시키는 역할을 수행하게 된다.

[그림 1-5] 정보위험과 회계감사

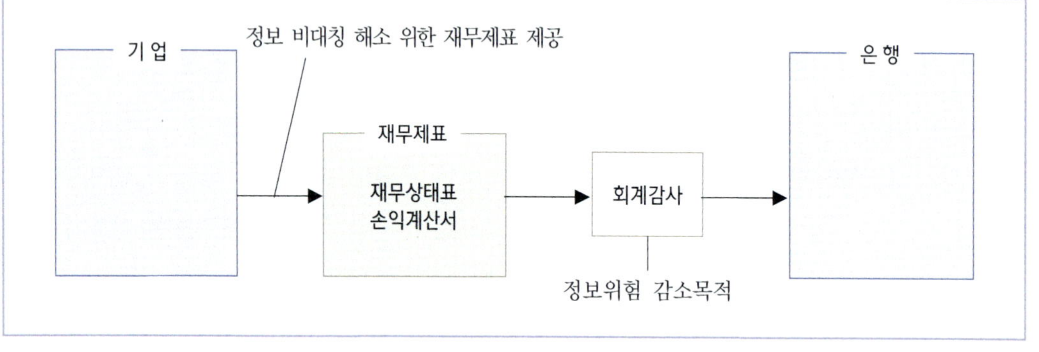

제2절 회계감사의 의의와 대상

2.1 회계감사의 의의

경영진은 본인이 작성하여 제시하는 재무제표가 회계기준(재무보고 체계)에 따라 작성되었다고 주장한다. 그러나 경영진은 앞서 말한 동기로 분식회계를 수행하여 재무제표 상의 숫자를 왜곡표시 할 수 있다. 따라서 경영진이 재무제표를 통해 제시하는 재무상태나 경영성과에 대한 경영진의 주장은 독립된 회계감사인에 의해 검증될 필요가 있다.

감사에 대한 정의로 가장 널리 인용되는 것은 미국회계학회 감사의 기초개념보고서 상의 정의는 다음과 같다.

● 감사에 대한 미국회계학회(감사의 기초개념보고서)의 정의

> 감사란 경제적 행위와 사건에 관한 주장에 대해 미리 설정된 평가기준과의 일치 정도를 확인하기 위해 이들 주장에 관한 증거를 객관적으로 수집하고 평가하며 그 결과를 이해관계자인 이용자에게 전달하는 체계적인 과정이다.

상기의 감사가 회계감사라고 가정하면, 경제적 행위와 사건에 관한 주장(재무제표로 제시된 경영진 주장)에 대해 미리 설정된 평가기준(회계기준)과의 일치 정도를 확인하기 위해 이들 주장에 관한 증거를 객관적으로 수집하고 평가(감사기술)하며 그 결과를 이해관계자인 이용자(자본시장의 이해관계자)에게 전달(감사보고서)하는 체계적인 과정이다.

이 때 경영진은 감사인에게 제시한 재무제표가 해당 재무제표가 회계기준에 따라 작성되었다는 주장을 의미하며 이를 경영진주장(Management Assertions)이라고 한다.

따라서 회계감사는 피감사기업이 회계기준을 준수하지 않음으로 인해 재무제표에 중요한 왜곡표시가 있는지 여부를 확인하기 위해 회계감사기준에 따라 회계감사를 수행한 후 재무제표에 대한 감사의견을 표명하는 감사인의 행위를 의미한다. 여기서 중요한 것은 감사인은 경영진이 작성한 재무제표를 감사한 후 일부 왜곡표시를 발견하였다고 하여 적정의견 이외의 감사의견을 표명하는 것은 아니라는 것이다. 감사인이 의견을 표명하는 대상은 경영진이 감사인에게 감사받기 위하여 제시한 최초 재무제표가 아니라 감사받은 후 경영진이 외부에 공시하기로 이사회가 승인한 재무제표이다. 따라서 감사인이 감사과정에서 왜곡표시를 발견하였더라도 경영진이 이를 수정하여 궁극적으로 회계기준에 따라 작성된 재무제표를 외부에 공시한다면 감사인은 적정의견을 표명한다. 또한 의사결정에 영향을 미치지 않는 사소한 왜곡표시는 감사의견에 영향을 미치지 아니하며, 의사결정에 영향을 미치는 중요한 왜곡표시(material misstatements)만이 감사의견에 영향을 미친다.

회계감사는 재무보고체계가 무엇인가에 따라 그 성격이 달라질 수 있다. 여기서, 재무보고체계란 경영진 재무제표를 작성할 때 채택한 재무보고체계로서, 기업의 성격 및 재무제표 목적의 관점에서 수용가능한 ①공정표시 재무체계와 법규에 의해 요구되는 재무보고체계인 ②준수 재무보고체계로 구분하고 있다. 외감법에 따른 회계감사는 공정표시 재무보고체계에 해당한다. 반면에 공동주택 관리령에 따른 감사계약은 해당 법률을 잘 따르고 있는가에 대하

여도 감사하도록 요구하며, 이 경우 재무보고체계는 준수 재무보고체계를 따른 것이 된다.

2.2 회계감사의 준거기준

(1) 개 요

감사인이 업무수행시 피감사기업의 재무제표에 중요한 왜곡표시가 있는지 여부를 확인하기 위해 참고하는 평가기준은 한국채택국제회계기준서와 같은 회계기준이고, 감사인이 업무수행시 피감사기업의 재무제표에 중요한 왜곡표시가 있는지 여부를 확인하기 위해 수행해야 하는 행위의 기준은 회계감사기준이다.

따라서 회계기준을 평가기준, 감사기준을 행위기준이라 말하며 이를 요약하면 다음 그림과 같다.

[그림 1-6] 일반적으로 인정된 감사기준

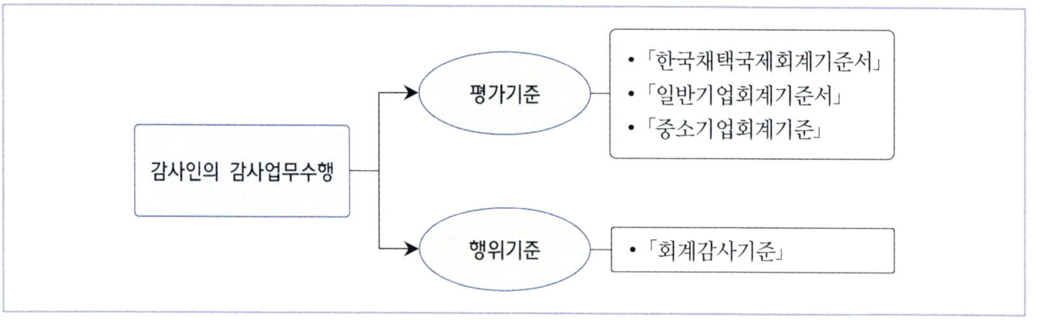

(2) 평가기준

감사인이 업무수행시 피감사기업의 재무제표에 중요한 왜곡표시가 있는지 여부를 확인하기 위해 참고하는 평가기준은 한국채택국제회계기준서와 같은 회계기준서이다.

영리법인에게 적용되는 회계기준으로는 한국채택국제회계기준(K-IFRS)과 일반기업회계기준(K-GAAP), 중소기업회계기준 등 세 가지가 있다. 각 회계기준은 적용대상과 근거법이 다르고, 소관부서와 제정기관도 다르다. 먼저 회계기준의 적용대상에 대해서 알아보면 '주식회사 등의 외부감사에 관한 법률(외부감사법)'에 의해 외부감사를 받는 기업 중에서 상장법인과 금융회사는 한국채택국제회계기준을 의무적용해야 하고, 한국채택국제회계기준을 적용하지 않는 기업은 일반기업회계기준을 적용하며, 외부감사법에 의한 외부감사대상이 아닌 기업은 중소기업회계기준을 적용한다. 다음으로 회계기준의 근거법과 소관부서에 대해서 알아보면 한국채택국제회계기준과 일반기업회계기준은 외부감사법에 근거하므로 금융위원회가 소관부서이지만 중소기업회계기준은 상법에 근거하므로 법무부가 소관부서다. 따라서 한국채택국제회계기준과 일반기업회계기준은 회계기준원이 제정하지만 중소기업회계기준은 법무부 장관이 고시한다.

세 가지 회계기준은 큰 틀에서는 유사하지만 차이도 많이 존재한다. 예를 들어 재고자산의 단위원가 결정방법으로 한국채택국제회계기준에서는 후입선출법이 인정되지 않지만 일반기업회계기준과 중소기업회계기준에서는 인정된다. 일반기업회계기준에서는 토지에 대하여 공시지가를 주석으로 공시해야 하지만 한국채택국제회계기준과 중소기업회계기준에는 이러한 규정이 없다.

(3) 행위기준

감사인이 업무수행시 피감사기업의 재무제표에 중요한 왜곡표시가 있는지 여부를 확인하기 위해 수행해야 하는 행위의 기준은 회계감사기준이다. 세계회계사연맹(IFAC) 산하 국제감사인증기준위원회(IAASB)가 제 · 개정하는 국제감사기준(ISA : International Standard on Auditing)은 모든 기업에게 동일하게 적용되는 원칙 중심의 기준으로 한국은 국제적 정합성 제고를 위해 12년부터 국제감사기준을 전면 도입하여 '회계감사기준'으로 사용 중이다. 회계감사기준은 한국공인회계사회에서 제정하되 공표 전에 금융위원회의 사전승인을 필요로 한다.

회계감사기준은 일반기준서, 실시관련 기준서, 보고관련 기준서로 나눌 수 있다. 이는 다음과 같은 그림으로 요약할 수 있다.

[그림 1-7] 회계감사기준의 구성

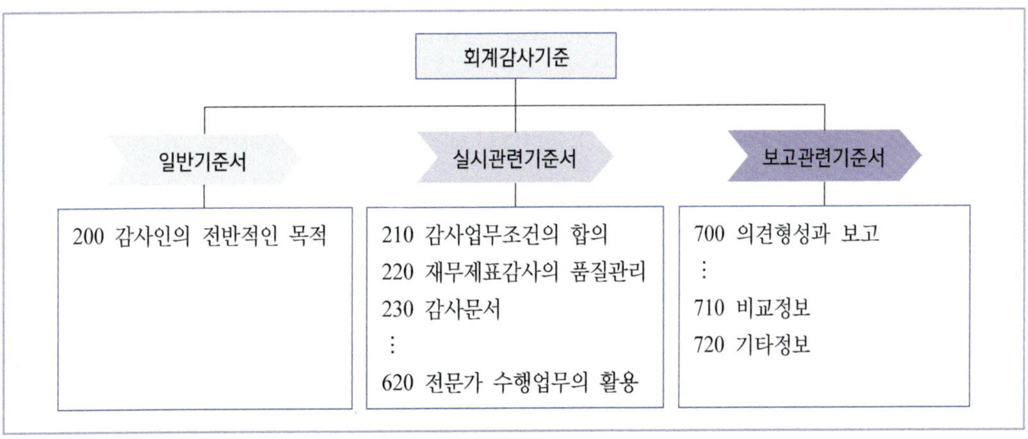

일반기준서는 감사기준서 문단 200의 내용을 의미한다. 일반기준서에서는 감사인의 전반적인 목적을 규정하고, 회계감사기준의 준수, 공인회계사 윤리기준의 준수, 전문가적 의구심 견지 등과 같은 감사수행 및 감사보고 관련 전반의 프로세스에 적용되는 일반적인 사항을 다루고 있다.

실시관련 기준서는 감사기준서 문단 210부터 감사기준서 문단 620까지의 내용을 의미한다. 실시관련 기준서에서는 감사업무조건의 명확한 합의, 감사위험을 고려한 감사계획의 수립, 중요한 왜곡표시위험의 평가, 충분하고 적합한 감사증거의 입수, 감사업무의 체계적 관리와 문서화와 같은 내용을 포함하고 있다.

보고관련 기준서는 감사기준서 문단 700대의 내용을 의미한다. 보고관련 기준서에서는 표준화된 양식의 감사보고서 작성, 중요성을 고려한 명료한 감사의견의 표명과 같은 내용을 포함하고 있다.

최근 2022년에 개정된 감사기준서에는 상기와 같은 재무제표에 대한 회계감사 관련 내용 외에 '감사기준서 1100 내부회계관리제도의 감사'가 추가되었다. 이는 2023년부터 자산 2조 이상 상장사에 도입된 내부회계관리제도 감사의 수행을 위해 추가된 부분이다. 감사기준서 1100은 내부회계관리제도와 관련된 일반기준서 성격의 내용, 실시관련 기준서 성격의 내용, 보고관련 기준서 성격의 내용을 총망라하고 있다는 특징이 있다.

회계감사기준은 권위 있는 기관에서 제정하기 때문에 회계감사기준에 따라 감사하면 감사인은 그 결과에 대하여 확신(assurance)을 제공할 수 있다고 가정한다. 확신은 재무제표에 포함된 경영진주장의 신뢰성에 대하여 정보이용자의 입장에서 감사인이 만족하는 상태이다. 즉, 감사인은 권위있는 기관에서 제정한 회계감사기준에 따라 회계감사를 수행하여 충분하고 적합한 감사증거에 따라 감사의견을 표명한다는 것은 확신(assurance)을 제공할 수 있는 가장 기본적인 조건이다.

회계감사를 통해 감사대상 재무제표가 회사의 재무상태와 경영성과 및 기타 재무정보를 회계기준에 따라 중요성의 관점에서 공정하게 표시하고 있는지에 대하여 감사인이 독립적으로 의견을 표명함으로써 ①재무제표의 신뢰성을 제고하고 ②재무제표의 이용자가 회사에 관하여 올바른 판단을 할 수 있도록 함을 목적으로 한다.

감사인은 경영진이 작성한 재무제표가 회계기준에 따라 작성되었는지를 회계감사기준에 따라 감사를 수행하여 판단한다. 이를 통해 감사 대상 재무제표가 중요한 왜곡표시를 포함하고 있는지 여부에 대한 감사의견을 제시하게 된다. 회계감사기준은 감사인이 재무제표가 중요한 왜곡표시를 포함하고 있지 않다는 확신을 제공하기 위하여 충분하고 적합한 감사증거를 수집하도록 요구하는데, 감사의견은 이러한 감사증거에 기반하여 제시하게 된다. 감사의견은 피감사기업의 재무제표에 중요한 왜곡표시가 없다는 의견을 제시하는 적정의견과 피감사기업의 재무제표에 중요한 왜곡표시가 있다는 의견을 제시하는 비적정의견(한정의견, 부적정의견, 의견거절)으로 나눌 수 있다. 감사인이 회계감사를 수행한 결과로 제시되는 감사의견은 해당 기업의 회계정보가 진실한지를 판가름하는 정보로 작동한다. 따라서 자본시장의 이해관계자들은 감사의견이 적정의견인 기업의 회계정보의 경우 신뢰하고 그에 의해 경제적 의사결정을 수행하게 되나, 감사의견이 비적정의견인 기업의 회계정보는 자본시장의 이해관계자들의 경제적 의사결정에 활용되지 않을 가능성이 높다.

2.3 회계감사 대상 회사의 범위

(1) 배경 및 선정기준

외부감사 대상이 되는 회사를 규정한 외부감사법이 처음 제정된 1981년에는 '자본금 5억원 이상 또는 자산 30억원 이상'인 '주식회사'만 외부감사의 대상이었다. 1988년 4월 외부감사법 시행령의 개정으로 자본금 규정은 삭제되고 자산 30억원 이상인 주식회사로 변경되었다가 그 후에는 자산규모가 40억원, 60억원, 70억원, 100억원, 120억원으로 증가해왔다.

이처럼 외부감사 대상을 자산 기준으로만 정하다가 2009년 12월에 '부채'와 '종업원수' 요건이 추가되어 부채가 70억원 이상이거나 종업원수가 300명 이상인 주식회사도 외부감사 대상에 포함되었다. 신 외부감사법의 시행으로 2019년 11월1일 이후 시작되는 사업연도부터는 사원이 50명 이상인 경우 등에 해당하면 유한회사도 외부감사 대상에 포함되었다. 신 외부감사법의 주요 변경사항 중의 하나는 자산규모 위주의 외부감사대상 선정기준에 '매출액'이 새로 도입된 것이다. 즉, 신 외부감사법에 의해 매출액 500억원 이상인 주식회사와 유한회사도 외부감사 대상이 되었다.

그렇다면 외부감사 대상 선정기준으로 매출액이 왜 추가된 것일까? 기업규모가 클수록 이해관계자가 많으므로 외부감사 대상이 되는데, 최근 들어 매출액이 기업규모의 지표로 자산과 함께 중요하게 되었기 때문이다. 매출액이 기업규모의 지표가 된 것은 산업의 변화와 관련이 있다. 과거에는 자산과 매출액이 밀접한 관계가 있었으므로 자산만으로도 기업규모를 적절히 평가할 수 있었으나 최근에는 산업의 변화에 따라 자산과 매출액의 연관성이 적어졌다. 예를 들어 홈쇼핑회사를 통한 가전제품 통신판매업을 영위하는 회사인 H사는

2019년 말 자산은 85억원이지만 매출액은 1936억원으로서 자산의 23배다. 자산 기준으로는 120억원에 미달하므로 외부감사 대상이 아니지만 매출액이 500억원을 넘으므로 외부감사 대상이 된다. 특히 인터넷 기업의 발달로 자산은 적지만 매출액이 많은 기업이 출현하여 자산과 매출액 간에 밀접한 관련이 없는 경우가 많이 발생하였다.

외부감사 대상 선정기준에 매출액을 도입한 신 외부감사법은 다른 법률이나 규정에도 영향을 미치게 된다. 상속세및증여세법의 개정으로 2020년부터 공익법인의 외부감사 대상이 확대되었다. 기존에 외부감사 대상이었던 자산 100억원 이상인 공익법인(종교법인 · 학교법인 제외) 외에 공익법인의 투명성 제고를 위해 '연간 수입금액과 출연받은 재산가액의 합계액(기부금) 50억원 이상' 또는 '출연받은 재산가액의 합계액 20억원 이상'인 공익법인도 외부감사 대상에 포함되었다. 공익법인의 경우에 '수입금액과 출연받은 재산가액'은 일반기업의 매출액과 유사한 것이다. 신 외부감사법에서 새로 도입된 표준감사시간을 정할 때도 기업규모를 자산만이 아닌 "자산총액과 매출액의 단순평균 금액"으로 정하도록 하였다.

그러나 공정거래위원회는 자산규모를 기준으로 기업집단을 계속 선정하고 있다. 즉, 자산 5조원 이상 10조원 미만을 '공시대상기업집단'(준 대기업 집단), 10조원 이상을 '상호출자제한기업집단'(대기업 집단)으로 관리하고 있다. 공정위가 자산만으로 기업집단을 선정하는 것은 자산은 큰 변동이 없이 일정하게 유지되는 반면에 매출액은 경제상황에 따라 매년 변동이 크다는 점도 고려되었을 것이다.

(2) 외부감사법 상 회계감사 대상 회사의 범위

주식회사 등의 외부감사에 관한 법률(이하 외부감사법)에 따르면, 이해관계자가 많아서 선의의 이해관계자를 보호해야 할 필요가 큰 기업을 회계감사 대상 회사로 정하여 해당 기업의 재무제표(연결재무제표 포함)를 주기적으로 회계감사 받도록 하고 있다. 그렇다면 이해관계자가 많아서 회계감사가 필요한 기업은 어떤 기업들일까?

첫째, 주권상장법인의 경우 누구나 해당 회사 주식을 편리하게 접근하여 거래할 수 있으므로 잠재적 이해관계자의 폭이 매우 넓기 때문에 회계감사 대상 기업으로 선정한다. 이에는 다음 년도에 상장예정인 기업도 포함한다.

둘째, 비상장기업 중에서도 비교적 이해관계자가 다수라 볼 수 있는 대형 주식회사와 유한회사의 경우 회계감사 대상 기업으로 선정한다.

비상장 주식회사와 유한회사 중 이해관계자 규모가 큰 기업을 회계감사 대상으로 선정하기 위해 규모 기준(자산총액, 부채총액, 종업원수 또는 매출액 기준)을 도입하여 일정 규모 이상인 기업에 대해서만 회계감사를 시행한다. 규모 기준 내용은 다음과 같다.

[표 1-1] 외부감사대상 여부 판단기준

구 분	주식회사		유한회사	
판단기준	자 산	120억 미만	자 산	120억 미만
	부 채	70억 미만	부 채	70억 미만
	매출액	100억 미만	매출액	100억 미만
	종업원수	100인 미만	종업원수	100인 미만
			사원(주주)수	50인 미만
소형회사 제외	4개요건 중 3개 충족 시 제외		5개요건 중 3개 충족 시 제외	
대형회사 추가	자산 또는 매출액 500억 이상인 경우 외부감사 대상			

이 기준은 비상장 주식회사와 유한회사 중에서 회계감사 대상에서 배제해야 할 기업들을 골라내는 기준을 제시한다. 즉 비상장 주식회사의 경우 규모 판단기준 4개 중 3개 이상 충족 시 소형회사로 보아 회계감사 대상 기업에서 제외한다. 반면에 비상장 유한회사의 경우 규모 판단기준 5개 중 3개 이상 충족 시 소형회사로 보아 회계감사 대상 기업에서 제외한다.

다만 이러한 소형 회사 기준을 충족하더라도 자산 또는 매출액이 500억 이상인 경우에는 소형회사로 볼 수 없으므로 회계감사 대상 기업으로 추가한다. 예컨대 특정 주식회사가 부채 50억, 매출액 90억, 종업원수 90명이어서 판단기준 중 3개를 충족하더라도 자산 규모가 500억인 경우 소형회사로 보지 않고 회계감사 대상 기업으로 보겠다는 의미이다.

참고로 외부감사법에서 정한 회계감사 대상 기업이 아니어도 자발적으로 회계감사(임의감사)를 받을 수 있다. 다만 회계감사보고서를 표준 형태로 발행하려면 아무리 자발적으로 회계감사를 받는다 하여도 회계감사기준에서 정한 회계감사 기준에 따라 회계감사가 수행되어야 한다.

(3) 유한회사의 회계감사 회피 사례

영리법인은 회사 구성원의 책임 범위 등에 따라 다음과 같이 분류할 수 있다.

[그림 1-8] 기업의 형태

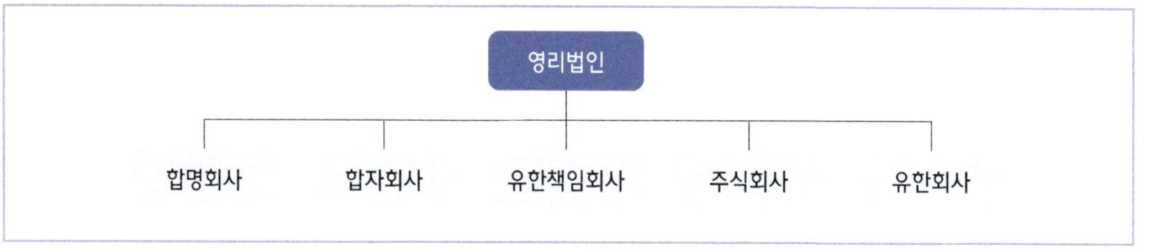

이 중 주식회사는 주식이나 회사채를 발행해 자본을 조달할 필요가 있는 회사 형태로 경영자들과 별도로 주식을 소유한 주주집단이 존재한다. 주주총회와 감사 제도가 있다는 점에서 유한회사와 다르다.

반면에 유한회사는 설립자가 충분한 자본을 가지고 있거나 대규모 자본 조달이 필요 없는 형태의 사업에 적합한 기업형태이다. 굳이 주식발행을 통한 증자나 회사채 발행으로 자금을 조달할 필요가 없고 독자적 운영이 가능해 법무법인이나 외국계 대기업이 현지법인을 만들 때 유한회사를 주로 택하게 된다. 이러한 유한회사는 2018년에 외부감사법이 개정되기 전에는 외부감사나 공시 의무도 없었다.

그렇다 보니 유명한 명품 브랜드 기업들의 한국 현지법인은 대부분 판매법인 이다보니 많은 자본과 인력이 필요하지 않아서 한국에 유한회사 형태로 대부분 진출하였다. 그런 이유로 한국인의 뜨거운 사랑을 받는 '세계 3대 명품' 루이비통, 샤넬, 에르메스는 한국에서 얼마를 버는 지 알 수 없었다. 이들이 한국에서 모두 유한회사 형태로 영업을 하며 감사보고서를 공시하지 않아서이다.

하지만 2017년 외부감사법 개정으로 2020년 재무제표부터는 유한회사도 감사보고서를 제출해야 한다. 2017년 외부감사법 개정으로 인해 외부감사법 명은 "주식회사의 외부감사에 관한 법률"에서 "주식회사 등의 외부감사에 관한 법률"로 그 명칭이 바뀌었다. 하지만 유한회사를 유한책임회사로 전환할 경우 법망을 다시 피할 수 있어, 외국계 기업이 제도의 허점을 악용할 우려가 제기되고 있다.

대법원 등기소에 따르면 루이비통, 에르메스, 샤넬, 구찌 등 주요 명품기업을 비롯해 애플, 나이키, 한국마이크로소프트, 구글코리아, 한국맥도날드 등 외국계 기업의 한국 현지법인은 유한회사 형태로 대부분 한국에 진출했었다. 2019년 10월까지 유한회사는 주식회사와 달리 외부감사를 받을 필요가 없고 감사보고서 제출도 면제됐었다. 하지만 2020년 도입된 신외부감사법이 지난해 11월부터 적용되며 외국계 유한회사 대부분은 2020년 재무제표에 대해 외부감사를 받아야 하고 내년에는 실적이 공개된다.

앞서 루이비통코리아는 2012년 유한회사 전환을 결정하면서 2011년까지만 실적을 공개했었다. 샤넬과 에르메스코리아는 처음부터 유한회사로 한국에 직진출했었다. 그밖에 구찌코리아도 2014년 유한회사로 전환하며 2013년까지만 실적을 공개했으며, 현재 이들 명품기업이 한국에서 매출과 영업이익이 얼마나 되는지, 본사에 배당은 얼마나 하는지 여부를 알 길이 없었다.

이런 문제 때문에 금융당국은 외부감사법 개정을 통해 베일에 싸인 외국계 유한회사들의 실적 공시를 2020년부터 의무화했다. "유한회사의 보다 신뢰성 있는 회계정보 생산을 유도함으로써 이해관계자(거래처, 채권자, 소비자 등)에 대한 보호 강화"를 목적으로 외부감사법이 개정되어 2019년 11월 1일 이후 시작되는 사업연도부터 유한회사도 외부감사 대상에 포함되었고, 12월 말 법인의 경우에는 2020년부터 외부감사를 받게 되었다. 유한회사가 외부감사 대상에 포함됨으로써 외부감사법의 명칭이 "주식회사의 외부감사에 관한 법률"에서 "주식회사 등의 외부감사에 관한 법률"로 변경되었다.

유한회사가 외부감사를 받게 되면 어떤 변화가 있을까?

첫째, 회사의 재무제표가 외부감사를 받게 되어 유한회사의 회계투명성이 향상될 것이다. 회계가 투명해야 세금신고도 투명해질 수 있으므로 회계투명성은 세무투명성과 밀접한 관계가 있다는 점에서 의미가 있다. 그런데 위에서 언급한 유명 해외 자회사의 경우에는 외국에 있는 모회사에서 연결재무제표를 작성하기 위해서 이미 우리나라에서 자발적으로 '임의감사'를 받는 경우가 많다, 따라서 '법정감사'를 의무화하는 경우에 회계투명성 제고 효과는 제한적일 수 있다. 물론 그동안 임의감사를 받지 않은 기업의 회계투명성 제고 효과는 클 것으로 기대된다.

둘째, 외부감사를 받은 재무제표를 공시하게 되므로 이들 회사의 재무현황이 공개될 것이다. 사실 첫 번째 이유인 회계투명성 향상도 중요하지만 재무현황의 공시가 더 논란이 되고 있다. 유한회사들이 그동안 외부감사법에 의한 감사를 반대한 것도 외부감사 자체의 반대라기보다는 재무현황의 공시를 반대한 이유가 더 큰 것으로 알려져 있다. 유한회사의 재무현황이 공시되면 그들이 납부하는 세금 현황이 공시되어 외국계 기업의 조세 형평성 문제가 논란의 대상이 될 것이다. 일부 외국계 기업들은 한국 시장에서 많은 매출과 이익을 거두면서 세금을 적게 낸다는 의혹을 받았으나, 재무현황이 공시되지 않아서 구체적인 내용은 알 수 없었다. 또한 유한

회사가 지급하는 급여의 적절성, 배당의 적절성 등이 논란이 될 수 있다.

하지만 벤처기업 설립을 촉진하기 위해 2011년 도입된 유한책임회사는 신외부감사법의 예외가 되면서, 현재 유한회사인 법인이 유한책임회사로 전환해 또 다시 외부감사를 회피할 우려가 제기되고 있다.

자유로운 청년 벤처 창업을 위한 유한책임회사는 정부가 규제혁신 차원에서 2011년 도입했다. 1인 이상의 유한 책임 사원으로 구성된 회사로 설립 · 운영이 수월하다. 의사결정은 정관을 따르며 유한회사보다 더 광범위한 자치가 인정된다. 유한회사는 이사 선임과 사원총회가 필요하지만 유한책임회사는 필요하지 않다.

현행법은 주식회사와 유한회사 간의 조직 변경만 허용하므로 유한회사를 유한책임회사로 바로 전환할 수는 없다. 그러나 유한회사를 주식회사로 변경한 후 유한책임회사로 변경하는 것이 가능하다. 또한 유한책임회사를 세운 뒤 유한회사 사업을 이곳에 양도하는 방법도 가능하다. 이를 방지하는 방법은 유한책임회사를 외부감사 대상으로 추가하거나 외국처럼 주식회사나 유한회사와 같은 회사 형태에 따라 구분하지 않고 원칙적으로 모든 회사를 외부감사 대상으로 하는 방법도 있을 것이다.

(4) 소규모 기업에 대한 고려사항

1) 회계기준

현재 상장회사(예정회사 포함) 및 금융회사는 K-IFRS를 의무적용하고 있으며, 비상장회사는 일반기업회계기준(K-GAAP)을 적용한다. 2021.7월 기준 32,897개사 중 K-IFRS 5,694사(17.3%), K-GAAP 27,203사(82.7%) 적용 중이다.

K-GAAP 개정('18년)으로 비상장사(모기업)에게 모든 종속기업(非외감기업도 포함)에 대한 연결재무제표 작성 의무가 2022년부터 발생했다. 그런데, 규모가 작고, 투자자 수가 많지 않은 중소기업에까지 IFRS와 동일한 모든 종속회사 연결의무를 부과할 필요성은 크지 않다고 판단된다.

이에 따라 모회사 규모와 이해관계자 수 등을 고려하여 종속회사연결의무 대상을 축소하였다. 즉 대형 비상장회사가 아닌 일반적인 비상장회사의 경우 외부감사 대상이 아닌 종속회사는 연결의무를 면제하였다.

2) 감사기준

현행 회계감사기준은 규모와 거래특성에 관계없이 모든 기업에게 동일한 감사절차가 적용되어 소규모 기업 감사가 형식적으로 이뤄진다는 문제점이 지적되어 왔다. 감사기준에 소규모기업 대상으로 일부 절차를 생략할 수 있는 근거는 있지만 판단기준, 생략 가능 절차 예시 등 구체적 지침이 없어 실무활용이 어려운 상황이다. 참고로 노르딕 국가, 프랑스, 벨기에 등에서는 소규모 기업에 대해 별도 감사기준을 적용하거나 개발 중이다. 국제감사인증기준위원회(IAASB)도 '덜 복잡한 기업(Less Complex Entities)'을 대상으로 하는 완화된 감사기준 제정을 추진 중인데, 중소기업 감사부담 완화 효과가 제한적(공개초안 기준)이고 국내도입까지 2년 이상 소요가 전망된다.

따라서 비상장 중소기업을 대상으로 하는 별도 감사기준이 제정 준비중인 상황이다. 거래구조가 단순한 특성을 고려해 구체적인 절차와 프로세스보다는 "결과 중심"의 감사가 수행되도록 기준이 개발되고 있다. 이를 위해 기업과 회계업계, 유관기관 의견을 수렴해 기존 감사기준 대비 제외하거나 완화해야 할 감사절차를 명확화하고 있다. 예를 들어, 상장기업에만 관련되는 사항인 핵심감사사항 커뮤니케이션, 부문정보에 대한 감사와 비상장 중소기업과 관련성이 낮은 사항, 예컨대 복잡한 회계추정 관련 감사절차는 비상장 중소기업을 대상으로 하는 별도 감사기준에서는 제외되어야 할 것이다. 위험평가절차는 비상장 중소기업의 특성을 고려하여 간소화되어야 할 것이다. 다만, 별도 감사기준 적용 대상 비상장 중소기업들의 회계신인도 저하 방지를 위해 국제감사기준(ISA)의 기본원칙에 해당하는 위험중심 접근법, 기업과 기업환경에 대한 이해, 전문가적 판단에 따른 증거 취합 등은 유지한다.

별도 감사기준 적용 대상 비상장 중소기업은 외감대상 기업 중 ① 자산 200억원 미만 또는 ② 매출액 100억원 미만인 비상장 기업이다. 자산 200억원 미만 비상장 기업은 감사품질 제고를 위해 회사를 상장여부, 기업규모, 사업복잡성 등에 따라 11개 그룹으로 구분하고, 그룹별로 필요한 감사시간을 공인회계사회가 산정한 표준감사시간(외부감사법) 적용 유예 대상(그룹11 : 자산 200억원 미만)이다. 단, 이해관계자가 많고, 거래구조가 복잡한 ① 상장 예정기업, ② 연결 재무제표 작성기업과 ③ 금융회사는 적용에서 제외하도록 한다. IAASB도 절대적인 규모보다는 업무의 복잡성을 기준으로 감사절차 완화 대상("덜 복잡한 기업"(Less Complex Entities))을 선정하는 것이 타당하다는 입장이다. 또한, 상장기업은 K-IFRS를 따르므로 국제적 정합성 차원에서 별도 감사기준 적용 대상에서는 제외하고 ISA를 적용하도록 한다.

2.4 감사인의 자격

(1) 개 요

감사인은 법률에 따라 회계감사를 수행하는 주체를 의미한다. 그렇다면 공인회계사는 감사인일까? 회계법인 혹은 감사반에 속하여 그 일원으로 회계감사를 수행할 수 있는 공인회계사는 공인회계사 시험에 합격하고 일정기간동안의 연수과정(2년)을 마친 후 공인회계사회에 등록한 자를 의미한다. 그런데 외부감사법에 의하면 회계감사를 수행할 수 있는 감사인은 회계법인과 감사반 두 가지 형태로 제한된다. 즉 공인회계사 개인은 감사인으로 규정되고 있지 않으므로 단독으로 회계감사를 수행할 수 없으며 대신 공인회계사 자격을 갖춘 개인은 반드시 회계법인 혹은 감사반에 속하여 그 일원으로 회계감사를 수행할 수 있다.

(2) 감사인 구성요건

1) 개 요

먼저 회계법인은 공인회계사법에 따라 공인회계사 10인 이상, 공인회계사인 이사 3인 이상, 공인회계사인 사원 3인 이상, 자본금 5억원 이상 등의 요건을 갖추어 기획재정부 장관에게 등록한 감사인을 의미한다.

2) 회계법인 설립 근거 : 공인회계사법

회계법인은 상법에 근거하여 설립한 회사가 아니라 공인회계사법에 근거하여 설립하는 특수법인으로써 회계법인의 설립, 설립절차, 등기, 자본금 등에 대한 사항은 공인회계사법에서 규정하고 있으며, 공인회계사법에서 규정하고 있지 아니한 사항에 대해서는 상법상 유한회사에 관한 규정을 준용하도록 하고 있다.

3) 회계법인 인적 및 물적 구성요건

회계법인인 감사인은 소속 공인회계사 총수가 10인 이상으로서 공인회계사인 이사 3인 이상, 공인회계사인 사원 3인 이상, 자본금 5억원 이상 등의 요건을 갖추어 금융위원회에 등록하여야 한다.

회계법인의 인적 구성요건은 공인회계사 총수 10인 이상, 공인회계사인 이사 3인 이상, 공인회계사인 사원 3인 이상이다. 즉 회계법인의 인적 구성요건은 기본적으로 공인회계사 총수 10인 이상을 만족하면서 유한회사인 회계법인의 출자의무를 지는 사원이 3인이상 이어야 하며, 공인회계사인 이사가 3인 이상이어야 한다.

이 때 특정 기업의 회계감사를 총괄하는 파트너를 업무수행이사(engagement partner)라고 하는데 이러한 업무수행이사를 포함하여 공인회계사인 이사(파트너)가 3인 이상이어야 한다. 회계감사기준에 따르면 업무수행이사는 감사업무와 그 수행 그리고 회계법인을 대신하여 발행된 감사보고서에 대해서 책임을 지며, 관련 요구사항이 있을 경우에는 전문직단체, 정부 또는 규제기관으로부터 적합한 권한을 받은 파트너 또는 회계법인 내 기타의 자를 의미한다. 업무수행이사 외에 업무수행이사가 수행한 감사 업무를 검토함으로써 품질을 관리하는 품질관리부서 이사도 존재할 수 있다.

회계법인의 물적 구성요건은 자본금 5억 이상이다. 유한회사가 주식회사와 같은 자금 조달이 필요하지 않은 기업 형태에 도입되는 일반적인 상황에 비추어 보 때, 자본금 5억의 기준은 회계법인의 운영자금의 의미라기보다는 손해배상 위험의 완충장치(Buffer)로써의 역할을 하게 된다. 공인회계사법에서는 회계법인의 최소 자본금이 유지될 수 있도록 직전연도의 자본금액(자산총계－부채총계)이 5억원에 미달하는 경우 미달한 금액을 매 사업연도 종료 후 6개월 이내에 사원의 증여로 보전하거나 증자하도록 강제하고 있다.

4) 회계법인 손해배상준비금과 손해배상공동기금의 적립

외부감사법에 따르면 회계법인은 감사로 인한 손해배상 책임에 대응하고자 회계법인 내에 손해배상준비금을, 공인회계사회에는 손해배상공동기금을 의무적으로 적립하여야 한다. 이러한 손해배상준비금이나 손해배상공동기금을 적립하는 이유는 회계법인을 배상능력이 있는 딥 포켓(Deep Pocket)으로 보아 회계법인을 피고로 하여 손해배상소송을 거는 피감사회사나 투자자들이 늘어나고 있기 때문이다.

반면에 감사반은 공인회계사 3인 이상으로 공인회계사회에 등록한 감사업체를 의미한다. 감사반은 손해배상책임을 위한 보험가입 등 필요한 조치를 취하여야 한다.

[표 1-2] 감사인의 종류 및 구성요건 표

구 분	외부감사법	공인회계사법
회계법인	손해배상공동기금(의무가입) 적립 또는 배상책임보험가입	손해배상준비금 적립
감사반	배상책임보험가입	–
개인CPA	–	공제사업 가입 또는 보험가입

2.5 회계감사의 한계

(1) 개 요

회계감사는 그 성격 상 재무제표에 모든 왜곡표시가 없다는 절대적 확신을 제공하는 대신 중요한 왜곡표시가 없다는 합리적 확신(reasonable assurance)을 제공하는 것을 목적으로 한다. 회계감사가 합리적 확신을 제공하는 것은 회계감사가 가질 수밖에 없는 고유한계 때문이다. 이는 회계감사 대상인 재무제표가 경영진의 편의가 개입된 추정에 근거하여 작성된 데다가 경영진이 부정을 은폐하고자 회계감사에 협조하지 않을 가능성을 배제할 수 없기 때문이다. 또한 회계감사는 표본감사 등을 통해 합리적인 시간 내에 합리적인 비용으로 감사가 수행되어야 하기 때문이다.

회계감사가 재무제표에 모든 왜곡표시가 없다는 절대적 확신을 제공하지 못하고 중요한 왜곡표시가 없다는 합리적 확신(reasonable assurance)에 기초로 하므로 왜곡표시가 모두 적발될 것을 보장하는 것은 아닌 이유는 다음과 같이 구체적으로 정리할 수 있다.

(2) 회계감사의 한계 : 재무보고의 성격

기업이 해당 재무보고체계에서 요구하는 사항을 그 기업의 사실과 상황에 적용하여 재무제표를 작성할 때는 경영진의 판단이 수반된다. 또한 다수의 재무제표 항목에는 주관적인 결정이나 평가 또는 불확실성이 수반되며, 해석이나 판단에 있어서도 수용가능한 일정한 범위가 존재할 수 있다. 그 결과, 특정 회계추정치와 같이 재무제표의 어떤 항목은 추가적인 감사절차를 적용해도 제거될 수 없는 고유한 수준의 가변성이 있다. 그럼에도 불구하고 감사기준은 회계추정치가 해당 재무보고체계 및 관련 공시의 관점에서 합리적인지 여부, 그리고 경영진판단의 편의가능성 징후 등 해당 기업 회계실무의 질적 측면을 구체적으로 고려할 것을 감사인에게 요구한다.

(3) 회계감사의 한계 : 감사절차의 성격

감사인의 감사증거 입수능력에는 다음과 같은 실무적, 법률적 한계가 존재한다.

첫째, 경영진이나 기타의 자들은 의도적으로 또는 비의도적으로 재무제표 작성과 관련된 정보나 감사인이 요청한 정보를 완전하게 제공하지 않을 수 있다. 따라서 감사인이 관련된 모든 정보를 입수했다는 확신을 얻기 위해 감사절차를 수행하였어도, 감사인은 정보의 완전성을 확신할 수 없다.

둘째, 부정에는 이를 은폐하기 위해 정교하고 치밀하게 구성된 계획이 수반될 것이다. 그러므로 감사증거를 입수하기 위해 적용하는 감사절차는, 예를 들어 공모를 통해 문서를 조작하여 동 문서가 진실하지 않음에도 그렇게 믿게 하는 것과 같은 의도적인 왜곡표시를 발견하는 데 효과적이지 않을 수 있다. 감사인은 문서의 진위에 대한 전문가로서 훈련을 받지 않았으며 그렇게 기대될 수도 없다.

셋째, 감사는 범죄 혐의를 밝히려는 공적 수사가 아니다. 따라서 감사인은 그러한 수사를 하는 경우에 필요한 수색권한과 같은 특정한 법적 권한을 부여 받고 있지 않다.

(4) 회계감사의 한계 : 합리적인 시간 내에 합리적인 비용으로 감사가 수행될 필요성

표본감사 등을 통해 합리적인 시간 내에 합리적인 비용으로 감사가 수행되어야 하기 때문에 회계감사의 한계가 존재한다. 어렵다는 문제, 시간상 또는 비용 상 문제 그 자체는 감사인이 대체적인 절차가 없는 감사절차를 생략하거나 보다 설득력이 낮은 감사증거에 만족하는 정당한 근거가 되지 못한다. 재무제표 이용자들은 감사인이 합리적인 기간 내에 합리적인 비용으로 재무제표에 대한 의견을 형성할 것이라고 기대하며, 존재할 수 있는 모든 정보를 다루거나 또는 정보가 오류나 부정을 포함하고 있다는 가정 하에 그렇지 않다고 입증이 될 때까지 모든 사항을 누락 없이 추적하는 것이 가능하지 않다는 것을 인식하고 있다. 즉 재무제표 이용자들은 회계감사의 고유한계를 인지하고 있다.

(5) 회계감사의 한계 : 감사의 고유한계에 영향을 주는 기타 사항

회계감사의 고유한계의 잠재적 영향으로 인해 특정 경영진주장이나 대상의 경우, 중요한 왜곡표시를 발견할 수 있는 감사인의 능력에 부정적인 영향을 미친다.

- 부정이나 공모. 특히, 고위 경영진이 관여된 부정
- 특수관계 및 그 거래내역의 실재성과 완전성
- 법규위반
- 계속기업으로서 존속을 중단시킬 미래의 사건이나 상황

제3절 인증업무 개요

3.1 인증업무의 개념

(1) 인증업무의 의의

인증업무는 준거기준에 따라 기초인증대상을 측정하거나 평가한 결과에 대해 인증대상책임자가 아닌 의도된 이용자가 가지는 신뢰의 수준을 향상시킬 수 있게 설계된 결론을 표명하기 위하여 충분하고 적합한 증거를 입수하는 것을 목적으로 하는 업무이다. 인증업무 관련 용어의 정의는 다음과 같다.

[표 1-3] 인증업무 관련 주요 용어

원문 용어	개정 기준 용어	정의/의미
Assurance engagement	인증업무	인증인이 인증대상정보에 대한 의도된 이용자의 신뢰수준을 높이도록 설계된 결론을 표명하기 위하여 충분하고 적합한 증거를 입수하는 업무
Criteria	준거기준	기초인증대상을 측정하거나 평가하는 데 사용되는 기준
Underlying subject matter	기초인증대상	준거기준을 적용하여 측정되거나 평가되는 현상
Subject matter information	인증대상정보	준거기준에 따라 기초인증대상을 측정 또는 평가한 결과. 즉, 기초인증대상에 준거기준을 적용하여 산출된 정보

따라서 준거기준과 인증대상 정보의 사례를 다음과 같이 정리할 수 있다.

[표 1-4] 준거기준과 인증대상정보

기초인증대상	준거 기준	인증대상정보
기업의 재무상태, 재무성과	IFRS, 일반기업회계기준	재무제표
기업의 내부통제 효과성	COSO Framework	내부회계관리제도 운영실태보고서
온실가스 배출	GHG protocol	온실가스보고서
기업의 법규 준수 여부	법률, 규정	'법규를 준수하였다'는 진술
기업의 지속가능성	GRI, SASB	지속가능경영보고서

즉 기초인증대상을 측정하거나 평가한 결과는 준거기준을 기초인증대상에 적용하여 산출한 정보이다. 예를 들면 다음과 같다.

- 재무제표(결과)는 재무보고체계(준거기준)를 적용하여 실체의 재무상태, 경영성과 및 현금흐름(기초인증대상)을 측정함으로써 산출된다.
- 내부통제의 효과성에 대한 보고서(결과)는 관련 준거기준을 적용하여 내부통제의 효과성(기초인증대상)을 평가함으로써 산출된다.
- 기업 특유의 성과 측정치(결과)는 관련 측정 방법론(준거기준)을 적용하여 성과의 다양한 측면(기초인증대상)을 측정함으로써 산출된다.
- 온실가스보고서(결과)는 인식, 측정, 표시 프로토콜(준거기준)을 적용하여 실체의 온실가스 배출(기초인증대상)을 측정함으로써 산출된다.
- 준수 확인서(결과)는 예를 들어 법률과 규정(준거기준)을 기업이 준수하였는지(기초인증대상)를 평가함으로써 산출된다.

따라서 인증업무는 다음과 같이 도식화할 수 있다.

[그림 1-9] 인증업무의 개념도

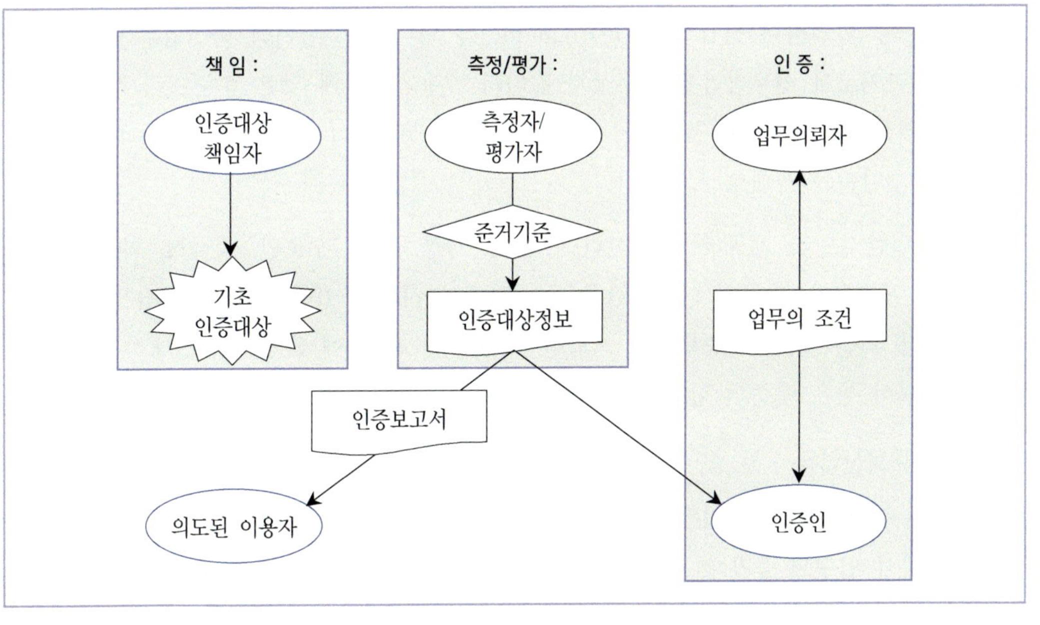

모든 인증업무에는 최소한 세 당사자, 즉 인증대상책임자, 인증인, 의도된 이용자가 있다. 업무에 따라 측정자나 평가자 또는 업무의뢰자의 역할이 별도로 있을 수도 있다.

위 그림은 재무제표 감사에서 다음 역할이 인증업무에 어떻게 관련되는지를 보여준다.

(a) 인증대상책임자(경영자)는 기초인증대상(실체의 재무상태, 경영성과 및 현금흐름)에 책임이 있다.

(b) 측정자 또는 평가자(기업 내 회계정보 산출업무 수행자)는 준거기준(회계기준)을 사용하여 기초인증대상(실체의 재무상태, 경영성과 및 현금흐름)을 측정하거나 평가하고 인증대상정보(재무제표)를 산출한다.

(c) 업무의뢰자(기업)는 인증인(회계법인 등 감사인)과 업무의 조건(감사보수 등)에 합의한다.

(d) 인증인(회계법인 등 감사인)은 인증대상책임자(경영자) 이외의 의도된 이용자(자본시장의 이해관계자)의 인증대상정보(재무제표)에 대한 신뢰를 향상시킬 목적으로 설계된 결론을 표명하기 위하여 충분하고 적합한 증거를 입수한다.

(e) 의도된 이용자(자본시장의 이해관계자)는 인증대상정보(재무제표)에 근거하여 의사결정한다. 의도된 이용자(자본시장의 이해관계자)는 인증인(회계법인 등 감사인)이 인증보고서를 이용할 것이라고 예상하는 개인, 조직, 집단이다.

(2) 합리적 확신업무와 제한적 확신업무

1) 합리적 확신업무

인증업무 중 합리적 확신업무는 감사(auditing)를 의미한다. 합리적 확신업무에서 인증인은 결론의 근거로서 업무위험을 업무상황에 따라 수용가능하게 낮은 수준으로 감소시킨다. 인증인의 결론은 준거기준에 따라 기초인증대상을 측정하거나 평가한 결과에 대해 인증인의 의견을 전달하는 형태로 표명된다.

감사는 일반적으로 제공하는 확신의 수준이 가장 높은 수준인 적극적 의견(positive opinion)을 표명한다. 적극적 의견이란 "...공정하게 표시하고 있다..." 라는 의견을 제시하는 것을 말한다. 즉, 감사인은 충분하고 적합한 수준의 감사증거에 근거하여 절대적 수준은 아니지만 비교적 높은 수준의 합리적인 확신(reasonable assurance)을 제공한다.

2) 제한적 확신업무

인증업무 중 제한적 확신업무는 검토(review)를 의미한다. 제한적 확신업무에서 인증인은 수행된 절차와 입수된 증거에 근거하여 인증대상정보가 중요하게 왜곡표시되었다는 점이 발견되었는지 여부를 전달하는 형태로 결론을 표명하며, 결론을 표명하기 위한 근거로서 업무위험을 업무상황에서 수용 가능한 수준 이하로 감소시키지만 업무위험이 합리적 확신업무보다는 더 높다. 제한적 확신업무에서 수행된 절차의 성격, 시기, 범위는 합리적 확신업무에서 필요로 하는 것에 비하여 제한적이지만, 인증인의 전문가적 판단에 따라 유의미한 수준의 확신을 얻도록 계획된다. 인증인이 얻은 확신 수준이 유의미하다면 의도된 이용자의 인증대상정보에 대한 신뢰를 미미한 수준보다는 명백히 더 높은 수준까지 높일 것으로 예상된다.

재무제표 검토를 예로 들면, 검토는 감사와는 달리 필요한 모든 증거를 수집하기 위하여 감사절차를 수행하는 것이 아니라 제한된 절차에 따라 중요성의 관점에서 인정되는 재무보고기준에 따라 작성되지 않았다고 판단할 수 있는 사실이 있었는지에 대하여 의견을 표명하는 것이다. 즉, 검토의견은 재무제표가 재무보고기준에 따라 작성되지 않았다는 증거를 수집하여 의견을 표명하는 소극적 의견(negative assurance)인데, 소극적 의견이란 "...중요성의 관점에서 공정하게 표시되지 않은 사항이 발견되지 아니하였습니다..."라는 의견을 제시하는 것을 말한다. 따라서 검토의견이 제공하는 확신의 수준은 감사의견보다 낮은 중간 수준이다.

[표 1-5] 확신 수준에 따른 분류

원문 용어	개정 기준 용어	정의/의미
Reasonable assurance engagement	합리적 확신업무	인증인 결론의 근거로서 인증인이 업무위험을 업무상황에 따라 수용가능하게 낮은 수준으로 감소시키는 인증업무. 인증인의 결론은 준거기준에 따라 기초인증대상의 측정 또는 평가의 결과에 대한 인증인의 의견을 전달하는 형태로 표명된다.
Limited assurance engagement	제한적 확신업무	인증인이 업무위험을 업무상황에서 수용 가능한 수준 이하로 감소시키지만 업무위험이 합리적 확신업무보다는 더 높은 인증업무. 제한적 확신업무에서 수행된 절차의 성격, 시기와 범위는 합리적 확신업무에서 필요로 하는 것에 비하여 제한적이지만, 인증인의 전문가적 판단에 따라 유의미한 수준의 확신을 얻도록 계획된다. (유의미한 수준의 확신 : 의도된 이용자의 인증대상정보에 대한 신뢰를 미미한 수준보다는 명백히 더 높아지도록 하는 확신)

(3) 비인증업무 중 관련업무

1) 합의된 절차 수행업무(Agreed-Upon Procedures)

합의된 절차 수행업무의 목적은 공인회계사와 의뢰인, 그리고 적절한 제3자간에 합의한 절차를 공인회계사가 수행하고 발견된 사실을 보고하는 것이다. 공인회계사는 합의된 절차 수행과정에서 발견된 사실만을 보고할 뿐 어떠한 확신도 표명하지 않는다. 반면, 정보 이용자는 감사인이 보고한 수행 절차와 그 발견사항을 스스로 평가하고 결론을 내린다. 보고서의 용도는 해당절차에 합의한 당사자들에게만 한정된다. 당사자가 아닌 제3자는 그 절차를 수행한 이유를 알지 못하고 따라서 결과에 대하여 잘못 해석할 수 있으므로 이용자의 범위에서 제외된다. 회계감사와의 차이점은 감사인의 행위기준이 회계감사기준이 아니라 고객과 사전에 합의된 절차라는 점이다.

2) 재무정보 작성업무(Compilation)

공인회계사는 회계전문가이기 때문에 고객의 재무정보를 대신 작성해 주기도 한다. 재무정보의 작성과정은 경영진주장(즉, 재무제표가 회계기준에 따라 작성되었다는 주장)에 대하여 조사하는 것이 아니라 회계자료를 관리가능하고 이해가능한 형식으로 정리하는 것이다.

3.2 우리나라 인증업무기준체계에 근거한 업무 분류

(1) 업무기준 간 관계와 공인회계사 업무 분류

1) 회계감사기준위원회가 제정한 기준 등의 상호관계

한국공인회계사회 산하 회계감사기준위원회가 제정한 기준 등의 상호관계는 다음과 같다.

[그림 1-10] 회계감사기준위원회가 제정한 기준 등의 상호 관계 및 공인회계사윤리기준과의 관계

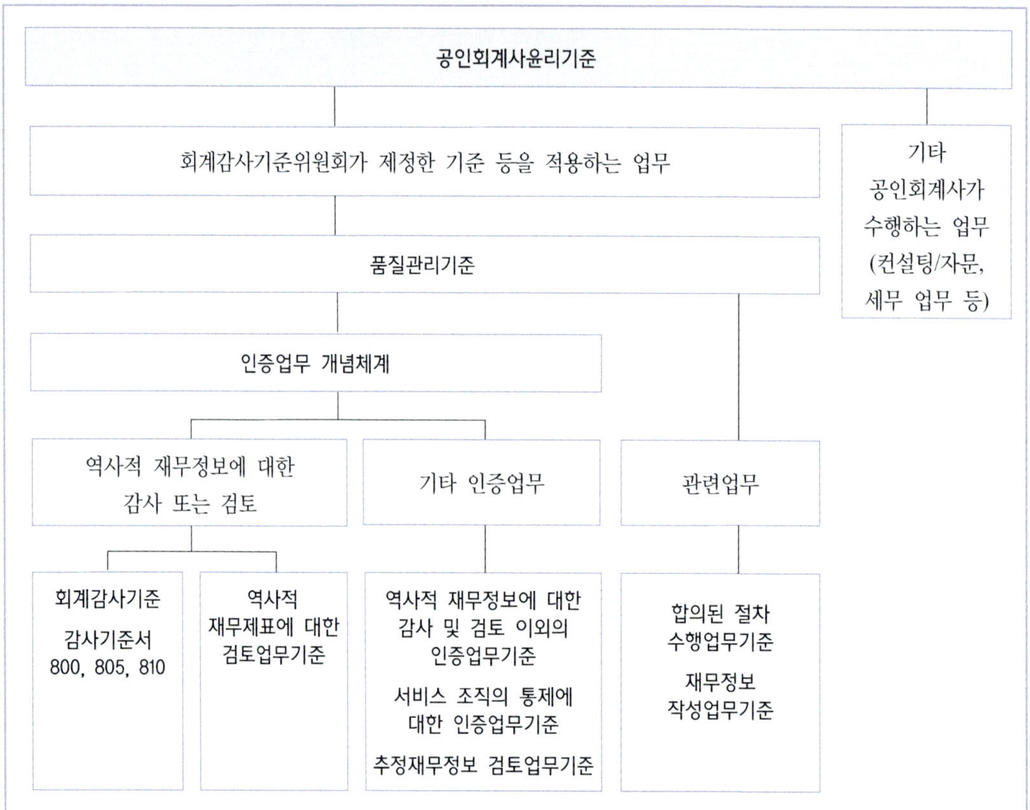

2) 공인회계사 업무 분류

상기 그림에 따르면, 공인회계사의 업무를 적용되는 기준을 근거로, 회계감사기준위원회가 제정한 기준을 적용하는 업무와 회계감사기준위원회가 제정한 기준을 적용하지 않는 업무, 즉 컨설팅 자문과 세무업무 등으로 분류할 수 있다.

이 중 회계감사기준위원회가 제정한 기준을 적용하는 업무는 인증업무와 관련 업무로 구별할 수 있고, 이 중 인증업무는 다시 역사적 재무정보에 대한 감사 또는 검토 업무와 기타 인증업무로 구별할 수 있다.

[표 1-6] 공인회계사 업무 분류

<table>
<tr><th rowspan="3">구 분</th><th colspan="3">회계감사기준위원회가 제정한 기준을 적용하는 업무</th><th rowspan="3">회계감사 기준위원회가 제정한 기준을 적용하지 않는 업무</th></tr>
<tr><th colspan="2">인증업무</th><th rowspan="2">관련 업무</th></tr>
<tr><th>역사적 재무정보에 대한 감사 또는 검토</th><th>기타 인증업무</th></tr>
<tr><td>내 용</td><td>• 재무제표 감사
• 재무제표 검토
• 공동주택관리에 관한 회계감사
• 구분회계보고서에 관한 감사</td><td>• 지속가능경영 보고서 인증
• 서비스조직 통제 인증
• 추정재무정보 검토</td><td>• 합의된 절차
• 재무정보 작성</td><td>• 컨설팅 등 자문
• 세무업무</td></tr>
<tr><td>기준서</td><td>• 회계감사기준
• 역사적 재무제표에 대한 검토업무 기준
• 공동주택관리에 관한 회계감사기준
• 구분회계보고서에 관한 감사기준</td><td>• 역사적 재무정보에 대한 감사 및 검토 이외의 인증업무기준
• 서비스조직의 통제에 대한 인증업무기준
• 추정재무정보 검토업무기준</td><td>• 합의된 절차 수행업무기준
• 재무정보 작성 업무기준</td><td>해당 없음</td></tr>
</table>

3) 시사점

상기 기준간 상호관계를 도식화한 그림은 몇 가지 중요한 시사점을 제시한다.

첫째, 인증업무에 해당하는 경우, 해당 업무 관련 기준서 외에도 공인회계사 윤리기준과 품질관리기준을 준수해야 할 의무가 존재한다. 예를 들어, 회계감사 업무를 수행하는 경우, 해당 업무와 관련된 회계감사기준 외에도 공인회계사 윤리기준과 품질관리기준을 준수해야 한다. 이는 지속가능보고서 인증업무와 같은 기타 인증업무를 수행할 때도 마찬가지로 적용된다.

둘째, 인증업무가 아닌 관련업무를 수행하는 경우에도, 해당 업무 관련 기준서 외에도 공인회계사 윤리기준과 품질관리기준을 준수해야 할 의무가 존재한다. 예를 들어, 합의된 절차 업무를 수행하는 경우, 해당 업무와 관련된 합의된 절차 수행업무기준 외에도 공인회계사 윤리기준과 품질관리기준을 준수해야 한다.

셋째, 회계감사기준위원회가 제정한 기준을 적용하지 않는 업무, 즉 컨설팅 자문과 세무 업무 등을 수행해도 공인회계사는 공인회계사 윤리기준을 준수해야 한다. 즉 공인회계사 윤리기준은 공인회계사가 수행하게 되는 모든 전문가로서의 업무에 적용이 된다. 다만 이 경우에는 품질관리업무기준서는 적용되지 않는다.

(2) IFAC 산하 IAASB의 인증업무기준 체계

1) 개 요

IFAC 산하 IAASB의 인증업무기준 체계는 다음과 같다.

[그림 1-11] IAASB의 인증업무기준 체계

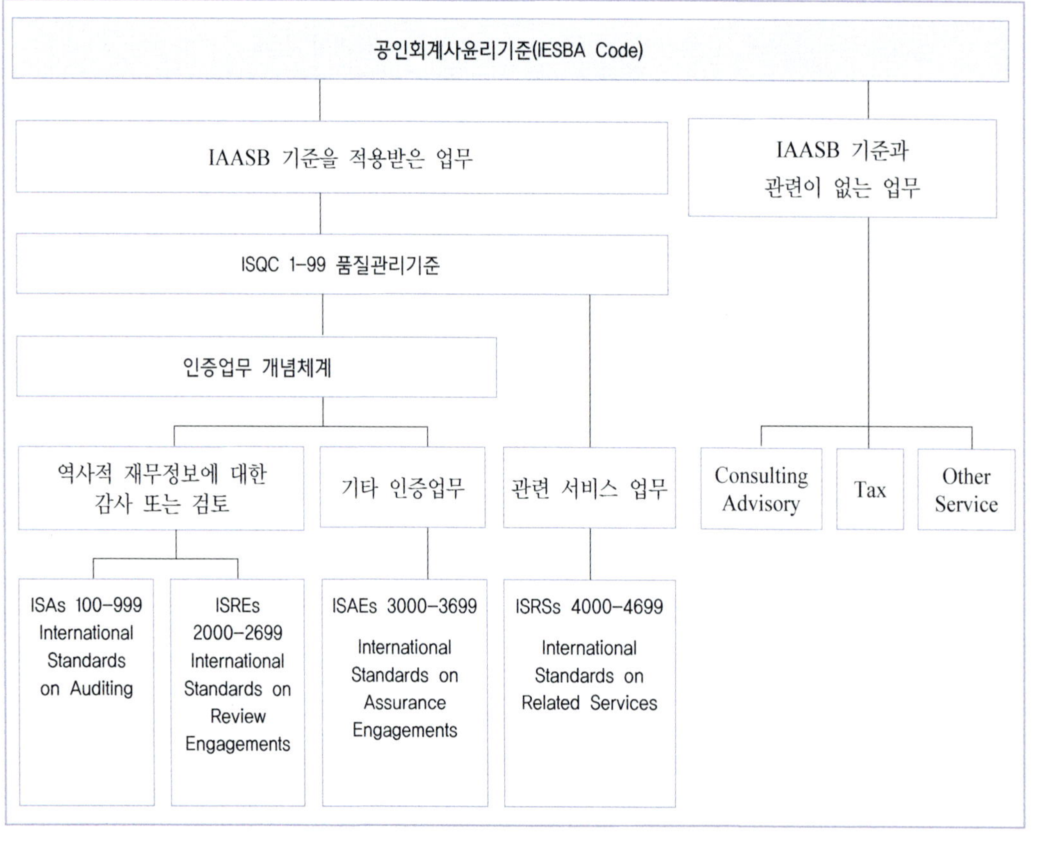

즉 우리나라 인증업무기준 체계는 IFAC 산하 IAASB의 인증업무기준 체계를 참고하여 도입한 것이다.

IAASB는 인증업무수행자의 자격을 제한하지는 않지만 인증업무수행자는 윤리적 요구사항과 품질관리요구사항을 준수하여야 한다. 즉 인증업무와 관련된 IESBA Code 또는 최소한 이에 준하는 다른 전문직 요구사항, 또는 법률이나 규정의 요구사항을 준수하여야 한다.

업무수행이사는 ISQC 1 또는 최소한 이에 준하는 다른 전문직 요구사항, 법규의 요구사항을 따르는 법인의 구성원이어야 한다. 국내의 경우 전문직 요구사항은 공인회계사윤리기준과 품질관리기준서1이 대표적이다. 또한 업무수행이사는 다음과 같은 적격성을 보유하여야 한다.

✓ 인증 기법(assurance skill & technique)에 대한 적격성
✓ 기초인증대상과 기초인증대상의 측정 또는 평가에 대한 충분한 적격성

2) 역사적 재무정보에 대한 감사 및 검토 이외의 인증업무

이중 지속가능경영보고서의 인증과 같은 역사적 재무정보에 대한 감사 및 검토 이외의 인증업무기준(International Standards on Assurance Engagement 3000(Revised))은 국제회계사연맹(IFAC)의 국제감사인증기준위원회(IAASB)에서 제정한 것이다. 현행 기준은 2013년 전면 개정된 기준인데, IAASB는 2021년 ISAE 3000을 지속가능성 정보 인증에 적용하는 상세 지침(EER Guidance)을 발표하였다. 참고로 한국공인회계사회에서도 '지속가능성 보고서 등에 대한 인증업무기준 적용 가이던스'를 제정하였다.

ISAE 3000의 지위는 모든 인증업무에 적용되는 일반 기준이다. 즉 인증 업무 중 역사적 재무정보에 대한 감사 및 검토를 제외한 모든 인증에 적용된다.

- ISAE 3000을 적용하는 업무의 예
  ✓ 지속가능성(Sustainability)
  ✓ 법률 또는 규정의 준수(Compliance)
  ✓ 경제성 조사(Value for money)

- 특정 주제를 다루는 별도 기준이 있으면 ISAE 3000과 별도 기준을 함께 적용함
  ✓ ISAE 3400 추정재무제표에 대한 검토
  ✓ ISAE 3402 서비스조직 통제에 대한 인증보고서
  ✓ ISAE 3410 온실가스보고서 인증업무
  ✓ ISAE 3420 투자설명서에 포함된 Pro forma 재무정보에 대한 인증업무

참고로 국내의 경우 '역사적 재무정보에 대한 감사 및 검토 이외의 인증업무기준'이 한국공인회계사회(감사인증기준위원회) 에 의해 2006년 제정되었고, 현재 ISAE 3000을 반영하여 개정 공표되었다.

(3) ESG 공시기준과 인증기준

1) ESG 공시기준

투자자들이 기업의 ESG 관련 활동을 평가하고 이에 기반하여 투자하기 위해서는 기업의 ESG 관련 성과를 측정하기 위한 표준적인 공시기준이 마련될 필요가 있다. 이러한 국제적으로 표준화된 ESG 공시기준에 대한 자본시장의 수요에 대응하고자, 국제회계기준재단(IFRS)은 2021년 11월 국제지속가능성기준위원회(International Sustainability Standards Board; ISSB)를 설립했다. 참고로 IRFS 재단은 다음과 같은 3개 층위(Three tiers)와, 8개 주요 기구로 구성되어 있다.

[그림 1-12] IFRS 재단 구성

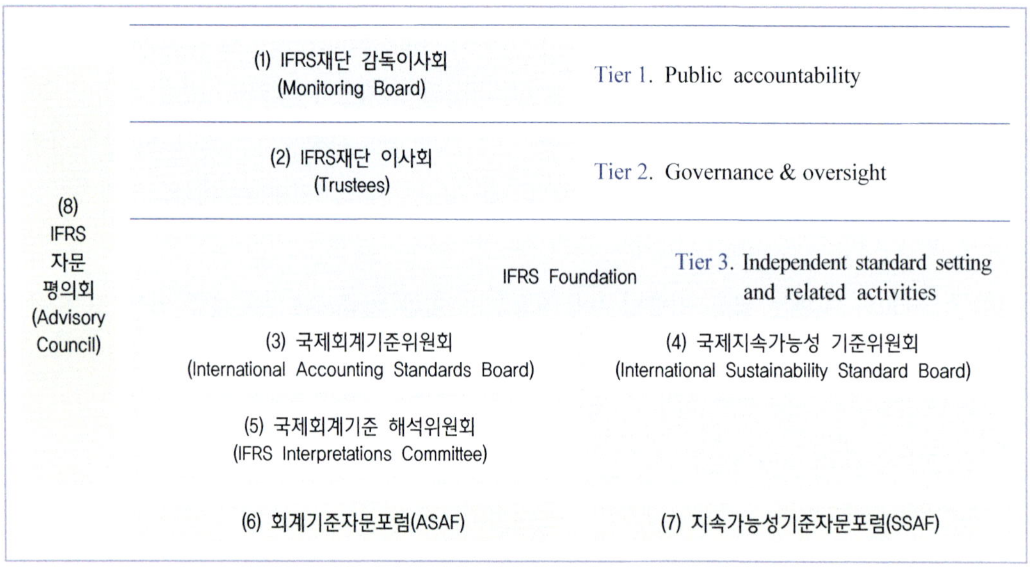

2022년 3월 31일 국제지속가능성기준위원회는 지속가능성 공시를 위한 최초의 기준서인 'IFRS S1 일반 요구사항'과 'IFRS S2 기후 관련 공시'에 대한 공개초안을 발표하였다. 공개 초안은 TCFD의 권고안에 따라 지배구조, 전략, 위험 관리, 지표 및 목표 관련 정보 공시에 중점을 두면서 SASB 기준의 산업 분류에 따른 지표를 통합해 마련됐다.

[표 1-7] ISSB 지속가능성 공시기준 공개초안

구 분	요약내용
IFRS S1 일반 요구사항	투자자 등 주요 정보이용자가 기업가치를 평가하고 투자 의사결정을 할 때 유용한 '유의적인 지속가능성 관련 위험과 기회'에 관한 중요한 정보를 기업이 공시하도록 요구
IFRS S2 기후 관련 공시	투자자 등 주요 이용자에게 유의한 기업의 기후 관련 위험 및 기회에 대한 정보를 제공

IFRS재단 내에 기존 IASB(회계기준 제정기구)와 별도로 ISSB(지속가능성기준 제정기구)가 설립('21.11월)된 것과 마찬가지로, ESG 공시기준과 관련한 국제 논의에 효과적으로 대응하는 한편, 국내 기업들이 적용할 ESG 공시기준을 검토하기 위해, 한국회계기준원 내에 기존 KASB(회계기준위원회)에 더해 KSSB(지속가능성기준위원회)가 설립된다. KSSB는 ESG 공시기준과 관련한 국제 논의에 대응하는 한편, 국내 기업들의 ESG 공시활동을 지원하고 국내에 적용될 ESG 공시기준을 검토하는 역할을 한다.

[그림 1-13] 한국회계기준원 조직 구조(KSSB 설립 後)

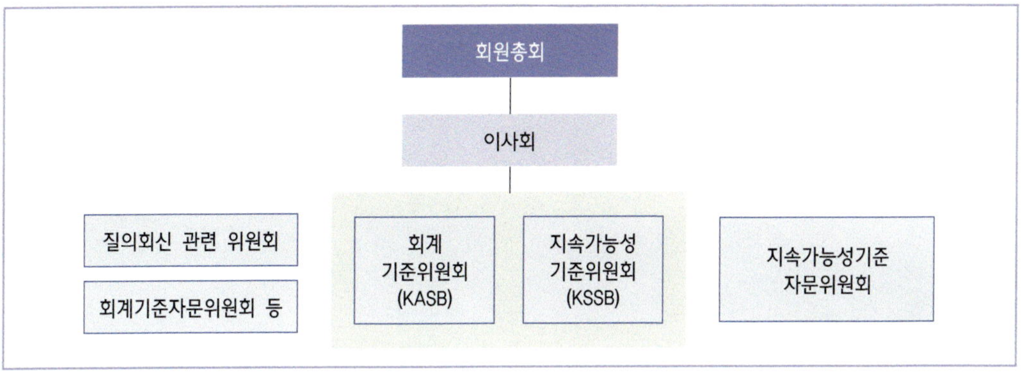

2) ESG 인증기준

전 세계적으로 ESG가 기업의 필수 경영 요소로 자리잡는 추세이며 ESG 정보의 공시와 인증에 대한 사회적 관심 역시 고조되고 있다. 국내에서도 2017년 상장사의 기업지배구조 공시제도가 도입된 데 이어 2025년부터 ESG 정보의 사업보고서 공시가 의무화되는 등 ESG 정보 공시가 제도적 요구사항으로 확립되는 단계이다. 기준위원회는 이러한 추세에 따라 시장의 요구에 따른 자발적인 ESG 정보 인증이 확대되고 인증에 대한 사회적 관심도 높아질 것으로 예측하였다. 이에 한국공인회계사회 회계감사기준위원회는 ESG를 비롯한 지속가능경영 보고서의 인증 업무에 적용할 기준을 정비할 필요가 있다고 판단하였다. 기준위원회는 국제적으로 지속가능경영 보고서의 인증에 가장 널리 사용되는 ISAE 3000 (Revised) 의 개정 내용을 반영하여 '역사적 재무정보에 대한 감사 및 검토 이외의 인증업무기준'을 개정하는 것이 가장 적합하다고 결론을 내렸다. 이에 따라 ISAE 3000(Revised)를 그대로 도입하는 것을 원칙으로 '역사적 재무정보에 대한 감사 및 검토 이외의 인증업무기준'의 개정을 진행하였다. '역사적 재무정보에 대한 감사 및 검토 이외의 인증업무기준'은 역사적 재무정보에 대한 감사나 검토가 아닌 모든 인증업무에 적용되는 일반기준이며 지속가능성은 물론 법규 준수, 경제성 조사(Value for Money)와 같은 여러 사안을 인증대상으로 할 수 있다.

Chapter 1 생각해 볼 문제

(1) 회계감사는 왜 필요한가?

경영진은 본인에게 귀속될 성과급 극대화를 위해 분식회계를 통해 이익을 높이려는 유인이 존재한다. 기업 차원에서는 자금이 필요한 기업의 경우 대출을 반드시 좋은 조건으로 받기 위해 분식회계를 통해 이익을 높이려는 유인이 존재한다.

이로 인해 실제로는 자금이 배분되어서는 안되는 기업임에도 분식회계를 통해 탈바꿈한 재무상태와 경영성과 정보를 제공하는 재무제표에 의해 은행이 대출을 하게 되는 잘못된 경제적 의사결정을 할 수 있게 되는 정보위험(Information Risk)이 발생한다. 정보위험은 잘못된 정보에 의해 자본시장의 이해관계자가 잘못된 경제적 의사결정을 하게 될 위험을 의미한다.

이와 같은 자본시장에서의 정보위험을 완화시키기 위해서 바로 회계감사의 필요성이 제기된다. 회계감사는 피감사기업의 재무제표에 중요한 왜곡표시가 있는지 여부를 확인하기 위해 회계감사기준에 따라 회계감사를 수행한 후 재무제표에 대한 감사의견을 표명하는 감사인의 행위를 의미한다.

(2) 회계감사는 재무제표의 모든 왜곡표시를 잡아낼 수 있는가? 만일 그렇지 않다면 그 이유는 무엇인가?

회계감사는 재무제표의 모든 왜곡표시를 잡아낼 수 없다. 회계감사는 그 업무의 성격 상 재무제표에 중요한 왜곡표시가 없다는 절대적 확신을 제공하는 대신 합리적 확신(reasonable assurance)을 제공하는 것을 목적으로 하기 때문이다. 합리적인 확신은 높은 수준의 확신을 의미하며 감사인이 충분하고 적합한 감사증거를 입수하여 감사위험을 수용 가능한 수준으로 감소시켰을 때 이러한 확신을 얻는다.

회계감사가 재무제표에 중요한 왜곡표시가 없다는 절대적 확신을 제공하지 못하고 합리적 확신에 기초로 하므로 왜곡표시가 모두 적발될 것을 보장하는 것이 아니라 중요한 왜곡표시 적발을 목표로 하는 것은 회계감사가 가질 수밖에 없는 다음과 같은 고유한계 때문이다.

첫째, 특정 회계추정치와 같이 재무제표의 특정 항목은 추가적인 감사절차를 적용해도 제거될 수 없는 고유한 수준의 가변성이 있으므로 이와 관련된 모든 왜곡표시를 적발하는데 있어서 회계감사의 한계가 존재한다.

둘째, 감사인의 감사증거 입수능력에는 실무적, 법률적 한계가 존재한다.
회계감사 실무적으로는 경영진이나 기타의 자들은 의도적으로 또는 비의도적으로 재무제표 작성과 관련된 정보나 감사인이 요청한 정보를 완전하게 제공하지 않을 수 있어 감사인은 정보의 완전성을 확신할 수 없다. 법률적으로도 회계감사는 범죄 혐의를 밝히려는 공적 수사가 아니다 보니 수색권한과 같은 특정한 법적 권한을 부여 받고 있지 않아 부정 관련 왜곡표시를 밝혀내는데 한계가 존재한다.

셋째, 감사보수에 맞춰 감사원가를 계획하므로 표본감사 등을 통해 합리적인 시간 내에 합리적인 비용으로 감사가 수행되어야 하기 때문에 회계감사의 경제적 측면에서의 한계가 존재한다. 재무제표 이용자들은 감사인이 합리적인 기간 내에 합리적인 비용으로 재무제표에 대한 의견을 형성할 것이라고 기대하며, 존재할 수 있는 모든 정보를 다루거나 또는 정보가 오류나 부정을 포함하고 있다는 가정 하에 그렇지 않다고 입증이 될 때까지 모든 사항을 누락 없이 추적하는 것이 가능하지 않다는 것을 인식하고 있다

(3) 감사인이 되려면 어떤 자격이 필요한가?

외부감사법에 의하면 회계감사를 수행할 수 있는 감사인은 회계법인과 감사반 두가지 형태로 제한된다. 즉 공인회계사 개인은 감사인으로 규정되고 있지 않으므로 단독으로 회계감사를 수행할 수 없으며 대신 공인회계사 자격을 갖춘 개인은 반드시 회계법인 혹은 감사반에 속하여 그 일원으로 회계감사를 수행할 수 있다.

먼저 회계법인은 공인회계사법에 따라 공인회계사 10인 이상, 공인회계사인 이사 3인 이상, 공인회계사인 사원 3인 이상, 자본금 5억원 이상 등의 요건을 갖추어 기획재정부 장관에게 등록한 감사인을 의미한다. 반면에 감사반은 공인회계사 3인 이상으로 공인회계사회에 등록한 감사업체를 의미한다.

(4) 인증업무는 합리적 확신업무와 제한적 확신업무로 분류할 수 있는데 두 업무간의 차이는 무엇인가?

인증업무 중 합리적 확신업무는 감사(auditing)를 의미한다. 합리적 확신업무에서 인증인

은 결론의 근거로서 업무위험을 업무상황에 따라 수용가능하게 낮은 수준으로 감소시킨다. 인증인의 결론은 준거기준에 따라 기초인증대상을 측정하거나 평가한 결과에 대해 인증인의 의견을 전달하는 형태로 표명된다. 감사는 일반적으로 제공하는 확신의 수준이 가장 높은 수준인 적극적 의견(positive opinion)을 표명한다. 적극적 의견이란 "...공정하게 표시하고 있다..." 라는 의견을 제시하는 것을 말한다. 즉, 감사인은 충분하고 적합한 수준의 감사증거에 근거하여 절대적 수준은 아니지만 비교적 높은 수준의 합리적인 확신(reasonable assurance)을 제공한다.

반면에 인증업무 중 제한적 확신업무는 검토(review)를 의미한다. 제한적 확신업무에서 인증인은 수행된 절차와 입수된 증거에 근거하여 인증대상정보가 중요하게 왜곡표시되었다는 점이 발견되었는지 여부를 전달하는 형태로 결론을 표명하며, 결론을 표명하기 위한 근거로서 업무위험을 업무상황에서 수용 가능한 수준 이하로 감소시키지만 업무위험이 합리적 확신업무보다는 더 높다. 제한적 확신업무에서 수행된 절차의 성격, 시기, 범위는 합리적 확신업무에서 필요로 하는 것에 비하여 제한적이지만, 인증인의 전문가적 판단에 따라 유의미한 수준의 확신을 얻도록 계획된다. 인증인이 얻은 확신 수준이 유의미하다면 의도된 이용자의 인증대상정보에 대한 신뢰를 미미한 수준보다는 명백히 더 높은 수준까지 높일 것으로 예상된다.

재무제표 검토를 예로 들면, 검토는 감사와는 달리 필요한 모든 증거를 수집하기 위하여 감사절차를 수행하는 것이 아니라 제한된 절차에 따라 중요성의 관점에서 인정되는 재무보고기준에 따라 작성되지 않았다고 판단할 수 있는 사실이 있었는지에 대하여 의견을 표명하는 것이다. 즉, 검토의견은 재무제표가 재무보고기준에 따라 작성되지 않았다는 증거를 수집하여 의견을 표명하는 소극적 의견(negative assurance)인데, 소극적 의견이란 "...중요성의 관점에서 공정하게 표시되지 않은 사항이 발견되지 아니하였습니다..."라는 의견을 제시하는 것을 말한다. 따라서 검토의견이 제공하는 확신의 수준은 감사의견보다 낮은 중간 수준이다.

(5) ESG 보고서(지속가능경영보고서)에 대한 인증업무는 어떤 인증기준을 활용하여 수행하게 되는가?

지속가능경영보고서의 인증과 같은 역사적 재무정보에 대한 감사 및 검토 이외의 인증업무기준(International Standards on Assurance Engagement 3000(Revised))은 국제회계사연맹(IFAC)의 국제감사인증기준위원회(IAASB)에서 제정한 것이다. 현행 기준은 2013년 전면 개정된 기준인데, IAASB는 2021년 ISAE 3000을 지속가능성 정보 인증에 적용하는 상세 지침(EER Guidance)을 발표하였다. 참고로 한국공인회계사회에서도 '지속가능성보고서 등에 대한 인증업무기준 적용 가이던스'를 제정하였다.

ISAE 3000의 지위는 모든 인증업무에 적용되는 일반 기준이다. 즉 인증 업무 중 역사적 재무정보에 대한 감사 및 검토를 제외한 모든 인증에 적용된다.

- ISAE 3000을 적용하는 업무의 예
  - ✓ 지속가능성(Sustainability)
  - ✓ 법률 또는 규정의 준수(Compliance)
  - ✓ 경제성 조사(Value for money)
- 특정 주제를 다루는 별도 기준이 있으면 ISAE 3000과 별도 기준을 함께 적용함
  - ✓ ISAE 3400 추정재무제표에 대한 검토
  - ✓ ISAE 3402 서비스조직 통제에 대한 인증보고서
  - ✓ ISAE 3410 온실가스보고서 인증업무
  - ✓ ISAE 3420 투자설명서에 포함된 Pro forma 재무정보에 대한 인증업무

한국공인회계사회 회계감사기준위원회는 ESG를 비롯한 지속가능경영 보고서의 인증 업무에 적용할 기준을 정비할 필요가 있다고 판단하였다. 기준위원회는 국제적으로 지속가능경영 보고서의 인증에 가장 널리 사용되는 ISAE 3000(Revised)의 개정 내용을 반영하여 '역사적 재무정보에 대한 감사 및 검토 이외의 인증업무기준'을 개정하는 것이 가장 적합하다고 결론을 내렸다. 이에 따라 국내의 경우 '역사적 재무정보에 대한 감사 및 검토 이외의 인증업무기준'이 한국공인회계사회(감사인증기준위원회)에 의해 2006년 제정되었고, 현재 ISAE 3000을 반영하여 개정 공표되었다.

Chapter 02

감사절차와 감사증거 수집

학습목표

- 본 장을 통해 재무제표에 대한 경영진의 주장을 이해하도록 한다.
- 회계감사의 절차를 개괄적으로 이해하도록 한다.
- 추가감사절차가 왜 필요한지를 이해하고, 통제테스트와 실증절차 간의 관계를 이해하도록 한다.
- 감사증거 수집방안을 이해하고 감사증거의 충분성과 적합성의 판단요소를 이해한다.

제1절 재무제표에 대한 경영진의 책임과 주장

1.1 재무제표 작성 및 제출 책임

(1) 재무제표 작성 책임

회계정보의 질에 직접적인 영향을 주는 3 요소인 회계정보 생산자(기업), 감시자(감사인, 감독기구), 회계정보이용자(투자자, 금융기관, 재무분석가 등)가 서로 유기적으로 생산-검증 및 감독-이용의 선순환 구조로 운영되기 위해서 가장 중요한 기본요소는 1차적으로 회계정보를 생산하는 기업이 전문성을 가지고 충실한 재무제표를 작성해야 하는 것이다.

그러나 가장 기본이 되어야할 회계정보 생산자인 기업 스스로 재무제표를 적정하게 작성하는 능력을 확보하고 직접 작성해야 함에도 불구하고 그간 일부 기업은 재무제표 작성업무를 감사인에게 의존하는 잘못된 관행으로 감사인의 독립성을 저하시키고 그로 인한 감사인의 회계정보 검증기능을 약화시킴에 따라 회계정보의 신뢰성에 대한 사회적 우려 제기되어 왔다. 감사인이 재무제표를 대신 작성해주는 관행은 감사인의 독립성을 훼손하는 심각한 상황을 야기할 수 있으므로, 재무제표의 일부라도 감사인에 의한 대리작성 및 회계자문의 관행을 근절하기 위하여 2013년 주식회사의 외부감사에 관한 법률(이하 외감법) 개정을 통해 회사의 재무제표 작성 책임을 강화하고, 회계법인이 피감사 회사의 재무제표 대리작성 및 회계자문을 금지하는 것을 법제화하였다.

외부감사법 제6조(재무제표의 작성 책임)

① 회사의 대표이사와 회계담당 임원(회계담당 임원이 없는 경우에는 회계업무를 집행하는 직원을 말한다. 이하 이 조에서 같다)은 해당 회사의 재무제표를 작성할 책임이 있다.
⑥ 회사의 감사인 및 그 감사인에 소속된 공인회계사는 해당 회사의 재무제표를 대표이사와 회계담당 임원을 대신하여 작성하거나 재무제표 작성과 관련된 회계처리에 대한 자문에 응하는 등 대통령령으로 정하는 행위를 해서는 아니 되며, 해당 회사는 감사인 및 그 감사인에 소속된 공인회계사에게 이러한 행위를 요구해서는 아니 된다.

이러한 내용은 감사인의 재무제표 대리작성 및 회계자문에 대한 금지를 명확히 함으로써 재무제표 작성 시 일부 기업의 감사인에 대한 의존도를 없애고 기업의 재무제표 작성능력을 향상시키고 감사인이 자신이 한 일에 대하여 감사를 하는 경우에 발생하는 감사인의 자기검토위협(self-review threat)을 사전적으로 방지하여 감사인의 독립성을 향상시키는데 기여할 것으로 기대된다.

(2) 감사전 재무제표 제출 책임

1) 개 요

회사의 대표이사와 회계담당 이사의 재무제표 작성책임을 명확히 하기 위하여 주권상장법인과 비상장법인(직전연도말 자산총액 1천억원 이상)은 재무제표를 작성하여 감사인 및 증권선물위원회(이하 증선위)에 동시에 제출하도록 규정하고 있다.

외부감사법 제6조(재무제표의 제출)

① 회사의 대표이사와 회계담당 임원(회계담당 임원이 없는 경우에는 회계업무를 집행하는 직원을 말한다. 이하 이 조에서 같다)은 해당 회사의 재무제표를 작성할 책임이 있다.
② 회사는 해당 사업연도의 재무제표를 작성하여 대통령령으로 정하는 기간 내에 감사인에게 제출하여야 한다.
③ 「자본시장과 금융투자업에 관한 법률」 제159조 제1항에 따른 사업보고서 제출대상법인인 회사는 제2항에 따라 재무제표를 기간 내에 감사인에게 제출하지 못한 경우 사업보고서 공시 후 14일 이내에 그 사유를 공시하여야 한다.
④ 주권상장법인인 회사 및 대통령령으로 정하는 회사는 제2항에 따라 감사인에게 제출한 재무제표 중 대통령령으로 정하는 사항을 증권선물위원회에 제출하여야 한다. 이 경우 제출 기한 · 방법 · 절차 등 제출에 필요한 사항은 대통령령으로 정한다.
⑤ 주권상장법인인 회사가 제4항에 따른 제출기한을 넘길 경우 그 사유를 제출기한 만료일의 다음 날까지 증권선물위원회에 제출하여야 한다. 이 경우 증권선물위원회는 해당 사유를 「자본시장과 금융투자업에 관한 법률」 제163조의 방식에 따라 공시하여야 한다.

⑥ 회사의 감사인 및 그 감사인에 소속된 공인회계사는 해당 회사의 재무제표를 대표이사와 회계담당 임원을 대신하여 작성하거나 재무제표 작성과 관련된 회계처리에 대한 자문에 응하는 등 대통령령으로 정하는 행위를 해서는 아니 되며, 해당 회사는 감사인 및 그 감사인에 소속된 공인회계사에게 이러한 행위를 요구해서는 아니 된다.

우리나라 상장기업은 12월 말 결산법인이 대부분이기 때문에 외부감사 업무가 연초에 집중되어 있어 감사인이 충실한 외부감사만을 하기에도 시간적으로 부족한 현실이었음에도 불구하고 그간의 기업의 재무제표 대리작성 요청 등으로 인하여 충실한 외부감사 업무를 수행하는데 더욱더 어려움이 존재하였다. 그러나 개정된 외감법 및 동 시행령에 의해 기업들이 감사인에게 정해진 기간 내에 재무제표를 제출하게 되면 감사인의 감사시간이 충분히 확보되어 감사품질이 향상될 것으로 기대할 수 있다. 또한 과거와 동일한 감사 시간이 투입되더라도 과거에는 일부 기업의 경우에 감사인이 감사시간 중 일부를 재무제표 작성업무에 투입하는 반면에, 개정 외감법 실시 이후에는 감사인이 감사에만 감사시간을 투입하게 되므로 감사품질이 향상될 것으로 기대된다. 또한 규제당국이 감사 전 재무제표를 모니터링 한다는 자체가 기업의 재무제표 작성에 부담으로 작용하여 재무제표 작성 책임자로서의 기업의 의식 제고에 기여할 것으로 기대된다.

외부감사법 적용회사의 감사 前 재무제표 제출의무는 다음과 같이 요약할 수 있다.

[표 2-1] 외부감사법 적용회사의 감사 前 재무제표 제출의무

<table>
<tr><td>제출대상</td><td>• 주권상장법인, 금융회사 및 직전연도 말 자산총액 1천 억원 이상 비상장법인</td></tr>
<tr><td>제출처</td><td>• 주권상장법인 : 거래소 상장공시제출시스템(KIND)
• 비상장법인 : 금감원 전자공시접수시스템(DART)</td></tr>
<tr><td>제출서류</td><td>• ① 재무상태표, ② (포괄)손익계산서, ③ 자본변동표, ④ 현금흐름표, ⑤ 주석
※ 연결재무제표 작성 회사는 연결재무제표도 함께 제출</td></tr>
<tr><td>제출시점</td><td>• 외부감사인에게 재무제표(연결 포함)를 제출할 때
<table>
<tr><td colspan="2">구 분</td><td>별도(개별)재무제표</td><td>연결재무제표</td></tr>
<tr><td rowspan="2">K-IFRS 적용</td><td>일반회사</td><td>정기주총일 6주 전</td><td>정기주총일 4주 전</td></tr>
<tr><td>회생절차진행</td><td>사업연도종료 후 45일</td><td>사업연동종료 후 60일</td></tr>
<tr><td colspan="2">일반기업회계기준 적용</td><td>정기주총일 6주 전</td><td>사업연도종료 후 90일
(직전연도 자산 2조원 이상 사업보고서 제출법인은 70일)</td></tr>
</table></td></tr>
</table>

2) 유의사항

회사는 직접 작성한 감사 前 재무제표를 법정기한내 외부감사인에게 제출해야 한다. 법정기한은 K-IFRS 적용 법인은 개별(별도)재무제표는 정기주주총회 6주 전, 연결재무제표는 정기주주총회 4주 전까지이며, 일반기업회계기준 적용대상 회사는 사업연도 종료 후 90일 또는 70일이다. 이와 관련하여 다음 사항에 유의하여야 한다.

첫째, 회사는 직접 작성한 감사 前 재무제표를 법정기한내 외부감사인에게 제출한 후 증선위에도 정기주주총회 후 2주 이내 제출해야 한다. 이 때 외부감사인에게 감사 前 재무제표 제출 시 제출기록(제출일자 및 재무제표 내용 등)이 확인 가능한 E-mail 등을 통해 제출해야 한다. 증선위 제출의 경우, 상장법인은 한국거래소(시행령 §44③)에, 비상장법인은 금융감독원(시행령§44①)에 각각 위탁되어 있어 상장법인은 거래소 상장공시제출시스템(KIND)에, 비상장법인은 금감원 전자공시접수시스템(DART)에 제출하도록 한다.

둘째, 법정기한 계산 시 초일 불산입 원칙(민법 제157조)에 따라 초일(정기주총일)은 불산입하고 역으로 6주 전, 4주 전을 계산해야 함에 주의해야 한다. 이 때 감사인의 재무제표 기말감사를 위한 현장감사 착수일이 법정 제출기한보다 빠른 경우, 재무제표 작성책임을 명확히 하기 위한 목적이므로 법정기한 이전이라도 감사인에게 재무제표를 제출할 때(현장 감사착수 시) 금감원(거래소)에도 동시에 제출해야 한다. 예컨대 A사는 20XX년 3월 29일(목요일)이 정기주주총회일인데, 법정기한(6주 전)인 20XX년 2월 14일(수요일)까지 별도재무제표를 제출하여야함에도 기한 계산 착오로 20XX년 2월 15일(목요일)에 제출하였다. 이 경우 제출기한 위반에 해당한다.

셋째, 사업보고서 제출기한 이후 정기주총을 개최하는 경우에는 정기주총일이 아니라 사업 보고서 제출기한으로부터 6주 전(별도) 또는 4주 전(연결)임에 유의해야 한다. 감사 前 재무제표 제출기한을 넘긴 주권상장법인은 '기한 내 미제출사유'를 제출기한 만료일의 다음날까지 증선위에 제출해야 한다.

1.2 재무제표에 대한 경영진 주장

(1) 재무제표 범주별 경영진 주장

경영진은 본인의 책임 하에 작성된 재무제표가 재무보고체계에 따르고 있다고 주장하게 된다. 이 때 외부 회계감사시에 경영진이 준수하는 재무보고체계는 "한국채택국제회계기준" 또는 "일반기업회계기준"이 법규에 의해 요구되는 재무보고체계이다. 경영진은 재무제표가 해당 재무보고체계에 따르고 있다고 진술할 때, 묵시적으로 또는 명시적으로 재무제표와 관련 공시들의 다양한 요소들에 대하여 그 인식, 측정, 표시 및 공시에 대한 주장을 하게 된다. 즉 경영진은 '재무제표가 재무보고체계(회계기준)에 따라 작성되었다'고 주장하게 되는데, 이를 경영진주장(financial statements assertions)이라 한다. 감사인은 경영진주장이 적절한지 여부를 감사하기 위하여 감사증거를 수집하므로 경영진주장이 감사목적이 된다.

2022년 개정된 한국공인회계사회 감사기준서 315 문단에 따르면, 재무제표에 대한 경영진주장은 '감사대상기간의 거래 및 사건의 유형과 관련 공시에 대한 경영진주장'[1)]과 '보고기간말 계정잔액 및 관련 공시에 대한 경영진주장'[2)]과 같이 두 가지 범주로 분류된다.

각각의 범주별로 재무제표에 대한 경영진 주장은 다음과 같이 정리할 수 있다.

[표 2-2] 감사기준서 315-A129 거래유형, 계정잔액 및 관련 공시에 대한 경영진주장

구 분	경영진 주장	내 용
감사대상기간의 거래 및 사건의 유형과 관련 공시에 대한 경영진주장	발생사실	기록되거나 공시된 거래와 사건은 발생되었고 기업에 귀속됨
	완전성	기록되어야 하는 모든 거래와 사건은 기록되었으며 재무제표에 포함되어야 하는 모든 관련 공시는 재무제표에 포함되었음
	정확성	기록된 거래와 사건에 관련된 금액 및 기타 데이터는 적합하게 기록되었고 관련 공시는 적합하게 측정되고 기술되었음
	기간귀속	거래와 사건은 해당 보고기간에 기록되었음
	분 류	거래와 사건은 적절한 계정으로 기록되었음
	표 시	거래와 사건은 적합하게 합해지거나 세분화되고 명확하게 기술되었으며 관련 공시는 해당 재무보고체계의 요구사항의 측면에서 관련성이 있으며 이해가능함

1) 감사대상기간의 거래 및 사건의 유형과 관련 공시에 대한 경영진주장 : 손익계산서와 현금흐름표에 대한 주장과 재무상태표 항목 중 기중거래에 대한 주장 및 이와 관련된 주기 및 재무제표에 대한 주석, 그리고 재무제표의 표시에 대한 주장

2) 보고기간말 계정잔액 및 관련 공시에 대한 경영진주장 : 재무상태표에 대한 주장 및 이와 관련된 주기 및 재무제표에 대한 주석, 그리고 재무제표의 표시에 대한 주장을 말한다.

보고기간말 계정잔액 및 관련 공시에 대한 경영진주장	실재성	자산, 부채 및 주주지분은 실재함
	권리와 의무	기업은 자산에 대한 권리를 보유하거나 통제하고 있으며 부채는 기업의 의무임
	완전성	기록되어야 하는 자산, 부채 및 주주지분은 모두 기록되었으며 재무제표에 포함되어야 하는 모든 관련 공시는 재무제표에 포함되었음
	정확성, 평가 및 배분	자산, 부채 및 주주지분은 적합한 금액으로 재무제표에 계상되어 있고 평가나 배분의 결과는 적합하게 기록되어 있으며, 관련 공시는 적합하게 측정되고 기술되어 있음.
	분 류	자산, 부채 및 주주지분은 적절한 계정으로 기록되었음
	표 시	자산, 부채 및 주주지분은 적합하게 합산되거나 세분화되고 명확하게 기술되었으며 관련 공시는 해당 재무보고체계의 요구사항의 측면에서 관련성이 있으며 이해가능함

(2) 경영진의 세부 감사목표(경영진 주장)

감사인은 경영진주장이 적절한지 여부를 감사하기 위하여 감사증거를 수집하므로 경영진주장이 감사목적이 된다. 상기 경영진주장은 감사대상기간의 거래 및 사건의 유형과 관련 공시에 대해서만 적용되거나 혹은 보고기간말 계정잔액 및 관련 공시에 대해서만 적용되기도 하지만 서로 상호영향을 미치기도 한다. 또한 어떤 경영진주장은 개념은 같지만 적용되는 대상(잔액, 거래 및 공시)에 따라 명칭이 다르기도 하다.

감사목표가 되는 경영진주장의 세부 개념은 다음과 같다.

1) 실재성 vs 발생사실

실재성은 '자산, 부채 및 주주지분은 실재한다'는 경영진주장을 의미한다. 반면에 발생사실은 '기록되거나 공시된 거래와 사건은 발생되었고 기업에 귀속된다'는 경영진주장을 의미한다.

경영진은 일반적으로 자신의 경영성과를 과대계상하기 위하여 자산과 수익은 과대계상, 부채와 비용은 과소계상하는 경향이 있다. 따라서 실재성은 재무상태표 항목 중 부채 계정보다는 자산 계정을 감사할 때 더 중요하게 여겨지는 감사목적이다. 발생사실은 손익계산서 항목 중 비용 계정보다는 수익 계정을 감사할 때 더 중요하게 여겨지는 감사목적이다. 예컨대 재무상태표 상 재고자산이 실제로 존재하는 지 여부에 대하여 실사하는 것은 재고자산의 실재성을 확인하기 위한 목적이다. 포괄손익계산서상 매출이 가공거래를 통한 허위매출은 아닌지 여부를 검사하는 것은 매출의 발생사실을 확인하기 위한 목적이다.

즉 주로 거래나 계정잔액이 과대계상되어 있는 왜곡표시를 검증하기 위해 적용되는 감사목적이다.

2) 완전성

완전성이란 '기록되어야 하는 모든 거래와 사건은 기록되었으며 재무제표에 포함되어야 하는 모든 관련 공시는 재무제표에 포함되었다'는 경영진주장과 누락 없이 완전하게 기록되었는지 여부에 대한 감사목적을 의미한다. 일반적으로 경영진은 부채와 비용은 과소계상하려는 동기를 가지고 있다. 따라서 완전성은 자산과 수익보다는 부채와 비용을 감사할 때 더 중요하게 여겨지는 감사목적이다. 예컨대 부외부채 존재가능성이나 우발채무 누락 확인에 적합한 감사목표이다.

따라서 완전성은 주로 거래나 계정잔액이 과소계상되어 있는 왜곡표시를 검증하기 위해 적용되는 감사목적이다.

3) 권리와 의무

권리와 의무란 '기업은 자산에 대한 권리를 보유하거나 통제하고 있으며 부채는 기업의 의무이다'는 경영진주장을 의미한다. 권리와 의무는 자산, 부채 및 자본과 같은 재무상태표 계정의 기말잔액에 적용된다. 권리는 소유권증서, 외부조회를 통해 조사하게 되고, 의무는 질문, 외부조회를 통해 조사하게 된다.

4) 평 가

평가는 '기록된 거래와 사건에 관련된 금액 및 기타 데이터는 적합하게 기록되었고 관련 공시는 적합하게 측정되고 기술되었다'는 경영진주장을 의미한다. 예를 들면, 재고자산은 저가법으로 평가되어야만 회계기준에 따라 적합하게 평가된 것이다. 경영진은 저가법으로 평가되었다고 주장하며, 감사인은 해당 계정이 회계기준(재무보고체계)에 따라 적합하게 평가되었는지 여부를 감사한다.

5) 배 분

배분이란 '비용을 발생주의에 따라 적절한 기간에 배분하였다'는 경영진주장을 의미한다. 예를 들면, 유형자산의 감가상각비는 비용의 합리적 기간간 배분에 해당하며, 경영진은 감가상각비가 합리적으로 배분되었다고 주장하며, 감사인은 이것이 회계기준에 따라 배분되었는지 여부를 감사한다.

배분이라는 경영진주장은 비용계정에 적용된다.

6) 정확성

정확성이란 '기록된 거래와 사건에 관련된 금액 및 기타 데이터는 적합하게 기록되었고 관련 공시는 적합하게 측정되고 기술되었다'는 경영진주장과 적합하게 기록되었는지에 대한 감사목적을 말한다.

평가라는 경영진주장은 자산, 부채 및 자본과 같은 기말잔액과 표시와 공시에 적용된다.

7) 기간귀속

기간귀속이란 '거래와 사건은 해당 보고기간에 기록되었다'는 경영진주장과 재무제표일을 기준으로 재무제표 전후 거래가 적절한 회계기간에 기록/보고되었는지 검증하는 것이 감사목표이다. 기간귀속이라는 경영진주장은 손익항목에 적용되며 재무제표 전후 거래가 적절한 회계기간에 기록/보고되었는지 검증하는 것이 감사목표이다. 내부통제 평가 시 기간귀속(cut-off)목표 대신 적시성(timeliness)목표로 대체하게 된다.

8) 분 류

분류란 '거래와 사건은 적절한 계정으로 기록되었다'는 경영진주장과 적절한 계정으로 기록되었는지에 대한 감사목적을 말한다. 손익항목은 영업손익과 비영업손익을 구분하는데, 경영진이 자의적으로 손익항목을 분류하고 이를 정당하다고 주장한다면, 감사인은 이러한 경영진주장이 정당한지를 감사하여야 할 것이다.

분류라는 경영진주장은 손익항목과 표시와 공시에 적용된다.

9) 표 시

표시란 '자산, 부채 및 주주지분은 적합하게 합산되거나 세분화되고 명확하게 기술되었으며 관련 공시는 해당 재무보고체계의 요구사항의 측면에서 관련성이 있으며 이해가능하다'는 경영진주장과 적합하게 표시되었는지에 대한 감사목적을 말한다.

회계감사는 위와 같이 경영진이 재무제표에 대해 주장하는 바를 검증하기 위해 감사증거를 수집하는 과정이다. 감사인은 회계감사시 자산의 경우 실재성과 권리에 초점을 두어 회계감사를 수행해야 한다. 외부 자금차입이나 본인의 성과급 극대화를 위해 경영진은 회사의 자산을 과대평가하려는 유인이 있다. 따라서 감사인은 자산 계정을 감사할 때 자산의 과대계상 가능성에 초점을 두어 회계감사를 수행해야 한다. 즉 경영진이 실재하지 않고 권리도 없는 자산을 계상할 가능성에 집중해야 한다. 반면에 감사인은 회계감사시 부채의 경우 완전성과 의무에 초점을 두어 회계감사를 수행해야 한다. 회사의 경영진은 부채는 과소

계상하려는 유인이 있다. 즉, 경영진은 외부 자금 차입이나 성과급 극대화를 위해 부채를 과소계상하려 한다. 따라서 감사인은 부채 계정을 감사할 때 부채의 과소계상 가능성에 초점을 두어 회계감사를 수행해야 한다. 즉 경영진이 상환의무가 있는 부채를 누락하는 등 완전하지 않게 계상할 가능성에 집중해야 한다.

제2절 회계감사의 절차

2.1 개 요

회계감사는 경영진이 재무제표에 대해 주장하는 바를 검증하기 위해 감사증거를 수집하는 과정이다. 이러한 회계감사는 어떻게 진행될까? 회계감사는 (1단계) 감사 계약, (2단계) 위험평가 기반 감사계획 수립, (3단계) 추가감사 절차의 수행, (4단계) 감사보고의 순서로 진행된다.

[표 2-3] 회계감사 단계

구 분		내 용
1단계	감사계약	• 감사수임 여부 결정 • 감사계약 (감사계약서 작성)
2단계	위험평가 기반 감사계획 수립	• 기업 및 기업환경에 대한 이해 • 내부통제에 대한 이해 • 중요왜곡표시위험의 식별 및 평가 • 감사계획 수립
3단계	추가감사절차의 수행	• 통제 테스트 수행 • 실증절차 수행
4단계	감사보고	• 미수정왜곡표시에 대한 중요성 평가 • 감사의견 형성 및 감사보고서 작성

2.2 1단계 : 감사계약

회계감사는 감사인과 피감사회사 간의 감사계약에 근거하여 수행된다. 감사인은 감사계약 전에 감사수임 여부를 먼저 결정해야 한다. 이를 위해 감사인은 감사업무의 경제성 검토와 감사의 전제조건 충족 여부 검토를 수행하게 된다.

감사업무의 경제성 검토는 감사인이 피감사회사에 대해 감사의견을 잘못 제시할 위험 즉 감사위험 수준을 낮추기 위해 필요한 감사인력의 투입 등을 확보하는데 충분한 감사보수가 보장되는지를 확인해야 한다.

또한 감사인은 회계감사기준 상의 감사의 전제조건을 만족해야만 감사를 수임할 수 있다. 회계감사를 수행하기 위한 감사의 전제조건은 '(1) 감사인 판단에 피감사회사가 재무재표 작성시 적용한 재무보고체계(회계기준)가 수용가능해야 한다'는 점과 '(2) 경영진이 재무제표를 작성할 책임, 내부통제 구축 및 운영에 대한 책임, 감사인에게 필요한 모든 정보를 제공할 책임등에 대하여 동의한다'는 두 가지 전제 조건이 만족됨을 의미한다.

2.3 2단계 : 위험평가 기반 감사계획의 수립

한정된 자원으로 회계감사를 수행해야 하는 현실에서 회계감사 기준에 따라 수행해야 하는 감사인의 인적 물적 자원을 재무제표의 모든 요소에 균등하게 배분하는 것은 비효율적이다. 그렇다면 위험평가 결과에 기반한 감사계획의 수립은 어떤 절차를 통해 진행될까? 피감사회사의 재무제표에 내재된 왜곡표시위험을 평가하기 위해서는 기업 및 기업환경에 대한 이해를 통해 고유위험을 평가하고 기업에 구축되어 운영되고 있는 내부통제에 대한 이해를 통해 통제위험을 평가하는 것이 선행되어야 한다. 따라서 감사계획의 수립은 (1) 기업과 기업환경에 대한 이해, (2) 내부통제에 대한 이해, (3) 중요왜곡표시위험의 식별 및 평가, (4) 감사계획의 수립의 4단계로 진행된다.

[그림 2-1] 감사계획 수립 절차

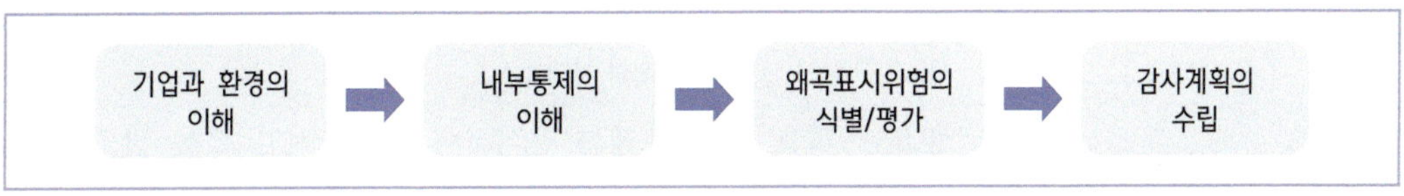

2.4 3단계 : 추가감사절차의 수행

앞서 수립한 감사계획에 기반하여 추가감사절차를 수행하게 되는데 이는 다음의 두 가지를 의미한다.

- 통제테스트
- 실증절차

[그림 2-2] 추가감사절차 종류

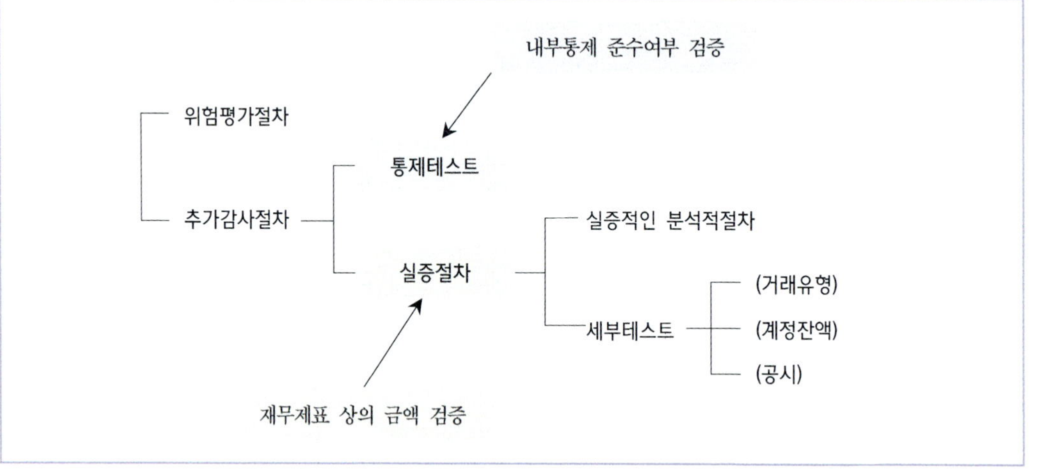

통제테스트란 내부통제가 설계된 대로 운용되고 있는지 내부통제 운용의 효과성을 테스트하는 절차를 의미한다. 반면에 실증절차는 재무제표의 거래유형, 계정잔액, 공시에 영향을 미치는 중요왜곡표시를 확인하기 위해 감사인이 직접 감사증거를 수집하여 실시하는 감사절차로써 실증적 분석적절차와 세부테스트로 구성된다.

이러한 추가감사절차는 평가된 위험에 대응하여 감사위험을 감소시키기 위해 수행되는 감사절차이다. 추가감사절차의 종류는 다음과 같이 정리할 수 있다.

이 내용은 다음의 표로 정리할 수 있다.

[표 2-4] 추가감사절차의 종류

구 분		내 용
통제테스트		내부통제의 운영의 효과성 테스트
실증절차	실증적 분석절차	중요한 비율 혹은 추세를 분석하여 비경상적인 항목 발견하여 조사하는 절차
	세부 테스트	• 거래유형에 대한 세부테스트 • 계정잔액에 대한 세부테스트 • 공시에 대한 세부테스트

감사인은 중요왜곡표시위험이 높은 경우에는 목표감사위험을 달성하기 위해 내부통제에 의존하지 않고 감사인이 직접 수행하는 실증절차를 확대해야 한다. 감사인은 경영진주장 수준의 평가된 중요왜곡표시위험이 유의적이라고 결정하면, 해당 위험에 구체적으로 대응

하는 실증절차를 수행하여야 한다. 유의적 위험에 대응하는 접근방법이 실증절차 만으로 구성되어 있는 경우에는, 반드시 세부테스트를 포함하여야 한다. 이때는 내부통제에 의존하지 않으므로 감사인은 통제테스트를 수행할 필요가 없다.

반면에 중요왜곡표시위험이 낮은 경우에는 감사인이 내부통제에 의존하여 감사인이 실증절차를 축소할 수도 있다. 다만 이때는 통제테스트를 수행하여 해당 내부통제가 효과적으로 운용되고 있음을 확인해야 한다. 통제테스트 결과 해당 내부통제가 효과적으로 운용되고 있다면 감사인은 실증절차를 축소할 수 있다. 만일 통제테스트 결과 해당 내부통제가 효과적으로 운용되고 있지 않다면 감사인은 실증절차를 확대함으로써 목표감사위험 수준 이하로 감사위험을 감소시켜야 한다.

[그림 2-3] 추가감사절차 수행 플로우챠트

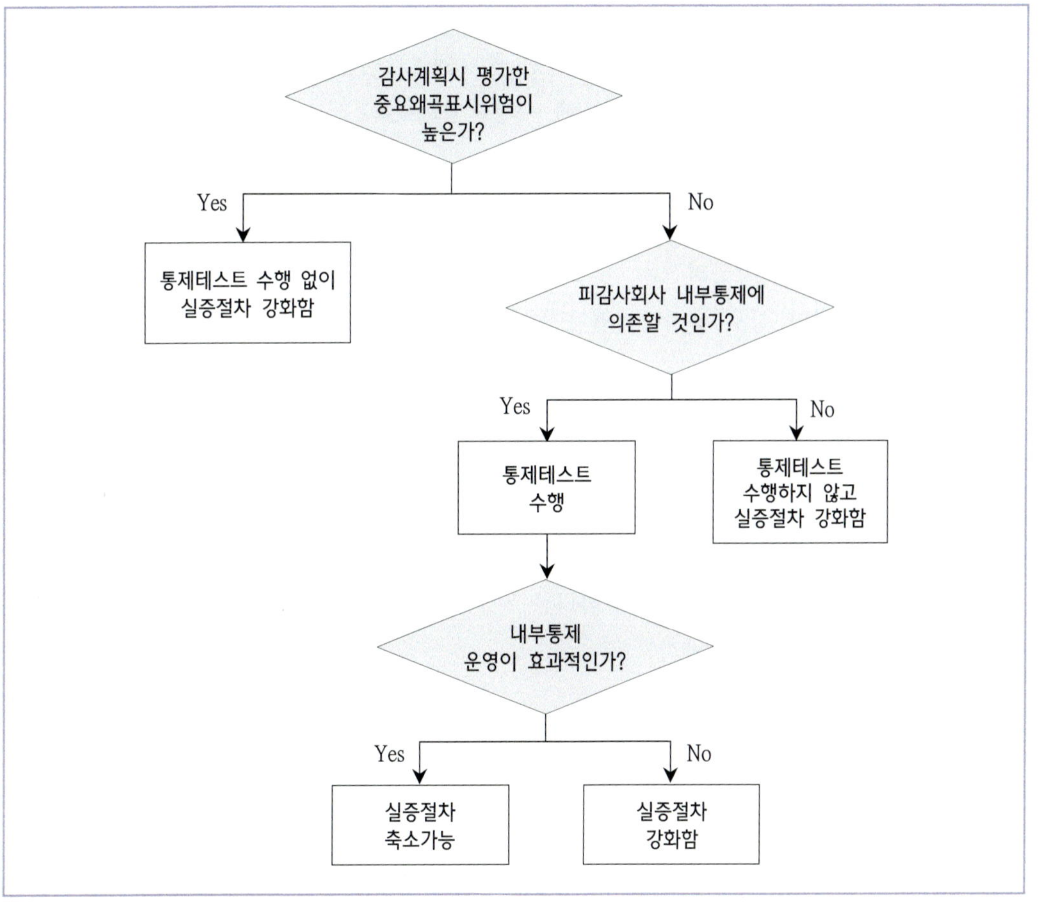

이 내용은 다음의 표로 정리할 수 있다.

[표 2-5] 추가감사절차의 수행방안

구 분			추가감사절차 수행방안
중요왜곡표시위험이 높은 경우			통제테스트 수행하지 않고 실증절차 강화함
중요왜곡표시위험이 낮은 경우	피감사회사 내부통제에 의존하는 경우	통제테스트 수행 결과 효과적인 경우	실증절차 축소 가능함
		통제테스트 수행 결과 비효과적인 경우	실증절차 강화해야 함
	피감사회사 내부통제에 의존하지 않는 경우		통제테스트 수행하지 않고 실증절차 강화함

2.5 4단계 : 감사보고

감사인은 실증절차를 통해 재무제표에 대한 중요왜곡표시를 발견하였다면 이를 집계하여 피감사회사 경영진에 제시하여 재무제표에 수정반영하도록 권고한다. 경영진은 미수정왜곡표시를 수정 반영한 후 공표용 재무제표를 작성하여 감사인에게 제시한다.

감사인은 공표용 재무제표에도 반영되지 않은 미수정왜곡표시를 보고 그 미수정왜곡표시가 중요하지 않을 경우 적정의견을, 중요하지만 전반적이지 않을 경우 한정의견을, 중요할 뿐만 아니라 전반적일 경우 부적정의견 또는 의견거절을 표명한다.

이 내용은 다음의 표로 정리할 수 있다.

[표 2-6] 감사의견의 구분

			적정의견	한정의견	부적정의견	의견거절
감사범위의 제한	• 중요하지 않은경우		✔			
	• 중요하지만 전반적이지 아니한 경우			✔		
	• 중요하면서 전반적인 경우					✔
회계기준의 위배	• 중요하지 않은경우		✔			
	• 중요하지만 전반적이지 아니한 경우			✔		
	• 중요하면서 전반적인 경우				✔	
계속기업 존속가능성	• 타당하나 중요한 불확실성 존재	회사가 공시	✔			
		회사가 미공시		✔	✔	✔
	• 타당하지 않음				✔	✔

제3절 감사증거 수집방안

3.1 감사증거

(1) 개 요

감사증거는 감사인이 감사의견의 기초가 되는 결론에 도달할 때 이용한 정보를 의미한다. 감사증거는 재무제표의 기초가 되는 회계기록에 포함되어 있는 정보와 기타 정보를 모두 포함한다.

감사인은 충분하고 적합한 감사증거에 기초하여 감사의견을 형성하여야 한다. 감사증거는 감사의견 표명의 기초자료이기 때문에 감사의견은 반드시 충분하고 적합한 증거에 의해 뒷받침되어야 한다. 특히 재무제표의 왜곡표시가능성이 높은 계정과목이 존재하거나 내부회계관리제도가 효과적이지 않은 경우에는 감사인은 이를 보완할 적합하고 충분한 감사증거를 수집하기 위한 노력을 하여야 한다. 감사증거는 감사인 책임을 한정해 주는 역할을 하기 때문이다. 이러한 감사증거가 충분하고 적합한지를 판단하는 요소는 다음과 같이 요약할 수 있다.

[표 2-7] 감사증거의 양적 · 질적 판단요소

구 분		내 용
충분성		• 감사증거의 양적 척도
적합성	목적적합성 (관련성)	• 감사증거의 질적 척도 • 관련성은 감사절차의 목적, 그리고 적절한 경우 고려중인 경영진 주장과의 논리적인 연결이나 관계의 정도를 의미함
	신뢰성	• 감사증거의 질적 척도 • 신뢰성은 감사인이 수집한 감사증거를 어느 정도 신뢰할 수 있는지를 의미함 • 감사증거의 신뢰성은 그 '①원천'과 '②형태', 그리고 '③증거의 작성과 유지에 대한 통제' 등 감사증거가 입수된 상황에 의해 영향을 받음

(2) 감사증거의 적합성의 결정요인

감사증거의 적합성은 감사증거의 질적 척도이다. 감사증거의 적합성은 관련성(목적적합성)과 신뢰성 요소로 구분된다.

[그림 2-4] 감사증거의 적합성

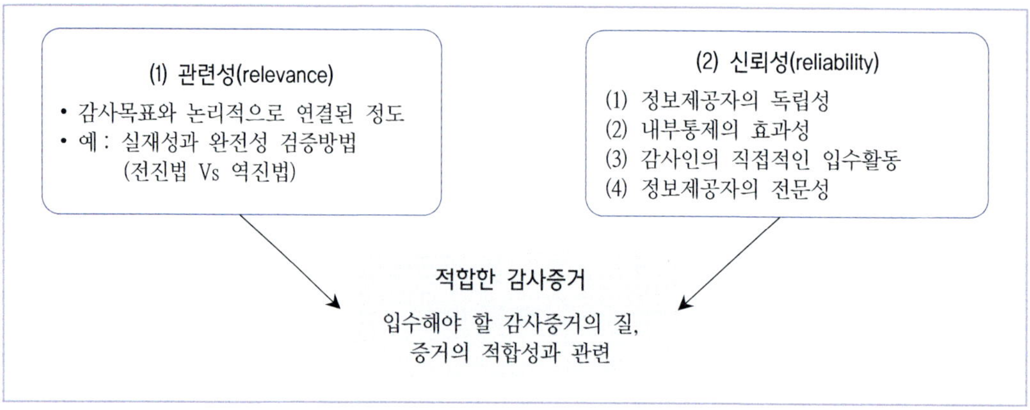

감사증거의 관련성은 해당 감사증거와 감사절차의 목적, 그리고 적절한 경우 고려중인 경영진 주장과의 논리적인 연결이나 관계의 정도를 의미한다. 즉 해당 감사증거가 경영진 주장을 검증하는데 적합한 감사증거인지 여부를 의미한다. 뒤에서 다루겠지만 매출채권과 같은 자산의 실재성을 검증하는데 역진법을 통해 감사증거를 획득하는 경우 이를 관련성이 있다고 판단할 수 있다. 또한 보고기간말 후 매출채권의 회수에 관한 문서를 검사하는 것은 실재성과 평가에 관한 감사증거를 제공할 수 있지만, 기간귀속에 관해서는 그렇지 않다. 즉 보고기간말 후 매출채권의 회수에 관한 문서를 검사하는 것은 기간귀속에 관한 경영진 주장을 검증하는 데에는 관련성이 떨어지는 감사증거를 수집하게 된다.

감사증거의 신뢰성은 감사인이 수집한 감사증거를 어느 정도 신뢰할 수 있는지에 대한 논의이다. 감사증거의 신뢰성은 그 '①원천'과 '②형태', 그리고 '③증거의 작성과 유지에 대한 통제' 등 감사증거가 입수된 상황에 의해 영향을 받는다.

감사증거의 원천에 의해 감사증거의 신뢰성이 다음과 같이 달라진다.

- 기업 외부의 독립된 원천으로부터 입수된 감사증거가 더욱 신뢰성이 높음
- 감사인이 직접 입수한 감사증거가 간접적으로 또는 추론으로 입수한 감사증거보다 더욱 신뢰성이 높음

감사증거의 형태에 의해 감사증거의 신뢰성이 다음과 같이 달라진다.

- 종이, 전자문서, 기타매체 등 문서형태의 감사증거가 더욱 신뢰성이 높음

마지막으로 감사증거의 작성과 유지에 대한 통제에 의해 감사증거의 신뢰성이 다음과 같이 달라진다.

• 내부적으로 생성된 감사증거는 그 작성과 유지에 대한 통제 등 기업이 수립한 관련 통제가 효과적일 때 그 신뢰성이 증가됨

감사증거의 충분성과 적합성은 서로 밀접한 관계가 있다. 동일한 수준의 확신을 제공하기 위하여 필요한 감사증거의 양은 해당 증거가 제공할 수 있는 질적 수준이 높을수록 작아진다.

참고로 감사기준에서는 충분하고 적합한 수준이라는 개념만을 제시하고 있으며 구체적인 감사증거의 수준은 개별 감사인의 전문가적 판단에 맡기고 있다.

(3) 감사증거의 충분성의 결정요인

감사증거의 충분성은 감사증거의 양적 척도이다. 어느 정도의 양의 감사증거가 충분한지에 대해서는 '①중요왜곡표시위험에 대한 감사인의 평가'와 '②해당 감사증거의 질'에 의해 영향을 받는다. 먼저 '①중요왜곡표시위험에 대한 감사인의 평가' 결과에 따라 요구되는 감사증거의 충분성이 상이해진다. 감사인 평가 결과 중요왜곡표시위험이 높은 계정의 경우 충분하다고 판단되는 감사증거의 양이 많이 요구된다. 반면에 감사인 평가 결과 중요왜곡표시위험이 낮은 계정의 경우 충분하다고 판단되는 감사증거의 양이 상대적으로 적게 요구된다. '②해당 감사증거의 질'에 의해서도 감사증거의 충분성이 영향을 받는다.

[그림 2-5] 감사증거의 충분성

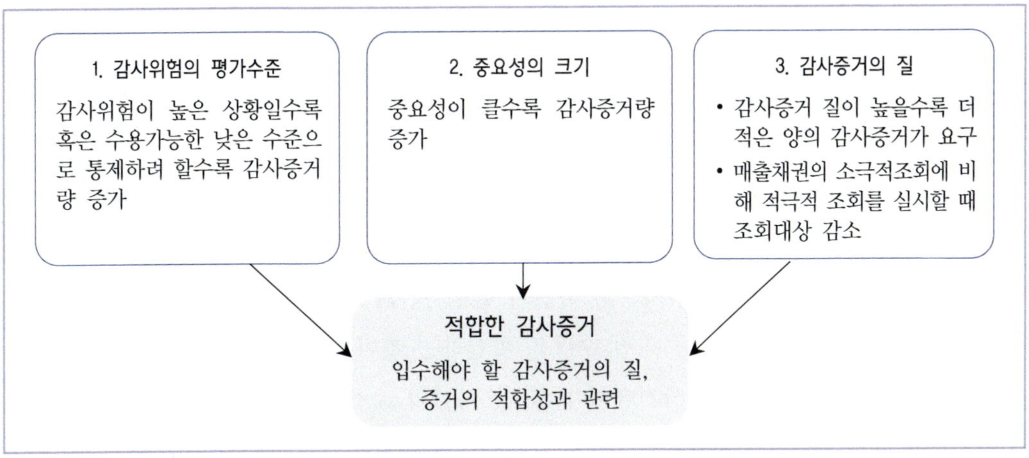

감사증거의 질이 높다면 충분하다고 판단되는 감사증거의 양이 상대적으로 적게 요구된다. 반대로 감사증거의 질이 낮다면 충분하다고 판단되는 감사증거의 양이 상대적으로 많이 요구된다.

3.2 감사기술

(1) 개 요

회계감사는 경영진이 재무제표에 대해 주장하는 바를 검증하기 위해 감사증거를 수집하는 과정이다. 감사증거를 수집하는 방법을 감사기술이라고 하며, 감사기술에는 검사, 관찰, 외부조회, 재계산, 재수행, 분석적절차 및 질문이 있다. 감사기술 내용은 다음과 같이 요약할 수 있다.

[표 2-8] 감사기술과 감사목표

감사기술	감사목표	사 례
문서검사	완전성, 실재성과 발생사실, 권리와 의무	문서간 대사 (거래증빙과 재무제표 상 계정 증감)
실물검사	실재성	재고자산 감사인 직접 실사
관 찰	실재성	재고실사 입회 (피감사회사 내부감사팀 실사 입회 등)
외부조회	실재성과 발생사실, 권리와 의무	매출채권 잔액 검증
재계산	정확성	재고자산 단가 계산 검증
재수행	내부통제 운영의 효과성	
분석적 절차	완전성	부채와 이자비용 간 상관관계 검증 통한 부외부채 존재여부 검토
질 문	완전성, 권리와 의무	

(2) 감사기술의 종류

1) 검 사(Inspection)

검사는 기록이나 문서 또는 실물을 감사인이 직접 조사하는 것을 의미하므로 문서검사와 실물검사로 나눌 수 있다. 실물검사는 감사인이 실물자산의 존재하는 실제 수량을 직접 확인하는 것을 의미하는데, 감사인이 직접 수량을 확인하는 것이므로 자산의 실재성 확인하는데 있어서 가장 신뢰성이 높은 감사기술이다. 다만 자산의 소유권, 평가(품질, 진부화 정도)의 정보는 제공하지 못하며, 상호융통 가능한 자산은 반드시 동시에 실사를 진행해야 한다.

문서검사는 기록이나 문서를 감사인이 직접 검사하는 것을 의미한다. 기록이나 문서를 검사하는 방법에는 거래증빙에서 시작하여 샘플링 된 거래증빙 관련 재무제표의 기록이 존재하는지를 추적 대조하는 전진법과 재무제표 숫자에서 시작하여 관련된 거래증빙을 추적 대조하는 역진법이 있다.

[그림 2-6] 전진법과 역진법

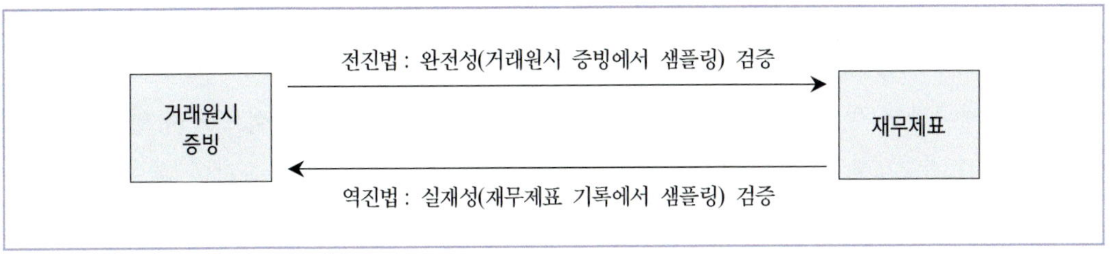

전진법(tracing)은 거래증빙부터 시작하여 시간순서대로 전진적으로 재무제표 기록까지 제대로 완료되었는지를 확인해보는 방법이다. 전진법은 거래증빙에서 샘플링하여 샘플링 된 거래증빙 상의 거래가 재무제표에 완전하게 기록되었는지 그 완전성을 검토하는 방법이다. 반면에 역진법(vouching)은 재무제표 기록부터 시작하여 시간순서대로 역진적으로 거래증빙이 존재하는지를 확인해보는 방법이다. 역진법은 재무제표 기록에서 샘플링하여 샘플링 된 재무제표 기록 상 거래 관련된 증빙이 실제로 존재하는지를 그 실재성을 검토하는 방법이다.

감사인은 회계감사 수행 시 자산의 경우 실재성과 권리에 초점을 두어 회계감사를 수행해야 한다. 외부 자금차입이나 본인의 성과급 극대화를 위해 경영진은 회사의 자산을 과대평가하려는 유인이 있다. 따라서 감사인은 자산 계정을 감사할 때 자산의 과대계상 가능성에 초점을 두어 회계감사를 수행해야 한다. 즉 경영진이 실재하지 않고 권리도 없는 자산을 계상할 가능성에 집중해야 한다. 따라서 문서검사를 통해 자산의 실재성에 초점을 두어 감사하게 되는 경우 역진법을 적용하여 감사를 수행해야 한다.

반면에 감사인은 회계감사 시 부채의 경우 완전성과 의무에 초점을 두어 회계감사를 수행해야 한다. 회사의 경영진은 부채는 과소계상하려는 유인이 있다. 즉, 경영진은 외부 자금 차입이나 성과급 극대화를 위해 부채를 과소계상하려 한다. 따라서 감사인은 부채 계정을 감사할 때 부채의 과소계상 가능성에 초점을 두어 회계감사를 수행해야 한다. 즉 경영진이 상환의무가 있는 부채를 누락하는 등 완전하지 않게 계상할 가능성에 집중해야 한다. 따라서 문서검사를 통해 부채의 완전성에 초점을 두어 감사하게 되는 경우 전진법을 적용하여 감사를 수행해야 한다.

2) 조 회(confirmation)

조회는 문서, 전자형태 또는 기타 형태의 매체에 의해, 제3자(조회대상자)가 감사인에게 직접 회신함으로써 감사인이 감사증거를 입수하는 감사기술을 의미하며 제3자에게 감사증거를 획득하므로 흔히 외부조회라고 한다. 이는 예금 및 매출채권, 채무, 여신기관으로부터 차입, 매입채무잔액 등의 계정잔액이나 구성내역을 확인하기 위한 목적으로 수행된다. 특히 횡령을 발견하는 가장 강력한 감사기술의 하나가 외부에 조회서를 발송하여 확인하는 외부조회이다.

3) 질 문(inquiry)

경영진 또는 관계직원에게 구두 또는 서면으로 질문하여 설명을 구하는 행위를 질문이라 한다. 이는 구두진술에 불과하므로 감사인 입장에서는 질문사항에 대해서는 반드시 문서화하고 서명을 요구해야 한다. 또한 가능한 한 질문 이후에는 추가 감사절차를 통해 보강적 또는 확인적 증거를 입수해야 한다. 예컨대 우발채무의 존재 여부, 채권 회수가능성에 관한 의견을 질문을 통해서 확인할 수 있다.

4) 관 찰(observation)

관찰은 타인이 수행하는 절차를 육안으로 확인하여 입회하는 감가증거 수집방법을 의미한다. 예를 들어 기업이 수행하는 재고자산 실사에 입회하거나, 공장 방문하여 시설 노후화를 육안으로 확인하는 것들을 포함한다. 이러한 관찰은 특정시점에 수행하므로 특정 시점에만 감사증거 수집 내용이 유효할 수 있다. 또한 관련 행위가 관찰된다는 사실 자체가 피감사 기업에 영향을 미칠 수 있다.

5) 재계산(recomputation)

재계산은 각종의 회계기록을 대상으로 가로 또는 세로 합계액, 잔액, 적수 등 산술적 정확성을 확인하는 감사기술을 의미한다. 재계산은 말 그대로 직접 계산검증을 수행하는 것을 의미하며 계산기를 활용한 수작업보다는 주로 전자적 수단(Excel)으로 수행된다.

6) 재수행(reperformance)

재수행은 내부통제 일부로 수행되었던 기업 절차/통제를 감사인이 독립적으로 수행해 보는 것을 의미한다. 그런 과정을 통해 기존 결과와 비교해봄으로써 기존 절차의 유효성을 확인한다. 예컨대 매출채권연령분석표 작성, 매출송장에 거래처 신용승인 여부 확인 등이 재수행되는 대표적인 사례이다.

7) 분석적절차(analytical procedures)

분석적 절차는 재무데이터와 비재무데이터 간 개연적인 관계를 분석함으로써 재무정보를 평가하는 절차를 의미한다. 분석적 절차를 통해 전반적 합리성을 검증하기 위해 구성요소 간의 상관관계 또는 비율, 추세 분석을 수행하게 된다. 예컨대 매출과 매출채권 간의 비율 분석, 차입금과 이자비용 간의 비율 분석 등이 대표적ㅇ;다.

(3) 경영진 주장과 감사기술의 매칭

위와 같은 경영진의 주장을 검증하기 위한 감사인의 회계감사 절차 사례는 다음과 같다.

[표 2-9] 경영진의 주장별 회계감사 절차 사례

구 분	경영진 주장	내 용
감사대상기간의 거래 및 사건의 유형과 관련 공시에 대한 경영진주장	발생사실	문서검사(역진법)
	완전성	문서검사(전진법) 계정명세서와 총계정원장 간 대사
	정확성	재고자산 단가 재계산
	기간귀속	문서검사
	분 류	문서검사
	표 시	문서검사 재계산
보고기간말 계정잔액 및 관련 공시에 대한 경영진주장	실재성	외부조회(매출채권 등) 실물검사(재고자산 / 유형자산 등) 문서검사(역진법)
	권리와 의무	문서검사(역진법)
	완전성	외부조회 문서검사(전진법)
	정확성, 평가 및 배분	문서검사(역진법)
	분 류	문서검사
	표 시	문서검사 재계산

3.3 감사증거 수집 의사결정

감사증거 수집 의사결정은 다음과 같은 3가지의 의사결정으로 요약할 수 있다.

[그림 2-7] 감사증거 수집 의사결정 사항

감사증거의 질 →	어떤 종류의 감사증거를 수집할 것인가(감가성격의 결정)
감사증거의 양 →	표본의 규모는 얼마로 할 것인가(감사범위의 결정)
	모집단에서 어떤 항목을 추출할 것인가(추출방법의 선택)
감사수집의 시기 →	언제 감사증거를 수집할 것인가(감사시기의 결정)

감사증거의 질을 결정하는 의사결정은 감사의 성격을 결정하는 것으로써 감사증거의 적합성을 결정한다는 의미이다, 이는 감사목표에 적합한 감사방법을 선택하는 의사결정을 의미한다.

감사증거의 양을 결정하는 의사결정은 감사 범위와 추출방법을 결정하는 것으로써 감사증거의 충분성을 결정한다는 의미이다, 이는 감사위험 수준, 중요성 크기, 입수된 감사증거 질을 고려하여 표본의 규모를 결정하고 이에 걸맞는 추출방법을 선택하는 의사결정을 의미한다.

감사증거 수집시기를 결정하는 의사결정은 감사증거 수집시기를 결정하는 것으로써 감사목표를 고려하여 합리적인 감사증거 획득의 수행시기를 결정한다는 의미이다.

Chapter 2 생각해 볼 문제

(1) 회계감사시 경영진은 재무제표에 대해 무엇을 주장하나요?

경영진은 본인의 책임 하에 작성된 재무제표가 "한국채택국제회계기준" 또는 "일반기업회계기준"과 같은 회계기준(재무보고체계)을 준수하고 있다고 감사인에게 주장하게 된다. 구체적인 내용은 다음 표와 같다.

[표 2-2] 감사기준서 315-A129 거래유형, 계정잔액 및 관련 공시에 대한 경영진주장

구 분	경영진 주장	내 용
감사대상기간의 거래 및 사건의 유형과 관련 공시에 대한 경영진주장	발생사실	기록되거나 공시된 거래와 사건은 발생되었고 기업에 귀속됨
	완전성	기록되어야 하는 모든 거래와 사건은 기록되었으며 재무제표에 포함되어야 하는 모든 관련 공시는 재무제표에 포함되었음
	정확성	기록된 거래와 사건에 관련된 금액 및 기타 데이터는 적합하게 기록되었고 관련 공시는 적합하게 측정되고 기술되었음
	기간귀속	거래와 사건은 해당 보고기간에 기록되었음
	분 류	거래와 사건은 적절한 계정으로 기록되었음
	표 시	거래와 사건은 적합하게 합해지거나 세분화되고 명확하게 기술되었으며 관련 공시는 해당 재무보고체계의 요구사항의 측면에서 관련성이 있으며 이해가능함
보고기간말 계정잔액 및 관련 공시에 대한 경영진주장	실재성	자산, 부채 및 주주지분은 실재함
	권리와 의무	기업은 자산에 대한 권리를 보유하거나 통제하고 있으며 부채는 기업의 의무임
	완전성	기록되어야 하는 자산, 부채 및 주주지분은 모두 기록되었으며 재무제표에 포함되어야 하는 모든 관련 공시는 재무제표에 포함되었음
	정확성, 평가 및 배분	자산, 부채 및 주주지분은 적합한 금액으로 재무제표에 계상되어 있고 평가나 배분의 결과는 적합하게 기록되어 있으며, 관련 공시는 적합하게 측정되고 기술되어 있음.

분 류	자산, 부채 및 주주지분은 적절한 계정으로 기록되었음
표 시	자산, 부채 및 주주지분은 적합하게 합산되거나 세분화되고 명확하게 기술되었으며 관련 공시는 해당 재무보고체계의 요구사항의 측면에서 관련성이 있으며 이해가능함

회계감사는 위와 같이 경영진이 재무제표에 대해 주장하는 바를 검증하기 위해 감사증거를 수집하는 과정이다.

(2) 추가감사절차인 통제테스트와 실증절차의 근본적인 차이는 무엇인가?

통제테스트란 경영진의 주장과 관련된 중요왜곡표시를 예방 또는 발견 및 수정하기 위한 내부통제가 설계된 대로 운용되고 있는지 내부통제 운용의 효과성을 테스트하는 절차를 의미한다. 반면에 실증절차는 재무제표의 거래유형, 계정잔액, 공시에 영향을 미치는 중요왜곡표시를 확인하기 위해 감사인이 직접 감사증거를 수집하여 실시하는 감사절차이다.

즉 통제테스트는 피감사기업의 내부통제를 대상으로 감사증거를 수집하지만 실증절차는 피감사기업의 재무제표의 거래유형, 계정잔액, 공시를 대상으로 직접 감사증거를 수집하게 된다.

(3) 추가감사절차는 어떻게 수행되는가?

감사인은 감사계획 수립 시 평가한 중요왜곡표시위험이 높은 경우에는 목표감사위험을 달성하기 위해 내부통제에 의존하지 않고 감사인이 직접 수행하는 실증절차를 확대해야 한다. 즉 통제테스트 없이 바로 실증절차만 수행하게 된다.

반면에 중요왜곡표시위험이 낮은 경우에는 감사인이 내부통제에 의존하여 감사인이 실증절차를 축소할 수도 있다. 다만 이때는 통제테스트를 수행하여 해당 내부통제가 효과적으로 운용되고 있음을 확인해야 한다. 통제테스트 결과 해당 내부통제가 효과적으로 운용되고 있다면 감사인은 실증절차를 축소할 수 있다. 만일 통제테스트 결과 해당 내부통제가 효과적으로 운용되고 있지 않다면 감사인은 실증절차를 확대함으로써 목표감사위험 수준 이하로 감사위험을 감소시켜야 한다.

(4) 감사증거는 어떠한 특성을 갖추어야 하는가?

감사증거는 감사인이 감사의견의 기초가 되는 결론에 도달할 때 이용한 정보를 의미하며 충분성과 적합성을 갖춰야 한다. 감사인이 수집한 감사증거가 충분하고 적합해야 감사인의 감사보고서가 합리적인 확신을 제고할 수 있기 때문이다.

감사증거의 충분성은 감사증거의 양적 척도로써 어느 정도의 양의 감사증거가 충분한지에 대해서는 '① 중요왜곡표시위험에 대한 감사인의 평가'와 '② 해당 감사증거의 질'에 의해 영향을 받는다. 감사인 평가 결과 중요왜곡표시위험이 높은 계정의 경우 충분하다고 판단되는 감사증거의 양이 많이 요구된다. 또한 감사증거의 질이 낮다면 충분하다고 판단되는 감사증거의 양이 상대적으로 많이 요구된다.

감사증거의 적합성은 감사증거의 질적 척도로써 관련성(목적적합성)과 신뢰성으로 구분된다. 감사증거의 관련성은 해당 감사증거와 감사절차의 목적, 그리고 적절한 경우 고려중인 경영진 주장과의 논리적인 연결이나 관계의 정도를 의미한다. 감사증거의 신뢰성은 감사인이 수집한 감사증거를 신뢰할 수 있는 수준이다. 감사증거의 신뢰성은 기업 외부의 독립된 원천으로부터 입수할수록, 감사인이 직접 입수할수록, 문서형태의 감사증거일수록 신뢰성이 높아진다. 내부적으로 생성된 감사증거는 그 작성과 유지에 대한 통제 등 기업이 수립한 관련 통제가 효과적일 때 그 신뢰성이 증가된다.

(5) 실증절차 방법으로 가장 널리 활용되는 문서검사의 방법으로 전진법과 역진법이 있다. 그 내용은 무엇이고 두 방법을 적절히 사용하지 않으면 어떤 감사오류가 발생할까?

문서검사는 기록이나 문서를 감사인이 직접 검사하는 것을 의미한다. 전진법(tracing)은 거래증빙부터 시작하여 시간순서대로 전진적으로 재무제표 기록까지 제대로 완료되었는지를 확인해보는 방법이다. 전진법은 거래증빙에서 샘플링하여 샘플링 된 거래증빙 상의 거래가 재무제표에 완전하게 기록되었는지 그 완전성을 검토하는 방법이다. 반면에 역진법(vouching)은 재무제표 기록에서 샘플링하여 샘플링 된 재무제표 기록 상 거래 관련된 증빙이 실제로 존재하는지를 그 실재성을 검토하는 방법이다.

경영진은 회사의 자산을 과대평가하려는 유인이 있으므로, 감사인은 자산 계정을 감사할 때 자산의 과대계상 가능성에 초점을 두어 회계감사를 수행해야 한다. 따라서 감사인은 문서검사를 통해 자산의 실재성에 초점을 두어 감사하게 되는 경우 역진법을 적용하여 감사를 수행해야 한다. 자산의 실재성은 재무제표에 기록된 자산이 실제로 존재하는지에 대한 검증을 해야 한다. 따라서 재무제표에 기록된 자산 리스트에서 샘플링 된 건이 실제로 존재하는지 확인하기 위해 거래 상대방의 서명이 존재하는 계약서 등을 검토해야 한다. 이 방법이 바로 역진법이다. 이런 이유로 자산의 실재성 검토 시 역진법을 적용하게 되는 것이다. 그리고 필요하다면 해당 거래 상대방에서 조회를 해서 실제 해당 자산이 존재하는지 실재성에 대한 감사증거를 얻어야 한다.

그런데 만약에 감사인이 역진법이 아닌 전진법을 통해 실재성을 검증한다고 가정해 보자. 전진법을 적용하는 경우 거래증빙(계약서) 리스트에서 샘플링하여 회계기록까지 문제없이 완료되었는지를 확인하게 된다. 이는 기록된 자산이 실제로 존재하는지 실재성에 대한 감사증거를 획득하는데 도움이 되지 않는다. 단순히 발생한 거래가 완전하게 기록되었다는 완전성에 대한 증거만 제시할 뿐이다. 즉 감사증거의 관련성은 해당 감사증거와 감사절차의 목적, 그리고 적절한 경우 고려중인 경영진 주장과의 논리적인 연결이나 관계의 정도를 의미하는데, 감사인이 역진법이 아닌 전진법을 통해 실재성을 검증하는 경우 감사증거의 관련성이 낮아진다.

따라서 문서검사를 통해 실증절차를 수행하는 경우 감사인이 검증하고자 하는 경영자 주장이 실재성이면 역진법을, 완전성이면 전진법을 적용해야 한다.

Chapter 03

감사인 책임

학습목표

- 본 장을 통해 감사인의 책임이 무엇인지 이해하도록 한다.
- 공인회계사 윤리 강령 상의 주요 내용과 윤리적 갈등의 해결 절차를 이해한다.
- 독립성 관련된 법적 규정을 이해한다.
- 감사인의 법적 책임의 한계를 이해한다.

제1절 공인회계사 윤리기준

1.1 개 요

(1) 공인회계사 윤리기준 개요

공인회계사(professional accountant)라는 직업이 가지는 중요한 특징 중의 하나는 공익을 보호해야 할 책임이 있다는 것이다. 그러므로 공인회계사의 책임은 단지 의뢰인이나 본인이 소속해 있는 조직이 요구하는 사항을 충족시키는 데에만 그치지 아니하므로 공인회계사는 직무를 수행함에 있어 공익을 보호하기 위하여 공인회계사 윤리 관련 규정의 요구사항을 준수하여야 한다.

1961년 한국계리사회(한공회의 전신)는 “계리사직업윤리규정”을 제정하였으며, 한공회 설립 후 “공인회계사직업윤리규정”으로 운영되어 왔다. 2003년 “공인회계사 윤리규정”으로 명칭을 변경하고 국제윤리기준의 내용을 상당부분 포함하였다.

엔론사태 이후 국제회계사연맹(IFAC)을 중심으로 공인회계사 전문직의 신뢰를 회복하기 위한 강력한 개혁활동이 전개되었으며 이를 위해 공인회계사 전문직의 윤리 강화를 가장 우선적으로 해결해야 할 과제 중 하나로 선정하고, 감사인의 독립성 요구사항을 강화하여 국제윤리기준을 개정하였다(2005년 6월). 또한 국제회계사연맹 회원 규약에서 동 국제윤리기준의 실천 의무를 엄중히 요구하면서 각국의 회원단체들은 자국의 윤리기준과 국제윤리기준을 비교하여 자국의 윤리기준이 국제윤리기준보다 더 엄격한 경우에는 자국의 윤리기준을 따를 수 있지만, 그렇지 않은 경우에는 국제윤리기준을 따르도록 요구하였다.

한공회는 공인회계사 전문직의 신뢰를 회복하기 위해서 공인회계사윤리기준을 국제적 기준에 부합하도록 하는 것이 반드시 필요하다는 것 절감하여 2005년 6월 국제윤리기준에 부합하는 윤리기준 제정을 주요 사명으로 하는 윤리기준위원회를 설치하였다.

윤리기준위원회는 윤리기준 제정에 관하여 2006년 7월에 현행 윤리기준을 제정하여 선포하였다. IFAC에서는 윤리기준을 감사기준 및 교육기준과 함께 3대 공익활동(public interest activities)으로 명명하고, 동 기준이 공익보호에 부합하는 방향으로 제정될 수 있도록 감시기능을 강화하였다. 이에 따라 한공회도 공인회계사의 윤리문제가 단순히 공인회계사 전문직에 국한된 문제가 아니라 공익보호의 차원에서 다루어져야 한다는 점을 인식하고 회원의 권익보호를 목적으로 종전 내규로 되어 있던 지위를 일반기준의 지위로 변경하기 위하여 2005년 윤리기준위원회를 설치하였으며 윤리기준의 일반기준으로서의 지위를 보다 확고히 하기 위하여 2006년 6월 회칙을 개정하여 "공인회계사윤리기준"으로 명칭을 변경하였다.

공인회계사 윤리기준은 공인회계사 시험에 합격하여 법 제7조의 규정에 의하여 등록한 공인회계사가 전문직업인으로서 준수하여야 할 윤리기준을 정함으로써, 공인회계사로 하여금 그 직무를 높은 수준으로 수행하게 하고 공익에 부합되게 하여, 공인회계사에 대한 사회적 신뢰를 제고함을 목적으로 한다. 공인회계사법에 근거하여 제정 운용되는 공인회계사 윤리기준은 공인회계사와 감사인의 윤리적 요구사항과 적용지침을 제시하고 있다. 「공인회계사법」에 따라 금융위에 등록한 모든 공인회계사와 회계법인은 KICPA의 회원으로 강제 입회하게 되며 동법과 회칙에 의거하여 윤리기준을 준수해야 할 의무가 있다.

공인회계사법 제43조(윤리규정)

① 공인회계사회는 회원이 직무를 행함에 있어 지켜야 할 직업윤리에 관한 규정을 제정하여야 한다.
② 회원은 직업윤리에 관한 규정을 준수하여야 한다.

공인회계사윤리기준의 준수의무를 「공인회계사법」에서 규정하고 있으므로 형식적으로는 윤리기준이 법적 효력을 가지고 있다고 할 수 있으나, 관행상 윤리기준의 위반을 공인회계사법 위반으로 처벌하지 않고 내규 위반으로 처벌하고 있다. 즉 공인회계사윤리기준은 위반하면 징계의 대상이 된다는 점에서 일반인의 윤리기준과 다르다.

공인회계사는 윤리강령을 준수하는데 위협이 되는 요인을 파악하고, 위협의 심각성을 평가하며, 이러한 위협이 명백하게 경미한(clearly insignificant) 경우 외에는, 해당 위협을 제거하거나 수용가능한 수준이하로 감소시키기 위한 제도적 안전장치(이하 "안전장치"라 한다)를 적용하여 윤리강령의 준수가 훼손되지 않도록 한다. 공인회계사 윤리기준이 준수되고 훼손되지 않도록 하는 아래의 접근법을 공인회계사 윤리기준 준수를 위한 개념체계라고 한다.

[그림 3-1] 공인회계사 윤리기준의 개념체계

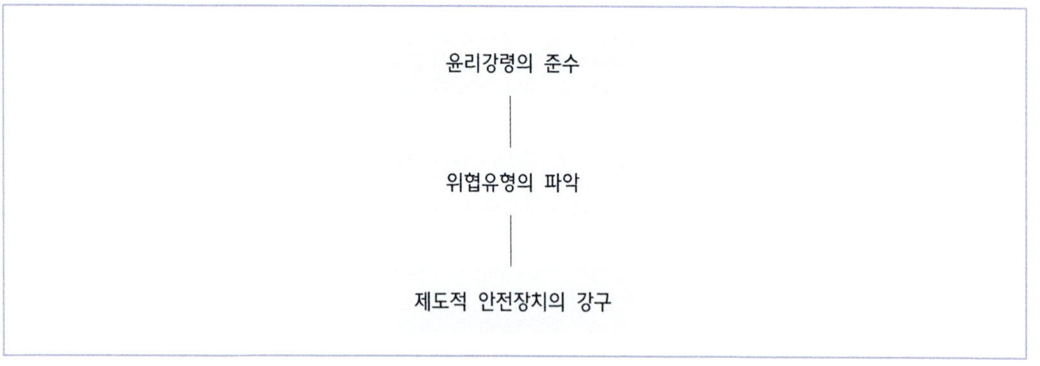

(2) 공인회계사윤리기준의 제정에 따른 변화

1) 형식에 있어서의 변화 - 윤리강령에 대한 개념적 틀 접근법

윤리기준의 형식에 있어서 종전의 규정중심(rule based)의 기준으로부터 국제윤리기준의 틀과 동일하게 원칙중심(principle based)으로 변화하였다. 이것이 의미는 단순한 형식의 변화가 아니라 윤리강령의 기본정신을 따라 구체적 상황에서 발생가능한 위협을 판단하고 이러한 위협을 감소시키기 위해 필요한 안전장치여부를 판단하는 절차를 거쳐야 한다는 것을 의미한다.

과거 규정중심의 기준에서 열거된 조항에 해당하지 않으면 모두 허용된다는 식의 기준(윤리에 대한 소극적 사고)이 아니라 공인회계사 스스로 철저한 윤리의식을 가지고 윤리강령의 기본정신에 입각하여 행동하여야 (윤리에 대한 적극적 사고) 의미가 있는 기준이라는 특성을 지니게 된 것이다.

이런 의미에서 원칙 중심의 윤리기준은 한층 높은 수준의 기준이라 할 수 있으며 이러한 윤리기준의 준수를 위해서는 공인회계사 스스로 윤리기준의 철저한 준수를 통하여 대외적으로 공인회계사에 대한 신뢰를 구축하고 위상을 제고를 하겠다는 단호한 의지를 요구하고 있다.

2) 윤리기준 적용대상의 확대 - '네트워크 회계법인' 개념 도입 및 '특수관계자' 포함

피감사회사에 대하여는 회계법인 뿐만 아니라 네트워크 회계법인에 대하여도 독립성 준수를 요구한다. "네트워크 회계법인(Network firm)"이라 함은 관련된 모든 정보를 알고 있는 합리적인 제3자가 국내 · 외적으로 통제와 소유 또는 경영의 통일성에 있어 당해 회계법인이 그 회계법인의 일부라고 판단할 수 있는 회계법인이나 경제적 실체(entity)를 의미한다.

또한 상장 피감사회사의 경우에는 해당 상장회사의 연결대상 자회사에 대하여도 모회사를 감사하는 회계법인(해당 자회계사를 감사하지 않더라도)은 독립성을 준수할 것을 요구한다. 2011년부터 모든 상장회사가 한국채택국제회계기준(이하 "K-IFRS")을 적용하여 연결재무제표를 기본재무제표로 작성하여 감사를 받아야 하는데 기존 우리나라 감사인 독립성 규정이 개별재무제표 중심으로 적용되고 있었는데, 2018년 5월 법 개정을 통해 독립성 유지 대상 회사를 연결재무제표 기준으로 확대하였다. 윤리기준 제정 이후 K-IFRS를 조기도입한 회사들의 재무제표를 감사하는 일부 회계법인 등에 대해서 적용되어 왔던 피감사회사의 특수관계자에 대한 윤리기준의 독립성 요구사항을 2011.1부터는 K-IFRS를 도입하는 모든 상장회사와 일부 비상장회사를 감사하는 회계법인 등에 대해서 적용되게 하였고, 이에 따라 상장회사 등을 감사하는 회계법인 등은 피감사회사의 특수관계자에 대해서도 윤리기준의 독립성 요구사항을 준수하도록 하여 연결재무제표 중심의 감사인 독립성 규정이 추가되는 의미이다.

예를 들어 중국에 자회사를 둔 국내 상장회사를 감사하는 회계법인의 경우 해외 자회사에 대해 직접 회계감사를 수행하지 않더라고 그 해외 자회사에 대하여 금지된 비감사서비스를 제공할 수 없으며, 그 회계법인이 중국에 네트워크 회계법인이 있다면 그 네트워크 회계법인 역시 중국내 자회사에 대해 모회사 감사인에게 금지된 비감사업무를 제공할 수 없음을 의미한다. 이는 우회적으로 네트워크 회계법인을 통한 동 회계법인의 피감사회사 및 그 특수관계자에 금지된 비감사용역 제공하는 것을 제한하는 목적이다.

1.2 윤리강령

공인회계사는 다음과 같은 윤리강령을 준수하여야 한다.

(1) 성 실

성실 강령은 모든 공인회계사에게 전문가적인 또는 사업적인 관계에 있어서 솔직하고 정직하여야 하며 공정해야 하고 진실성이 있어야 한다는 의무를 지니게 한다. 공인회계사는 다음과 같은 정보를 포함하고 있다고 믿어지는 보고서, 신고서, 통신문 또는 기타정보 등에 자신의 명칭이 사용되는 것을 허용하지 말아야 한다.

- 그 내용이 중대하게 잘못되었거나 사실을 오도하는 경우
- 내용 중에 무모하게 삽입된 정보가 포함되어 있는 경우
- 필요한 정보가 누락되었거나 애매모호하게 표현됨으로써 사실을 오도하는 경우

(2) 공 정

공인회계사 윤리강령 중 공정 강령은 모든 공인회계사에게 편견, 이해의 갈등 또는 타인의 부당한 영향 때문에 전문가적이거나 사업적인 판단을 훼손하면 안된다는 의무를 부과한다(공인회계사 윤리기준 120.1, 120.2).

따라서 공인회계사는 전문가적 판단을 함에 있어서 편견을 일으키거나 부당한 영향을 미칠 수 있는 관계를 회피하여야 한다. 공정 강령은 모든 업무에 적용되는 개념인데, 인증 업무를 제공하는 개업공인회계사는 공정 강령을 준수하려면 의뢰인으로부터 독립적이어야 한다(공인회계사 윤리기준 280.1, 280.2).

● 공인회계사 윤리기준 : 280.1, 280.2

280 공정 - 모든 업무

280.1 개업공인회계사는 모든 전문서비스를 제공함에 있어 의뢰인 또는 의뢰인의 임직원과의 이해관계 및 유대관계에 의하여 공정에 대한 위협이 발생하는지 여부를 고려하여야 한다. 예를 들어, 가족 및 친밀한 인적 관계 또는 사업적 관계에 의하여 유착위협이 발생함으로써 공정 강령의 준수에 대한 위협이 발생할 수 있다.

280.2 인증업무를 제공하는 개업공인회계사는 인증의뢰인으로부터 독립적이어야 한다. 개업공인회계사가 편견이나 이해상충 또는 타인의 부당한 영향이 없는 상태에서 결론을 표명하고 외관상으로도 그렇게 보이기 위해서는 정신적 독립성과 외관상의 독립성이 필수적으로 요구된다.

상기 윤리기준 상의 "개업공인회계사(Professional accountant in public practice)"라 함은 한국공인회계사회에 개업공인회계사로 등록되어 있으며, 감사, 세무 또는 경영자문업무 등과 같은 전문서비스를 제공하는 공인회계사를 말한다. 여기에는 회계법인이 포함된다(공인회계사 윤리기준 용어의 정의).

공인회계사가 공정 강령을 준수하도록 인증업무를 수행함에 있어서 준수하여야 하는 독립성 요구사항에 대한 구체적인 지침은 중요하므로 별도의 섹션에서 다룬다.

(3) 전문가적 적격성과 정당한 주의

감사인이 피감사회사 재무제표를 감사하기 위해서는 피감사회사가 따르고 있는 재무보고체계 즉 회계기준을 이해해야 하고, 동시에 충분하고 적합한 감사증거를 수집할 수 있도록 회계감사기준을 숙지해야 한다. 이러한 적격성을 갖추어야 재무제표의 중요 왜곡표시를 발견할 수 있기 때문이다. 이러한 감사인의 전문가적 적격성과 관련하여 외부감사법 상에 별도의 언급은 없으나 한국공인회계사회가 제정한 공인회계사 윤리기준에 관련된 내용이 언급되어 있다.

공인회계사 윤리기준에 따르면 공인회계사는 의뢰인이나 고용주에게 적격성을 갖춘 전문서비스를 제공하기에 합당한 수준의 전문적 지식과 기술을 유지해야 한다. 다시 말해 공인회계사는 계속적인 전문가적 개발을 통해 전문적인 환경 속에서 적격하게 업무를 수행할 수 있는 역량을 개발하고 유지하여야 한다고 공인회계사 윤리기준은 요구하고 있다.

정당한 주의는 감사인에게 통상적으로 기대되는 사회적 요구를 충족시킬 수 있는 수준의 주의를 의미하며 맡은 업무의 요구조건에 따라, 철저하고도 신중하며 적시에 업무를 수행할 책임을 포함한다. 공인회계사는 필요하다면 의뢰인, 고용주 또는 기타 전문서비스의 이용자에게 전문서비스가 갖는 고유한계를 일깨워 줌으로써 공인회계사의 의견표명이 사실에 대한 주장으로 잘못 해석되지 않도록 하여야 한다.

(4) 비밀유지

비밀유지 강령은 공인회계사에게 다음과 같은 행위를 하지 말아야 할 의무를 부과한다.

- 직무상 지득한 기밀정보를 적절하고 명확한 승인없이, 회계법인 또는 소속기관외의 외부에 누설하는 행위
- 직무상 지득한 기밀정보를 본인이나 제3자의 이익을 위해 사용하는 행위

다만 다음의 경우에 공인회계사는 기밀의 정보를 공개할 수 있다.

- 법규에 의해 정보의 공개가 허용되고 의뢰인 또는 고용주로부터 공개를 허락 받은 경우
- 다음과 같이 법규에 의해 정보의 공개가 요구되는 경우
  ① 소송절차에 따라 문서를 제시하거나 기타증거로 제시하는 경우
  ② 이미 알려진 법규위반 사실을 해당 공공기관에 공개하는 경우

• 법규에 의해 정보의 공개가 금지되지 아니한 경우로서, 정보의 공개에 대하여 전문가적인 권리 또는 의무가 있는 경우
   ① 한국공인회계사회 또는 감독기관의 품질관리 감리의무를 준수하기 위한 경우
   ② 한국공인회계사회 또는 감독기관의 질의 또는 조사에 응하기 위한 경우

(5) 전문가적 품위

전문가적 품위 강령은 공인회계사에게 관련 법규를 준수하고 공인회계사의 품위를 실추시키는 행동을 하지 말아야 할 의무를 부과한다. 공인회계사가 하지 말아야 할 행동이란, 합리적인 제3자가 공인회계사의 명성에 부정적인 영향을 줄 수 있다고 판단하는 행동을 말한다.

예컨대 부당하거나 과장된 광고 홍보, 권력이나 중개인을 통한 수임 등은 전문가적 품위를 훼손하는 사례이다.

[표 3-1] 공인회계사 윤리강령

윤리강령	내 용
(1) 성 실	• 공인회계사는 직무를 수행함에 있어서 솔직하고 정직하여야 함
(2) 공 정	• 공인회계사는 직무를 수행함에 있어 편견이나 이해의 상충 또는 외부의 부당한 영향을 받아서는 안됨
(3) 전문가적 적격성과 정당한 주의	• 전문가적 적격성 : 공인회계사는 의뢰인이나 자신이 소속하고 있는 조직이 최신의 업무, 법규 및 기술에 입각하여 적격성을 갖춘 전문서비스(professional service)를 제공받을 수 있도록 전문적 지식과 기법을 지속적으로 유지하여야 함 • 정당한 주의 : 감사인에게 통상적으로 기대되는 사회적 요구를 충족시킬 수 있는 수준의 주의
(4) 비밀유지	• 공인회계사는 직무수행과정에서 지득한 정보에 대한 비밀을 지켜야 하며, 법적 또는 직업적으로 공개할 권리나 의무가 없는 경우에 적절하고 명확한 승인 없이 어떠한 정보도 제3자에게 누설하여서는 안됨 • 공인회계사는 직무수행과정에서 지득한 기밀정보를 본인 또는 제3자의 개인적 이익을 위해 사용하여서는 안됨
(5) 전문가적 품위	• 공인회계사는 관련 법규를 준수하여야 하며 공인회계사의 품위를 실추시키는 행동을 삼가하여야 함

1.3 윤리강령의 미준수 위협

윤리강령의 준수에 지장을 초래할 수 있는 잠재적인 위협들은 상황에 따라 매우 다양하며, 다음과 같은 유형으로 분류된다.

[표 3-2] 위협 유형별 사례

위협의 유형	발생원인	사 례
(1) 이기적 위협	공인회계사 본인, 그의 직계가족(immediate family) 또는 측근가족(close family)이 의뢰인과 재무적 또는 기타 이해관계가 있는 경우	• 의뢰인에 대하여 재무적 이해관계가 있는 경우 • 전체 수임료가 해당 의뢰인의 수임료에 지나치게 의존하고 있는 경우 • 의뢰인과 친밀한 사업관계를 맺고 있거나 잠재적 고용관계가 있는 경우
(2) 자기검토 위협	공인회계사가 과거에 본인이 판단한 사항에 대하여 검토를 수행하는 경우	• 자신이 과거에 수행한 업무에 대한 감사를 실시하는 중에 중요한 오류를 발견하는 경우 • 인증업무팀(assurance team)의 구성원이 현재 또는 최근까지 의뢰인의 임원으로 종사한 경우
(3) 변호위협	공인회계사가 공정성이 손상될 수 있을 정도로 의뢰인의 입장이나 의견을 옹호하는 경우	• 상장회사(listed entity)인 재무제표감사의뢰인의 주식을 알선하는 경우 • 제3자와의 소송이나 분쟁해결에 있어서 인증의뢰인을 옹호하는 역할을 수행하는 경우
(4) 유착위협	공인회계사가 밀접한 관계로 인하여 의뢰인이나 의뢰인과 연결되어 있는 타인의 이익에 지나치게 동정적이 되는 경우	• 업무수행팀 구성원의 직계가족 또는 측근가족이 의뢰인의 임원이거나 의뢰인의 직원으로서, 인증대상에 직접적이고 심각한 영향을 주는 직위에 종사하는 경우 • 회계법인의 파트너이었던 자가 의뢰인의 임직원으로서, 인증대상에 직접적이고 심각한 영향을 주는 직위에 종사하는 경우 • 의뢰인으로부터 선물 또는 특혜를 받은 경우. 단, 제공받은 선물이나 특혜의 가치가 명백하게 경미한 경우는 제외함
(5) 압력위협	공인회계사가 의뢰인의 현실적 또는 잠재적인 협박의 가능성 때문에 공정하지 못하게 되는 경우	• 해임 또는 교체의 위협이 존재하는 경우 • 소송의 위협이 있는 경우 • 업무보수를 낮추기 위하여 수행업무의 범위를 부적절하게 제한하려는 압력이 존재하는 경우

예를 들어, 공인회계사 본인의 가족이 재무적 이해관계(자금 대여 등)가 있는 피감사회사에 대해 감사업무를 수행하는 경우 이기적 위협에 직면한다. 반면에 회계감사팀의 구성원의 가족이 회계부서 팀장으로 있는 피감사회사에 대해 감사업무를 수행하는 경우 유착위협에 직면한다.

[표 3-3] 이기적 위협과 유착위협의 비교

구 분	이기적위협	유착위협
대 상	공인회계사 본인, 그의 직계가족 또는 측근가족이 의뢰인과 연결된 경우	업무수행팀 구성원의 직계가족 또는 측근가족이 의뢰인과 연결된 경우

1.4 제도적 안전장치

윤리강령의 준수에 지장을 초래할 수 있는 잠재적인 위협들을 제거하거나 수용가능한 수준이하로 감소시키기 위한 제도적 안전장치는 다음의 두 가지로 분류된다.

(1) 한국공인회계사회 또는 법규에 의하여 마련된 안전장치

한국공인회계사 회칙이나 법규에 의해 감사인의 독립성을 확보하도록 다양한 안전장치가 마련되어 있다.

- 공인회계사 등록 요구사항(교육, 훈련, 실무경험)
- 계속적 전문가적 개발에 대한 요구사항
- 내부감시기구에 대한 규정
- 한공회 또는 감독기관의 모니터링 및 제재 절차
- 공인회계사가 작성한 보고서를 제3자가 외부 감리

(2) 업무환경내의 안전장치

감사인의 업무 환경 하에서 독립성 확보를 위한 다양한 장치가 마련되어 있다. 일반기업의 내부통제제도 하에서 경영환경이 중요한 내부통제제도로 작동하는 것처럼 회계법인 경영진의 독립성 관련 다양한 정책들이 업무환경내의 안전장치로 중요하게 작동하고 있다.

- 윤리강령준수를 위한 경영방침
- 인증업무 품질관리 및 모니터링를 위한 정책 / 절차
- 독립성 훼손 위협에 대한 평가와 안전장치의 강구와 그 적용에 관한 문서화된 독립성

정책

또한 감사 개별 업무 차원 하에서도 독립성 확보를 위한 다음의 안전장치가 마련되어 있다. 특히 독립성 확보를 위해서는 인차지 역할을 하는 상급자를 적절히 교체하는 게 중요한다.

- 인증업무팀의 상급자 교체
- 독립적인 제3자에게 자문 요청
- 수행된 업무의 재검토 등

위의 내용은 감사인 입장의 독립성 확보 위한 안전장치이고 피감사회사 차원에서도 감사의 독립성 확보를 위한 노력이 필요한다. 감사인 선임시 독립성 확보를 위한 추인 등 검토 절차가 필수적이며 무엇보다 내부감사 기능의 적절한 유지가 중요한다.

- 감사인 선임시 독립성 확보를 위한 추인 등 검토 절차
- 내부감사 기능의 유지

1.5 윤리적 갈등의 해결

각종 위협에 대한 제도적 안전장치에도 불구하고 윤리적 갈등이 발생하는 경우 이를 해결해야 한다. 예컨대 회계감사 수행 후 감사의견을 변형시켜야 하는 상황임에도 상급자가 이를 묵인해줄 것을 지시하는 경우, 윤리적 갈등 해결절차는 다음과 같다.

[표 3-4] 윤리적 갈등 해결절차

단 계	내 용
(1단계) 조직내 타구성원과 상의	회계법인 또는 소속기관내의 적절한 타구성원에게 해결책을 얻기 위하여 도움을 요청
(2단계) 조직내 내부감시기구 자문	이사회나 감사위원회와 같은 당해 조직의 내부감시기구에게 이러한 갈등과 관련된 사안에 대하여 자문
(3단계) 한국공인회계사회 윤리신고센터 등 외부 자문	한국공인회계사회 윤리신고센터 또는 법률 전문가에게 조언을 요청
(4단계) 갈등을 일으키는 해당 사안과의 연관을 거부 (업무 수임 거절 등)	갈등을 일으키는 해당 사안과의 연관을 거부하고자, 갈등과 관련된 업무수행팀(engagement team) 또는 해당 업무에서 철수하거나 업무수임을 거절하는 것은 물론, 회계법인 또는 소속기관에서도 사임하는 것이 적절한지를 결정

1.6 국제윤리기준의 도입 이슈

(1) 이슈 개요

윤리기준위원회는 국제윤리기준위원회(IESBA)가 2005년 9월에 공표한 국제윤리기준을 도입하여 2006년 7월에 공인회계사윤리기준(이하 윤리기준)을 제정 · 공표하였다. 우리나라의 경우, 국제감사기준(ISA)이나 국제회계기준(IFRS)의 내용을 대부분 그대로 수용(Fully Adopted)하였으나, 국제윤리기준의 경우 2005년 버전을 그대로 수용하여 도입한 이후 추가적인 수정 보완 작업이 수행되지 않았다. 이와 같은 이유로 IFAC이 발간하는 'INTERNATIONAL STANDARDS : 2019 GLOBAL STATUS REPORT'에 현재 우리나라는 G20 국가 중 유일하게 2005년 이후 개정된 국제윤리기준을 도입하지 않은 국가로 남아 있다. 그런데 IFAC 회원규약(SMO)에서 국제윤리기준의 실천 의무를 엄중히 요구하고 있어 KICPA가 IFAC의 회원단체로서 회원 규약을 준수하여야 할 의무가 있다.

(2) 2005년 도입 이후 국제윤리기준 개정 주요 내용

2005년 도입 이후 국제윤리기준 상에서 대폭적으로 개정된 주요 내용은 다음과 같다.

1) 공익실체(Public Interest Entity)의 개념 신설

상장기업 감사에 대한 요구사항을 공익실체로 확대하여 대형 금융기관 등에 대해서도 상장법인과 동일한 독립성 규정 적용한다. 국제윤리기준에서는 문단 290.25에 다음과 같이 공익실체를 정의하고, 이에 대해서는 보다 엄격한 독립성 규정을 적용하고 있다. 이는 공익실체는 다수의 이해관계자가 있어서 공익에 중요한 영향을 미치는 때문이다. 우리나라의 경우, 공익실체에 대한 개념이 존재하지 않으므로 이 점이 한국공인회계사회 윤리기준과 가장 다른 부분이다.

(a) 모든 상장법인
(b) 다음의 실체
- (i) 규정 또는 법령에 의해 공익실체로 정의된 실체
- (ii) 규정과 법령에 의해 상장법인 감사에 적용되는 동일한 독립성 요구조건에 의거 감사를 받을 의무가 있는 실체

2) 비인증 업무 제공관련 요구사항 강화

국제회계사연맹의 윤리기준은 공익실체(public interest entity) 여부에 따라 비감사용역

제한에 대한 규정에 차이가 있는데 반해, 한국공인회계사회의 윤리기준은 단일 기준을 적용하고 있다는 점이다. 이는 우리나라 법과 규정에서 공익실체를 별도로 구분하지 않고, 공인회계사법은 임의감사를 포함한 모든 감사업무에 적용되기 때문이다. 두 윤리기준을 항목별로 구분하면 다음과 같다.

비감사업무 항목	국제윤리기준		한공회 윤리기준
	공익실체	비공익실체	
회계기록과 재무제표 작성 업무	금 지	일상적이고 기계적인 업무는 가능	금 지 (공인회계사법, 외감법)
가치평가업무	중요하면 금지	중요하고 주관성 개입이 크다면 금지	중요하고 주관성 개입이 크다면 금지
세무업무	재무보고 목적으로 중요하다면 금지	안전장치 존재시 가능	가 능
내부감사업무	금 지	N/A(규정 없음)	금지(공인회계사법)
재무정보기술시스템 업무	금 지	안전장치 존재시 가능	금지(공인회계사법)
소송지원서비스 (전문가증인, 손실액 추정 등)	중요하면 금지	중요하고 주관성 개입이 크다면 금지	안전장치 존재 시 가능. 단, 경영의사결정 관련은 금지
법률서비스	재무제표상 중요한 금액에 대한 분쟁이나 소송에서 법률서비스를 제공 금지, 회계법인 등의 구성원의 법률고문 선임 금지(공익실체 여부 구분 없음)		좌 동
고위경영자 모집 (recruiting service)	회계기록과 재무제표 작성에 영향을 미치는 고위경영자 모집은 금지	N/A(규정 없음)	안전장치 존재시 가능. 단, 고용의사결정은 금지
기업금융 등	주식 알선, 중개, 인수 등 금지		좌 동

특히 2022년 12월 15일부터 시행되는 국제윤리기준 비인증업무 관련 개정 사항에 따르면, 감사의뢰인에게 비인증업무를 제공하기 전에 해당 업무 제공이 자기검토위협(Self-review threats)을 발생시킬 수 있는지를 결정해야 하고 감사의뢰인이 공익실체인 경우 자기검토위협을 발생시킬 수 있는 비인증업무의 제공을 금지하고 있다. 감사의뢰인이 공익실체인 경우 감사의뢰인으로부터 비인증업무 수임 전 지배기구와 커뮤니케이션하고 그들의 동의를 얻어야 해당 비인증업무의 수행이 가능해진다. 이와 관련하여 대형회계법인(Big 4)은 각 글로벌

네트워크에서 국제윤리기준 도입에 대한 요구를 수용해 전면 도입 예정이나 국내 규정이 마련되지 않아 실무에 어려움이 예상된다.

3) 네트워크 법인에 대한 독립성 요구사항 준수 강화

네트워크 법인은 자신이 속하는 네트워크에 소속된 다른 회계법인의 감사의뢰인에 대한 독립성을 유지해야 하도록 명시하고 있다. 네트워크 법인에 적용하는 독립성 요구사항은 네트워크 법인의 정의를 충족하는 모든 조직에게 적용되며 해당 조직이 회계법인의 정의를 충족하는지 여부와는 무관하다. 예를 들어 컨설팅법인 또는 법무법인은 회계법인이 아니지만 네트워크 법인일 수 있다고 제시하고 있다.

현행 윤리기준에서 네트워크 법인의 독립성 요구사항 준수를 규정하고 있음에도 실무에서는 법규상 회계법인 이외의 네트워크 법인의 경우 독립성 요구사항 준수가 미흡한 것으로 판단된다. 특히, 네트워크 법인인 컨설팅 법인이 공인회계사법을 적용 받지 않는다는 해석으로 해당 네트워크내 회계법인의 감사의뢰인에게 재무정보체제 구축 업무를 제공하는 경우를 방지하기 위해서 윤리기준 개정이 필요하다.

제2절 독립성 관련 규정

2.1 정 의

독립성이란 감사절차의 수행, 그 결과의 평가 및 감사보고서 작성에까지 모든 감사업무를 수행하는 과정에서 불편부당한 자세를 유지할 수 있는 것을 의미한다. 독립성은 감사품질 제고에 매우 중요한다. 감사인이 전문가적 적격성을 발휘해서 피감사회사의 재무제표 상의 중요한 왜곡표시를 발견한다 해도 감사인이 피감사회사와 결탁되어 있어서 독립성에 문제가 있어 중요한 재무제표 상의 왜곡표시를 감사의견에 적절히 반영하지 못한다면 감사품질이 하락함은 물론이고 자본시장의 이해관계자들에게 해당 재무제표에 대한 왜곡된 시그널을 보내게 된다. 따라서 감사인은 감사절차의 수행, 그 결과의 평가 및 감사보고서 작성에까지 모든 감사업무를 수행하는 과정에서 피감사회사와 결탁되지 않고 불편부당한 자세를 유지할 수 있는 독립성을 갖춰야 한다.

감사인이 갖춰야 하는 독립성은 정신적 독립성과 외관상 독립성으로 나눌 수 있다.

정신적 독립성은 피감사회사에 대해 전문가적 의구심을 발휘하여 공정하게 회계감사를 수행할 수 있는 정신 자세를 의미한다. 반면에 외관상 독립성은 피감사회사와 특별한 결탁 관계가 없어 보이는 외관을 유지하는 것을 의미한다. 이와 관련하여 공인회계사 윤리기준에서는 다음과 같이 두 개념의 차이를 서술하고 있다.

[표 3-5] 독립성 분류

구 분	정신적 독립성(실질적 독립성)	외관상 독립성(형식상 독립성)
정 의	정신적 독립성이란 전문가적 판단을 손상시키는 요인에 영향을 받지 않고 의견을 표명할 수 있는 정신적 상태를 의미하며, 개인으로 하여금 성실하게 행동하고 공정함을 유지하며 전문가적인 의구심을 발휘하도록 하는 것을 의미함	외관상 독립성이란 안전장치를 포함한 관련된 모든 정보를 알고 있는 합리적인 제3자가 회계법인 또는 인증업무팀의 구성원의 성실, 공정 및 전문가적 의구심이 손상된 것으로 판단하게 만드는 중요한 사실이나 상황을 회피하는 것을 의미함

감사의견을 담고 있는 감사보고서는 "독립된 감사인의 감사보고서"라는 제목으로 발행된다. 이와 같이 독립성은 감사보고서가 발행되기 위한 기본 전제이므로 정신적 독립성과 외관상 독립성이 모두 유지되어야 하며 정신적 독립성과 외관상 독립성은 상호보완 관계에 있다. 즉 감사 업무를 수행함에 있어서 전문가적 판단을 손상시키는 요인에 영향을 받지 않고 불편부당하게 의견을 표명할 수 있는 정신적 상태인 정신적 독립성이 실질적 독립성이기는 하지만 외관상 독립성이 의심되면 정신적 독립성 여부에 관계없이 감사보고서 신뢰성은 떨어지므로 외관상 독립성은 감사보고서의 신뢰성을 확보하기 위한 최소한의 전제조건이다.

또한, 공인회계사 윤리기준 문단 290.9는 '독립성'과 관련된 해석상의 유의사항을 규정하고 있다. 모든 사회구성원은 타인과 관계를 형성하고 있으므로 모든 관계로부터 자유로워지는 것은 현실적으로 불가능한 일이므로 전문가적 판단을 수행하는 공인회계사의 경제적·재무적 관계와 기타 다른 관계의 심각성은 관련된 모든 정보를 알고 있는 합리적인 제3자가 수용할 수 없는 것으로 판단할 만한 사항이 무엇인지의 관점에서 평가하여야 한다.

2.2 우리나라의 독립성 관련 규정

우리나라의 공인회계사 윤리관련 규정은 공인회계사법, 외감법, 감사기준, 공인회계사 윤리기준에서 다루고 있다. 이밖에 금융감독원의 실무의견서(내부회계관리제도 구축자문 관련, IFRS 도입자문 관련)와 한국공인회계사회 감사인증기준위원회가 공표한 회계감사 실무지침(재무제표 작성업무 금지관련) 등에서 감사인 독립성에 관하여 지침을 제시하는 경우도 있다.

우리나라의 공인회계사법은 일본의 공인회계사법과 기본체계가 유사하며 1990년대 말 외환위기와 회계스캔들을 겪으면서 미국의 Sarbanes-Oxley Act의 영향을 받아 미국의 SEC rule 2-01의 일부 규정과 일본의 공인회계사법의 일부 직무제한 규정을 도입하여 재무적 이해관계, 고용관계 및 비감사업무와 관련한 직무제한 규정을 두고 있다. 전문가 윤리기준의 존재에도 불구하고 실정법이 독립성에 대하여 규제하는 것은 윤리기준의 요구사항을 그대로 반복하기 위한 것이 아니며 필수적인 사항의 강행성을 법으로 확보하기 위한 것이다. 또한 공인회계사가 아닌 감사의뢰인도 공인회계사법상 법적 요구사항을 인지하게 된다. 우리나라의 공인회계사법은 공인회계사가 그 직무를 수행할 때 독립성을 유지하여야 한다고 규정하고 있다(제15조 제1항). 또한 제21조와 제33조에 직무제한 규정을 두고 있다. 우리나라의 공인회계사법은 일본과 마찬가지로 독립성 규정 이외에도 공정, 성실의무, 비밀유지의무, 부당한 경쟁을 금지하는 규정 등을 정하고 있다. 또한 공인회계사 윤리규정을 한국공인회계사회가 정하도록 요구하고 있으며 한국공인회계사회의 회원은 이 윤리규정을 준수하도록 규정하고 있다.

외감법과 감사기준의 독립성 규정은 외부감사대상회사를 감사하는 감사인에게 적용되며, 공인회계사법과 윤리기준은 임의감사를 포함한 감사 및 증명업무를 수행하는 공인회계사 및 감사인에게 적용된다는 점에서 차이가 있다. 담당이사 교체규정은 미국이나 일본과 달리 공인회계사법에서 다루지 않고 외감법에서 별도로 다룬다. 외감법은 담당이사 교체규정 이외에도 상장회사 감사인에 대해서는 업무보조자 교체규정을 두고 있다.

외감법은 감사기준에 감사인의 독립성에 관한 사항을 두도록 하고 있으며 이에 따라 현행 감사기준에서는 공인회계사법에서 정한 독립성 규정을 보다 구체화하는 내용을 포함하고 있다. 예를 들면 금지업무에 있어서는 공인회계사법의 내용과 거의 동일하나, 감사의 동의가 필요한 업무 또는 협의가 필요한 업무 등에 관해서는 좀 더 세부적인 내용을 담고 있다. 이러한 감사기준의 독립성 규정은 감사기준에 감사인 독립성에 관한 사항을 포함할 것을 요구하는 외감법의 규정에 따른 것으로 관련 법규 및 윤리기준의 준수를 포괄적으로 요구하고 있는 국제감사기준과는 상당한 차이가 있다. 이에 따라 감사인증기준위원회에서는 신국제감사기준을 도입하여 감사기준을 개정하면서 국제감사기준의 내용을 변형없이 수용하여 이러한 별도의 독립성 규정을 모두 삭제하고 관련 법규와 윤리기준에서 요구하는 윤리적 요구사항을 준수토록 하는 것으로 대체하였다.

국내 독립성과 관련된 법규 및 규정은 다음과 같이 정리할 수 있다.

[표 3-6] 국내 독립성 관련 법규 및 규정

윤리 및 독립성 관련 규정	주요내용	비 고
공인회계사법(유권해석)	• 직무제한 규정(주식보유, 고용관계, 비감사업무) • 공정 · 성실 규정(윤리기준의 법적 효력)	금융위
외감법(유권해석)	• 동일이사 교체 • 상장회사 업무보조자 교체규정	금융위
회계감사에 관한 실무의견서	• 외부감사인이 피감사회사에 제공할 수 있는 내부회계관리제도 관련 자문업무의 범위(2005-2) • 외부감사인이 제공가능한 "IFRS도입 자문용역"범위(2008-1) * 감사기준에서 독립성에 대한 상세규정이 삭제되었으나 금감원이 의견서를 폐지하지 않고 있음	금감원
윤리기준	• 일반 공인회계사 윤리 • 독립성 적용사례	한공회
윤리기준 적용지침	• IFRS 도입용역을 제공한 회사에 대한 외부감사업무 수임제한(2009-1)	한공회

2.3 공인회계사법 상 직무제한 규정

(1) 개 요

독립성의 두 가지 개념인 정신적 독립성과 외관상 독립성 중에서 정신적 독립성이 더 중요한 실질적 독립성이기는 하나 감사인이 갖춰야 할 정신자세이므로 법적인 조문으로 규제하기가 매우 어렵다. 따라서 정신적 독립성은 주로 공인회계사 윤리규정을 통해 한국공인회계사회 차원에서 그 준수를 독려하는 반면에 외관상 독립성은 주로 공인회계사법을 통해 강제하고 있다.

공인회계사가 제공하는 업무는 감사업무와 비감사용역으로 나누어진다. 비감사용역은 재무제표 대리작성 업무, 조세업무, 경영자문업무 등 감사업무를 제외한 모든 업무를 말한다. 감사업무와 비감사용역을 제공하는 경우에는 감사할 때 기업의 부당한 요구를 수용하고 대신에 기업으로부터 비감사용역을 수취할 수 있으며, 이는 부실감사를 유도하고 특정 기업에 대한 감사인의 경제적 의존도를 증가시켜 감사실패를 가져올 수 있다고 비판한다. 금융감독원도 기업이 감사인에게 비감사용역보수를 과도하게 지출하는 행위는 감사인의 독립성을 약화시킬 수 있고, 감사품질이 저하될 가능성이 있음을 지적하고 있다. 신 외부감사법의 시행에 맞추어 공인회계사법도 개정되어 기업에 대한 비감사용역 제한을 강화하였다. 비감사용역 금지대상회사를 확대하여 감사대상회사뿐만 아니라 그 종속회사에 대한 비감사용역 제공도 금지되었고, 직무제한 비감사용역의 범위를 확대하여 매수 목적의 자산 등 실사 가치평가 업무, 자금조달 투자 관련 알선 및 중개 업무, 경영자의 역할이나 의사결정에 해당하는 업무도 금지대상 비감사용역에 포함되었다. EU 의회는 감사인의 독립성과 감사품질 강화를 목적으로 비감사용역보수를 감사보수의 70% 이내로 규제하는 법을 제정하였다.

(2) 공인회계사법의 직무제한 규정

앞서 언급했던 윤리강령의 준수에 지장을 초래할 수 있는 잠재적인 위협들 중에서 특히 감사인의 독립성을 위협하는 사항으로는 ①피감사인의 다른 용역 등을 수임하기 위해 감사의견을 좋게 주는 경우(이기적위협 : Self-interest threat), ②피감사인과 밀접한 관계에 의해 영향을 받는 경우(유착위협 : Familiarity threat) 및 ③감사인이 재무제표 작성에 도움을 제공하고 이를 감사하는 경우(자기검토위협 : Self-review threat) 등이 있다. 공인회계사법 제21조와 공인회계사법 제33조에 따르면, 감사인의 성실, 공정 및 전문가적 의구심이 손상된 것으로 판단하게 만드는 중요한 사실이나 상황에 해당하는 사항으로 보아 직무를 제한하고 있는 내용은 다음과 같다.

공인회계사법 제21조 및 시행령14조(직무제한) 내용 요약정리

1. 고용관계로 인해 재무제표(연결재무제표 포함) 감사 및 증명업무가 제한되는 경우 (자기검토위협 제거 목적)
   (1) 자기 또는 배우자가 임원이나 그에 준하는 직위(재무에 관한 사무의 책임있는 담당자를 포함한다)에 있거나, 과거 1년 이내에 그러한 직위에 있었던 자(회사를 포함)
   (2) 자기 또는 배우자가 그 직원이거나 과거 1년 이내에 직원이었던 사람(배우자의 경우 재무에 관한 사무를 수행하는 직원으로 한정한다)

2. 재무적 이해관계로 인해 재무제표 감사 및 증명업무가 제한되는 경우 (자기검토위협 제거 목적)
   (1) 당해 공인회계사 또는 그 배우자가 주식 또는 출자지분을 소유하고 있는 자. 단 감사기간(연결재무제표 포함) 중 합병 · 상속 또는 소송 등에 따라 주식 또는 출자지분을 비자발적으로 취득한 후 해당 주식 또는 출자지분을 지체 없이 처분한 경우는 제외함
   (2) 공인회계사 또는 그 배우자와 3천만원 이상의 채권 또는 채무관계에 있는 자. 다만, 다음 각 목의 어느 하나에 해당하는 채권 또는 채무를 제외한다.
   가. 법 제2조의 규정에 따른 공인회계사의 직무와 직접 관련된 채권
   나. 「예금자보호법」에 따라 보호되는 금액 한도 이내의 예금 · 적금 등 채권
   다. 표준약관에 따라 구입하거나 정상적인 가액으로 구입한 회원권 · 시설물이용권 등 채권
   라. 「근로자퇴직급여 보장법」에 따른 퇴직연금 등 채권
   마. 「금융위원회의 설치 등에 관한 법률」 제38조의 규정에 따른 기관으로부터 받은 주택담보대출 · 예금담보대출 등 통상의 절차에 따라 담보를 제공하고 성립된 채무
   바. 「여신전문금융업법」 제2조 제3호의 규정에 따른 신용카드의 사용에 의한 지급기일이 2월 이내인 채무 중 연체되지 아니한 채무
   사. 감사기간 중 합병 · 상속 또는 소송 등에 의하여 비자발적으로 발생된 채권 또는 채무
3. 특정 회사의 재무제표를 감사(증명)하는 업무를 수행하는 계약을 체결하고 있는 기간(감사계약일로부터 보고서 발행일까지의 기간)에는 독립성을 훼손하므로 그 회사와 연결대상 종속회사에 제공하는 것이 법에 의하여 금지되는 업무는 다음과 같음.
   (1) 회계기록과 재무제표의 작성 (자기검토위협 제거 목적)
   (2) 내부감사업무의 대행 (자기검토위협 제거 목적)
   (3) 재무정보체제의 구축 또는 운영 (자기검토위협 제거 목적)
   (4) 자산 · 자본, 그 밖의 권리 등을 매도하기 위한 가치평가 등의 업무. 단, 출자전환 또는 담보 등을 원인으로 취득한 자산을 공동매각하여 채권을 회수하고자 채권자협의체가 구성된 경우 구성원 중 주간사를 감사(증명)하지 않거나, 감사(증명)를 하는 구성원이 보유한 공동매각자산의 비중의 50% 미만인 경우 매도 실사 등의 업무 제공이 가능함 (자기검토위협 제거 목적)
   (5) 자산 · 자본, 그 밖의 권리 등을 매수하기 위한 가치평가 등의 업무 (자기검토위협 제거 목적)
   (6) 인사 및 조직 등에 관한 지원업무 (이기적위협/유착위협 제거 목적)
   (7) 재무제표에 계상되는 보험충당부채 금액 산출과 관련되는 보험계리업무 (자기검토위협 제거 목적)
   (8) 민 · 형사 소송에 대한 자문업무 (자기검토위협/변호위협 제거 목적)
   (9) 자금조달 · 투자 관련 알선 및 중개업무 (자기검토위협/변호위협 제거 목적)
   (10) 중요한 자산의 처분 및 양도, 지배인의 선임 또는 해임 등 경영에 관한 의사결정으로서 임원이나 이에 준하는 직위의 역할에 해당하는 업무 (자기검토위협/이기적위협/유착위협 제거 목적)

특정 회사의 재무제표를 감사(증명)하는 업무를 수행하는 계약을 체결하고 있는 기간에는 법으로 금지된 업무 이외에는 독립성 훼손위험을 수용가능한 수준으로 감소시키기 위한 필요한 안전장치를 강구하고 나서 제공이 가능하다. 공인회계사윤리기준에 이해상충 소지가 높은 것으로 명시된 업무 등과 같이 이해상충의 소지가 높은 비감사업무를 제공하는 경우에는 독립성 훼손위험을 수용가능한 수준으로 감소시키기 위한 안전장치로써 해당 회사의 감사(감사위원회)의 동의를 받는 것이 필요하다. 그 외의 비감사업무(정형화되어 판단이 개입되지 않는 업무, 재무보고와 관련이 없는 업무, 의사결정이 필요 없는 업무 등)에 대해서는 안전장치로써 해당 회사의 감사(감사위원회)와 협의를 하는 것이 필요하다.

한편, 공인회계사법 제33조(직무제한)는 회계법인이 감사 및 증명 관련 직무의 수행이 제한되는 상황을 제시하고 있다. 공인회계사법 제21조(직무제한)의 내용을 참고하고 있음을 확인할 수 있다.

● 공인회계사법 제33조(직무제한)

① 회계법인은 다음 각호의 1에 해당하는 자에 대한 재무제표를 감사하거나 증명하는 직무를 행하지 못한다.

1. 회계법인이 주식을 소유하거나 출자하고 있는 자(會社를 포함한다. 이하 이 條에서 같다)
2. 회계법인의 사원이 제21조 제1항 각호의 1에 해당하는 관계가 있는 자
3. 제1호 및 제2호 외에 회계법인이 뚜렷한 이해관계를 가지고 있거나 과거 1년 이내에 그러한 이해관계를 가지고 있었던 것으로 인정되는 자로서 대통령령이 정하는 자

② 제21조 제2항 및 제3항의 규정은 회계법인에 관하여 이를 준용한다.

현행 외감법 제13조 제1항에 따르면, 회계법인이 공인회계사법 제21조 또는 제33조를 위반한 경우 회사는 지체 없이 감사인과의 감사계약을 해지하여야 하고, 감사계약을 해지한 후 2개월 이내에 새로운 감사인을 선임하여야 한다.

(3) 공인회계사법의 직무제한 규정준수를 위한 주의사항

공인회계사법의 직무제한 규정의 준수를 위해 주의할 사항이 있다.

첫째, 지배회사 감사인은 연결재무제표를 감사하므로 연결재무제표 포함되는 모든 종속회사에 대해서도 독립성이 요구된다. 피감사 대상 회사와는 위의 관계가 전혀 없지만 피감사 대상 회사의 종속회사와 위와 같은 관계가 있다면 그런 경우에도 피감사 대상 회사(지배회사)의 감사를 수임할 수 없다. 동일한 이유로 지배회사 감사

인은 종속회사에 대해 공인회계사법에서 금지된 비감사업무를 수행할 수 없다.

둘째, 비감사용역의 동시 제공은 제한되지만 감사인이 감사대상 기업이 아닌 고객사에게 비감사용역을 제공하는 것은 상관이 없다.

회계자문서비스(Private Accountant Service, 이하 'PA 서비스')는 '기업에서 수행하는 회계 관련 업무를 외부 회계전문가가 자문하거나 지원하는 업무'로 정의할 수 있다. 즉, 기업 내부에서 해결하기 어렵거나 외부자문을 받는 것이 더 경제적이라고 생각되는 회계 문제를 외부의 회계전문가로부터 도움을 받는 서비스로 정의할 수 있다. 회계감사는 공공재 성격을 가지므로 수요와 공급에만 맡길 수 없고, 시장실패가 발생할 수 있어 일정 부분 정부개입이 필요하다. 반면에 PA 서비스는 사유재 성격을 가지므로 수요와 공급이라는 시장원리에 의해 결정된다. 따라서 기업이 원하는 경우에만 자발적으로 이루어지며 기업과 회계사의 이해관계가 일치하는 성격을 갖는다. 따라서 PA 서비스는 회계사의 업무영역 확대나 수입창출을 위한 것이 아니라 기업과 회계사가 서로 상생할 수 있는 서비스다. 예를 들어 감사인이 기업의 재무제표를 대리작성하는 것은 엄격히 금지되어 있는데, 기업의 사정으로 재무제표를 작성하기 어려운 경우에 기업은 감사를 담당하지 않는 다른 감사인에게 재무제표 작성 업무를 맡기면 되는 것이다. 또한 기업의 주요 회계문제가 발생하는 경우에 감사를 담당하는 감사인이 이에 대한 조언을 하는 것은 독립성을 해칠 가능성이 많으므로 이 역시 다른 감사인에게 회계자문을 맡기면 된다.

2.4 외부감사법 상 업무제한 규정

감사인이 독립성을 유지하게 하도록 하는 업무제한 규정이 다음과 같이 외부감사법에 명기되어 있다.

- 회계법인의 업무담당이사의 교체
- 회계법인의 업무 보조자의 교체

(1) 회계법인의 업무담당이사의 교체 및 냉각

업무수행이사(engagement partner)는 감사업무와 감사업무수행 및 발행된 감사보고서에 대해서 회계법인을 대신하여 책임을 지며, 관련 요구사항이 있을 경우에는 전문직단체, 정부 또는 규제기관으로부터 적합한 권한을 받은 파트너를 의미한다. 주권상장법인 · 대형비상장주식회사 · 금융회사의 경우 동일한 이사가 연속하는 3개 사업연도를 감사한 경우 4년 차에 업무수행이사를 교체하여야 하고 이후 3년간 해당감사업무에 참여할 수 없는 냉각기간을 가져야 한다. 그러나 비상장법인(대형비상장주식회사 · 금융회사 제외)의 경우 업무수행이사가 5년간 연속감사 후 1년간 해당 감사업무에 참여할 수 없는 냉각기간을 가져야 한다.

(2) 회계법인의 업무보조자의 교체 및 냉각

회계법인에서 업무수행이사를 제외한 나머지 모든 감사 참여자를 보조자라 한다. 주권상장법인에 대해 감사를 하는 경우 감사 업무보조자가 연속하는 3개 사업연도에 대한 감사업무를 하게 한 경우, 4년차에는 업무보조자의 2/3를 교체하여야 한다.

[표 3-7] 외부감사법 상 업무제한 규정 요약

구 분	주권상장법인	대형비상장주식회사 + 금융회사(비상장)	기타의 주권비상장법인
감사인 선임기간	3년간 연속	3년간 연속	매년 선임
회계법인의 동일이사	3년간 연속감사 후 3년 냉각기간		5년간 연속감사 후 1년 냉각기간
회계법인의 동일보조자	3년간 연속감사 후 보조자 2/3 교체	해당 없음	해당 없음

2.5 독립성 관련 위반 사례

독립성 위반 사례를 살펴보도록 하자. 특히 재무정보체제 구축 등 용역 발주가 많은 유가증권 · 코스닥 회사의 경우 80% 가량이 연결대상 종속회사를 보유하고 있기 때문에 감사인의 독립성 점검을 특히 강화할 필요가 있다.

첫째, '종속회사에 대한 컨설팅 등 비감사용역 제공'이다.

회계법인이 특정회사의 재무제표를 감사하거나 증명하고 있는 업무를 수행하는 계약을 체결하고 있는 기간 중에 해당 회사의 종속회사에 대해 일정한 비감사용역을 수행하는 것은 독립성 위반에 대한 대표적인 사례이다.

사례 1

> A회계법인은 2018년 3월부터 B회사의 종속회사인 C회사의 재무관리기준 구축 및 내부회계관리제도 업데이트 용역을 수행하던 중, 같은해 6월 모회사인 B와 당해연도 외부감사계약을 체결함. 2018년 5월 1일 이후에는 독립성 적용대상 회사 범위가 연결대상 지배 · 종속관계로 확대됐으므로 공인회계사법 위반에 해당됨

독립성 판단은 감사뿐만 아니라 증명업무도 포함되며, 회사 범위도 연결대상 지배 · 종속 관계로 확대됐기 때문에 공인회계사법 위반에 해당된다. 공인회계사법상 '감사하거나 증명하는 업무를 수행하는 계약을 체결하고 있는 기간 중에는' 일정한 용역 업무를 금지하고 있으므로 결과물 산출 여부는 관계없다.

사례 2

D회계법인은 E회사(지배회사)의 해외 시장 상장을 위한 증명업무(컴포트 레터 작성) 계약을 체결함. 다음해 5월 E회사가 상장계획을 보류함에 따라 계약서상 결과물(컴포트 레터)이 산출되지는 않았음. D회계법인은 당해년도 1월 ~ 4월중 F회사(E회사의 종속회사)와 자산 매도를 위한 실사계약을 체결하고 관련 업무를 수행함

사례 3

특수목적법인(SPC · Special Purpose Company)의 경우 기장업무(재무제표 작성)를 하는 회계법인이 동시에 외부감사까지 수행하는 경우도 있는데, 역시 공인회계사법 위반임. 회계법인이 SPC와 포괄적 업무수탁계약을 맺고 외부감사 업무를 수행하면서 기장 등 재무제표 작성업무를 외부의 세무회계사무소에 직접 의뢰해 위탁해서 타인에게 의뢰를 한 것이라 해도 해당 회계법인이 재무제표 작성에 대한 영향력을 다분히 행사할 개연성이 있기 때문에 이는 공인회계사법 위반으로 봄

두 번째 독립성 위반사례는 '회계법인의 관계회사(컨설팅법인)를 통한 비감사용역 제공'이다.

회계법인이 특정회사의 재무제표를 감사하고 그 기간 중 회계법인의 관계회사인 컨설팅법인이 해당회사에 금지된 비감사용역을 제공하면 독립성 위반에 해당된다. 감사대상 기업뿐만 아니라 감사인을 맡은 회계법인의 관계회사도 같은 회사에 금지대상 비감사용역을 제공할 수 없다. 회계법인들은 대표이사가 최대지분을 보유하는 컨설팅 법인을 설립해서 비감사용역 업무를 수행토록 하는 경우가 있다. 이는 외관상 컨설팅 법인이 수행한 것으로 보이지만 실질적으로는 감사인인 회계법인이 수행한 것으로 현행법은 보기 때문이다.

제3절 감사인의 법적 책임

3.1 감사인의 손해배상 책임

(1) 개 요

한국공인회계사회는 일반적인 감사와 외부감사를 구별하여 정의하는데, 일반적인 감사란 "감사대상의 행동이나 사건들에 관한 피감사회사의 주장이 사전에 설정된 기준과 일치하는가를 확인하기 위하여 독립적인 제3자가 객관적으로 증거를 수집 · 평가하고, 그 결과를 이해관계가 있는 이용자들에게 전달하는 체계적인 과정"이라고 정의하고, 외부감사란 "영리기업의 감사대상 재무제표가 재무상태와 경영성과 그리고 기타 재무정보를 기업회계기준에 따라 적정하게 객관적으로 증거를 수집하고 평가하고 이에 근거하여 재무제표의 적정성에 관한 의견을 표명하는 체계적인 과정"이라고 정의하고 있다.

외부감사는 회사의 재무제표에 관하여 회계감사인이 독립적인 의견을 표명하여 신뢰성을 부여함으로써 재무제표 이용자가 회사에 관하여 합리적인 의사를 결정할 수 있게 하고, 동시에 회사의 회계처리의 적정성 · 정당성 등을 도모함으로써 회사의 건전한 발전과 이해관계인의 권익보호를 실현하는 것을 목적으로 한다. 자본시장법(자본시장과 금융투자업에 관한 법률)과 외부감사법(주식회사 등의 외부감사에 관한 법률)은 회계감사인이 수행하는 회계감사업무가 자본시장에서 투자자에게 미치는 영향이 매우 큰 점을 고려하여 회계감사인의 부실한 감사업무 수행으로 인한 손해배상책임에 관한 규정을 별도로 두고 있다. 또한 투자자는 회계감사인의 부실감사에 관하여 자본시장법이나 외부감사법에 따른 책임을 묻는 것 외에도 민법 제750조에 따른 불법행위책임을 물을 수도 있다. 이처럼 회계감사인의 책임을 규율하는 법체계는 단일한 구조 대신 중첩적 구조를 이루는 특징을 가지고 있다. 판례는 자본시장법, 외부감사법, 민법상 불법행위에 따른 손해배상청구권의 관계를 청구권경합관계로 보기 때문에, 소송실무적으로도 투자자가 회계감사인을 상대로 손해배상을 청구할 때에는 특별한 사정이 없는 한 위 각 청구를 모두 주장하는 것 이 일반적이다.

주권상장법인의 대규모 회계분식은 주가가 크게 하락하는 것을 넘어 회사의 존립에까지 결정적인 영향을 줄 수 있다. 투자자가 회사의 분식결산과 감사보고서의 부실표시로 인하여 피해를 입은 것을 전제로 손해배상청구를 할 경우 그 상대방으로 회사, 이사, 감사, 회계감사인 등을 선택할 수 있으나 각 당사자의 변제능력을 고려하면, 결국 투자자의 손해배상청구는 회계감사인 등에 집중될 것이다.

회계감사인의 부실감사에 관한 책임의 강화는 사전적인 조치보다 사후적으로 투자자가 손해배상청구소송을 통하여 책임을 묻는 경향이 강하다. 자본시장법은 증권의 발행시장과 유통시장을 나누어, 전자와 관련해서는 증권의 발행회사에 증권신고서 등을 제출 · 공시할 의무를 부과하고, 후자와 관련해서는 사업보고서 제출회사에 사업보고서 등을 제출 · 공시하도록 하면서 사업보고서에 회계감사인의 감사보고서를 첨부하도록 하고 있다. 증권의 발행시장에서 증권신고서 등의 중요사항에 관하여 거짓의 기재 또는 표시가 있거나 중요사항이 기재 또는 표시되지 아니함으로써 증권의 취득자가 손해를 입은 경우 그 증권신고서의 기재사항 또는 그 첨부서류가 진실 또는 정확하다고 증명하여 서명한 공인회계사 등 (그 소속단체를 포함한다)도 그 거짓 기재 등으로 인한 책임을 부담하게 된다. 이러한 공인회계사 등의 책임은 증권의 유통시장에서의 사업보고서 등의 거짓 기재 등의 책임에도 동일하게 적용된다. 자본시장법 제162조 제1항은 제 159조 제1항에 따라 주권상장법인 등 사업보고서를 제출할 의무가 있는 증권의 발행 회사가 제출한 사업보고서, 반기보고서 등과 그 첨부서류(회계감사인의 감사보고서는 제 외)에 중요한 사항에 관한 거짓의 기재가 있는 경우, 그로 인해 손해를 입은 유통시장 취득자에 대해 발행회사와 그 관련자들이 손해를 배상하도록 정하고 있고, 제170조는 위 사업보고서 등에 첨부된 감사보고서를 작성한 회계감사인의 손해배상책임에 관하여 별도로 정하고 있다. 제170조 제1항은 '선의의 투자자가 사업보고서 등에 첨부된 회계감사인의 감사보고서를 신뢰하여 손해를 입은' 경우 회계감사인의 손해배상책임에 관하여 외부감사법 제31조 제2항부터 제9항까지를 준용하도록 하고 있다. 주권상장법인 등은 사업보고서, 반기보고서, 분기보고서와 첨부서류 등(이하 '사업보고서 등'이라 한다)을 정기적으로 금융위원회와 한국거래소에 제출하고, 공시하여야 한다.

자본시장법 제170조 제1항이 준용하는 외부감사법 제31조 제2항은 "감사인이 중요한 사항에 관하여 감사보고서에 기재하지 아니하거나 거짓으로 기재를 함으로써 이를 믿고 이용한 제3자에게 손해를 발생하게 한 경우에는 그 감사인은 제3자에게 손해를 배상할 책임이 있다."고 규정하고 있다. 따라서 자본시장법 제170조에 의하여 회계감사인의 손해배상책임이 인정되기 위해서는 손해배상을 청구하는 자가 회계감사인이 중요한 사항에 관하여 감사보고서에 기재하지 아니하거나 거짓으로 기재를 하였다는 점을 주장 · 증명하여야 한다. 자본시장법상 회계감사인의 손해배상책임은 감사인이 고의로 중요한 사항에 관하여 감사보고서에 기재하지 아니하거나 거짓으로 기재한 경우뿐만 아니라 과실로 중요한 사항에 관하여 기재하지 아니하거나 거짓으로 기재한 경우에도 인정된다.

[표 3-8] 회계부정에 관한 법적 책임

민사상 책임

(1) 외부감사법상 손해배상책임
- 근거 : 외부감사법 제31조
- 요건 : ① 감사인이 그 임무를 게을리하여 회사에 손해를 발생하게 한 경우, ② 감사인이 중요한 사항에 관하여 감사보고서에 적지 아니하거나 거짓으로 적음으로써 이를 믿고 이용한 제3자에게 손해를 발생하게 한 경우
- 대상 : ① 감사인, ② 감사인이 감사반인 경우 해당 회사의 감사에 참여한 공인회계사, ③ 회사의 이사 또는 감사(또는 감사위원회위원)도 책임이 있는 경우 해당 회사의 이사 및 감사(또는 감사위원회위원)

  * 감사인의 입증책임 부담(단, 감사인 선임회사는 해당 회사 부담)
- 시효 : 그 청구권자가 해당 사실을 안 날부터 1년 이내 또는 감사보고서를 제출한 날부터 8년 이내

(2) 자본시장법상 손해배상책임 - (1) 준용
- 근거 : 자본시장법 제170조
- 요건 : 선의의 투자자가 사업보고서 등에 첨부된 감사인의 감사보고서를 신뢰하여 손해를 입은 경우

(3) 민법상 손해배상책임
- 근거 : 민법 제750조
- 요건 : 고의 또는 과실로 의한 위법행위로 타인에게 손해가 발생한 경우
- 대상 : 타인에게 손해를 가한 자
- 시효 : 피해자나 그 법정대리인이 그 손해 및 가해자를 안날로부터 3년 또는 불법행위를 한 날로부터 10년

(2) 손해배상책임의 주체

외부감사법 제31조 제2항에 따라 손해배상책임을 지는 회계감사인은 외부감사 법에 따라 외부감사를 하는 감사인에 한정된다. 다만, 연결 재무제표에 대한 감사보고서에 중요한 사항을 기재하지 아니하거나 거짓으로 기재를 한 책임이 종속회사 또는 관계회사의 회계감사인에게 있는 경우에는 해당 회계 감사인은 이를 믿고 이용한 제3자에게 손해를 배상할 책임이 있다(자본시장법 제170 조 제1항; 외부감사법 제31조 제2항 단서). 감사반인 회계감사인의 경우에는 해당 회사에 대한 감사에 참여한 공인회계사가 연대하여 손해를 배상할 책임을 부담한다(자본시장법 제170조 제1항; 외부감사법 제31조 제3항).

(3) 손해배상책임의 성립요건

1) 회계감사인이 중요한 사항에 관하여 감사보고서에 적지 아니하거나 거짓으로 적을 것

감사보고서의 모든 사항이 부실표시로 인한 책임의 대상이 되는 것은 아니고, 회계감사인은 '중요한 사항'에 관하여 감사보고서에 적지 아니하거나 거짓으로 적어 야만 손해배상책임을 부담한다. 이때 '중요한 사항'은 회계감사인이 피감사회사의 재무제표를 감사한 내용 중 제3자가 회사에 투자를 함에 있어서 영향을 미치는 사항이라고 할 수 있다.

회계감사인이 중요한 사항에 관하여 감사보고서에 적지 아니하거나 거짓으로 적은 사실은 투자자인 원고가 주장 · 증명하여야 한다. 따라서 회계감사인의 손해배상책임은 대부분 수사기관 또는 금융규제기관에 의하여 회사에 회계부정이 존재한다는 사실이 밝혀진 후부터 투자자 측은 대외적으로 공개된 수사기관, 금융규제기관의 조사자료, 언론에 보도된 기사 등을 기초 자료로 하여, 회계감사인이 중요한 사항에 관하여 감사보고서에 적지 아니하거나 거짓으로 적은 사실을 비교적 용이하게 주장 · 증명할 수 있을 것이다. 한편, 연결재무제표에 대한 감사보고서에 중요한 사항을 적지 아니하거나 거짓으로 적은 책임이 종속회사 또는 관계회사의 회계감사인에게 있는 경우에는 해당 감사인은 이를 믿고 이용한 제3자에게 손해를 배상할 책임이 있다(외부감사법 제31조 제2항 단서).

2) 선의의 투자자가 감사보고서를 믿고 이용할 것

(가) 선의의 투자자일 것

투자자가 자본시장법 제170조 제1항에 따라 회계감사인에게 손해배상책임을 묻기 위해서는 선의여야 한다. 이때 선의의 투자자란, 회계감사인이 사업보고서 등을 제출한 회사의 감사보고서에 중요한 사항에 관하여 적지 아니하거나 거짓으로 적었다는 사실을 모르고 위 회사의 증권을 취득하거나 처분한 사람을 말한다. 선의의 증명과 관련하여, 투자자의 선의에 관해서는 법률상의 추정이나 증명책임의 전환을 별도로 규정하고 있지 아니하므로 투자자에게 그 선의에 관한 증명책임이 있다고 보아야 할 것이다. 투자자는 현실적으로 회사의 감사보고서에 중요한 사항이 기재되어 있지 아니하거나 거짓으로 기재되었다는 사실을 알기는 매우 어려우므로, 상대방인 회계감사인이 투자자의 악의를 적극적으로 다투지 아니하는 이상 그 인정 여부가 쟁점화 되기는 어려울 것으로 보인다.

(나) 거래인과 관계가 존재할 것

거래인과 관계는 투자자가 감사보고서의 부실표시를 신뢰하여 거래에 이용하는 것을 말한다. 자본시장법상 회계감사인이 별도로 계약관계를 맺지 아니한 제3자인 투자자가 입은 손해를 배상하여야 할 책임을 부담하는 이유는 감사보고서의 부실과 거짓 기재를 원인으로 제3자가 감사보고서를 신뢰함으로써 이용하였을 것이라는 관념이 전제되었다고 볼 수 있다. 따라서 투자자가 회계감사인이 중요한 사항에 관하여 감사보고서에 적지 아니하거나 거짓으로 적은 것을 알았더라면 증권의 취득 또는 처분행위를 하지 않았을 것이라는 사실이 존재하는 경우에 거래의 인과관계가 인정될 수 있다. 대법원은 "주식거래에서 대상 기업의 재무상태는 주가를 형성하는 가장 중요한 요인 중의 하나이고, 대상 기업의 사업보고서의 재무제표에 대한 외부감사인의 회계감사를 거쳐 작성된 감사보고서는 대상 기업의 재무상태를 드러내는 가장 객관적인 자료로서 투자자에게 제공 · 공표되어 주가형성에 결정적인 영향을 미치는 것이어서, 주식투자를 하는 투자자로서는 대상 기업의 재무상태를 가장 잘 나타내는 사업보고서의 재무제표와 이에 대한 감사보고서가 정당하게 작성되어 공표된 것으로 믿고 주가가 당연히 그에 바탕을 두고 형성되었으리라는 생각 아래 대상 기업의 주식을 거래한 것으로 보아야 한다."라고 하여 거래인과 관계의 존재가 사실상 추정되는 것으로 본다.

3) 회계감사인의 고의 또는 과실이 있을 것

회계감사인의 손해배상책임은 감사인이 고의 또는 과실로 중요한 사항에 관하 여 감사보고서에 적지 아니하거나 거짓으로 적은 경우에 인정된다. 중요한 사항에 관하여 감사보고서에 기재되어 있지 아니하거나 거짓으로 기재되어 있는 경우에는 회계감사인의 고의 또는 과실이 추정된다. 따라서 감사인 또는 감사에 참여한 공인회계사가 그 임무를 게을리하지 아니하였음을 증명하여야 손해배상책임을 지지 않는다(외부감사법 제31조 제7항). 이처럼 증명책임이 전환된 결과, 손해배상청구소송 절차에서 원고는 피고의 과실을 증명할 필요가 없고, 피고가 무과실을 증명하여야 면책된다.

원칙적으로 손해배상소송에서 원고가 피고의 과실을 입증하는 것이 원칙이다. 그러나 감사인이 감사계약서 상의 임무를 게을리 하여 회사에 손해를 발생하게 하여 손해배상소송을 당한 경우, 감사인이 손해배상책임을 면하기 위하여는 그 임무를 게을리 하지 아니하였음을 피고인 감사인이 스스로 증명하여야 한다. 이는 감사업무의 전문성으로 인해 손해배상 원고가 이를 입증하기 어려운 상황임을 고려한 것이다.

그러나 이에도 예외사항이 있다. 감사인을 선임한 회사, 은행, 보험회사, 종합금융회사 및 상호저축은행과 같은 금융기관에 대하여는 원고의 전문성을 고려하여 감사인이 임무를 게을리 하였다는 것을 입증할 책임을 원고가 부담하도록 하고 있다. 즉 원고로 입증책임이 전환되는 것이다.

제31조(손해배상책임)

⑦ 감사인 또는 감사에 참여한 공인회계사가 제1항부터 제3항까지의 규정에 따른 손해배상책임을 면하기 위하여는 그 임무를 게을리 하지 아니하였음을 증명하여야 한다. 다만, 다음 각 호의 어느 하나에 해당하는 자가 감사인 또는 감사에 참여한 공인회계사에 대하여 손해배상 청구의 소를 제기하는 경우에는 그 자가 감사인 또는 감사에 참여한 공인회계사가 임무를 게을리 하였음을 증명하여야 한다.

1. 제10조에 따라 감사인을 선임한 회사
2. 「은행법」 제2조 제1항 제2호에 따른 은행
3. 「농업협동조합법」에 따른 농협은행 또는 「수산업협동조합법」에 따른 수협은행
4. 「보험업법」에 따른 보험회사
5. 「자본시장과 금융투자업에 관한 법률」에 따른 종합금융회사
6. 「상호저축은행법」에 따른 상호저축은행

이러한 금융회사의 입증책임에 대한 찬반양론이 있다.

먼저 반대 의견은 금융권에 의해 제기되고 있다. 특정 기업체의 분식회계를 회계법인이 회계감사에서 적발해내지 못했고 이에 따라 대출금 미회수 등의 피해를 금융기관이 입었다해도 손해배상소송 과정에서는 금융기관이 회계법인의 업무 해태를 직접 입증해야 한다는 것이다. 대우조선해양 분식회계의 사례에서는 산업은행 등 채권단이 안진회계법인의 업무 해태를 증명해야 손해배상소송에서 승소할 수 있는 구조이다. 금융권은 이 같은 단서 조항이 사실상의 '독소조항'이라며 문제를 제기하고 있다. 현행법에 따르면 감사인인 회계법인은 기업의 회계자료 요구권이나 재산 상태 조사권 등을 갖고 있으나 금융회사는 이 같은 권한이 없고 재무제표나 해당 기업에 대한 은행의 대출 심사 등의 과정에서 수집한 자료로 기업을 판단해야 하다 보니 회계법인의 책임을 입증할 수단이 매우 제한적임을 주장하고 있다. 회계 업계는 미국 역시 이 같은 소송에서 입증 책임이 금융기관에 있다고 주장하고 있으나 미국의 경우 소송 시 관련 서류를 원고와 피고가 상호 간 공개하는 증거개시제도가 도입돼 있어 우리와 상황이 다르다. 우리나라는 미국과 달리 증거개시제도를 도입하지 않아 제3자가 회계법인의 감사조서 등의 자료를 확보하기 어려우므로 회계법인의 부실 감사를 입증하기는 사실상 어렵다.

문제는 이 같은 구조로 인해 회계법인이 기업의 분식회계를 적발해내는 데 소극적 태도

를 보일 수 있다는 점이다. 금융권 고위관계자는 만약 손해배상소송의 위험에 회계법인이 노출되어 있다면 당장의 감사 수수료보다는 손해배상소송의 따른 리스크를 철저히 고려해야 하지만 현실적으로 손해배상소송의 리스크가 거의 없는 상태에서는 일감을 주는 기업의 분식회계 가능성에 철저해지기 어렵다라고 주장한다.

이에 대한 반론도 만만치 않다. 금융위원회는 회계법인이 부실감사 등으로 제3자에게 손해를 발생하여 손해배상을 할 책임이 있는 경우 회계법인(피고)에게 부실감사 등에 대한 입증책임이 부여되지만, 피감회사 또는 금융회사가 원고인 경우에는 원고에게 입증책임을 부과하도록 하는 내용이라고 밝히고 있다. 또한 금융위는 "동법 개정 이전에는 부실감사 등으로 인한 손해배상책임의 인과관계와 입증책임을 회계법인(피고)에게 부여했고 이는 일반 소액 투자자의 경우 손해배상에 대한 인과관계를 입증하는 것이 어렵기 때문에, 이들 보호를 위해 회계법인(피고)에 대한 입증책임의 전환을 인정한 것" 이라고 말했다. 그러나 금융위는 "금융회사는 일반 투자자에 비해 많은 정보와 분석능력을 갖추고 있음에도 아무런 입증책임을 지지 않는다면 부실대출에 대한 책임전가 등 도덕적 해이가 우려되어 금융회사(원고)에게 손해배상의 입증책임을 지도록 한 것"이며 "외감법상 손해배상 관련 조항은 소액투자자에 대한 보호는 두텁게 하면서, 부실대출 등에 대한 금융회사의 역할과 책임도 강화하려는 것으로 부실감사에 대한 회계법인의 책임을 면제하기 위한 것은 아니다"고 설명하고 있다.

(4) 손해배상책임

1) 연대책임

회계감사인이 회사 또는 제3자에게 손해를 배상할 책임이 있는 경우에는 해당 회사의 이사 또는 감사(감사위원회가 설치된 경우에는 감사위원회위원)도 그 책임이 있으면 그 감사인과 해당 회사의 이사와 감사는 연대하여 손해를 배상할 책임이 있다. 상법상 주식회사 재무제표의 작성은 이사의 업무에 속하고(상법 제447조), 주식회사의 감사는 이사의 직무집행에 관하여 감사할 권한을 가지므로(상법 제412조 제1항), 감사는 이사가 회계부정을 저지르는 것을 사전에 방지함으로써 완전한 재무제표가 작성될 수 있도록 조치할 의무를 부담한다. 따라서 이사가 회계부정을 저지르고, 감사를 그 귀책사유로 인하여 이를 제대로 방지하지 못하였다면, 이사와 감사는 회계부정에 대한 책임을 부담하게 되 는 것이다. 사후적으로 회계감사인이 위와 같은 회계부정행위에 의하여 작성된 재무제표 등을 검토하고도 그 귀책사유로 말미암아 제대로 된 검증을 하지 못한 채 감사보고서를 작성한 경우에는 회계감사인 역시 감사보고서의 부실 작성으로 인한 책임을 연대하여 부담하게 되는 것이다.

2) 비례책임

회계감사인은 회사의 분식결산을 알고 가담하는 등으로 감사보고서의 부실표시사실을 알았던 경우와 같이 고의인 경우에 한하여 연대책임을 부담하고, 회계감사인이 감사보고서 작성과 관련하여 고의가 없는 경우에는 법원이 귀책사유에 따라 정하는 책임비율에 따른 손해만을 배상할 책임이 있다.

회계감사인의 비례책임은 회계감사인이 감사보고서 작성과 관련하여 고의가 없는 경우에 적용되므로, 감사보고서의 부실표시와 관련하여 중과실이 있더라도 회계감사인은 외부감사법 제31조 제4항 단서에 따라 비례책임을 부담하게 된다. 따라서 외부감사법의 비례책임규정은 실질적으로 회계감사인의 투자자에 대한 책임을 제한하는 기능을 한다. 이에 반하여 자본시장법이 증권의 발행과 관련하여 증권신고서 등에 첨부한 감사보고서를 발행한 감사인에게 비례책임을 규정하지 아니한 이유는 발행시장에 제공되는 정보는 투자자들이 발행회 사에 대한 다른 중요한 공시정보가 부족한 상황에서 투자판단에 1차적으로 참고하는 것이라고 평가할 수 있을 정도로 중요한 가치가 있으므로 투자자를 보호하기 위하여 비례책임의 적용을 배제하고 증권의 발행시장 감시자 간에 연대책임을 부담하도록 하여 투자자보호에 집중을 기하는 것이다.

예를 들어 분식회계 관련 손해배상소송에서 감사인의 책임이 인정된다 하더라도 고의가 아니었다면 피감사회사 경영진과 동일한 책임이 아니라 비례책임 원칙에 따라 그 책임이 제한되게 된다. 감사인의 경우 대략 손해배상 금액의 30% 미만으로 책임을 부담하는 것이 상례이다.

제31조(손해배상책임)

④ 감사인이 회사 또는 제3자에게 손해를 배상할 책임이 있는 경우에 해당 회사의 이사 또는 감사(감사위원회가 설치된 경우에는 감사위원회의 위원을 말한다. 이하 이 항에서 같다)도 그 책임이 있으면 그 감사인과 해당 회사의 이사 및 감사는 연대하여 손해를 배상할 책임이 있다. 다만, 손해를 배상할 책임이 있는 자가 고의가 없는 경우에 그 자는 법원이 귀책사유에 따라 정하는 책임비율에 따라 손해를 배상할 책임이 있다.

회사로부터 독립적인 외부감사인은 전수조사가 아닌 일정한 감사절차에 따라 감사를 시행하므로 관련 손해 발생에 있어 외부감사인의 기여도가 제한적이다. 그러나 deep pocket의 문제로 인해 피감사기관이 자력을 상실하였을 때, 손해를 입은 피해자들은 상대적으로 자력을 갖춘 외부감사인(회계법인)에게 책임을 지우려는 시도를 하게 된다. 그러한 경우에도 샘플테스트에 근거한 회계감사의 한계로 인해 감사인의 책임은 일정부분 제한되게 된다.

3) 연대책임으로의 환원

고의가 없는 회계감사인의 비례책임으로 인하여 제3자의 보호가 약화될 우려가 있어 외부감사법은 저소득투자자에 대한 예외 규정(외부감사법 제31조 제5항)과 추가배상제도를 두고 있다. 손해배상청구자의 소득인정액이 일정 금액 이하인 경우에는 감사인은 고의가 없더라도 연대책임을 부담한다. 즉, 손해배상을 청구하는 자의 소득인정액이 그 손해배상 청구일이 속하는 달의 직전 12개월간의 소득인정액 합산금액이 1억 5천만원 이하인 경우에는 회계감사인과 해당 회사의 이사 · 감사는 연대하여 손해를 배상할 책임이 있다.

4) 추가배상책임

책임비율에 따라 손해를 배상할 책임이 있는 자 중 배상능력이 없는 자가 있어 손해액의 일부를 배상하지 못하는 경우에는 배상능력이 없는 자를 제외한 자가 각자 책임비율의 50%의 범위에서 손해액을 추가로 배상할 책임을 진다.

(5) 손해배상책임 사례 : A조선해양에 대한 B회계법인 회계감사 사례

1) 개 요

감사인이 자본시장법 및 외부감사법에 따른 손해배상책임을 면하기 위해서는 자신에게 과실이 없다는 사실, 즉 감사인으로서 주의의무를 다하였다는 사실을 증명하여야 한다. 판례는 회계감사기준과 회계감사기준 적용지침이 감사인의 주의의무 위반 여부를 판단하는 주요한 기준이 된다고 보고있다.

대상판결의 사안에서는 '부정이나 오류에 의하여 재무제표가 중요하게 왜곡표시 되어 있을 가능성이 존재하는 상황에 직면한 경우 감사인은 재무제표가 실제로 중요하게 왜곡표시 되었는지를 결정하는데 적합한 감사절차를 수행하여야 한다'고 정하는 회계 감사기준 240. 3. 및 회계감사기준 적용지침 240. 4. 2.의 해석과 적용이 문제되었다.

법원은 B회계법인이 (i) 부정이나 오류에 의하여 재무제표가 중요하게 왜곡표시 되어 있을 가능성이 존재하는 상황이었음에도, (ii) 일반적 수준을 넘는 추가 감사절차를 수행하지 않았기에 B회계법인의 손해배상책임을 인정하였다.

2) 이 슈

(i) 부정이나 오류에 의하여 재무제표가 중요하게 왜곡표시 되어 있을 가능성이 존재하였는가?

법원은 다음과 같은 근거를 들어, 회계감사 당시 부정이나 오류를 시사하는 의심스러운 사정이 존재하였다고 보았다.

① 예정원가를 조정하거나 호선별 발생원가를 임의배분함으로써 선박 진행률을 과대 산정하고, 공사손실충당금을 과소계상하는 방식의 분식회계는 조선업종의 회사가 분식회계를 할 때 전형적으로 사용하는 수법이다.

② 2009년경 이후 수주한 선박의 경우 건조원가가 선가를 초과하는 경우가 많았으며, B회계법인도 이러한 상황을 잘 알고 있었다.

③ 2011 회계연도의 경우, 전기 예정원가에 비하여 당기의 예정원가가 감소하였고, 2012 회계연도에도 동일한 현상이 반복되었다.

④ A조선에서는 실적원가가 예정원가를 초과하는 상황이 매년 반복되었고, 2011 회계연도에는 예정원가 대비 투입원가누계의 비율이 평균 112.4%에 달하였다.

⑤ 총공사 예정원가가 선가를 초과하는 선박이 많은 상황에서는 공사손실충당금이 늘어나는 것이 일반적인데, 2011 회계연도의 경우 이례적으로 전년도(258억)보다 감소하여 114억원의 공사손실충당금이 발생하였다.

⑥ A조선에서는 건조 중인 선박의 진행률이 100%를 기록하다가 다시 100% 미만으로 조정되는 경우가 많았다. 이는 A조선이 총공사 예정원가 추정을 잘못하였다가 이를 바로잡은 경우가 많았다는 것을 의미한다.

(ii) B회계법인은 어떠한 추가 감사절차를 수행하여야 했는가?

총공사 예정원가 추정의 경우, B회계법인은 그 적정성을 확인하기 위하여 경영자의 추정절차에 대한 검토 및 시사에 의한 감사방법을 택하였다. 법원은 선박건조와 관련한 전문성을 갖추지 못한 공인회계사가 이러한 절차를 적합하게 수행할 가능성이 낮다는 점을 지적하면서, B회계법인은 회계감사기준 620에서 요구하는 절차에 따라 선박전문가를 활용하거나 이에 준하는 감사절차(선박진행단계의 파악에 도움이 되는 실사, 선표 검사 등)를 수행하였어야 한다고 보았다.

3.2 감사인 형사 책임

(1) 개 요

감사인은 외부감사법과 공인회계사법에 의한 다음과 같은 형사 책임을 진다.

[표 3-9] 회계부정에 관한 법적 책임

형사상 책임

(1) 외부감사법상 형사처벌

- 근거 : 외부감사법 제39조 및 제45조
- 요건 : 감사보고서에 기재하여야 할 사항을 기재하지 아니하거나 거짓으로 기재한 경우
- 처벌 : ① 10년 이하의 징역 또는 그 위반행위로 얻은 이익 또는 회피한 손실액의 2배 이상 5배 이하의 벌금, ② 재무제표상 변경된 금액이 자산총액의 100분의 10 이상인 경우에는 무기 또는 5년 이상의 징역, ③ 재무제표상 변경된 금액이 자산총액의 100분의 5 이상으로서 ②에 해당하지 아니하는 경우에는 3년 이상의 유기징역, ④ 그 위반행위로 얻은 이익을 몰수
- 대상 : 감사인, 감사인에 소속된 공인회계사

(2) 공인회계사법상 형사처벌

- 근거 : 공인회계사법 제53조
- 요건 : 고의로 진실을 감추거나 거짓 보고를 한 자
- 처벌 : 3년 이하의 징역 또는 3천만원 이하의 벌금
- 대상 : 회계법인의 이사, 소속공인회계사

(2) 양벌규정의 적용

양벌규정은 종업원이 업무에 관하여 위법행위를 한 때에 행위자를 처벌하는 외에 감독 책임이 있는 법인 및 개인도 처벌하는 규정을 의미한다.

사례

보일러 제조업체 A사의 직원 C씨는 프레스 작업을 하다 부주의로 기계에 말려들어 사망했다. 직원의 부주의가 컸다는 조사 결과가 나왔지만 법원은 A사의 대표이사 B씨에 대해 "산업안전보건법상 작업환경측정 의무 및 방호조치 의무를 위반했다"며 유죄 판결을 내렸다.

위 사례에서 확인할 수 있는 바와 같이 경영판단과 무관한 불법행위에도 대표이사라는 이유만으로 형사 책임을 져야 하는 경우가 발생한다. 행정 당국은 기업인이 기업을 하면서 당연히 감독 책임을 부담해야 한다고 보지만, 기업인들에 대한 형사처벌 강화는 기업인 입장에서는 법률 리스크로 인식이 된다.

문제는 경영진이 현실적으로 파악하거나 통제하기 어려운 경우에도 처벌을 받을 수 있다는 점이다. 가령 근로기준법 제110조는 종업원의 연장근로나 임산부 보호 위반이 있었을 때 사용자가 2년 이하의 징역 또는 2,000만원 이하의 벌금형을 받을 수 있다고 규정하고 있다. 특히 주52시간제가 도입된 상황에서 대표이사가 매일 종업원의 연장근로를 일일이 확인하기 어려움에도 최악의 경우 인신 구속될 수 있다.

이러한 이유(양벌규정)로 인해 기소되더라도 다음과 같이 무죄가 선고되는 경우도 적지 않다.

사례

증권사 직원이 고객의 증권을 임의로 매매했을 때 소속 증권사까지 처벌토록 한 양벌규정은 위헌이라는 헌법재판소의 결정이 나왔다. 이에 따라 종업원의 임의매매로 인해 벌금형을 선고받아 판결이 확정된 증권회사 등은 법원에 재심청구 등을 통해 구제가 가능하게 돼 관련 소송이 잇따를 것으로 보인다. 헌법재판소 전원재판부는 수원지법 안산지원이 "직원의 증권 임의매매 제한규정을 위반한 경우 법인에게 벌금형을 부과토록 규정한 해당 규정은 책임주의 원칙 등에 반해 위헌"이라며 제청한 위헌법률심판 사건에서 재판관 전원의 일치된 의견으로 위헌 결정했다고 3일 밝혔다. 재판부는 결정문에서 "해당 법률조항은 법인의 대리인, 사용인, 기타의 종업인 등의 범죄행위에 관해 비난할 근거가 되는 법인의 의사결정 및 행위구조, 즉 종업원 등이 저지른 행위의 결과에 대한 법인의 독자적인 책임에 관하여 전혀 규정하지 않고 있다"고 지적했다. 이어 "그럼에도 불구하고 해당 법률조항은 단순히 종업원 등이 업무상 범죄행위를 했다는 이유만으로 법인에게 형사처벌을 과하고 있다"며 "이는 다른 사람의 범죄에 대해 책임 유무를 묻지 않고 형벌을 부과하는 것으로서, 헌법상 법치국가의 원리 및 죄형법정주의로부터 도출되는 책임주의원칙에 위배돼 위헌"이라고 판시했다. D증권사는 종업원 조모씨가 고객 강모씨의 유가증권 매매거래에 대한 위탁을 받지 않고 2008년 1~3월 I사의 주식을 임의로 매매했다는 이유로 벌금 500만원을 선고받아 형이 확정됐다. 이후 D증권사는 확정판결에 대해 재심청구를 한 뒤 재판이 계속되던 중 처벌의 근거가 된 구 증권거래법 215조 중 '법인의 대리인 사용인 기타 종업원이 그 법인의 업무에 관해 위반행위를 한때에는 법인도 벌금형을 과한다'는 부분에 대해 위헌법률심판제청을 신청했고 법원이 이를 받아들여 제청했다.

위 사례를 보면 증권사 등에서 종업원이 주식 임의매매를 하였지만 증권사 감독의 한계를 인정하여 양벌규정이 적용되지 않았다. 그렇다면 소속공인회계사가 중요한 사항의 감사보고서 미기재 또는 허위기재와 같은 불법행위를 하여 형사상 책임을 지는 경우 회계법인은 양벌규정의 적용을 받을까?

회계법인은 증권사와는 달리 양벌규정의 적용을 받는다. 다만 회계법인이 해당 업무에 관하여 상당한 주의와 감독을 게을리하지 아니한 경우에는 양벌규정에 의한 책임을 부담하지 않는다.

제46조(양벌규정)

법인의 대표자나 법인 또는 개인의 대리인, 사용인, 그 밖의 종업원이 그 법인 또는 개인의 업무에 관하여 제39조부터 제44조까지의 위반행위를 하면 그 행위자를 벌하는 외에 그 법인 또는 개인에게도 해당 조문의 벌금형을 과(科)한다. 다만, 법인 또는 개인이 그 위반행위를 방지하기 위하여 해당 업무에 관하여 상당한 주의와 감독을 게을리하지 아니한 경우에는 그러하지 아니하다.

3.3 감사인 행정상 책임

(1) 개 요

감사인은 외부감사법과 공인회계사법에 의한 다음과 같은 행정상 책임을 진다.

[표 3-10] 회계부정에 관한 법적 책임

행정상 책임
(1) 외부감사법에 따른 제재처분 • 근거 : 외부감사법 제29조, 제30조 및 제35조 • 요건 : ① 일반적으로 공정 · 타당하다고 인정되는 회계감사기준에 따르지 않고 감사를 실시한 경우, ② 내부회계관리제도의 운영실태에 관한 보고내용을 검토 또는 감사하지 않은 경우 등 • 처분 : (감사인)① 감사인등록취소, 일정기간 이내의 업무의 전부 또는 일부 정지명령, 손해배상공동기금 추가 적립 명령, 주권상장법인 및 대형비상장주식회사 등 감사업무 제한 등, ② 위반사실이 확정된 날부터 3년 이내의 기간 동안 해당 위반사실 공시, ③ 과징금 (공인회계사)① 공인회계사 등록 취소, 일정 기간 이내의 업무의 전부 또는 일부 정지명령, 주권상장법인 및 대형비상장주식회사 등 감사업무 제한 등 • 대상 : 감사인 및 감사인 소속 공인회계사
(2) 공인회계사법에 따른 제재처분 • 근거 : 공인회계사법 제48조 • 요건 : 감사에 중대한 착오 또는 누락이 있는 때 • 처분 : 등록취소, 2년 이하의 직무정지, 1년 이하의 일부 직무정지, 견책 • 대상 : 공인회계사

(2) 감사인에 대한 과징금 이슈

1) 개 요

상장회사 등이 회계처리기준을 고의나 중과실로 위반하여 작성한 재무제표를 사업보고서나 증권신고서 등에 공시한 경우 자본시장법 위반에 따른 과징금을 회사와 이사, 외부감사인 등에게 부과해왔다.

그런데 신(新)외부감사법('신외감법')의 시행으로 2018년 11월부터는 과징금의 부과대상이 상장 여부와 무관하게 모든 외부감사대상회사로 확대되어 고의 또는 중과실로 회계처리기준을 위반하여 재무제표를 작성한 회사 및 임직원과 회계감사기준을 위반하여 감사보고서를 작성한 외부감사인에게 과징금이 부과된다. 부과금액은 회사의 경우 회계기준 위반금액의 20%(한도 없음), 임직원 등은 보수 등 금전적 보상의 5배한도(회사 과징금의 10% 한도), 감사인은 감사보수의 5배한도로 자본시장법상 과징금보다 증가하였다. 참고로 2014년 대우조선해양의 약 3조5천억원에 달한 분식회계에 대해 회사에 부과한 과징금은 45억원에 불과했으나, 새 기준을 적용하면 6천700억원의 과징금을 회사에 부과하는 것이 가능해진다.

2) 감사(감사위원회) 행정상 책임의 증가

회사의 대표이사나 회계업무담당자, 업무집행지시자 등은 회계처리와 직접적인 관련이 있으므로 과징금이 부과되는 되는 것이 당연하지만 이를 예방 또는 적발하지 못한 감사 또는 '감사위원회 위원'('감사위원')에게도 과징금이 부과된다는 점에 유의해야 한다. 신외감법에 의하면 "회사의 위법행위를 알았거나 현저한 주의의무 위반으로 방지하지 못한" 감사나 감사위원에게도 과징금이 부과된다. 감사나 감사위원에게 부과되는 과징금은 앞으로도 급증할 것으로 예상된다.

(3) 회계법인의 대표이사 행정상 책임 이슈

1) 배 경

신(新) 외부감사법 도입 이전에는 회계법인의 대표이사 명의로 외부감사인의 감사보고서가 발행됨에도 불구하고 대표이사는 부실감사에 대한 책임을 사실상 부담하지 않았었다. 회계법인 대표이사 명의의 감사보고서인데 대표이사는 책임지지 않는 이상한 상황이었던 것이다. 물론 그 당시에도 외부감사법이 아닌「외부감사 및 회계 등에 관한 규정」에 회계법인의 대표이사를 제재할 수 있는 규정이 있었으나 실제 적용된 사례는 없었던 것으로 알려져 있다.

부실감사에 대하여 회계법인 대표이사가 책임을 지지 않는 것이 부실감사의 한 요인이라는 비판이 있었다. 부실감사 발생 시 대표이사는 책임을 지지 않으므로 업무수행이사의 성과평가 기준이 매출 성과, 즉 외부감사 실적에만 의존하게 되고, 따라서 업무수행이사가 무리해서 외부감사를 수임하고 분식회계를 눈감아주는 한 요인이 된다는 비판이었다.

반면에 부실감사가 발생한 경우에 회계법인의 대표이사에게 그 책임을 부담시키는 것이 무리라는 주장도 존재하였다. 그 이유는 다음과 같다. 첫째, 부실감사에 직접 가담하지 않은 대표이사를 제재하는 법적 근거가 부족하므로 단순히 지휘책임을 물어 대표이사를 제재하는 것은 문제라는 것이다. 둘째, '유한회사'의 성격을 갖는 회계법인의 대표이사에게 사실상 '무한책임'을 부담시키는 것은 문제라는 지적이다. 셋째, 그 당시 많은 회계법인이 '독립채산제'로 운영되고 있었는데 '독립채산제'로 운영되는 회계법인의 경우에 대표이사는 형식적인 대표에 불과하므로 업무수행이사가 작성한 감사보고서에 대해 대표이사가 관여하기 어렵다는 현실적인 한계가 존재한다는 지적이었다. 이러한 점 때문에 회계법인의 대표이사를 제재할 근거가 존재함에도 불구하고 실제 적용사례가 없었던 것이다.

2) 외감법 개정에 따른 대표이사 법적책임 강화 : 감리조치 근거의 신설

신 외부감사법에서는 제29조 제4항 및 별표2를 통해, 주권상장법인이나 대형비상장주식회사 또는 금융회사에 대한 중대한 감사 부실이 발생한 경우 품질관리기준에 따른 업무설계 · 운영을 소홀히 한 대표이사 및 품질관리업무 담당이사에 대하여 감리조치의 근거를 마련하였다.

즉 제29조 제4항(회사 및 감사인 등에 대한 조치 등)에 따르면, 증권선물위원회는 감사인에 소속된 공인회계사에 대표이사가 명확히 포함됨을 제시한 후 '[별표 2] 감사인에 소속된 공인회계사에 대한 조치사유'의 어느 하나에 해당하는 경우에는 대표이사를 포함한 공인회계사에 대해 감리 행정 조치를 할 수 있다고 규정하여 대표이사가 포함됨을 명시하였다. 또한 '[별표 2] 감사인에 소속된 공인회계사에 대한 조치사유' 5호 "회계법인의 대표이사 또는 품질관리업무 담당이사가 제17조 제1항을 위반하여 품질관리기준에 따른 업무설계 · 운영을 소홀히 함으로써 주권상장법인이나 대형비상장주식회사 또는 금융회사에 대한 중대한 감사 부실이 발생한 경우. 이 경우 감사 부실의 중대성에 대한 판단기준은 위반행위의 동기, 내용 및 정도 등을 감안하여 금융위원회가 정하여 고시한다."를 통해 대표이사 또는 품질관리업무 담당이사의 제재조치 근거를 명시하였다.

구체적인 내용을 알아보면 다음과 같다.

첫째, 회계법인의 품질관리의무를 신설하고, 회계법인의 대표자는 품질관리기준에 따른 업무설계 및 운영에 대한 책임을 지며, 이를 담당하는 품질관리업무 담당이사 1명을 지정해야 한다. 이는 회계법인이 매출 경쟁에만 의존해서는 안 되며 적절한 감사품질을 유지해야 함을 법으로 명시한 것이다.

둘째, 회계법인의 대표이사 또는 품질관리업무 담당이사가 품질관리기준에 따른 업무설계 · 운영을 소홀히 함으로써 주권상장법인이나 대형비상장주식회사 또는 금융회사에 대한 중대한 감사 부실이 발생한 경우에 대하여 제재할 수 있도록 하였다. 부실감사가 발생한 경우에 회계법인의 대표이사를 무조건 제재하는 것이 아니라 “품질관리기준에 따른 업무설계 · 운영을 소홀히 한 경우”로 제한함으로써 부실감사 발생 시 회계법인의 대표이사를 무조건 제재하는 경우의 문제점을 없앤 것이다.

Chapter 3 생각해 볼 문제

(1) 공인회계사 윤리기준은 왜 필요한가?

공인회계사는 직무를 수행함에 있어 공익을 보호하기 위하여 한국공인회계사회가 제정한 자율적 책임인 공인회계사 윤리기준의 요구사항을 준수하여야 한다. 즉 공인회계사 윤리기준은 등록한 공인회계사가 전문직업인으로서 준수하여야 할 윤리기준을 정함으로써, 공인회계사로 하여금 그 직무를 높은 수준으로 수행하게 하고 공익에 부합되게 하여, 공인회계사에 대한 사회적 신뢰를 제고함을 목적으로 한다.

공인회계사는 윤리강령을 준수하는데 위협이 되는 요인을 파악하고, 위협의 심각성을 평가하며, 해당 위협을 제거하거나 수용 가능한 수준이하로 감소시키기 위한 제도적 안전장치를 적용하여 윤리강령의 준수가 훼손되지 않도록 한다.

(2) 감사인의 독립성을 유지하기 위해 공인회계사 윤리기준, 공인회계사법, 외부감사법 등에서 규정하고 있는 내용은 무엇인가?

공인회계사 윤리기준에서는 감사인이 갖춰야 하는 독립성을 정신적 독립성과 외관상 독립성으로 나누어 서술하고 있다. 정신적 독립성은 피감사회사에 대해 전문가적 의구심을 발휘하여 공정하게 회계감사를 수행할 수 있는 정신 자세를 의미한다. 반면에 외관상 독립성은 피감사회사와 특별한 결탁 관계가 없어 보이는 외관을 유지하는 것을 의미한다. 이와 관련하여 공인회계사 윤리기준에서는 다음과 같이 두 개념의 차이를 서술하고 있다.

[표 3-5] 독립성 분류

구 분	정신적 독립성(실질적 독립성)	외관상 독립성(형식상 독립성)
정 의	정신적 독립성이란 전문가적 판단을 손상시키는 요인에 영향을 받지 않고 의견을 표명할 수 있는 정신적 상태를 의미하며, 개인으로 하여금 성실하게 행동하고 공정함을 유지하며 전문가적인 의구심을 발휘하도록 하는 것을 의미함	외관상 독립성이란 안전장치를 포함한 관련된 모든 정보를 알고 있는 합리적인 제3자가 회계법인 또는 인증업무팀의 구성원의 성실, 공정 및 전문가적 의구심이 손상된 것으로 판단하게 만드는 중요한 사실이나 상황을 회피하는 것을 의미함

공인회계사법에서는 감사인의 성실, 공정 및 전문가적 의구심이 손상된 것으로 판단하게 만드는 중요한 사실이나 상황에 해당하는 사항으로 보아 공인회계사의 직무를 제한하고 있는 내용은 다음과 같다.

공인회계사법 제21조(직무제한)

① 공인회계사는 다음 각호의 1에 해당하는 자에 대한 재무제표(「주식회사 등의 외부감사에 관한 법률」 제2조에 따른 연결재무제표를 포함한다. 이하 같다)를 감사하거나 증명하는 직무를 행할 수 없다.
1. 자기 또는 배우자가 임원이나 그에 준하는 직위(재무에 관한 사무의 책임있는 담당자를 포함한다)에 있거나, 과거 1년 이내에 그러한 직위에 있었던 자(회사를 포함한다. 이하 이 조에서 같다)
2. 자기 또는 배우자가 그 직원이거나 과거 1년 이내에 직원이었던 사람(배우자의 경우 재무에 관한 사무를 수행하는 직원으로 한정한다)
3. 제1호 및 제2호 외에 자기 또는 배우자와 뚜렷한 이해관계가 있어서 그 직무를 공정하게 행하는 데 지장이 있다고 인정되어 대통령령으로 정하는 자

② 공인회계사는 특정 회사(해당 회사가 다른 회사와 「주식회사 등의 외부감사에 관한 법률」 제2조 제3호에 따른 지배 · 종속 관계에 있어 연결재무제표를 작성하는 경우 그 다른 회사를 포함한다)의 재무제표를 감사하거나 증명하는 업무를 수행하는 계약을 체결하고 있는 기간 중에는 해당 회사에 대하여 다음 각 호의 어느 하나에 해당하는 업무를 할 수 없다.
1. 회계기록과 재무제표의 작성
2. 내부감사업무의 대행
3. 재무정보체제의 구축 또는 운영
4. 자산 · 자본, 그 밖의 권리 등(이하 "자산등"이라 한다)을 매도 또는 매수하기 위한 다음 각 목의 업무(부실채권의 회수를 목적으로 대통령령으로 정하는 사항은 제외한다)
   가. 자산 등에 대한 실사 · 재무보고 · 가치평가
   나. 자산 등의 매도 · 매수거래 또는 계약의 타당성에 대한 의견제시
5. 인사 및 조직 등에 관한 지원업무
6. 재무제표에 계상되는 보험충당부채 금액 산출과 관련되는 보험계리업무
7. 민 · 형사 소송에 대한 자문업무
8. 자금조달 · 투자 관련 알선 및 중개업무
9. 중요한 자산의 처분 및 양도, 지배인의 선임 또는 해임 등 경영에 관한 의사결정으로서 임원이나 이에 준하는 직위의 역할에 해당하는 업무
10. 그 밖에 재무제표의 감사 또는 증명업무와 이해상충의 소지가 있는 것으로서 대통령령으로 정하는 업무

외부감사법에서는 감사인이 독립성을 유지하게 하도록 하는 업무제한 규정이 다음과 같이 명기되어 있다.

- 감사인 선임기간의 유지
- 회계법인의 업무담당이사의 교체
- 회계법인의 업무 보조자의 교체

[표 3-7] 외부감사법 상 업무제한 규정 요약

구 분	주권상장법인	대형비상장주식회사 + 금융회사(비상장)	기타의 주권비상장법인
감사인 선임기간	3년간 연속	3년간 연속	매년 선임
회계법인의 동일이사	3년간 연속감사 후 3년 냉각기간		5년간 연속감사 후 1년 냉각기간
회계법인의 동일보조자	3년간 연속감사 후 보조자 2/3 교체	해당 없음	해당 없음

(3) 감사인이 외부감사법에 의해 부담하는 법적 책임의 내용은 무엇인가요?

감사인은 회사와 위임계약에 해당하는 감사계약을 맺고 있으므로 감사인은 선량한 관리자의 주의의무에 따라 계약서에 명시한 계약조항을 이행하여야 한다. 만일 감사인이 감사계약서 상의 임무를 게을리하여 회사에 손해를 발생하게 한 경우, 그 감사인은 회사에 대하여 손해를 배상할 책임이 있다.

또한 감사인은 감사계약 상대방이 아니어서 선관주의 의무를 부담하지 않는 자본시장의 제3자에 대하여도 감사인이 중요한 사항에 관하여 감사보고서에 기재하지 아니하거나 거짓으로 기재를 함으로써 이를 믿고 이용한 제3자에게 손해를 발생하게 한 경우에는 그 감사인은 제3자에 대하여 손해를 배상할 책임이 있다.

Chapter 3 회계감사 산책

(서울경제 진영태 기자 2011.01.24.)

코오롱, 삼일회계법인 상대 200억대 소송에서 패소

코오롱이 1,600억원대 내부직원의 횡령사건을 제대로 잡아내지 못한 삼일회계법인을 상대로 210억원의 손해배상청구 소송을 냈지만 대법원에서 패소했다. 코오롱 측은 부주의한 외부감사로 횡령사고를 키웠다고 주장했지만 대법원은 감사절차를 위반했거나 부주의한 감사가 아니었다고 판단했다. 대법원 3부(주심 차한성 대법관)는 ㈜코오롱과 하나캐피탈(옛 코오롱캐피탈), 이웅열 코오롱 회장 등이 하나캐피탈의 외부감사를 맡은 삼일회계법인을 상대로 낸 손해배상 청구소송에서 원고패소로 판결한 원심을 확정했다고 24일 밝혔다. 재판부는 “삼일회계법인이 하나캐피탈의 내부 통제제도와 통제위험을 평가하거나 예금통장을 실사하는데 있어 외부 감사 절차를 위반했다거나 주의의무를 게을리했다고 볼 수 없다”고 판단했다. 이어 “삼일회계법인이 회계감사 과정에서 일부 금융기관 조회서의 주소를 제대로 확인하지 않은 잘못이 있지만 회계법인의 잘못과 손해 사이에 인과관계가 있다고 볼 수 없다”고 덧붙였다. 하나캐피탈의 상무이사로 근무하던 정모씨는 1999년부터 2004년까지 회사자금 1,600억원을 빼돌린 혐의(특정경제범죄가중처벌법상 횡령 등)로 징역 8년을 선고 받았다. 횡령사고의 손실에 따라 코오롱 계열사와 이 회장 등은 473억여원을 출자해야 했다. 이에 코오롱 측은 외부감사를 맡은 삼일회계법인이 정씨의 횡령기간 동안 부실감사를 해 화를 키웠다며 210억원의 소송을 냈다.

(뉴스토마토 2020-12-24 숭실대학교 전규안 교수)

회계법인 대표이사의 책임 강화와 감사품질 제고

신(新) 외부감사법 도입 이전에는 회계법인의 대표이사 명의로 외부감사인의 감사보고서가 발행됨에도 불구하고 대표이사는 부실감사에 대한 책임을 사실상 부담하지 않았었다. 회계법인 대표이사 명의의 감사보고서인데 대표이사는 책임지지 않는 이상한 상황이었던 것이다. 물론 그 당시에도 외부감사법이 아닌 「외부감사 및 회계 등에 관한 규정」에 회계법인의 대표이사를 제재할 수 있는 규정이 있었으나 실제 적용된 사례는 없었던 것으로 알려져 있다.

부실감사에 대하여 회계법인 대표이사가 책임을 지지 않는 것이 부실감사의 한 요인이라는 비판이 있었다. 부실감사 발생 시 대표이사는 책임을 지지 않으므로 업무수행이사의 성과평가 기준이 매출 성과, 즉 외부감사 실적에만 의존하게 되고, 따라서 업무수행이사가 무리해서 외부감사를 수임하고 분식회계를 눈감아주는 한 요인이 된다는 비판이었다.

한편으로는 부실감사가 발생한 경우에 회계법인의 대표이사에게 그 책임을 부담시키는 것이 무리라는 주장도 존재하였다. 그 이유는 다음과 같다. 첫째, 부실감사에 직접 가담하지 않은 대표이사를 제재하는 법적 근거가 부족하므로 단순히 지휘책임을 물어 대표이사를 제재하는 것은 문제라는 것이다. 둘째, '유한회사'의 성격을 갖는 회계법인의 대표이사에게 사실상 '무한책임'을 부담시키는 것은 문제라는 지적이다. 셋째, 그 당시 많은 회계법인이 '독립채산제'로 운영되고 있었는데 '독립채산제'로 운영되는 회계법인의 경우에 대표이사는 형식적인 대표에 불과하므로 업무수행이사가 작성한 감사보고서에 대해 대표이사가 관여하기 어렵다는 현실적인 한계가 존재한다는 지적이었다. 이러한 점 때문에 회계법인의 대표이사를 제재할 근거가 존재함에도 불구하고 실제 적용사례가 없었던 것이다.

신 외부감사법에서는 품질관리에 대한 회계법인 대표이사의 책임 강화와 제재 근거가 마련되었는데, 구체적인 내용을 알아보면 다음과 같다.

첫째, 회계법인의 품질관리의무를 신설하고, 회계법인의 대표자는 품질관리기준에 따른 업무설계 및 운영에 대한 책임을 지며, 이를 담당하는 품질관리업무 담당이사 1명을 지정해야 한다. 이는 회계법인이 매출 경쟁에만 의존해서는 안 되며 적절한 감사품질을 유지해야 함을 법으로 명시한 것이다.

둘째, 회계법인의 대표이사 또는 품질관리업무 담당이사가 품질관리기준에 따른 업무설계 · 운영을 소홀히 함으로써 주권상장법인이나 대형비상장주식회사 또는 금융회사에 대한 중대한 감사 부실이 발생한 경우에 대하여 제재할 수 있도록 하였다. 부실감사가 발생한 경우에 회계법인의 대표이사를 무조건 제재하는 것이 아니라 "품질관리기준에 따른 업무설계 · 운영을 소홀히 한 경우"로 제한함으로써 부실감사 발생 시 회계법인의 대표이사를 무조건 제재하는 경우의 문제점을 없앤 것이다. 이는 시험성적이 나쁘다고 무조건 야단치는 것이 아니라 시험공부를 열심히 안 한 경우에만 야단치겠다는 것과 같다.

현행법에서도 대표이사를 제재할 근거는 있지만 업무수행이사를 감독할 위치에 있는 공인회계사(예를 들어, 대표이사의 아래 직급으로서 업무수행이사를 감독하는 위치에 있는 본부장 등)에 대해서는 제재할 근거가 없다는 문제점도 있다.

재무제표의 작성책임은 회사의 경영자에게 있으므로 재무제표의 질을 결정할 때 경영자의 역할이 가장 중요하지만 재무제표를 감사하는 회계법인의 책임도 중요하다. 따라서 신 외부감사법에서 회계법인 대표이사의 책임을 강화한 것은 바람직한 방향이다. 이러한 제도변화를 통하여 공인회계사들이 외부감사를 수임하기 위한 매출 경쟁이 아니라 감사품질을 경쟁하는 시기가 빨리 와야 한다. 이를 위해서는 공인회계사의 노력도 중요하지만 외부감사를 둘러싼 기업의 경영자, 주주나 채권자와 같은 이해관계자, 정부 등 모두의 노력이 뒷받침되어야 함은 물론이다.

Chapter 04

감사인 선임과 계약

1. 감사인 선임
   1.1 개 요
   1.2 감사인 지정제도에 의한 감사인 선임
   1.3 자유수임제도에 의한 감사인 선임
2. 감사계약
   2.1 감사수임 여부 결정
   2.2 감사계약

학습목표

- 본 장을 통해 자유수임제도와 지정감사제도의 차이를 이해하도록 한다.
- 감사인 선임과정 상의 감사품질 제고 위한 조치를 이해하도록 한다.
- 본 장을 통해 감사계약이 감사인 입장에서 그리고 피감사기업 입장에서 각각 어떻게 체결되게 되는지를 이해하도록 한다.

제1절 감사인 선임

1.1 개 요

(1) 자유수임방식과 지정감사방식 비교

감사인을 선임하는 방식에는 자유수임제도와 지정감사제도 두 가지 방식이 있다. 자유수임 방식은 기업이 자유롭게 감사인을 사적계약에 의해 선임하는 방식을 의미한다. 반면에 지정감사제도는 증권선물위원회가 피감사회사의 감사인을 지정하는 방식을 의미한다.

자본시장의 이해관계자 입장에서 이 두 가지 방식에 어떤 장단점이 있을까?

먼저 자유수임 방식으로 감사인을 선임하는 경우, 감사인이 감사인 선임 시장에서 우위를 점하기 위해 감사서비스의 품질을 제고하고자 스스로 노력하게 됨과 동시에 감사 서비스의 경쟁력 강화를 위해 감사인의 대형화를 촉발하게 된다.

그러나 우리나라의 경우 미국과 같은 서구 자본시장과는 달리 감사인 선임시장이 구매자 중심의 시장(Buyer's market)이 형성되어 있다. 즉 대부분의 기업에서 최저가 낙찰로 감사인을 선임하여 감사보수가 낮아지다 보니 충분한 감사시간이 확보되지 않아 감사품질이 저하되는 문제점이 발생할 수 있다. 사실 자유수임방식은 기본적으로 지정감사방식보다 감사수임료가 낮을 수 밖에 없다. 회계감사 서비스의 수혜자는 클린한 재무정보를 가득하게 되는 자본시장의 정보이용자들이지만 회계감사 서비스의 비용부담자는 피감사기업이기 때문이다. 따라서 감사서비스에 대한 비용부담자와 수혜자가 상이하므로 감사서비스에 대한 비용을 부담하는 피감사기업 입장에서 많은 비용을 지출하는 것이 쉽지 않다. 또한 자유수임 방식에 의해 감사인을 선임하는 경우 최저가 낙찰 제도가 기업에서 운용될 가능성이 높은 이유는 우리나라 기업지배구조의 특수성 때문이다. 우리나라는 삼성그룹의 이재용 씨나 현대자동차 그룹의 정의선 씨가 기업 경영에 직접 참여하는데서 볼 수 있듯이 많은 기업들에서 소유와 경영이 일치하고 있다. 따라서 이와 같은 소유와 경영이 일치하는 기업지배구조 하에서는 아무래도 소유와 경영의 분리가 이루어진 미국 등과 비교해서 회계감사를 통한 경영자 감시의 유인이 작아진다. 따라서 우리나라의 재벌이 지배하는 경제체제 하에서는 감사보수에 많은 투자를 할 니즈가 작아진다.

이러한 자유수임 방식은 감사인의 독립성 유지에도 악영향을 미칠 수 있다. 감사인 선임을 피감사회사에서 하므로 아무래도 익년도의 감사 수임을 위해 피감사 기업의 눈치를 볼 수밖에 없기 때문이다.

반면에 지정감사 방식은 증권선물위원회가 피감사 기업의 감사인을 선임하여 정하기 때문에 감사인이 피감사기업의 눈치를 볼 필요가 없으므로 감사인의 본분을 다하게 되므로 감사인의 독립성 확보에 보다 유리한 방식이다. 다만 독립성 확보에 초점을 둔 나머지 감사인 입장에서 피감사 기업에 대한 적격성이 부족하여 감사품질이 저하될 우려가 상존한다.

[표 4-1] 자유수임방식과 지정감사방식 비교

구 분	자유수임방식	지정감사방식
개 요	• 피감사회사가 감사인 선임	• 증권선물위원회가 감사인 선임
특 징	• 감사인 조직화 및 적격성(전문성) 제고를 통한 감사품질 제고 유도 • 감사인과 피감사회사간 유착으로 인한 독립성 저하 • 최저가 낙찰로 인한 감사보수 하향추세로 인해 감사품질 저하	• 감사인 독립성 제고 • 감사인 적격성(전문성) 저하

(2) 우리나라의 감사인 선임원칙과 방식

우리나라에서는 감사인 선임 관련하여 자유수임 방식이 원칙이다. 즉 감사인과 피감사기업 간의 사적 계약을 존중하는 것이 원칙이다.

다만 자유수임제도 하에서는 감사인의 독립성 저하가 우려되므로, 감사품질 확보를 위해 감사인의 독립성을 유지할 수 있는 지정감사방식을 도입하였다.

① 주기적 감사인 지정제도

- 외감법은 상장회사 및 소유 · 경영 미분리 회사에 대해 연속하는 6개 사업연도의 감사인을 회사가 선임한 이후에는 증권선물위원회가 지정하는 감사인을 선임하도록 하는 주기적 감사인 지정제를 도입함
- 증권선물위원회는 다음 중 어느 하나에 해당하는 회사가 연속하는 6개 사업연도에 대하여 외감법에서 정하는 바에 따라 감사인을 선임한 경우에는 증권선물위원회가 지정하는 회계법인을 감사인으로 선임하거나 변경선임할 것을 요구할 수 있음
  ⓐ 주권상장법인. 다만, 대통령령으로 정하는 주권상장법인은 제외한다.
  ⓑ 대형비상장주식회사로 대주주 및 그 대주주와 특수관계에 있는 자의 지분비율이 50% 이상인 회사로서 대주주 또는 그 대주주와 특수관계에 있는 자가 해당회사의 대표이사인 회사

② 회계 부정 및 외부감사법 위반 감사인 선임 기업 등에 대한 감사인 지정제 도입(다음 기업 대상)

- 감사 또는 감사위원회의 승인을 받아 감사인의 선임기간 내에 증권선물위원회에 감사인 지정을 요청한 회사
- 감사인의 선임기간 내에 감사인을 선임하지 않았거나, 외감법을 위반하여 감사인을 선임하거나 증권선물위원회가 회사의 감사인 교체사유가 부당하다고 인정한 회사
- 회계부정이 우려되는 기업 등

1.2 감사인 지정제도에 의한 감사인 선임

(1) 지정제도의 개요

회사가 감사인을 자유선임하는 대신 증권선물위원회(금감원에 업무 위탁)가 감사인 독립성 제고를 위해 감사인을 지정하는 제도이며, 크게 주기적 지정과 직권지정으로 구분한다.

1) 주기적 지정제도

감사인의 독립성을 확보하고 감사품질 개선을 위해 新외감법이 개정되어, 주권상장법인(코넥스 제외) 및 소유·경영미분리 대형비상장주식회사에 대한 주기적 지정제를 도입하였다. 연속하는 6개 사업연도의 감사인을 자유선임한 주권상장법인(코넥스 제외) 및 소유 · 경영 미분리 대형비상장주식회사의 다음 3개 사업연도 감사인을 지정하게 된다. 이 때 소유 · 경

영미분리 대형비상장주식회사는 직전 사업연도말 자산규모가 1천억 이상인 비상장회사로서 지배주주 및 특수관계자의 지분율이 50%이상이고, 지배주주 및 특수관계자인 주주가 대표이사인 회사를 의미한다.

사업연도 개시 후 9개월 째 되는 달의 초일('22.9.1.)을 기준으로 주권상장법인과 소유·경영미분리 대형비상장주식회사 중 지정대상회사를 선정하게 된다. 지정대상 선정일이 속한 회계연도를 포함하여 과거 6개 사업연도 동안 자유선임한 경우 주기적 지정대상에 해당한다. 이에 따라 '23년 주기적 지정 대상은 유가증권·코스닥시장 상장회사 및 소유·경영미분리 대형비상장주식회사 중 일반적인 경우 '17년부터 '22년까지 감사인을 자유선임한 회사이다. 다만, 주기적 지정 연기사유가 있는 경우 지정대상에 포함되지 않을 수 있으며, '23년 주기적 지정은 분산지정에 따라 전년도 이월된 주기적 지정 대상회사를 먼저 지정하고, 분산지정 회사수에 미달할 경우 금년도 주기적 지정 대상회사 중에 자산총액이 큰 회사부터 일부 회사만 지정하고 그 외의 회사는 차기년도로 지정이 연기된다. 한편, 주기적 지정이 연기된 회사는 3개 사업연도 동일 감사인을 자유선임해야 하며, 연속 감사계약 중이라도 주기적 지정사유에 해당하게 되면, 잔여 계약기간과 관계없이 지정될 수 있다.

[그림 4-1] 주기적 지정제도 하의 감사인선임

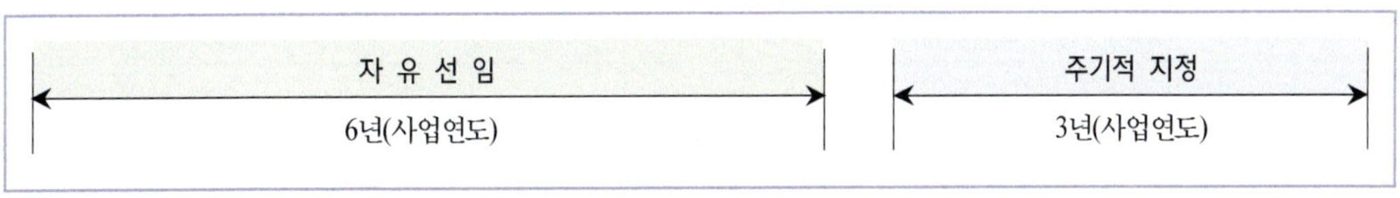

단, 지정대상선정일로부터 과거 6년 이내에 증선위의 감리결과 회계처리기준 위반이 발견되지 않아서 감리결과 증권선물위원회로부터 조치받지 않은 경우 주기적 지정을 면제한다. 여기서 주의할 점은 재무제표 심사(외감규정 §23①1호 나목)는 감리(외감법 §26조)와 다르며, 재무제표 심사결과 조치를 받지 않은 경우에는 주기적 지정 면제사유에 해당하지 않는다. 또한 지정대상선정일로부터 과거 6년 이내에 재무제표에 대한 감리결과 증선위가 조치를 하지 않은 경우에만 주기적 지정이 면제되며, 경고 이하 경미한 조치를 받은 경우에는 주기적 지정대상에 해당한다.

만일 재무제표에 대한 감리가 진행중인 경우에는 일단 주기적 지정이 연기되고, 감리결과 무혐의인 경우 향후 6년간 지정이 면제되며 감리결과 지정조치를 받게 되는 경우 직권지정을 받게 된다. 또한 과거 6년 이내에 감리를 받지 않은 회사 중 일정요건을 갖춘 경우 감리를 신청할 수 있고, 감리결과 회계처리기준 위반이 발견되지 않으면 지정면제된다.

2) 직권 지정제도

증선위 감리결과에 의한 감사인 지정조치, 관리종목 등 투자자 보호를 위해 공정한 감사가 필요한 경우 감사인을 지정하게 된다. 新외감법 개정으로 공정한 감사의 필요성이 높은 재무상태 악화 및 최대주주 · 대표이사의 변경이 잦은 상장사 등을 직권지정대상으로 추가하였다.

[표 4-2] 감사인 직권지정 사유

구 분	상장법인	비상장
新외감법 개정 이후 직권지정기준	① 재무제표 대리작성 · 회계자문 요구 ② 3년 연속 영업손실 or 負의 영업현금흐름 or 이자보상배율 1미만 ③ 투자주의 환기종목(단, 내부회계관리제도 비적정 사유는 제외) ④ 기관투자자인 주주의 지정요청 ⑤ 감사시간이 표준감사시간에 현저히 미달한 회사, ⑥ 3년간 최대주주(2회↑) or 대표이사(3회↑) 변경, ⑦ 지정기초자료 제출의무 위반	① 재무제표 대리작성 · 회계자문 요구 ② 기관투자자인 주주의 지정요청 ③ 감사시간이 표준감사시간에 현저히 미달한 회사, ④ 지정기초자료 제출의무 위반

상장예정법인(9월말까지 요청), 회사요청(감사인 선임기한 내), 감사인 미선임, 감사인 부당교체, 비적정 감사의견을 받아 관리종목으로 지정된 회사(상장폐지요건에 해당) 등의 경우 지정대상 선정일이 속하는 사업연도를 지정하나, 이를 제외한 나머지 경우는 원칙적으로 차기연도(사업연도 개시 전)를 지정하게 된다.

(2) 지정기간

주권상장법인 등 주기적 지정을 받게 되는 회사는 금감원으로부터 3개 사업연도의 감사인을 지정받게 된다.

직권 지정의 경우 新외감법 시행으로 지정기간이 1~3개 사업연도로 늘어나게 된다. 유가증권 · 코스닥시장 상장사, 소유 · 경영미분리 대형비상장주식회사와 같은 주기적 지정 대상회사가 직권지정되는 경우 3개 사업연도가 지정된다. 반면에 주기적 지정대상회사 외 기업의 경우 1개 사업연도가 지정된다. 다만, 직전 사업연도에 법규위반 사유로 지정받은 회사가 당해연도에 동일한 법규위반 사유에 해당하여 지정받는 경우, 2개 사업연도가 지정된다.

참고로 주기적 지정 기간 중 직권지정 사유가 추가 발생할 수도 있다. 예컨대 '21~'23년까지 주기적 지정을 받고 있던 코스닥 상장사 A가 '22년에 직권지정 사유에 해당할 경우, 상장사 A는 주기적 지정대상이므로, '22년에 직권지정 사유해당시 '25년까지 3년간 지정받아야 하므로 주기적 지정 기간('21~'23년)과 합하여 '21~'25년까지 5년간 감사인을 지정받게 된다.

(3) 지정방식

지정대상 회사의 경우, 제도 도입 초기에는 회사의 전기말 자산(별도재무제표 기준)규모에 따라 5조원 이상은 '가'군, 1조원~5조원은 '나'군, 4천억~1조원은 '다'군 등 5개(가~마)의 군으로 구분하였고, 감사인은 공인회계사수, 감사업무 매출액 등 분류기준에 따라 5개 군(群)으로 구분하였다.

그런데 군분류 기준이 다소 체계적이지 못해 국민경제에 미치는 영향력과 감사품질에 상응하지 않는 감사인 지정이 이루어지는 상황이 발생했다. 예컨대 자산 2조원 이상 기업은 KOSPI200 등 국가대표 주가지수에 포함되고 해외영업이 많아 글로벌 회계법인을 선임하는 것이 불가피하고 실제 자유선임 시 자산2조원 이상 상장기업의 98%가 가군회계법인을 선임하였음에도 지정 시에는 로컬회계법인 지정이 가능한 상황이 발생한 것이다. '22 사업연도에 '나군' 회계법인으로 지정받은 자산 2조원 이상 기업 16사 중 7사(43.8%)는 상향재지정을 신청하여 '가군' 회계법인으로 변경하였다.

감사인의 경우 감사품질관리 여부와 관계없이 외형 확장만으로도 상위군 승격이 가능한 상황이었다. 5개요건 중 품질관리인원을 제외한 여타 요건은 회계사인력 충원 등 외형 확장만으로 달성이 가능하였다. '나'군 회계법인은 회계개혁이후 기존인력의 40%~90%의 회계사를 충원하였고, 품질관리인원이 필수요건이 아닌 만큼, 대다수 회계법인들은 품질관리인원 요건 외 4개 요건을 충족시켜 상위군으로 진출하다 보니, 감사인 지정이 오히려 대형기업 외부감사 품질과 강도를 저하시키고 부실감사 발생 시 손해배상여력을 감소시킬 우려가 상존하였다.

상기와 같은 이유로 기업군 기준과 감사인군 기준을 변경 보완하였다. 기업군 기준을 상법 등 여타 분류기준에 맞추어 가군을 자산 2조원 이상으로 설정하고 기존 나·다군을 통합하여 4개 군으로 조정하였다. 상법에 의하면 자산 2조원 이상 상장기업은 상법상 감사위원회 의무설치대상이며 사외이사 과반 구성 등 기업 운영의 높은 투명성을 요구하고 있기 때문이다.

[표 4-3] 기업군 기준

자산총액	2조원 이상	2조원 ~ 5천억원	5천억원 ~ 1천억원	1천억원 미만
군(群)	가	나	다	라

감사인군은 규모, 품질관리수준, 손해배상능력을 모두 충족한 경우에만 상위군으로 진입을 허용하고 상위군 요건을 강화하였다. 품질관리인력은 현재 수준보다 1~3명이상 더 운영하도록 요구하였고, 손해배상능력은 현행 보험료가 아닌 보험금으로 기준을 변경하여 부실감사 발생 시 배상능력을 명확하게 평가 · 반영하였고, 품질관리수준의 차이가 크지 않은 현행 나 · 다 · 라군을 2개군으로 통합 조정하여 기업군과 동일하게 4개 군으로 운영하여, 회사가 속한 군보다 감사인의 군(群)이 낮아지지 않도록 배정한다.

[표 4-4] 감사인군 기준

군	회계사 수	품질관리업무 인원 비중	회계감사 손해배상능력
가	600인 ~	등록요건의 140% 이상(최소 14인)	1,000억원 ~
나	100인 ~	등록요건의 140% 이상(최소 5인)	100억원 ~
다	40인 ~	등록요건의 120% 이상(최소 2인)	10억원 ~
라	감사인 지정이 가능한 일반 회계법인		

감사인(회계법인)별 지정점수대로 감사인 지정순서를 정한 후, 직전 사업연도말 자산(별도)규모가 큰 지정대상회사를 순차적으로 대응하여 지정한다. 이 때 감사인 점수는 회계사 수를 기반으로 한 감사인 점수 골격은 유지하되, 가감점수에 품질관리감리결과 등 감사품질 관련 사항을 대폭 반영하였다. 즉 감사인 점수를 "회계사수 기반 기본점수 − 품질감리지적 + 품질관리평가(10%) − 매출감점(3% ~ 15%)"과 같이 계산하도록 하며, 감사인 지정점수는 다음과 같이 계산한다. 대형 · 중소회계법인간 형평성 제고를 위해 지정점수 차감 시 가중치를 부여한다.

[감사인지정점수 산정]

$$\text{감사인 지정점수} = \frac{\text{감사인 점수}}{1 + \text{감사인으로 지정받은 회사 수(5조원}\uparrow\text{ 3배, 4천억 ~ 5조원 2배 가중치 부여)}}$$

연속하는 2개 이상 사업연도 감사인을 지정받게 된 회사는 3개 사업연도 한도로 전기에 지정받은 감사인을 당기에도 우선적으로 배정받는다. 기존에는 지정받던 회사에 새로운 지정사유가 발생한 경우, 법령상 감사인 지정방식에 따라 감사인(회계법인)의 지정점수 순서대로 회사를 지정했으나 외감규정 개정('22.5.3.)에 따라 전년도와 동일한 감사인이 우선 배정한다.

[그림 4-2] 지정사유가 추가 발생한 상장회사의 지정기간 및 지정감사인 예시

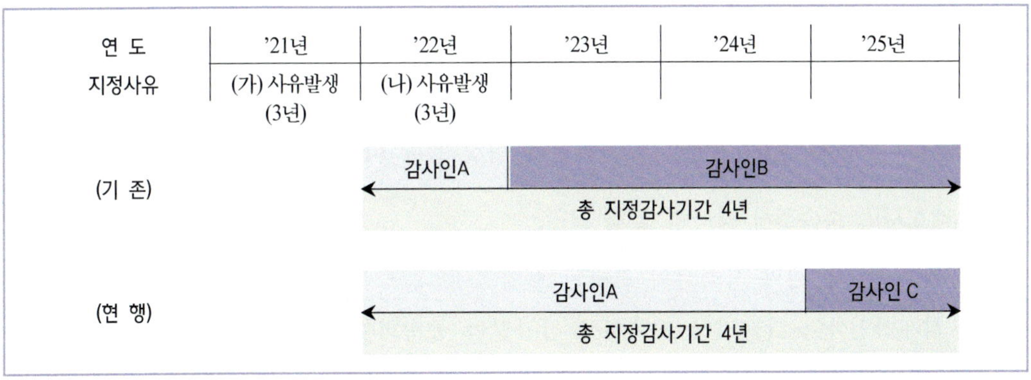

특정연도에 주기적 지정 대상회사가 쏠리게 될 경우, 회계법인의 감사인력 확보 및 인력관리의 어려움, 지정해제 후 자유선임시 수주경쟁으로 인한 감사품질 저하우려되므로, 지정하는 회사수가 일정하게 되도록 분산하여 다음연도로 지정을 연기한다. 이 때 주권상장법인(코넥스 제외)과 소유 · 경영미분리 대형비상장주식회사를 각각 구분하여 산정한다. 다음연도에는 지정이 연기된 회사부터 우선 지정하며, 나머지는 해당연도 지정대상회사 중 자산규모가 큰 순서대로 지정한다.

이 때 주권상장법인과 상장예정법인에 대한 감사인을 지정할 경우, 법 9조의2①의 상장법인 감사인 등록제에 따라 등록된 감사인에게만 배정한다. 또한 회사가 전기에 자유선임했던 감사인은 당기 감사인 지정 시 배제해야 한다.

(4) 재지정요청

1) 개 요

재지정요청은 통지받은 회사와 회계법인이 독립성 훼손사유 등 법령상 정해진 재지정사유에 해당 시, 금감원에 다시 지정하여 줄 것을 요청하는 제도이다.

주요 감사인 재지정사유는 다음과 같다.

- 외국투자가가 출자한 회사로서 그 출자조건에서 감사인을 한정하고 있는 경우

- 지정통지 후 2주 이내에 특별한 사유 없이 지정계약을 체결하지 않은 경우, 부당한 비용분담을 요구하여 징계(윤리위원회의 심의를 거쳐 한국공인회계사회로부터 징계)받은 경우
- 공인회계사법상 직무제한 또는 윤리규정상 독립성 훼손사유에 해당하는 경우
- 최초 회사가 지정받은 회계법인이 속한 지정군보다 상위 또는 하위 지정군으로 지정받고자 하는 경우
- 지배 · 종속관계에 있는 회사 모두 지정감사이고, 지정감사인을 일치시키고자 하는 경우
- 회생절차가 진행중인 회사가 법원이 선임허가한 감사인으로 요청하는 경우
- 그밖에 감사인으로 지정받은 회계법인이 법령 등에 따라 감사인이 될 수 없는 경우

2) 지배회사와 종속회사 감사인 일치 방안

국내 지배회사와 해외 자회사의 감사인 불일치에 대한 우려가 있다. 4대 회계법인의 경우에는 회계법인마다 다르지만 지배회사 감사인이 종속회사의 60% 이상을 감사해야 한다는 자체 규정을 갖고 있다. 또한 연결재무제표의 경우 지배회사의 감사인이 모든 책임을 부담하므로 자회사에 대한 감사를 다른 회계법인이 하는 경우에 문제가 발생할 수 있다. 이를 해결하기 위해 지배회사와 종속회사 감사인 일치 방안을 다음과 같이 고려해 볼 수 있다.

a) 지배회사와 종속회사가 모두 지정을 받은 경우

지배회사와 종속회사가 모두 지정을 받은 경우 외감규정 제15조제5항에 따라 재지정 요청을 통해 지정감사인 일치를 요청할 수 있다. 다만, 일치하고자 하는 감사인이 회사 · 감사인 자산군, 전기 감사인 배제 등 감사인 지정방법에 어긋날 경우 재지정되지 않을 수 있다.

b) 지배회사와 종속회사 중 일부만 감사인 지정을 받은 경우

지배 · 종속회사 중 일부만 감사인 지정을 받은 경우에는 감사인 일치를 위한 재지정 요청이 인정되지 않는다. 다만, 다음의 방법을 통해 감사인을 일치시킬 수 있다.

① 자유선임 중인 회사가 감사인 지정을 요청(감사인 선임기한내에만 가능)하고 감사인을 지정받은 후 지배 · 종속회사의 감사인 일치를 위해 재지정을 요청할 수 있음

② 자유선임으로 3년 연속 동일 감사인과 계약기간 중인 경우에도 지배 · 종속관계에 있는 다른 회사가 감사인을 지정받은 경우 기존 감사인을 해임(매 사업연도 종료 후 3개월 이내)하고 다른 회사가 지정받은 감사인을 선임(자유선임)할 수 있음

c) 지배회사와 종속회사가 모두 지정을 받지 않은 경우

지배회사와 종속회사 모두 감사인 지정을 받지 않은 경우에는 감사인을 일치시키기 위해 기존 자유선임 감사인을 해임할 수 없다. 3개 사업연도 연속 감사인을 선임한 회사는 지배·종속관계에 있는 회사의 자유선임 감사인과 일치시키고자 하는 경우라도 감사인을 중도해임시킬 수 없다. 상장회사 등은 3개 사업연도 연속 감사인을 선임하는 것이 원칙이고, 감사인의 중도교체는 일부 예외적인 경우를 제외하고는 허용되지 않는다. 다만, 회사가 감사인 지정을 요청할 경우 해당 회사의 감사인은 지정되며, 해당회사와 지배·종속관계에 있는 다른 회사는 3개 사업연도 중이라도 잔여 계약을 해지하고 지정감사인을 선임(자유선임)할 수 있다.

3) 하향재지정 제도의 문제점 및 보완방안

감사보수 협상 시 기업의 협상력 제고를 위해 기업이 해당 기업군보다 상위군의 감사인을 지정받은 경우 하위군 감사인으로 재지정 요청 가능하도록 한 하향재지정 제도('19.10월 시행)로 인해 상장사 등록 중견회계법인(나~라군)에 대한 지정 쏠림현상 발생했다. 이로 인해 상장사 등록 회계법인 중 중견회계법인(나~라군)은 회계사 수 대비 많은 수의 기업을 배정받아서 중견회계법인이 감사역량에 비해 많은 기업을 감사하게 되어 부실한 감사가 진행될 가능성이 증가하였다. 그러나 하향 재지정 제도 도입의 목적이었던 하향재지정에 따른 감사보수 인하효과는 뚜렷하지 않았다.

따라서 이를 보완하기 위해, 다음 3가지 방안이 도입되었다.

첫째, 감사위험이 높은 지정사유(누적적자, 관리종목, 감리조치 등)는 하향재지정을 제한하였다. 반면에 감사위험과 연관성이 낮은 지정사유(주기적지정, 상장예정, 회사요청)는 하향재지정제를 유지하도록 하였다.

둘째, 감사보수 협상력 제고를 위해 동일군 내 재지정을 허용하였다. 지정사유에 관계없이 동일군 재지정이 가능하나, 회사 가군은 동일군 내 재지정 허용을 배제하였다.

셋째, 회계법인도 최초 지정기업과의 감사계약 체결에 적극적으로 임하도록 기업이 재지정 신청 시 패널티를 부과하였다. 지정감사인 사전통지 후 기업이 하향재지정을 요청한 경우, 지정감사인의 점수를 즉시 복원하지 않고 점수 복원 시점을 본 통지 이후로 지연시켜 복원 점수 활용을 제한하도록 하였다.

1.3 자유수임제도에 의한 감사인 선임

(1) 감사인 선임 주체

자유수임에 따라 피감사 기업이 감사인을 선임하더라도 외부감사법에서 정한 감사인 선임절차는 준수해야 한다. 외부감사법에 의하면 감사(감사위원회) 또는 감사인선임위원회가 감사인을 선임하도록 하고 있다. 즉 재무제표 감사인에 대한 선임권한을 경영진이 아닌 감사(감사위원회) 또는 감사인선임위원회에게 부여함으로써 경영진을 효과적으로 감시할 수 있는 감사인을 선임할 수 있도록 법적 기반을 마련하였다.

이 때 감사위원회가 설치된 회사는 감사위원회가 외부감사인을 선임하지만, 감사위원회가 설치되지 않은 회사는 감사인선임위원회 승인을 받아 감사가 선임한다. 감사인선임위원회는 위원장 1인을 포함해서 5명 이상으로 구성된다. 감사인선임위원회를 대부분 독립적인 외부인사로 구성하게 한 것은 외부감사인 선임에 경영진이 개입하는 것을 방지하기 위한 것이다. 또한 '신 외부감사법' 이전에는 회사가 감사위원회나 감사인선임위원회의 '승인'을 받아 감사인을 선임하였으나, 신 외부감사법에서는 감사인의 독립성을 향상시키기 위해 감사위원회나 감사가 직접 감사인을 '선임'하도록 바꾼 것이다.

[표 4-5] 감사인 선임주체

<table>
<tr><th colspan="2">구 분</th><th>수행주체</th></tr>
<tr><td colspan="2">감사위원회 설치 기업</td><td>감사위원회</td></tr>
<tr><td rowspan="2">감사위원회 미설치 기업</td><td>주권상장법인, 대형비상장주식회사 또는 금융회사</td><td>감사인선임위원회</td></tr>
<tr><td>기 타</td><td>감사(감사가 없는 유한회사는 사원총회)</td></tr>
</table>

감사위원회가 설치된 회사는 감사위원회가 외부감사인을 선임하지만, 감사위원회가 설치되지 않은 회사는 감사인선임위원회 승인을 받아 감사가 선임한다. 감사인선임위원회는 감사(1명), 사외이사(2명 이내), 기관투자자 임직원(1명), 주주(1명), 채권 · 금융회사 임직원(1명) 등 5명 이상으로 구성된다.

그동안 주주 등 외부위원의 소극적인 태도로 감사인선임위원회의 구성에 어려움이 있었다. 따라서 주주 2인을 1인으로 축소하고, 채권 · 금융회사 위원 2인을 1인으로 축소하여 감사인선임위원회의 정족수를 7명에서 5명으로 줄인 것이다. 또한 기관투자자 위원(임 · 직원 모두 가능)과는 달리 채권 · 금융회사 위원은 임원으로만 한정되어 있어 위원회 구성에 어려움이 있었다. 예를 들어 채권 · 금융회사의 경우에 기업의 현실을 가장 잘 아는 금융기관의 일선 지점장(직원)이 참석할 수 없는 어려움이 있었다. 따라서 채권 · 금융회사 '임원'을 '임직원'으로 바꾸어 임원이 아닌 직원도 참석할 수 있도록 한 것이다.

또한 2019년에는 감사인선임위원회의 개최 주기를 1년에서 3년으로 늘렸다. 주권상장법인 등에 대해서는 3년 단위로 외부감사계약을 체결하는데, 감사인선임위원회 개최 주기가 1년으로 해석될 여지가 있어 금융위원회가 유권해석을 통해 개최 시기를 3년으로 명확히 하여 기업의 부담을 덜어준 것이다.

(2) 감사인 선임 기한

구 외부감사법에서 외부감사를 받는 회사는 사업연도 개시 후 4개월 이내에 외부감사인을 선임하면 됐다. 12월 말 결산법인이라면 해당 연도 4월30일까지 감사인을 선임하면 됐지만, 신 외부감사법의 시행으로 외부감사인의 선임기한이 단축됐다. 전년도에 외부감사를 받지 않은 회사의 경우에는 기존대로 사업연도 개시 후 '4개월 이내'에 외부감사인을 선임하면 되지만, 감사위원회 의무설치 회사(자산총액 2조원 이상인 주권상장법인 등)는 사업연도 '개시 전까지' 외부감사인을 선임해야 한다. 그 이외의 회사는 사업연도 개시 후 '45일 이내'에 외부감사인을 선임해야 한다.

[표 4-6] 감사인 선임기한

<table>
<tr><th colspan="2">구 분</th><th>기 한</th></tr>
<tr><td colspan="2">감사위원회 의무설치 기업(자산총액 2조원 이상인 주권상장법인 등)</td><td>사업연도'개시 전</td></tr>
<tr><td rowspan="2">감사위원회 의무설치 미해당 기업</td><td>전년도에 외부감사를 받지 않은 회사의 경우</td><td>사업연도 개시 후 '4개월 이내'</td></tr>
<tr><td>기 타</td><td>사업연도 개시 후 '45일 이내'</td></tr>
</table>

예를 들어, 회계기간이 1월1일에서 12월31일까지인 경우, 전년도에 외부감사를 받지 않은 회사는 기존대로 4월30일까지 외부감사인을 선임하면 되지만, 감사위원회 의무설치 회사는 사업연도 개시 전 12월31일까지, 나머지 회사는 2월14일까지 외부감사인을 선임하도록 단축된 것이다. 외부감사인을 제때 선임하지 않으면 감사인이 지정될 수 있다. 금융감독원 자료에 의하면 감사인을 선임하지 않아서 감사인이 지정된 기업이 2018년에 109개 기업, 2019년에 66개 기업이었다.

외부감사인 선임기한이 단축된 이유는 다음과 같다.

첫째, 감사보고서 제출 이전에 감사인을 선임하도록 함으로써 감사인의 독립성을 제고하기 위한 것이다. 3월 말까지는 사업보고서 제출이 완료되어야 하므로 외부감사는 늦어도 3월 중순 이전에 완료되어야 한다. 신 외부감사법에서 대부분의 회사가 적용되는 사업연도 개시 후 45일(2월14일) 이내 규정은 회사의 외부감사가 종료되기 전이므로 외부감사 결과와 관계없이 외부감사인이 선임될 수 있다. 변경된 감사인 선임기한에서는 외부감사인이 감사의견 제시 전에 감사인 선임계약이 체결되므로 감사인 선임계약과 관련해서 회사의 부당한 간섭을 받지 않고 원칙대로 외부감사를 할 수 있는 것이다.

둘째, 최종감사의 긍정적인 효과를 얻을 수 있다. 외부감사인이 변경되는 것으로 결정된 경우에 외부감사인은 본인들이 다음번에 외부감사를 하지 않는다는 것을 외부감사가 종료되기 전에 알게 되어 최종감사임을 인지하고 원칙대로 외부감사를 하게 된다.

2022년은 첫 번째 '주기적 지정' 적용 기업의 마지막 해다. 이들 기업 중 자산 2조 원 이상인 기업은 올해 말까지 내년도 외부감사인을 선임해야 하고, 나머지 기업은 내년 2월 14일까지 외부감사인을 선임해야 한다.

(3) 감사인 선임기간의 유지

감사인의 윤리강령 준수를 위협하는 잠재적 위협 중의 하나가 압력위협이다. 압력위협은 공인회계사가 의뢰인의 현실적 또는 잠재적인 협박의 가능성 때문에 공정하지 못하게 되는 경우를 의미한다. 자유수임 방식 하에서 감사인을 피감사회사가 선임하는 경우 차기의 감사업무 수임여부로 인해 감사인은 압력위협에 노출되게 된다.

따라서 이를 방지하고자 주권상장법인 · 대형비상장주식회사 · 금융회사의 경우 감사인을 3년 단위로 선임하도록 하여 감사인의 선임기간을 보장하고 있다. 즉 주권상장법인 · 대형비상장주식회사 · 금융회사의 경우 감사인을 3년간 연속해서 선임한다. 반면에 비상장기업(대형비상장주식회사 · 금융회사 제외)은 감사인을 매년 선임하도록 하고 있다.

위와 같은 감사인 자유선임 관련 내용을 반영한 감사인 선임 절차는 금융감독원이 제시한 아래와 같은 업무흐름도로 나타낼 수 있다. 금감원은 신외감법상 주기적 지정 첫해 감사인이 지정된 193사의 3년 간 지정기간이 올해 만료되면서 이들 회사의 감사계약 수임경쟁이 과열되고 있다고 판단하여, 감사인은 적격한 인력이 충분히 투입될 수 있도록 합리적인 감사계약조건을 마련하고 독립성 훼손 위협에 대해 면밀히 검토해야 하며, 회사의 감사

· 감사위원회는 감사인 선임 전에 감사품질 등 감사인 선임관련 준수사항을 문서화하고, 독립성 훼손 등 이해상충 소지가 없는지 검토해야 한다고 제시하고 있다.

[그림 4-3] 감사인 자유선임 관련 업무흐름도(금감원 제공)

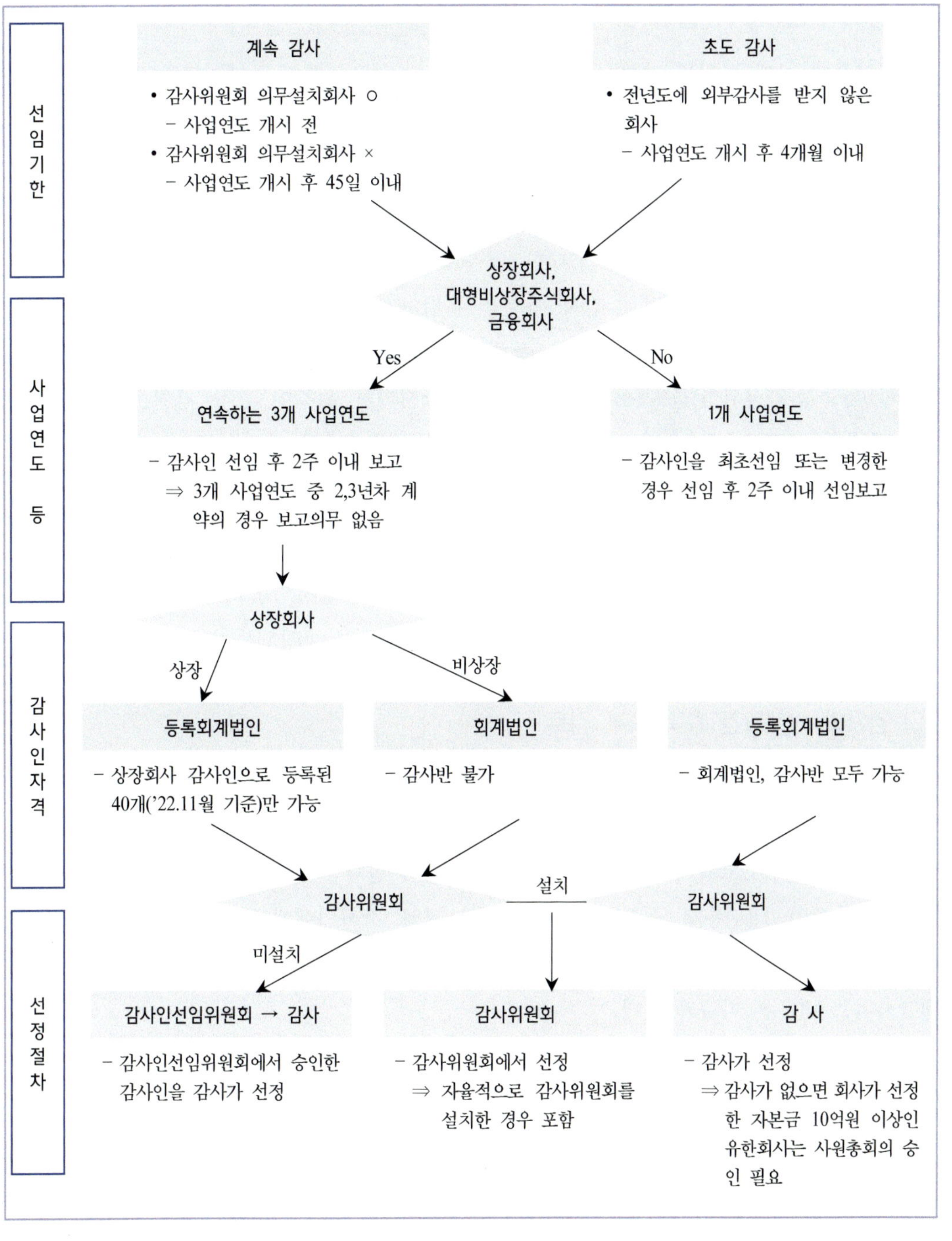

제2절 감사계약

2.1 감사수임 여부 결정

감사인은 감사계약 전에 감사수임 여부를 먼저 결정해야 한다. 이를 위해 감사인은 다음 2가지를 고려해야 한다.

(1) 감사업무의 경제성 검토

감사인은 감사받은 재무제표에 중대한 왜곡표시사항이 존재할 가능성(감사위험)을 목표수준 이하로 감소시키기 위하여 감사 자원을 투입하게 된다. 이 때 감사인이 감사를 수임하고자 한다면, 해당 감사업무 수행을 통해 감사받은 재무제표에 중대한 왜곡표시사항이 존재할 가능성(감사위험)을 목표수준 이하로 감소시키기 위하여 감사 자원을 투입하는데 대한 충분한 감사보수를 수령할 수 있는지에 대한 검토, 다시 말해 충분한 경제성이 확보되는지 확인해야 한다.

즉 감사업무의 경제성 검토는 영리기업으로써 이익 확보를 위한 측면도 있겠지만, 감사인이 피감사회사에 대해 감사의견을 잘못 제시할 위험 즉 감사위험 수준을 낮추기 위해 필요한 감사인력의 투입 등을 확보하는데 충분한 감사보수가 보장되는지를 확인해야 한다.

(2) 감사의 전제조건 충족 여부 검토

감사인은 회계감사기준 상의 감사의 전제조건을 만족해야만 감사를 수임할 수 있다. 회계감사를 수행하기 위한 감사의 전제조건은 '(1) 감사인 판단에 피감사회사가 재무재표 작성시 적용한 재무보고체계(회계기준)이 수용가능해야 한다'는 점과 '(2) 경영진이 재무제표를 작성할 책임, 내부통제 구축 및 운영에 대한 책임, 감사인에게 필요한 모든 정보를 제공할 책임등에 대하여 동의한다'는 두 가지 전제 조건이 만족됨을 의미한다. 이와 관련된 회계감사기준 내용은 다음과 같다.

감사기준서 210-6 감사를 위한 전제조건

감사인은 감사를 위한 전제조건이 존재하는지 여부를 확인하기 위하여, 다음의 절차를 수행하여야 한다.

(a) 재무제표 작성에 적용되는 재무보고체계가 수용가능한지 여부를 결정함

(b) 경영진이 다음과 같은 책임을 인정하고 동의를 받음

(i) 관련성이 있는 경우 재무제표의 공정표시를 포함하여, 해당 재무보고체계에 따라 재무제표를 작성할 책임

(ii) 부정이나 오류로 인한 중요한 왜곡표시가 없는 재무제표를 작성하기 위해 경영진이 필요하다고 결정한 내부통제에 대한 책임

(iii) 감사인에게 다음 사항들을 제공할 책임

a. 기록, 문서, 기타사항 등 재무제표의 작성과 관련하여 경영진이 알고 정보에 대한 접근

b. 감사인이 감사목적으로 경영진에게 요청하는 추가적인 정보

c. 감사인이 감사증거를 입수하기 위하여 필요하다고 판단한 기업 내부의 관계자들에 대한 제한 없는 접근

이러한 감사의 전제가 충족되지 않는 경우, 감사인은 감사를 수임해서는 안된다. 보험계약은 가입자의 고지의무에 기반하여 성립한 것이며 만약 가입자가 고지의무를 제대로 이행하지 않을 경우 보험회사는 배상책임을 부담하지 않게 된다.

회계감사 역시 경영진이 본인의 재무제표와 내부통제에 대한 책임을 어기고 허위 자료를 제시하는 경우 회계감사의 기본전제가 충족된 것이 아니므로 감사인은 이에 대한 배상책임을 부담하지 않게 된다.

2.2 감사계약

감사 수임을 하게 되면 감사인은 피감사회사와 감사계약을 체결하여야 한다. 감사인은 회사와 위임계약에 해당하는 감사계약을 맺고 있으므로 감사인은 선량한 관리자의 주의의무에 따라 계약서에 명시한 계약조항을 이행하여야 한다. 만일 감사인이 감사계약서 상의 임무를 게을리하여 회사에 손해를 발생하게 한 경우, 그 감사인은 회사에 대하여 손해를 배상할 책임이 있다. 감사계약서에는 다음의 사항이 포함되어야 한다.

- 재무제표감사의 목적과 범위
- 감사인의 책임
- 경영진의 책임

- 재무제표 작성을 위한 재무보고체계의 명시
- 감사인에 의해 발행될 보고서의 형태와 내용

위의 내용은 다음의 표준감사계약서를 통해 확인할 수 있다.

□자유선임 □중선위지정

외 부 감 사 계 약 서(예시)

(주권상장법인과 K-IFRS적용법인용)

감사의뢰인 : ___________주식회사
감사인 : _______회계법인 또는 _______ 공인회계사감사반(제_____호)

위의 감사의뢰인(이하 "회사"라 한다)과 감사인 양자는 「공인회계사법」 제21조와 제33조에 따른 특별한 이해관계가 없음을 확인하고 「주식회사 등의 외부감사에 관한 법률」(이하 "외감법"이라 한다)에 의한 회계감사(연결재무제표에 대한 감사를 포함하여 이하 "감사"또는 "외부감사"라 한다)와 내부회계관리제도에 대한 검토(또는 감사), 「자본시장과 금융투자업에 관한 법률」 제160조와 동법 시행령 제168조 및 제 170조에 따른 분기재무제표와 반기재무제표(이하 "중간재무제표"라 한다)의 검토(이하 "검토"라 한다)를 위하여 다음과 같이 계약을 체결한다.

제1조(감사 · 검토의 목적 등) 1. 이 계약에 따라 감사인은 외감법 제4조에 따른 재무제표(해당 사항이 있는 경우 연결재무제표를 포함하며, 이하 같다)에 대한 감사와 외감법 제8조 제6항에 따른 내부회계관리제도에 대한 검토(또는 감사)를 수행하는 것을 목적으로 한다.

2. 제1항에 따른 감사인의 감사목적은 회사의 재무제표가 대한민국에서 일반적으로 인정된 회계처리기준(한국채택국제회계기준을 말한다)에 따라 중요성의 관점에서 공정하게 표시되어 있는가의 여부에 대하여 의견을 표명하는데 있다. 따라서, 감사인의 감사는 회사의 재무제표가 대한민국에서 일반적으로 인정된 회계처리기준에 중요하게 위배되는 사항이 있는지를 확인하기 위한 것이며, 재무제표 전반에 대해 중요하지 아니한 위배사항까지 적발하기 위한 것은 아니다. 또한, 감사인의 감사는 회사의 제반법규의 불이행 · 허위 또는 부정행위 사항을 방지하거나 발견할 것을 목적으로 하지 않는다.
3. 재무제표 작성과 적절한 공시, 회계자료의 유지, 부정이나 오류로 인한 중요한 왜곡표시가 없는 재무제표를 작성하기 위한 내부통제제도의 구축과 운용, 회계정책의 선정과 적용, 회사 자산의 보호에 대한 책임은 회사에 있다. 회사의 이와 같은 책임은 이 계약에 따라 감사인이 수행하는 재무제표에 대한 감사로 경감되지 아니한다.

4. 감사는 감사보고서 수신인을 위한 것이지 제3자가 의존할 만한 상황이나 특정 거래를 예상하여 계획 · 수행되는 것이 아니다. 따라서 회사는 감사인의 감사보고서에 특정 제3자에게는 잠재적 이해관계가 되는 항목들이 강조되지 않거나 특정거래와 관련하여 제3자가 상이하게 해석할 수 있는 상황들이 발생할 수 있음을 인정한다.
5. 이 계약에 따라 감사인이 행하는 중간재무제표의 검토목적은 중간재무제표가 한국채택국제회계기준의 기업회계기준서 제1034호의 규정에 중요하게 위배되어 작성한 사항이 발견되지 아니하였는지에 대하여 주로 질문과 분석적 절차 등을 통해 감사보다는 낮은 보통수준의 확신을 소극적으로 표시하는데 있다.
6. 제1항에 따른 감사인의 내부회계관리제도에 대한 감사 또는 검토는 외감법 제8조에 의한 회사의 내부회계관리제도가 적절하게 설계 및 운영되었는지 여부와 내부회계관리제도의 운영실태에 관한 보고내용을 검토 또는 감사하고 감사보고서에 그 결과에 대한 종합의견을 표명하는데 그 목적이 있다.

제2조(감사 · 검토의 대상) 1. 감사 · 검토의 대상이 되는 회사의 재무제표는 다음 각 호와 같다.

1. 재무제표
   가. 연차재무제표
   ________년 ___월 ___일부터 ________년 ___월 ___일까지 ____년간의 재무제표
   나. 중간재무제표
   ________년 ___월 ___일부터 ________년 ___월 ___일까지 ____년간의 각 분기재무제표
   ________년 ___월 ___일부터 ________년 ___월 ___일까지 ____년간의 각 반기재무제표
2. 연결재무제표
   가. 연차재무제표
   ________년 ___월 ___일부터 ________년 ___월 ___일까지 ____년간의 재무제표
   나. 중간재무제표
   ________년 ___월 ___일부터 ________년 ___월 ___일까지 ____년간의 각 분기재무제표
   ________년 ___월 ___일부터 ________년 ___월 ___일까지 ____년간의 각 반기재무제표
3. 내부회계관리제도
   ________년 ___월 ___일부터 ________년 ___월 ___일까지 ____년간의 내부회계관리제도

(중략)

위 계약서 상의 내용은 회계감사기준 상에 감사계약서에 포함되어야 할 내용과 다음과 같이 연결된다.

[표 4-7] 감사계약서 내용과 감사 기준

감사기준	계약서 내용
재무제표감사의 목적과 범위	제1조(감사 · 검토의 목적 등) ① 이 계약에 따라 감사인은 외감법 제4조에 따른 재무제표(해당사항이 있는 경우 연결재무제표를 포함하며, 이하 같다)에 대한 감사와 외감법 제8조 제6항에 따른 내부회계관리제도에 대한 검토(또는 감사)를 수행하는 것을 목적으로 한다. ② 제1항에 따른 감사인의 감사목적은 회사의 재무제표가 대한민국에서 일반적으로 인정된 회계처리기준(한국채택국제회계기준을 말한다)에 따라 중요성의 관점에서 공정하게 표시되어 있는가의 여부에 대하여 의견을 표명하는데 있다.
감사인의 책임	제1조(감사 · 검토의 목적 등) ② (중략) 감사인의 감사는 회사의 재무제표가 대한민국에서 일반적으로 인정된 회계처리기준에 중요하게 위배되는 사항이 있는지를 확인하기 위한 것이며, 재무제표 전반에 대해 중요하지 아니한 위배사항까지 적발하기 위한 것은 아니다. 또한, 감사인의 감사는 회사의 제반법규의 불이행 · 허위 또는 부정행위 사항을 방지하거나 발견할 것을 목적으로 하지 않는다. 제3조(감사인의 업무수행 기준) ③ 회사는 회사가 구축한 회계제도와 내부통제제도상의 통제절차가 재무제표 왜곡 표시사항을 예방하거나 적시에 발견 · 수정하지 못할 수도 있다는 내부적 고유한계와 감사인이 준수하는 감사기준에 따른 감사가 회사의 전체 거래 중 일부의 자료에 대하여 표본시사를 원칙으로 한다는 감사의 고유한계 때문에 중요한 왜곡 표시가 발견되지 않을 수도 있음을 인정한다. ④ 감사인은 제10조 제2항에 따라 회사로부터 제공받는 회계에 관한 장부와 서류 등 감사의 대상이 되는 문서의 진실성을 신뢰하며, 감사인의 감사범위는 회사의 임직원에 의한 위조, 변조 또는 허위 등에 대한 조사절차를 포함하지 아니한다. 따라서, 감사인이 이러한 문서 때문에 회사의 재무제표상 왜곡 표시를 감사보고서에 언급하지 못한 경우 이에 대한 책임이 없다.
경영진의 책임	제1조(감사 · 검토의 목적 등) ③ 재무제표 작성과 적절한 공시, 회계자료의 유지, 부정이나 오류로 인한 중요한 왜곡표시가 없는 재무제표를 작성하기 위한 내부통제제도의 구축과 운용, 회계정책의 선정과 적용, 회사 자산의 보호에 대한 책임은 회사에 있다. 회사의 이와 같은 책임은 이 계약에 따라 감사인이 수행하는 재무제표에 대한 감사로 경감되지 아니한다.

재무제표 작성을 위한 재무보고체계의 명시	제1조(감사 · 검토의 목적 등) ② 제1항에 따른 감사인의 감사목적은 회사의 재무제표가 대한민국에서 일반적으로 인정된 회계처리기준(한국채택국제회계기준을 말한다)에 따라 중요성의 관점에서 공정하게 표시되어 있는가의 여부에 대하여 의견을 표명하는데 있다.
감사인에 의해 발행될 보고서의 형태와 내용	제7조(감사보고서 · 검토보고서의 제출 등) ③ 감사보고서의 형태와 내용은 회계감사기준에서 정한 바에 따른다.

Chapter 4 생각해 볼 문제

(1) 지정감사제도는 왜 필요한가?

감사인을 선임하는 방식에는 자유수임제도와 지정감사제도 두가지 방식이 있는데, 원칙은 기업이 자유롭게 감사인을 사적계약에 의해 선임하는 자유수임 방식이다. 그런데 우리나라의 경우 미국과 같은 서구 자본시장과는 달리 감사인 선임시장이 구매자 중심의 시장(Buyer's market)이 형성되어 있다. 즉 대부분의 기업에서 최저가 낙찰로 감사인을 선임하여 감사보수가 낮아지다 보니 충분한 감사시간이 확보되지 않아 감사품질이 저하되는 문제점이 발생할 수 있다. 이러한 자유수임 방식은 감사인의 독립성 유지에도 악영향을 미칠 수 있다. 감사인 선임을 피감사회사에서 하므로 아무래도 익년도의 감사 수임을 위해 피감사 기업의 눈치를 볼 수밖에 없기 때문이다.

반면에 지정감사 방식은 증권선물위원회가 피감사 기업의 감사인을 선임하여 정하기 때문에 감사인이 피감사기업의 눈치를 볼 필요가 없으므로 감사인의 본분을 다하게 되므로 감사인의 독립성 확보에 보다 유리한 방식이다. 따라서 감사품질의 제고를 위해 독립성 확보가 필요한 경우 지정감사 방식의 필요성이 제기된다.

(2) 신외감법 상의 감사인 선임 주체 변경 내용과 그 의미는 무엇인가?

자유수임에 따라 피감사 기업이 감사인을 선임하더라도 외부감사법에서 정한 감사인 선임절차는 준수해야 한다. 외부감사법에 의하면 감사(감사위원회) 또는 감사인선임위원회가 감사인을 선임하도록 하고 있다. 즉 재무제표 감사인에 대한 선임권한을 경영진이 아닌 감사(감사위원회) 또는 감사인선임위원회에게 부여함으로써 경영진을 효과적으로 감시할 수 있는 감사인을 선임할 수 있도록 법적 기반을 마련하였다.

이 때 감사위원회가 설치된 회사는 감사위원회가 외부감사인을 선임하지만, 감사위원회가 설치되지 않은 회사는 감사인선임위원회 승인을 받아 감사가 선임한다. 감사인선임위원회는 위원장 1인을 포함해서 5명 이상으로 구성된다. 감사인선임위원회를 대부분 독립적인 외부인사로 구성하게 한 것은 외부감사인 선임에 경영진이 개입하는 것을 방지하기 위한 것이다. 또한 '신(新) 외부감사법' 이전에는 회사가 감사위원회나 감사인선임위원회의 '승인'을 받아 감사인을 선임하였으나, 신 외부감사법에서는 감사인의 독립성을 향상시키기 위해 감사위원회나 감사가 직접 감사인을 '선임'하도록 바꾼 것이다.

(3) 신외감법 상에서 외부감사인 선임기한이 단축된 이유는 무엇인가?

외부감사인 선임기한이 단축된 이유는 다음과 같다.

첫째, 감사보고서 제출 이전에 감사인을 선임하도록 함으로써 감사인의 독립성을 제고하기 위한 것이다. 3월 말까지는 사업보고서 제출이 완료되어야 하므로 외부감사는 늦어도 3월 중순 이전에 완료되어야 한다. 신 외부감사법에서 대부분의 회사가 적용되는 사업연도 개시 후 45일(2월14일) 이내 규정은 회사의 외부감사가 종료되기 전이므로 외부감사 결과와 관계없이 외부감사인이 선임될 수 있다. 변경된 감사인 선임기한에서는 외부감사인이 감사의견 제시 전에 감사인 선임계약이 체결되므로 감사인 선임계약과 관련해서 회사의 부당한 간섭을 받지 않고 원칙대로 외부감사를 할 수 있는 것이다.

둘째, 최종감사의 긍정적인 효과를 얻을 수 있다. 외부감사인이 변경되는 것으로 결정된 경우에 외부감사인은 본인들이 다음번에 외부감사를 하지 않는다는 것을 외부감사가 종료되기 전에 알게 되어 최종감사임을 인지하고 원칙대로 외부감사를 하게 된다.

(4) 감사인은 분식회계를 할 정황이 다분한 기업의 회계감사를 무조건 거부하게 될까?

아니다. 감사수임 여부를 검토하여 조건이 맞는다면 수임할 수 있다. 그렇다면 감사인은 피감사기업이 분식회계를 할 정황이 다분한 기업이라 해도 어떤 경우에 감사를 수임하게 될까? 다음 두가지 조건(감사의 제 조건 만족 및 경제성 충족)을 만족한다면 감사인은 피감사기업이 분식회계를 할 정황이 다분한 기업이라 해도 감사를 수임할 수 있다.

첫째, 감사인은 회계감사기준 상의 감사의 전제조건을 만족해야만 감사를 수임할 수 있다. 회계감사를 수행하기 위한 감사의 전제조건은 '(1)감사인 판단에 피감사회사가 재무재표 작성 시 적용한 재무보고체계(회계기준)이 수용가능해야 한다'는 점과 '(2) 경영진이 재무제표를 작성할 책임, 내부통제 구축 및 운영에 대한 책임, 감사인에게 필요한 모든 정보를 제공할 책임등에 대하여 동의한다'는 두 가지 전제 조건이 만족됨을 의미한다.

둘째, 감사인은 피감사 기업의 감사를 수행함에 따라 부담하게 되는 감사위험에 걸맞는 감사보수를 보장받을 수 있어야만 감사를 수임할 수 있다. 감사업무의 경제성 검토는 감사인이 피감사회사에 대해 감사의견을 잘못 제시할 위험 즉 감사위험 수준을 낮추기 위해 필요한 감사인력의 투입 등을 확보하는데 충분한 감사보수가 보장되는지를 확인해야 한다. 피감사기업이 분식회계를 할 정황이 다분한 기업이라면 재무제표의 중요한 왜곡표시를 발견하기 위해 투입해야 하는 감사시간이 많아지게 되므로 감사원가가 매우 높아지게 될 것이다. 이러한 감사원가를 회수하는데 충분한 감사보수가 주어지는 경우 다시 말해 감사위험에 걸맞는 리스크 프리미엄이 주어지는 경우에만 감사를 수임할 수 있다.

Chapter 4 회계감사 산책

(머니투데이 조준영 기자 2020-08-10)

'감사인 지정제' 장 열렸는데…시큰둥한 빅4

지난해에 이어 올해도 '상장회사 주기적 감사인 지정제(이하 주기적 지정제)'가 실시되는 가운데 대형회계법인인 '빅4(삼일 · 삼정 · 안진 · 한영)'들의 반응은 시큰둥하다. 대형 제조회사나 인터넷 플랫폼, 금융지주 등 감사비용이 높은 '큰손'들이 빠지고 중소형 기업만 지정대상이 될 가능성이 높은 탓이다. 다만 지정대상 회사 중 감리 등의 이유로 직권지정이 돼 후보군에서 제외될 경우 다음연도 자산규모 상위권 회사들이 포함될 수 있어 '끝날 때까지 끝난 게 아니다'는 전망도 나온다.

10일 금융당국에 따르면 회계법인은 오는 8월31일까지 소속 회계사수 등 지정을 위한 기본적인 자료제출을 완료하고 △10월14일 예비통보 △11월12일 본통보 순으로 주기적 지정절차가 진행된다. 주기적 지정제는 민간기업이 외부감사인을 6년간 자율선임하면 이후 3년간 금융위원회 산하 증권선물위원회로부터 감사인을 지정받는 제도다. 업무는 금감원이 증선위로부터 위탁을 받아 수행한다. 대우조선해양 분식회계 사건을 계기로 2017년 '주식회사의 외부감사에 관한 법률' 개정안에 반영됐다. 당초 2020년 지정대상 상장사는 459사였지만 업계 혼란을 막기 위해 매년 220사(社)로 분산지정키로 했다. 지난해 지정된 삼성전자 · SK하이닉스 등 자산규모 상위권 220사를 제외한 나머지 220개사가 올해 지정된다. 앞서 지난해 수십조원 규모의 대형상장사 지정이 완료되면서 올해 나머지 대상회사들의 자산규모는 1000억원대에 불과하다.

회계업계에 따르면 올해 지정대상 중 잠정 1순위는 삼천당제약(69,100원 상승800 1.2%)으로 2018년말 별도기준 자산규모는 1816억원이다. 이어 △SK바이오랜드(23,450원 보합0 0.0%)(1823억) △우신시스템(3,755원 상승80 2.2%)(1765억) △태양(8,320원 상승20 0.2%)(1747억) 순이다. 최근 코로나19(COVID-19)의 직접적인 수혜주로 주가가 급상승한 씨젠(196,800원 상승2300 1.2%)(1518억)과 엔터테인먼트 회사 JYP Ent.(38,600원 상승550 1.4%)(1448억)도 포함돼있다.

◇ 변수는 '직권지정'

변수는 직권지정이다. 직권지정은 금융당국의 감리결과 외부감사인 지정조치, 관리종목 등 투자자보호를 위해 외부감사인을 지정하는 제도를 말한다. 만약 주기적 지정대상 회사가 먼저 직권지정 대상이 될 경우 주기적 지정후보군에서 제외된다.

즉 이번 주기적 대상회사들 중 직권지정 회사들이 많아질수록 다음연도 자산규모 상위권 회사들이 올해 지정될 수 있는 확률이 높아지는 것이다.

실제 내년도 잠정 주기적 지정회사들을 살펴보면 자산규모 수십조원 이상의 회사들이 즐비하다. 회계업계에 따르면 NH투자증권(11,850원 상승100 0.8%)이 2019년 기준 자산규모 47조6011억원으로 1순위로 추정되며 △삼성증권(41,400원 상승50 0.1%)(41조2277억) △기아차(63,800원 상승100 0.2%)(38조8985억) △삼성물산(125,000원 상승500 0.4%)(36조5618억) 등이 뒤를 잇는다.

하지만 금융당국이 기업들의 애로사항 해소를 위해 직권지정 기준을 완화키로 하면서 회계법인들의 기대는 실현되기 어려울 것으로 보인다.

금융위는 지난 6월22일 외감법과 시행령의 재무기준에 따른 직권지정 회사가 중복된다는 지적에 시행령 상 사유를 삭제하는 등 기준을 완화키로 했다.

시행령이 개정될 경우 직권지정 대상에서 제외되는 회사는 40~50개로 추정된다. 이르면 오는 9월초 해당 시행령이 개정될 전망으로 올해 주기적 지정회사는 중·소형 상장사들이 대부분이 될 것으로 예상된다.

대형회계법인 관계자는 "(올해 지정대상 회사들은) 자산규모가 작다보니 빅4로 오기보다 하향지정을 요청해 중견·중소형 회계법인으로 갈 가능성이 높아 보인다"며 "이들 회사는 감사보수도 낮다보니 큰 관심을 두고 있지 않다"고 밝혔다.

주기적지정제 대상 상위권 잠정회사

	2020년		2021년	
순 위	기업명	자산규모	기업명	자산규모
1	삼천당제약	1816억원	NH투자증권	47조6011억원
2	SK바이오랜드	1812억원	삼성증권	41조2277억원
3	우신시스템	1765억원	기아자동차	38조8985억원
4	태양	1747억원	삼성물산	36조5618억원
5	오로라월드	1742억원	현대제철	32조252억원
6	대동기어	1727억원	하나금융지주	21조6346억원
7	SG충방	1687억원	현대모비스	18조2097억원
8	대주전자제로	1658억원	하나금융지주	16조8342억원
9	국보디자인	1617억원	한화손해보험	18조2097억원
10	티에스이	1599억원	LG유플러스	16조8342억원
11	인베니아	1534억원	대신증권	13조4828억원
12	씨젠	1518억원	흥국화재해상	12조6485억원
13	문배철강	1517억원	케이티앤지	9조1127억원
14	삼일제약	1475억원	현대글로비스	8조4601억원
15	인터로조	1467억원	DB금융투자	6조8156억원
16	JYP.Ent	1448억원	한국투자금융	6조7833억원
17	일진다이아몬드	1368억원	NAVER	6조6715억원
18	테라젠이텍스	1282억원	삼성SDS	6조5765억원
19	코아시아홀딩스	1168억원	현대위아	5조7916억원
20	테스나	1116억원	GS리테일	5조5871억원

[자료 : 회계업계]

Chapter 05

감사계획 수립

학습목표

- 본 장을 통해 중요성 수준의 개념과 설정 방법을 이해하고 회계감사 전반에서 어떻게 활용되는지 이해하도록 한다.
- 감사위험의 의미와 구성요소를 이해하도록 한다.
- 감사위험평가 방법을 이해하고 이에 기반한 감사계획 수립 프로세스를 이해하도록 한다.

제1절 중요성과 감사위험

1.1 중요성(Materiality)

(1) 정의와 판단기준

1) 정 의

한국채택국제회계기준(K-IFRS)에서는 "정보를 누락하거나 잘못 기재하거나 불분명하게 하여, 이를 기초로 내리는 주요 이용자들의 의사결정에 영향을 줄 것으로 합리적으로 예상할 수 있다면 그 정보는 중요한 것"으로 정의한다. 즉, '정보이용자의 의사결정에 영향을 미치는 정보'는 중요한 것으로 정의하고 있다. 중요한 정보는 재무제표 본문에 별도로 구분 표시하고 주석으로도 자세하게 설명하지만, 중요하지 않은 정보는 재무제표 본문에 다른 계정과목과 합산하여 표시한다. 이와 같이 해당 재무보고체계에서 중요성에 관한 설명이 되어있는 경우에는, 감사인은 그러한 내용을 준거체계로 하여 감사를 위한 중요성을 결정한다.

재무제표의 왜곡표시가 개별적으로 또는 집합적으로 재무제표에 기초한 이용자의 경제적 의사결정에 영향을 미칠 것으로 합리적으로 예상될 수 있는 경우 중요하다고 간주한다. 다시 말해서 재무제표에 포함되어 있는 왜곡표시 금액의 크기나 성격이 회계정보이용자의 합리적인 판단에 미치는 영향력의 수준을 중요성 수준이라 한다. 즉 재무제표의 왜곡표시 금액의 크기나 성격이 회계정보 이용자의 합리적인 판단에 미치는 영향력의 크기를 중요성이라고 하고 만일 회계정보 이용자의 합리적인 의사결정에 영향을 미치면 중요한 왜곡표시로 본다. 중요성을 지칭하는 용어는 추가감사절차의 각각의 절차마다 다른데, 통제테스트에서는 허용이탈률이 중요성을 의미하는 용어이고, 실증테스트에서는 허용왜곡표시가 중요성을 의미하는 용어이다.

이러한 중요성 수준은 대표적인 감사인의 전문가적 판단이 필요한 사항이다. 중요성에 대한 판단은 주변 상황에 비추어 내려지며, 왜곡표시의 크기나 성격에 의해 영향을 받는다. 재무제표 이용자에게 중요한 사항인지 여부는 집단으로서 이용자들의 공통적인 재무정보 요구사항을 고려하여 판단하며 특정의 개별 이용자에게 미치는 영향은 고려하지 않는다. 예를 들어, "재무제표의 작성과 표시를 위한 개념체계"에서는 영리지향 조직의 경우, 투자자는 기업에 대한 위험자본의 제공자이므로 이들의 필요성을 충족시키는 재무제표를 제공하면 또한 기타 재무제표 이용자들의 필요성도 대부분 충족시킬 수 있다고 말한다.

2) 중요성의 판단기준

a) 양적요소(벤치마크)

회계감사는 재무제표가 회계기준에 따라 '중요성'의 관점에서 적정하게 작성되었는지에 관해 감사인(공인회계사)이 의견을 표명하는 것이다. 따라서 감사인은 회계감사를 할 때 중요성을 고려해야 한다. 예를 들어, 회사가 제시한 이자비용보다 감사인이 추정한 이자비용이 1억원 많다고 하자. 중소기업을 감사할 때는 1억원의 차이가 중요하므로 회사가 재무제표를 수정하지 않으면 적정의견이 표명되지 않을 수 있다. 그러나 대기업을 감사할 때는 1억 원의 차이는 중요하지 않으므로 적정의견이 표명될 수 있다. 한편 회사가 제시한 당기순이익이 5000만원이라면 증가하는 이자비용 1억원을 반영하면 당기순손실이 발생하므로 1억원의 차이는 기업규모와 무관하게 중요할 수 있다. 즉, 중요성을 판단할 때는 양적인 측면과 질적인 측면을 모두 고려해야 한다.

중요성 수준은 특정 금액이나 비율 이상을 중요하다고 보는 양적 기준이 기본이다. 이런 양적기준은 ①재무제표 전체적인 수준, ②개별 거래유형, 계정잔액 및 공시사항 수준에서 동시에 설정하게 된다. 감사인은 전반감사전략을 수립할 때 재무제표 전체에 대한 중요성을 결정해야 한다. 해당 기업의 특정한 상황에서, 하나 이상의 특정 거래유형, 계정잔액 혹은 공시에 대하여 재무제표 전체에 대한 중요성보다 작은 왜곡표시가 재무제표에 기초한 이용자의 경제적 의사결정에 영향을 줄 것이라고 합리적으로 예상되는 경우, 감사인은 이러한 특정 거래유형, 계정잔액 혹은 공시에 적용되는 중요성 수준도 결정하여야 한다. 즉 재무제표 전체 수준과 개별 거래 유형이나 계정 잔액 수준에서는 왜곡표시 금액의 합계가 특정 금액 이상이면 재무제표의 왜곡표시가 합리적인 회계정보 이용자의 의사결정에 영향을 미친다고 보는 것이며 이 때 특정 금액을 양적 중요성 수준이라 한다. 이러한 중요성

수준의 양적 요소는 이익(법인세비용 차감전 이익, 법인세비용 차감전 계속사업이익, 매출총이익, 총비용 등) 매출액 크기나 비율을 가장 많이 사용한다.

● 감사기준서 320 문단 A4(재무제표 전체에 대한 중요성 결정시 벤치마크의 이용)

A4 중요성의 결정에는 전문가적 판단이 수반된다. 재무제표 전체에 대한 중요성 결정의 출발점으로, 백분율이 종종 특정의 선택된 벤치마크로 적용된다. 적합한 벤치마크의 식별에 영향을 미칠 수 있는 요인들은 다음과 같다.

- 재무제표의 요소(예를 들어, 자산, 부채, 자본, 수익, 비용)
- 특정 기업의 재무제표 이용자가 중점을 둘 가능성이 높은 항목들이 존재하는지 여부 (예를 들어, 이용자는 재무성과의 평가를 위하여 이익, 매출 또는 순자산에 중점을 둘 수 있을 것이다)
- 기업의 성격, 기업 수명주기 상의 위치 그리고 기업이 속한 산업 및 경제 환경
- 기업의 소유구조와 자본조달방법 (예를 들어, 어떤 기업이 자본이 아닌 부채만으로 자금을 조달한다면, 이용자는 기업의 이익보다는 자산 및 이에 대한 청구권에 더욱 중점을 둘 것이다)
- 벤치마크의 상대적 변동성

기업의 상황에 따라 다르지만, 적합한 벤치마크의 예로는 법인세비용차감전 순이익, 총매출, 매출총이익과 총비용과 같은 보고이익의 범주, 총자본이나 순자산가치와 같은 것들이 포함된다. 영리기업의 경우 종종 법인세비용차감전 계속영업이익이 사용된다. 법인세비용차감전 계속영업이익의 변동성이 크다면 매출총이익이나 총매출처럼 다른 벤치마크금액이 보다 적합할 수 있다.

b) 질적요소

어떤 왜곡표시는 그 금액이 작아도 재무제표의 왜곡표시가 합리적인 회계정보 이용자의 의사결정에 영향을 미친다고 보는 경우가 있다. 즉 왜곡표시의 성격, 특징이 재무제표에 미치는 영향을 고려하여 판단하는 경우가 있는데 이를 중요성 수준의 질적요소라고 한다. 예컨대 부정을 수반한 왜곡표시는 고의성 없는 왜곡표시보다 중요하게 인식하고, 어떤 조건이 충족되어야 하는 계약의 경우 그러한 전제조건과 연계되어 있는 항목을 중요하다고 다루게 된다. 또한 추세분석에 영향을 미치는 왜곡표시 역시 금액과 무관하게 중요하다고 판단한다.

3) 수행중요성(Performance materiality)

수행중요성은 감사기준에서 사용되는 수행중요성이란 미수정왜곡표시와 미발견왜곡표시

의 합계가 재무제표 전체의 중요성을 초과할 확률을 적절하게 낮은 수준으로 감소시키기 위해 감사인이 감사 수행단계에서 재무제표 전체의 중요성이나 특정 거래유형과 계정잔액 및 공시에 대한 중요성 수준(들) 보다 작게 엄격한 수준(after haircut)으로 설정하는 금액을 의미한다. 따라서 수행중요성 역시 재무제표 전체에 대한 수행중요성과 특정 거래유형과 계정잔액 및 공시에 대한 수행중요성으로 설정하게 된다. 실무적으로는 재무제표 전체적인 수준의 중요성과 개별 거래유형, 계정잔액 및 공시사항 수준의 중요성 대비하여 75%에서 80% 수준과 같이 일정 비율로 재무제표 전체적인 수준의 수행중요성과 개별 거래유형, 계정잔액 및 공시사항 수준의 수행중요성이 각각 결정된다.

개별적으로 중요한 왜곡표시만을 발견하기 위한 감사계획은 어떤 왜곡표시가 개별적으로는 중요하지 않지만 합산하면 재무제표를 중요하게 왜곡표시 시킬 수 있다는 사실을 간과하며, 발견되지 않은 왜곡표시의 존재가능성의 여지가 있음을 고려하지 않는 실수를 범하게 된다. 따라서 중요성 수준보다 낮게 수행중요성을 설정함으로써 감사인이 발견되지 않은 중요한 왜곡표시의 존재가능성에 대비하여 감사 증거의 수집의 성격 시기 범위를 강화할 수 있도록 영향을 미치게 된다. 반면에 재무제표 전체의 중요성은 미수정왜곡표시와 비교하여 감사의견을 형성하는 역할을 하게 된다.

수행중요성의 결정은 단순한 기계적 계산이 아니라 전문가적 판단이 수반되는 것이다. 수행중요성의 엄격한 설정으로 인해 감사를 좀더 타이트하게 수행함으로써 그렇지 않았을 경우보다 더 많은 왜곡표시를 발견할 수 있게 되어 미발견왜곡표시를 감소시키고 미수정왜곡표시의 비중을 더욱 증가시킬 수 있게 된다. 수행중요성 설정으로 인해 감사를 타이트하게 수행하여 감사의견 형성시 재무제표 전체의 중요성 수준과 비교되는 미수정왜곡표시를 증가시킴으로써 감사위험을 감소시키는데 기여하게 된다.

예를 들어 재무제표 전체적인 수준의 중요성이 자산총계의 3%이고 재무제표 전체적인 수준의 수행중요성이 2%라고 가정해보자. 자산총계의 3% 이상의 왜곡표시가 발견되었다면 해당 왜곡표시가 중요하다고 보아 재무제표가 왜곡표시되었다고 결론을 내린다. 반면에 자산총계의 2% 미만의 왜곡표시가 발견되었다면 추가적으로 고려해야 할 질적요소가 존재하지 않는다면(예를 들어 부정과 오류가 존재하거나 특수관계자 거래가 아니라면) 해당 왜곡표시가 중요하지 않다고 보아 재무제표가 왜곡표시되지 않았다고 결론을 내린다. 즉 반증이 없는 한 중요하지 않다는 판단을 내리기 위해 보수적으로 설정한 경계값 2%가 수행중요성이 되는 것이다. 따라서 2%와 3% 사이의 왜곡표시가 발견되었다면 그런 왜곡표시가 실제로는 3%를 초과하지 않는지를 전문가적 의구심을 갖고 검토해야 하는 것이다. 만일 수행중요성을 설정하지 않았다면 감사인은 자산총계의 3% 미만의 왜곡표시가 발견되었다면 해당 왜곡표시가 중요하지 않다고 보아 재무제표가 왜곡표시되지 않았다고 결론을 내리게 되지만 이는 미발견 왜곡표시 사항으로 인해 사실은 미수정왜곡표시 사항이 중요성 수준을 초과할 위험이 존재하게 된다. 즉 수행중요성은 감사를 수행할 때는 보다 엄격하게 감사하는 대신에 감사결과를 평가할 때는 본래의 중요성수준을 적용함으로써 감사인이 발견하지 못할 확률을 낮추자는 취지이다.

피감사 기업의 중요성 금액이 5억인데 재무제표가 실제로는 8억이 왜곡표시되었을 때, 수행중요성을 별도로 설정하지 않고 좀더 관대하게 감사룰 수행하는 경우 실제 왜곡표시의 절반인 4억의 왜곡표시만 발견한 후에 미수정왜곡표시의 합계가 중요성 수준 미만이므로 재무제표가 왜곡표시되지 않았다고 결론을 내리게 된다. 반면에 수행중요성 수준을 3억으로 설정하고 좀더 타이트하게 감사를 수행하는 경우 실제 왜곡표시의 80%인 6.4억의 왜곡표시를 발견한 후에 미수정왜곡표시의 합계가 중요성 수준 이상이므로 재무제표가 왜곡표시되었다고 결론을 내리게 된다. 물론 수행중요성을 설정하더라도 발견되는 왜곡표시의 합계가 중요성 수준에 미달할수도 있으나 수행중요성을 설정하지 않는 경우에 비해 감사인이 재무제표의 왜곡표시를 발견하지 못할 확률을 낮추게 된다.

4) 명백하게 사소한 기준금액(Clearly Trivial)

감사인은 어느 왜곡표시가 일정금액에 미달하며, 이 항목이 명백하게 사소할(clearly trivial) 것이고 또한 그 합계금액이 재무제표에 중요한 영향을 미치지 않을 것이 명백하다고 예상되므로 그 왜곡표시의 집계도 불필요할 것이라고 판단하는 '일정 금액 미만의 왜곡표시로서 명백하게 사소하다(clearly trivial)고 간주하게 되는 금액'을 지정하여 감사문서에 포함하여야 한다.

명백하게 사소하여 이것이 다른 왜곡표시와 누적되어도 중요하지 않을 것이라고 판단하면 왜곡표시의 집계인 '미수정왜곡표시'에도 집계되지 않으며, 후술할 경영진의 서면진술에도 포함하지 않는다. 이는 명백하게 사소하기 때문에 경영진에게 왜곡표시라고 인정하게 할 필요조차 없다는 것을 의미한다. "명백하게 사소하다(clearly trivial)"는 것은 "중요하지 않다(not material)"와 동일한 표현이 아니다. 명백하게 사소한(clearly trivial) 사항이란 중요성의 규모와는 전적으로 다른(즉, 더 작은) 차원이 될 것이며, 개별적으로나 집합적으로 보거나, 혹은 크기, 성격 또는 상황의 어느 기준으로 판단하더라도 명백하게 영향이 미미한 사항(clearly inconsequential)일 것이다.

감사기준서 450 문단 A2(식별된 왜곡표시의 집계)

"명백하게 사소하다(clearly trivial)"는 것은 "중요하지 않다(not material)"와 동일한 표현이 아니다. 명백하게 사소한(clearly trivial) 사항이란 중요성의 규모와는 전적으로 다른(즉, 더 작은) 차원이 될 것이며, 개별적으로나 집합적으로 보거나, 혹은 크기, 성격 또는 상황의 어느 기준으로 판단하더라도 명백하게 영향이 미미한 사항(clearly inconsequential)일 것이다. 특정 사항이 명백하게 사소한지(clearly trivial) 여부에 대해서 어떤 불확실성이 존재한다면, 이는 명백하게 사소한(clearly trivial) 사항이 아니라고 판단한다.

(2) 중요성 수준 설정 사례와 활용

1) 중요성 수준 설정 사례

피감사기업인 ㈜겨울의 중요성 수준을 결정할 때, 전체 재무제표 수준의 중요성수준은 법인세비용차감전순이익의 5%로 설정하고, 특정 거래유형과 계정잔액의 중요성수준은 전체 재무제표 수준의 중요성수준에 자산 총계 대비한 해당 특정 거래유형과 계정잔액이 차지하는 비율 곱한 후에 10%를 할증하여(즉 110%를 추가로 곱하여) 산정하며 특수관계자 거래의 경우 질적측면을 고려하여 일반적인 거래의 중요성 수준에 50%를 곱하여 중요성 수준을 산출한다. 또한 수행중요성은 재무제표 전체에 대한 중요성수준의 80%를 적용한다.

㈜겨울 관련 재무자료는 다음과 같다.

- 자산총계 2,000억
- 유형자산 400억
- 매출액 1,500억(특수관계자 거래 1000억)
- 법인세비용차감전순이익 200억

이 경우 재무제표 전체에 대한 중요성수준과 개별 거래유형, 계정잔액 및 공시사항 수준의 중요성수준, 수행중요성을 각각 제시하면 다음과 같다.

(1) 재무제표 전체에 대한 중요성수준 : 법인세비용차감전순이익 200억 × 5% = 10억

(2) 유형자산에 적용할 중요성수준 : 10억 × (400억 / 2,000억) × 1.1 = 2.2억

(3) 일반 매출액에 적용할 중요성수준 : 10억 × (500억 / 2,000억) × 1.1 = 2.75억

(4) 특수관계자 매출액에 적용할 중요성수준 : 10억 × (1,000억원 / 2,000억) × 1.2 × 0.5 = 3억

(5) 재무제표 전체에 대한 수행중요성수준 : 10억 × 80% = 8억

2) 중요성 수준의 활용

감사인은 감사를 수행할 때 감사계획 수립 시와 감사결과를 평가할 때 중요성을 다음과 같이 고려한다.

a) 감사계획 수립 (실증절차의 성격, 시기 및 범위)

중요성 수준을 크게 설정하는 경우, 상대적으로 중요한 거래(또는 계정잔액)가 적으므로 실증절차의 범위를 축소한다. 반면에 중요성수준을 작게 설정하는 경우, 상대적으로 중요한 거래(또는 계정잔액)가 많으므로 실증절차 범위를 확대한다.

b) 감사결과의 평가 (미수정왜곡표시의 평가)

감사인은 감사과정에서 발견한 왜곡표시사항을 피감사기업에 수정권고한 후, 미수정왜곡표시가 공표용 재무제표에 모두 수정되고 반영되었다면 공표용 재무제표에는 중요한 미수정왜곡표시가 존재하지 않으므로 적정의견을 표명할 수 있다. 그러나 미수정왜곡표시가 반영되지 않았다면 반영되지 아니한 미수정왜곡표시의 중요성을 평가하여야 한다.

그 평가방법은 아래 표와 같이 요약할 수 있다.

[표 5-1] 감사결과의 평가

구 분	상 황	판 단
감사결과의 평가	① 미수정왜곡표시 > 중요성수준	중요 / 전반적 × : 한정
	② 미수정왜곡표시 >>>> 중요성수준	중요 / 전반적○ : 부정적
	③ 미수정왜곡표시 < 중요성수준	적 정

회계감사에서 중요성 판단이 중요하므로 감사인은 감리집행기관(금융감독원장 또는 한국공인회계사회)에 감사보고서를 제출할 때 '중요성 금액과 그 판단근거'를 기재한 문서를 첨부하여 제출해야 한다. 다만, 감사보고서에 기재하거나 첨부한 경우에는 제출하지 않아도 된다.

감리에서도 중요성 금액이 영향을 미친다. 공시된 재무제표를 회사가 자진하여 수정하더라도 수정된 금액이 '중요성 금액의 4배 이상'인 경우에는 감리대상이 될 수 있으므로 감리대상 선정에 중요성 금액이 영향을 미친다. 또한 감리결과에 의해 조치를 취할 때 이용되는 '양정기준'에서도 '위반동기(고의나 중과실 또는 과실)'와 함께 '위법행위의 중요도(중요성 금액 대비 회계처리기준 위반 금액의 비율)'를 따지므로 중요성 금액이 영향을 미친다.

(3) 중요성 수준과 감사계획

재무제표의 중요한 왜곡표시를 발견하기 위해 감사인이 감사를 수행한다. 이 때 중요한 왜곡표시를 판단하는 기준인 중요성 수준을 낮게 설정하면, 감사인이 허용할 수 있는 왜곡표시의 크기가 작아진다는 것을 의미한다. 따라서 감사인이 중요성 수준을 낮게 설정하면 실증절차를 강화하여 감사계획을 수립해야 한다.

반면에 중요한 왜곡표시를 판단하는 기준인 중요성 수준을 높게 설정하면, 감사인이 허용할 수 있는 왜곡표시의 크기가 커진다는 것을 의미한다. 따라서 감사인이 중요성 수준을 높게 설정하면 실증절차를 축소하여 감사계획을 수립할 수 있다.

[그림 5-1] 중요성 수준의 설정과 감사계획 간의 관계

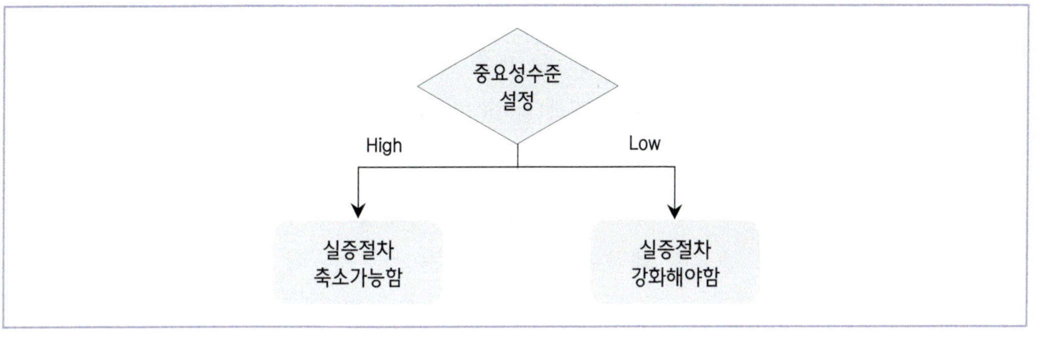

이러한 중요성 수준을 최소로 설정한다는 말은 중요성 수준을 0으로(혹은 0에 가깝게) 설정한다는 의미이므로 발견되는 모든 왜곡표시가 중요하다고 간주하겠다는 의미이다. 따라서 중요성 수준을 최소로 설정한다는 말은 감사인의 실증절차를 강화하겠다는 의미이다. 반면에 중요성 수준을 최대로 설정한다는 말은 중요성 수준을 벤치마크 금액의 100%에 가깝게(예컨대 총자산의 100% 또는 법인세 차감전 순이익의 100% 등) 설정한다는 의미이므로 발견되는 모든 왜곡표시를 중요하지 않은 것으로 간주하겠다는 의미이다. 따라서 중요성 수준을 최대로 설정한다는 말은 감사인의 실증절차를 축소하겠다는 의미이다.

1.2 감사위험

(1) 개 요

1) 정의와 구성요소

감사위험(audit risk)이란 재무제표가 중요하게 왜곡표시되어 있을 경우에 감사인이 부적

합한 감사의견을 표명할 위험을 의미한다.

● 감사기준서 200 문단 13(용어의 정의)

재무제표가 중요하게 왜곡표시되어 있을 경우에 감사인이 부적합한 감사의견을 표명할 위험. 감사위험은 중요왜곡표시위험과 적발위험의 함수이다.

"1-감사위험"은 제시한 감사의견에 대한 신뢰수준(level of assurance)을 나타낸다. 예를 들어 제시한 감사의견에 대한 신뢰수준이 95% 이상이면 이는 감사위험을 5% 이하로 억제하겠다는 의미이다.

감사받은 재무제표라 할지라도 여전히 중대한 왜곡표시사항이 존재할 가능성이 있는데, 감사인은 이를 허용 가능한 수준 이하로 감소시키기 위하여 노력하여야 한다. 즉 감사인은 감사 이후에 달성한 감사위험이 허용 가능한 수준 이하로 달성될 수 있도록 감사계획을 수립해야 한다. 여기서 주의할 것은 감사실패(audit failure)는 감사인이 감사기준이나 관련법규를 준수하지 못한 결과로서 잘못된 감사의견을 표명하는 것을 의미한다. 감사위험은 감사인이 합리적 확신수준 하에서 감사증거를 구하기 위해 감사기준에서 정하는 감사절차를 적용하였음에도 불구하고 중요한 왜곡표시가 존재하는 재무제표에 대해 잘못된 감사의견을 표명할 위험을 의미한다는 점에서 감사위험과 감사실패는 그 개념상의 차이가 명확하다.

이러한 감사위험은 고유위험, 통제위험, 적발위험의 함수이다.

● [그림 5-2] 감사위험모형(audit risk model)

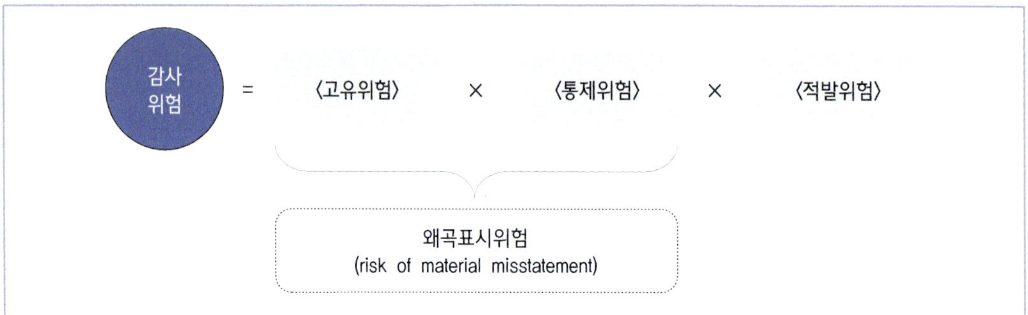

2) 고유위험

고유위험은 모든 관련 통제를 고려하기 전에 거래유형, 계정잔액 혹은 공시에 대한 경영진의 주장이, 개별적으로 또는 다른 왜곡표시와 합칠 때 중요하게 왜곡표시 될 가능성을 의미한다.

● 감사기준서 200 문단 13(용어의 정의)

> 고유위험 : 모든 관련 통제를 고려하기 전에 거래유형, 계정잔액 혹은 공시에 대한 경영진의 주장이, 개별적으로 또는 다른 왜곡표시와 합칠 때 중요하게 왜곡표시 될 가능성

고유위험의 정도는 계정잔액 및 거래유형의 성격에 따라 상이한데, 일반적으로 현금은 재고자산보다 도난위험이 크며, 회계추정이 반영될수록 왜곡표시위험이 크다. 또한 환경적인 요소에도 영향을 받는데 기술발전에 따른 제품 진부화에 대한 기업의 평가는 매우 가변적일 수 있으므로 고유위험이 크다. 예를 들어, 복잡한 계산 또는 유의적 추정불확실성이 더 높은 회계추정에서 도출된 금액으로 구성된 계정은 고유위험이 더 높을 수 있다. 사업위험을 야기하는 외부 상황도 고유위험에 영향을 미칠 수 있다. 예를 들면, 기술발전은 특정 제품을 진부화시키고, 그 결과 재고자산이 과대평가될 가능성이 높아져서 재고자산 평가에 위험을 야기한다.

3) 통제위험

통제위험은 거래유형, 계정잔액 혹은 공시에 대한 경영진의 주장에서 발생할 수 있으며, 개별적으로 또는 다른 왜곡표시와 합쳐 중요할 수 있는 왜곡표시가 기업의 내부통제에 의해 적시에 예방되거나 발견, 수정되지 못할 위험을 의미한다.

● 감사기준서 200 문단 13(용어의 정의)

> 통제위험 : 거래유형, 계정잔액 혹은 공시에 대한 경영진의 주장에서 발생할 수 있으며, 개별적으로 또는 다른 왜곡표시와 합쳐 중요할 수 있는 왜곡표시가 기업의 내부통제에 의해 적시에 예방되거나 발견, 수정되지 못할 위험

통제위험은 계정잔액/거래유형에 존재하는 왜곡표시가 기업이 운용하는 내부통제에 의해 적시에 예방/적발되지 못할 위험이므로, 경영진이 왜곡표시위험에 대비하여 설계, 실행, 유지하는 기업내부통제 효과성의 함수이며, 기업 내부통제가 효과적으로 설계, 운용될수록 통제위험은 낮아지게 된다.

통제위험은 재무제표 작성과 관련된 기업의 목적달성에 위협이 되는 것으로, 식별된 위험에 대처하기 위하여 경영진이 설계, 실행, 유지하는 내부통제 효과성에 대한 감사인의 평가에 따라 달라진다. 그러나 아무리 내부통제가 잘 설계되고 운영되어도 내부통제는 그 고

유한계로 인해 재무제표의 중요왜곡표시위험을 완전히 제거할 수는 없으며, 어느 정도의 통제위험은 항상 존재할 것이다.

4) 중요왜곡표시위험

중요왜곡표시위험은 위 감사위험 모형 그림에서 확인할 수 있는 바와 같이, 감사의 착수 이전에 재무제표가 중요하게 왜곡표시 되어 있을 위험을 의미한다. 따라서 고유위험과 통제위험의 결합확률을 의미한다.

● 감사기준서 200 문단 13(용어의 정의)

중요왜곡표시위험 : 감사의 착수 이전에 재무제표가 중요하게 왜곡표시 되어 있을 위험

고유위험과 통제위험은 기업측 위험으로서 재무제표감사와 독립적으로 존재한다. 감사기준은 일반적으로 고유위험과 통제위험을 구분하여 언급하지 않고 이들을 결합하여 평가한 "중요왜곡표시위험"으로 칭하고 있다.

5) 적발위험

적발위험은 거래유형이나 계정잔액에 존재하는 중요왜곡표시가 감사인의 감사절차에 의해 적발되지 못할 위험을 의미한다.

● 감사기준서 200 문단 13(용어의 정의)

적발위험 : 감사위험을 수용가능한 낮은 수준으로 감소시키기 위해 감사인이 수행하는 절차가 개별적으로 또는 다른 왜곡표시와 합칠 경우 중요할 수 있는 왜곡표시를 발견하지 못할 위험

적발위험은 감사위험을 수용가능한 낮은 수준으로 감소시키기 위하여 감사인이 결정하는 감사절차의 성격, 시기 및 범위와 관계가 있다. 그러므로 적발위험은 감사절차와 그 적용에 대한 효과성의 함수이다. 적발위험은 거래유형과 계정잔액에 존재하는 왜곡표시가 감사인의 감사절차에 의해 적발되지 못할 위험이므로 감사인에 의해 통제가능한 위험이며, 감사절차의 선택과 적용범위에 대한 효과성의 함수이다. 즉 적절한 감사절차의 선택과 적용으로 적발위험 발생수준이 조절 가능하다.

이러한 적발위험은 표본감사의 한계로 인해 발생할 수도 있고, 감사인의 부적절한 감사절차의 선택 때문에 발생할 수도 있다. 이 중 표본이 모집단을 완전히 대표하지 못해 발생하는 통계적 위험에 기인한 위험을 표본위험이라고 한다. 반면에 감사인의 부적절한 감사절차의 선택 때문에 발생하는 비표본위험은 표본규모와 상관없이 감사인 능력 부족이나 부주의로 인해 잘못된 감사의견을 제시할 위험을 의미한다. 이와 같이 적발위험은 표본위험과 비표본위험에 기인하여 발생한다. 적발위험이란 감소될 수는 있어도, 감사의 고유한계 때문에 완전히 제거될 수는 없다.

(2) 감사위험 평가와 감사계획의 수립

1) 감사위험의 목표수준 설정

감사인은 무엇보다 최대한으로 허용가능한 감사위험의 목표수준을 정해야 한다. 감사인이 허용가능한 감사위험의 목표수준을 1%로 설정한다는 말은 적합한 감사의견을 표명하지 못할 위험을 “1%로 통제하겠다”는 의미이다.

[그림 5-3] 감사위험과 감사증거량과의 관계

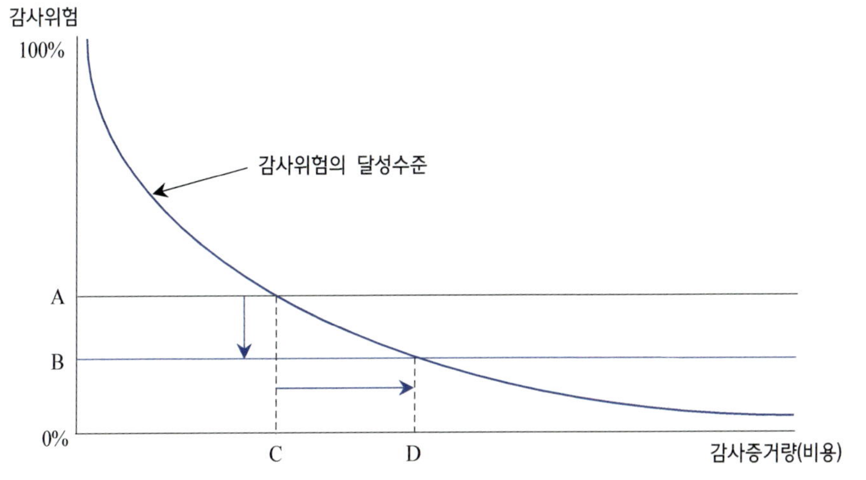

A: 수정 전 감사위험의 목표수준 C: 수정 전에 필요한 감사증거량
B: 수정 후 감사위험의 목표수준 D: 수정 후에 필요한 감사증거량

상기 그림에서 확인할 수 있는 바와 같이, 감사위험의 목표수준을 감사증거량에 영향을 미친다. 감사위험의 목표수준을 낮추게 되면 필요한 감사증거량이 증가하게 되는 것이다.

따라서 감사위험 목표수준의 설정은 회계정보이용자의 재무제표 의존도와 기업의 재무적 취약성과 기업실패가능성, 그리고 경영진의 정직/성실성을 고려하여 설정해야 한다. 기업규모가 크거나 기업이 상장되어 있거나 소유지분의 분산이 되어 있고 부채 관련 채권자가 널리 분포되어 있는 상황이어서 회계정보이용자의 재무제표 의존도가 높은 경우, 감사위험의 목표수준(허용가능수준)을 최대한 낮춤으로써 감사증거를 최대한 많이 수집해야 한다. 또한 기업의 재무적 취약성과 기업실패가능성이 높다고 판단되는 경우, 감사위험의 목표수준(허용가능수준)을 최대한 낮춤으로써 감사증거를 최대한 많이 수집해야 한다. 경영진의 성실성도 중요한 고려요소이다.

2) 중요왜곡표시위험 평가와 적발위험의 수용가능수준 결정

감사기준에 따르면, 고유위험과 통제위험을 결합하여 평가한 중요왜곡표시위험은 감사인이 증가 또는 축소시킬 수 없는 기업 측 위험이고, 적발위험은 감사인이 조절할 수 있는 위험이다. 동일한 감사위험수준을 가정할 때, 중요한 왜곡표시위험이 낮다고 평가되면 감사인에게 허용할 수 있는 적발위험은 높아지게 된다. 즉 감사인 입장에서 고유위험과 통제위험은 평가대상이고, 적발위험은 통제가능한 요소이다.

감사인은 실증절차의 성격, 시기 및 범위를 조절함으로써 적발위험을 조절할 수 있다. 감사인이 감사범위를 확대하면 적발위험은 감소되며, 감사범위를 축소하면 적발위험은 증가된다.

만일 감사인이 설정한 감사위험의 목표수준이 5%인데, 중요왜곡표시위험의 평가수준이 20%라면 실증절차를 통하여 감사위험을 낮추어야만 감사인이 수용가능한 수준 이하로 감사위험을 낮출 수 있다. 아래 산식에 따르면 감사인은 적발위험의 목표수준을 25%로 설정하고 이를 달성해야 한다.

[목표감사위험의 설정]

$$DR = \frac{AR}{IR \times CR},\ 25\% = \frac{5\%}{20\%}$$

적발위험은 거래유형과 계정잔액에 존재하는 왜곡표시가 감사인의 감사절차에 의해 적발되지 못할 위험이므로, 감사인은 중요한 왜곡표시를 적발하지 못할 위험을 25% 이하로 낮추어야 한다. 따라서 감사인은 재무제표에 실제 존재하는 중요왜곡표시의 75% 이상을 적발하여야 하는 것이다.

반면에 중요왜곡표시위험의 평가 결과 1% 정도로 매우 낮게 평가되는 경우, 추가 감사절차 없이도 이미 위험이 수용가능한 수준 이하에 해당한다. 그러나 이 경우에도 감사기준은 중요한 거래에 대해서는 반드시 실증절차를 수행하도록 요구하고 있다.

● 감사기준서 330 문단 18(실증절차)

> 감사인은 평가된 중요왜곡표시위험과 관계없이 중요한 각 거래유형과 계정잔액 및 공시에 대하여는 실증절차를 설계하고 수행하여야 한다.

3) 감사계획 반영

아래 표는 감사위험의 목표수준과 왜곡표시위험의 평가수준에 따라, 이를 감사계획에 어떻게 반영해야 하는지를 제시하고 있다.

● [표 5-2] 감사위험과 감사증거 수집

상 황	감사위험의 목표수준	왜곡표시위험	적발위험의 수용가능수준	감사계획상의 증거수집량
1	높 음	낮 음	높 음	적 음
2	낮 음	낮 음	보 통	보 통
3	낮 음	높 음	낮 음	많 음
4	보 통	보 통	보 통	보 통

상황1은 감사인이 달성하고자 하는 감사위험 목표수준을 높게 설정하였는데, 왜곡표시위험은 낮다고 평가된 경우이다. 이 경우 적발위험 수용가능수준이 높아지므로 감사계획 수립시 감사증거의 수집량을 감소(실증절차의 축소)시킬 수 있다.

상황3은 감사인이 달성하고자 하는 감사위험의 목표수준을 낮게 설정하였는데, 왜곡표시위험은 높다고 평가된 경우이다. 이 경우 적발위험 수용가능수준은 낮아지므로 감사계획 수립시 감사증거의 수집량을 증가(실증절차의 강화)시켜야 한다.

제2절 감사계획 수립

2.1 개 요

한정된 자원으로 회계감사를 수행해야 하는 현실에서 회계감사 기준에 따라 수행해야 하는 감사인의 인적 물적 자원을 재무제표의 모든 요소에 균등하게 배분하는 것은 비효율적이다. 왜냐하면 해당 계정 자체가 재무제표의 왜곡표시위험이 별로 없는 계정이거나(고유위험이 낮은 경우) 기업의 내부통제 구축 및 운영을 통해 특정 계정 등은 이미 재무제표에 대한 중요한 왜곡표시를 방지하기 위한 효과적인 감시 체계가 구축(통제위험이 낮은 경우) 되어 있을 수 있기 때문이다.

위와 같은 이유로 감사계획을 수립할 때 사전에 재무제표가 중요하게 왜곡표시될 위험을 평가한 후 위험평가 결과에 기반하여 추가감사절차에 대한 전반감사전략과 감사계획을 수립하고 있다.

그렇다면 위험평가 결과에 기반한 감사계획의 수립은 어떤 절차를 통해 진행될까? 피감사회사의 재무제표에 내재된 중요왜곡표시위험에 대한 평가를 통해 유의한 위험을 지닌 것으로 평가된 부분을 식별하기 위해서는, 기업 및 기업환경에 대한 이해를 통해 고유위험을 평가하고 기업에 구축되어 운영되고 있는 내부통제에 대한 이해를 통해 통제위험을 평가하는 것이 선행되어야 한다. 그런데 이 때 왜곡표시위험이 중요한지 여부를 판단하기 위해서는 중요성 수준의 설정이 필요한다.

따라서 감사계획의 수립은 중요성 수준의 설정 후에 이를 기반으로, (1) 기업과 기업환경에 대한 이해, (2) 내부통제에 대한 이해, (3) 중요왜곡표시위험의 식별 및 평가, (4) 감사계획의 수립의 4단계로 진행된다.

[그림 5-4] 감사계획 수립 절차

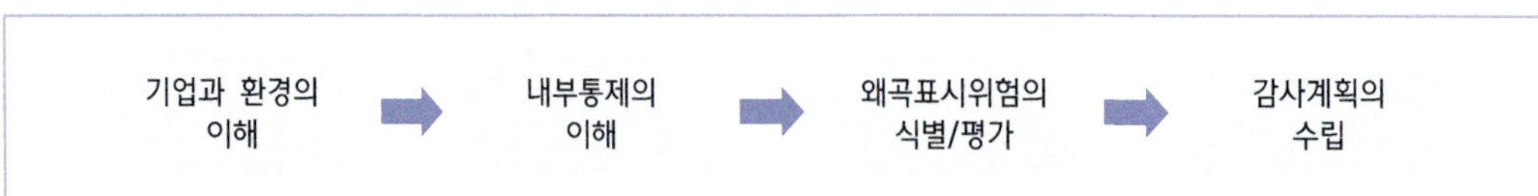

2.2 기업과 기업환경에 대한 이해

기업과 기업환경에 대한 이해는 감사위험 중 고유위험에 대한 이해를 위해 중요한 사항이다. 고유위험은 모든 관련 통제를 고려하기 전에 거래유형, 계정잔액 혹은 공시에 대한 경영진의 주장이, 개별적으로 또는 다른 왜곡표시와 합칠 때 중요하게 왜곡표시 될 가능성을 의미한다. 즉 고유위험은 내부통제제도를 고려하기 전에 기업의 거래유형, 계정잔액이 가지는 고유의 왜곡표시위험을 의미한다. 기업과 기업이 속한 환경에 대한 이해가 중요한 이유는 이러한 기업의 고유위험을 이해하는데 해당 절차가 필수적이기 때문이다.

기업과 환경에 대한 이해를 통해 파악해야 하는 내용은 다음과 같다.

[표 5-3] 고유위험 파악 위한 필요 정보

정보유형	내 용
기업에 대한 이해	• 기업의 경영활동 • 기업의 소유 및 지배 구조 • 특수목적기업에 대한 투자 등 기업이 진행 중이거나 계획하고 있는 투자의 유형 • 기업의 조직구조와 자금조달 방식 • 회계정책의 적절성 (사업 부합 여부 및 산업 내 일관성) • 기업의 목적과 전략 및 중요왜곡표시위험을 초래할 수 있는 관련 사업위험 • 재무성과의 측정과 검토
기업환경에 대한 이해	• 산업적 요인 • 규제적 요인 : 해당 재무보고체계, 법적/정치적 환경 • 기타 외부적 요인

고유위험을 파악하기 위한 이와 같은 내용은 실무에서 사용되는 다음 양식을 통해 보다 직관적으로 이해할 수 있다.

회사의 사업 및 법규에 대한 이해 요약표

회 사 명 : ______________________

결 산 일 : ______________________

항 목	내 역
(회사 및 각 환경 측면에서의 이해)	
1. 산업의 분류 및 성격	
2. 산업별 규제요인 및 기타 외부적 요인	
3. 산업별 보고 요구사항	*산업별 감독기관에서 요구하는 보고서와 같이, 감사에 적용되는 산업별 보고 요구사항이 있다면 기재*
4. 적용되는 회계정책	*회계정책의 선택과 적용, 변경이 있는 경우는 변경의 이유를 문서화*
5. 목적과 전략 및 사업위험	
6. 회사 일반사항	회사명 국문 : 영문 : 주소 본사 : 공장 :
7. 회사연혁	(1) 설립연월일 : (2) 기업공개일 : (3) 자본금 증감내역 : (4) 합작여부

(중략)

2.3 내부통제에 대한 이해

(1) 내부통제의 개념

내부통제에 대한 이해는 감사위험 중 통제위험에 대한 이해를 위해 중요한 사항이다. 통제위험은 기업 재무제표의 거래유형, 계정잔액 혹은 공시에 대한 경영진의 주장에서 개별적으로 또는 다른 왜곡표시와 합쳐 중요할 수 있는 왜곡표시가 기업의 내부통제에 의해 적시에 예방되거나 발견, 수정되지 못할 위험을 의미한다.

이 때 내부통제제도의 베스트 프랙티스라고 할 수 있는 COSO 보고서에 의하면 내부통제는 다음과 같은 큐브로 나타낼 수 있다.

[그림 5-5] COSO 보고서에 의한 내부통제 요소

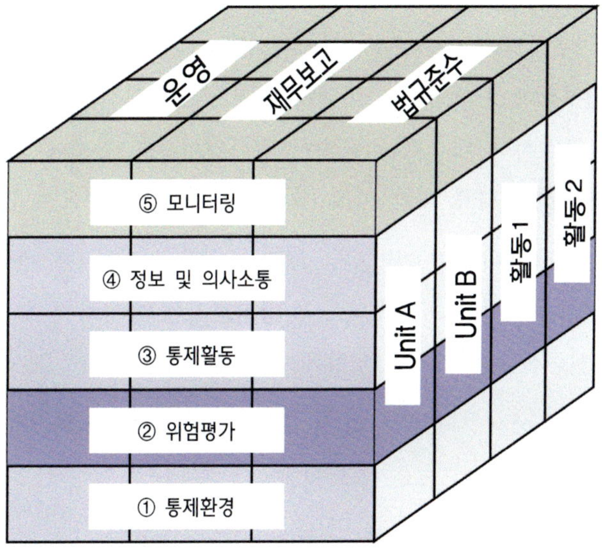

내부통제는 재무보고의 신뢰성, 경영의 효과성 및 효율성, 그리고 관련 법규의 준수에 관련된 기업의 목적 달성에 관한 합리적 확신을 제공할 목적으로 지배기구, 경영진 및 기타의 인원에 의해 설계, 실행, 유지되고 있는 절차를 의미한다.

즉 내부통제는 다음의 세가지 목표를 달성하기 위해 구축되어 운영된다

- 재무보고의 신뢰성
- 경영의 효과성 및 효율성
- 관련 법규의 준수

(2) 내부통제와 회계감사와의 관계

내부통제 목적 중 감사인은 감사에 관련된 내부통제를 이해하여야 한다. 내부통제의 목적 중 특히 재무보고의 신뢰성과 관련된 내부통제의 요소(모니터링, 정보시스템 및 커뮤니케이션, 통제활동, 위험평가, 통제환경)를 이해해야 한다. 다만 감사와 관련된 통제는 대부분 재무보고와 관계가 있지만, 재무보고와 관계가 있는 통제가 모두 감사에 관련되는 것은 아니다. 어떤 통제가 개별적으로 혹은 다른 통제와 결합하여 감사와 관련성이 있는지 여부는 감사인의 전문가적 판단사항이다. 즉 경영의 효과성 및 효율성, 혹은 관련 법규의 준수를 달성하기 위한 내부통제의 요소 중에서 감사인의 전문가적 판단을 통해 감사에 관련된 내부통제로 여겨지면 그 부분도 동시에 이해해야 한다.

내부통제에 대한 이해를 한다는 말은 내부통제의 요소별로 내부통제가 제대로 구축되어 운영되고 있는지를 파악하는 것이다. 내부통제의 이해를 위해서는 추적시사(Walk through) 테스트를 하게 된다. 추적시사 테스트는 거래 유형별로 거래 시작부터 거래의 완료까지 따라 가보면 관련된 내부통제를 파악하고 이해하는 것으로써 감사인이 이해한 사항을 검증할 목적으로 수행한다. 추적시사 테스트는 단순히 감사인의 내부통제에 대한 이해를 돕기 위한 목적이다. 이러한 내부통제에 대한 이해 절차는 내부통제의 5요소별로 수행되게 된다.

이러한 내부통제에 대한 이해를 기반으로 재무제표의 왜곡표시를 방지하거나 사후 적발하는데 필요한 내부통제가 제대로 구축되어 운영되는지를 평가하고 그 미비점을 식별하여 감사인이 수행하는 실증절차에 미치는 영향을 결정해야 한다.

이와 같은 내용은 실무에서 사용되는 다음 양식을 통해 보다 직관적으로 이해할 수 있다.

통제활동의 이해와 평가 및 내부통제 미비점 식별

회 사 명 : ________________ 작 성 자 : ________ 일 자 : ________
결 산 일 : ________________ 검 토 자 : ________ 일 자 : ________

관련위험*1	통제절차*2	통제활동 이해 및 평가 조서번호*3	통제 테스트 조서번호*4	실증절차에 대한 영향*5
특수관계자 거래가 적절하게 회계처리 및 공시되지 않을 위험 (모든 경영진주장)	특수관계자와 관련된 회사의 통제절차 요약	××× − ×××	××× − ×××	통제양호하므로 세부테스트시 샘플범위를 즉소함
매출액 (기간귀속)	기간귀속과 관련된 회사의 매출통제활동 요약	××× − ×××	××× − ×××	통제양호하므로 세부테스트시 샘플범위를 즉소함
매출액 (발생사실 등)	관련 회사의 매출통제활동 요약	××× − ×××	××× − ×××	통제양호하므로 세부테스트시 샘플범위를 즉소함
매출채권 (실재성 등)	관련 회사의 매출통제활동 요약	××× − ×××	××× − ×××	통제양호하므로 세부테스트시 샘플범위를 즉소함
반줌증당부채 (완전성 등)	관련 회사의 매출통제활동 요약	××× − ×××	××× − ×××	통제양호하므로 세부테스트시 샘플범위를 즉소함
재고자산 (실재성 등)	관련 회사의 재고자산통제활동 요약	××× − ×××	××× − ×××	통제양호하므로 세부테스트시 샘플범위를 즉소함
매입채무 (완전성 등)	관련 회사의 매출통제활동 요약	××× − ×××	××× − ×××	통제양호하므로 세부테스트시 샘플범위를 즉소함
매출원가 (발생사실 등)	관련 회사의 매출통제활동 요약	××× − ×××	××× − ×××	통제양호하므로 세부테스트시 샘플범위를 즉소함

2.4 중요왜곡표시위험의 식별 및 평가

(1) 개 요

중요왜곡표시위험은 감사의 착수 이전에 재무제표가 중요하게 왜곡표시 되어 있을 위험을 의미한다. 이것은 경영진주장의 수준에서 앞서 언급한 고유위험과 통제위험의 결합확률로 설명된다. 이 중 유의적 위험은 감사인이 판단할 때 감사상 특별한 고려가 요구되는 것으로 식별되고 평가된 중요왜곡표시위험을 의미한다. 중요왜곡표시위험의 식별 및 평가를 통해 이러한 유의적 위험을 식별함으로써 감사상 특별한 고려가 요구되는 부분을 식별해야 한다.

이러한 유의적 위험은 재무제표 수준과 계정과목(경영진의 주장) 수준에서 각각 식별해야 한다. 재무제표 수준의 중요왜곡표시위험은 재무제표 전체에 전반적으로 관련된 위험을 말하며, 잠재적으로 다수의 경영진주장에 영향을 미치게 된다. 이러한 성격의 위험은 거래유형과 계정잔액 및 공시 수준의 특정 경영진주장에서 반드시 식별될 수 있는 위험이 아니다. 오히려, 이러한 위험은 (예를 들어 경영진이 내부통제를 무력화하는 것을 통해) 경영진주장 수준의 중요왜곡표시위험이 증가될 수 있는 상황을 나타내는 것이다. 재무제표 수준의 위험은 (경기침체 상태와 같은 다른 요소들과 관련될 수도 있지만) 특히 미비된 통제환경으로부터 비롯될 수 있다. 예를 들어, 경영진의 적격성 부족과 같은 미비점은 재무제표에 보다 전반적인 영향을 미칠 수 있으며, 감사인의 전반적인 대응이 요구될 수 있다.

(2) 재무제표 수준에서의 중요왜곡표시위험의 식별 및 평가

재무제표 수준에서의 중요왜곡표시위험의 식별 및 평가는 다음의 항목(왜곡표시위험 지표)을 대상으로 수행된다.

- 부정으로 인한 전체재무제표 왜곡표시위험
- 회사의 계속기업으로서의 존속가능성에 관한 의문이 제기되는 경우
- 특수관계자 거래가 적절하게 회계처리 및 공시되지 않을 위험
- 법률과 규정의 미준수 사례가 존재할 위험

위 항목을 대상으로 왜곡표시의 성격, 중요성, 발생가능성을 고려하여 감사인이 판단할 때 감사상 특별한 고려가 요구되는 것으로 식별되고 평가되는 유의적 위험을 식별해야 한다.

아래 내용은 재무제표 수준의 중요왜곡표시위험의 식별 및 평가 사례이다. 감사인은 회사와 회사환경 이해를 통하여 제시된 왜곡표시위험 지표를 분석하고 위험평가를 수행하게

된다. 제시된 왜곡표시위험 지표는 해당 위험으로부터 왜곡표시의 성격 및 해당 위험지표로 발생될 수 있는 왜곡표시 금액의 중요성은 높은 것으로 평가하였으나 해당 왜곡표시의 발생가능성은 낮은 것으로 평가하여 유의적 위험은 해당되지 않았다고 결정을 하였다. 그러나 해당 회사는 지분관계가 복잡하여 특수관계자 파악이 정확하지 않으면 공시 및 관련 회계처리에 오류발생가능성이 높은 바 왜곡표시 발생 가능성이 높다고 판단하였다. 따라서 특수관계자 거래가 적절하게 회계처리 및 공시되지 않을 위험이 유의적 위험이라고 판단하였다.

감사위험의 평가

(재무제표 수준)

회 사 명 : ________________ 작 성 자 : __________ 일 자 : __________

결 산 일 : ________________ 검 토 자 : __________ 일 자 : __________

구 분[*1]	유의적 위험여부[*2] (Y/N)	유의적위험 판단근거[*2]			기타[*3]
		왜곡표시의 성격	왜곡표시 금액의 중요성	왜곡표시 발생가능성	
Ⅰ. 전체재무제표 수준에서의 왜곡표시위험 평가					
1. 부정으로 인한 전체재무제표 왜곡표시위험	*Y*	*상*	*상*	*하*	
2. 회사의 계속기업으로서의 존속가능성에 관한 의문이 제기되는 경우	*N*	*상*	*상*	*하*	
3. 특수관계자 거래가 적절하게 회계처리 및 공시되지 않을 위험	*Y*	*상*	*상*	*상*	
4. 법률과 규정의 미준수 사례가 존재할 위험	*N*	*상*	*상*	*하*	
5. 기타사항 (구체적으로 기술함)	*N/A*				

(3) 계정과목(경영진의 주장) 수준에서의 중요왜곡표시위험의 식별 및 평가

계정과목(경영진의 주장) 수준의 중요왜곡표시위험에 대한 평가는 매우 중요한다. 거래유형과 계정잔액 및 공시에 대한 경영진주장 수준의 중요왜곡표시위험을 고려할 필요가 있는 것은 이것이 충분하고 적합한 감사증거를 입수하는 데 필요한 계정과목(경영진의 주장) 수준의 추가감사절차의 성격, 시기 및 범위를 결정하는 데 직접적으로 도움이 되기 때문이다. 참고로 경영진은 재무제표가 해당 재무보고체계(회계기준)에 따르고 있다고 진술할 때, 묵시적으로 또는 명시적으로 재무제표와 관련 공시들의 다양한 요소들에 대하여 그 인식, 측정, 표시 및 공시가 적절하게 되어 있음을 주장하게 되는데 이를 회계감사에서는 (재무제표에 대한) 경영진의 주장이라 한다.

경영진 주장 수준의 중요왜곡표시위험의 식별 및 평가는 각 계정과목의 성격별로 다음 6가지 특성을 고려하여 유의적 위험 여부를 판단하게 된다.

[표 5-4] 유의적 위험 여부 판단시 고려요소

구 분	고려요소
1	해당 위험이 부정위험인지 여부
2	해당 위험이 최근 중요한 경제, 회계 또는 기타의 변화와 관련되어 주의를 요하는 부분 여부
3	거래의 복잡성
4	해당 위험이 특수관계자들과의 유의적인 거래와 관련된 것인지 여부
5	해당 위험과 관련된 재무정보의 측정에 있어 주관성의 정도 특히, 그러한 측정에 광범위한 불확실성이 내포되어 있는 경우
6	해당위험이 그 기업의 정상적인 사업과정을 벗어나거나, 비정상적으로 보이는 유의적인 거래와 관련되어 있는지 여부

아래 내용은 경영진 주장 수준의 중요왜곡표시위험의 식별 및 평가 사례이다. 회사상황에 맞게 계정과목들을 기재한 후 감사인은 위험평가절차(질문, 분석적절차, 관찰과 조사)를 통하여 각 계정과목의 성격별로 위 6가지 특성을 고려하여 유의적 위험 여부를 판단하게 된다. 이 때 관련 계정의 왜곡표시위험이 높지 않으면 일반적 위험으로 분류하고 감사인이 판단하여 왜곡표시위험이 높은 부분은 관련 경영자 주장을 포함하여 위험내용을 기술한다. 유의적 위험은 추가적 감사절차에 대한 계획(위험에 대한 대응)과 연계하게 된다.

감사위험의 평가
(경영진 주장 수준)

회 사 명 : ______________ 작 성 자 : ________ 일 자 : ________
결 산 일 : ______________ 검 토 자 : ________ 일 자 : ________

계정과목*1	유의적 위험판단근거*2						비 고*3	조서번호*4
	1	2	3	4	5	6		
현금성 자산	하	하	하	하	하	하	*일반적인 위험*	××× – ×××
장단기 금융상품	하	하	하	하	하	하	*일반적인 위험*	××× – ×××
차입금	하	하	하	하	하	하	*일반적인 위험*	××× – ×××
이자수익	하	하	하	하	하	하	*일반적인 위험*	××× – ×××
이자비용	하	하	하	하	하	하	*일반적인 위험*	××× – ×××
판매비와 관리비	하	하	하	하	하	하	*일반적인 위험*	××× – ×××
매 출	하	하	하	하	상	상	*외부이해관계자는 회사의 매출액 성장률에 관심이 많음. 따라서 특별한 반응이 없는 한 매출액 과대계상위험은 존재함 기말결산 일 근처 매출과대계상이 높으므로 매출액의 기간귀속이 유의적 위험이라고 판단함*	××× – ×××
매출채권	하	하	하	하	하	하	*일반적인 위험*	××× – ×××

2.5 감사계획의 수립

앞서 수행한 재무제표 수준과 경영진 주장(계정과목) 수준의 위험평가 결과에 기반하여 중요왜곡표시위험을 목표감사위험 수준 이하로 낮추기 위해 감사계획을 수립하게 된다. 이 때 감사계획은 재무제표 수준과 경영진 주장(계정과목) 수준의 위험평가 결과에 대응하기 위한 추가적인 절차에 대한 계획을 수립하는 것으로 이해하면 된다. 추가감사절차는 통제테스트와 실증절차로 구분된다.

아래 내용은 재무제표 수준과 경영진 주장(계정과목) 수준의 위험평가 결과에 대응하기 위한 추가적인 절차에 대한 계획을 수립한 사례이다.

유의적 위험(Y/N)은 앞서 감사위험의 평가(재무제표 수준), 감사위험의 평가(경영진 주장 수준)에서 식별된 유의적 위험이면 "Y"표시, 일반적인 위험이면 "N"으로 표시한다. 감사인은 유의적 위험이 존재한다고 결정한 경우, 통제활동 등 동 위험과 관련된 기업의 통제를 이해하여야 한다. 이 때 감사인은 유의적이라고 결정한 위험에 대하여 그 통제에 의존하려고 계획한 경우, 당기에 해당 통제를 테스트 하여야 한다.

또한 감사인은 경영진주장 수준의 중요한 왜곡표시의 평가된 위험이 유의적이라고 결정하면, 해당 위험에 구체적으로 대응하는 실증절차를 수행하여야 한다. 유의적 위험에 대응하는 접근방법이 실증절차만으로 구성되어 있는 경우에는 반드시 세부테스트를 포함시켜야 한다.

경영진 주장은 감사인 판단 하에 위험이 있는 부분에 'V'로 표시한다.

경영진 주장 :

A : 정확성(Accuracy)
C : 완전성(Completeness)
CO : 기간귀속(Cutoff)
RO : 권리와 의무(Rights and obligations)
CL : 분류(Classification)
U : 이해가능성(Understandability)
E : 실재성(Existence)
O : 발생사실(Occurrence)
V : 평가(Valuation)

추가감사절차 종류에 따라 수행여부를 판단하여 'Y' 또는 'N' 로 표시한다. 단 중요한 왜곡표시의 평가된 위험과 관계없이 중요한 각 거래유형과 계정잔액 및 공시에 대하여는 실증절차를 수행한다.

위험에 대한 대응
(감사위험대응총괄표)

회 사 명 : ______________________ 작 성 자 : __________ 일 자 : __________
결 산 일 : ______________________ 검 토 자 : __________ 일 자 : __________

구분[*1]	유의적 위험 (Y/N)[*2]	경영진주장[*3]									추가감사절차[*4]				조서 번호[*5]
											통제활동 이해 및 평가 실시여부 (Y/N)	통제 테스트 실시여부 (Y/N)	실증절차 실시여부		
		A	C	CO	E	O	V	RO	CL	U			실증적 분석절차 실시여부 (Y/N)	세부 테스트 수행여부 (Y/N)	
Ⅰ. 전체재무제표 수준에서의 왜곡표시위험															
1. 부정으로 인한 전체 재무제표 왜곡표시위험	*Y*	*V*	*V*	*V*	*V*	*V*	*V*	*V*	*V*	*V*	*Y*	*N*	*Y*	*Y*	
2. 회사의 계속기업으로서의 존속가능성에 관한 의문이 제기되는 경우	*N*	*V*	*V*	*V*	*V*	*V*	*V*	*V*	*V*	*V*	*N*	*N*	*N*	*Y*	
3. 특수관계자 거래가 적절하게 회계처리 및 공시되지 않을 위험	*Y*	*V*	*V*	*V*	*V*	*V*	*V*	*V*	*V*	*V*	*Y*	*Y*	*N*	*Y*	
4. 법률과 규정의 미준수 사례가 존재할 위험	*N*	*V*	*V*	*V*	*V*	*V*	*V*	*V*	*V*	*V*	*N*	*N*	*N*	*Y*	
5. 기타사항 [구체적으로 기술함]	*N/A*														
Ⅱ. 거래유형, 계정잔액, 및 공시에 대한 경영진주장의 수준															
현금성자산	*N*	*V*	*V*		*V*		*V*	*V*	*V*	*V*	*N*	*N*	*N*	*Y*	
장단기금융상품	*N*	*V*	*V*		*V*		*V*	*V*	*V*	*V*	*N*	*N*	*N*	*Y*	
차입금	*N*	*V*	*V*		*V*		*V*	*V*	*V*	*V*	*N*	*N*	*N*	*Y*	
이자수익	*N*	*V*	*V*	*V*		*V*			*V*	*V*	*N*	*N*	*Y*	*N*	
이자비용	*N*	*V*	*V*	*V*		*V*			*V*	*V*	*N*	*N*	*Y*	*N*	
판매비와관리비	*N*	*V*	*V*	*V*		*V*			*V*	*V*	*N*	*N*	*Y*	*N*	

Chapter 5 생각해 볼 문제

(1) 중요성 수준을 최소로 설정한다는 말은 무엇을 의미하나요? 그리고 중요성을 최대로 설정한다는 말은 무엇을 의미하는가?

재무제표에 포함되어 있는 왜곡표시 금액의 크기나 성격이 회계정보이용자의 합리적인 판단에 미치는 영향력의 수준을 중요성 수준이라 한다. 즉 재무제표의 왜곡표시가 합리적인 회계정보 이용자의 의사결정에 영향을 미치면 중요한 왜곡표시로 본다.

중요성 수준은 특정 금액이나 비율 이상을 중요하다고 보는 양적 기준이 기본이다. 재무제표 전체 수준과 개별 거래 유형이나 계정 잔액 수준에서는 왜곡표시 금액의 합계가 특정 금액 이상이면 재무제표의 왜곡표시가 합리적인 회계정보 이용자의 의사결정에 영향을 미친다고 보는 것이며 이 때 특정 금액을 양적 중요성 수준이라 한다.

이러한 중요성 수준을 최소로 설정한다는 말은 중요성 수준을 0으로(혹은 0에 가깝게) 설정한다는 의미이므로 발견되는 모든 왜곡표시가 중요하다고 간주하겠다는 의미이다. 따라서 중요성 수준을 최소로 설정한다는 말은 감사인의 실증절차를 강화하겠다는 의미이다. 반면에 중요성 수준을 최대로 설정한다는 말은 중요성 수준을 벤치마크 금액의 100%에 가깝게(예컨대 총자산의 100% 또는 법인세 차감전 순이익의 100% 등) 설정한다는 의미이므로 발견되는 모든 왜곡표시를 중요하지 않은 것으로 간주하겠다는 의미이다. 따라서 중요성 수준을 최대로 설정한다는 말은 감사인의 실증절차를 축소하겠다는 의미이다.

(2) 감사위험은 무엇이며 왜 감사위험을 평가해야 할까?

감사위험(audit risk)이란 재무제표가 중요하게 왜곡표시되어 있을 경우에 감사인이 부적합한 감사의견을 표명할 위험을 의미한다. 이러한 감사위험은 고유위험, 통제위험, 적발위험의 함수이다. 고유위험은 모든 관련 통제를 고려하기 전에 거래유형, 계정잔액 혹은 공시에 대한 경영진의 주장이, 개별적으로 또는 다른 왜곡표시와 합칠 때 중요하게 왜곡표시될 가능성을 의미한다. 통제위험은 거래유형, 계정잔액 혹은 공시에 대한 경영진의 주장에서 발생할 수 있으며, 개별적으로 또는 다른 왜곡표시와 합쳐 중요할 수 있는 왜곡표시가 기업의 내부통제에 의해 적시에 예방되거나 발견, 수정되지 못할 위험을 의미한다. 적발위험은 거래유형이나 계정잔액에 존재하는 중요왜곡표시가 감사인의 감사절차에 의해 적발되지 못할 위험을 의미한다. 적발위험은 표본감사의 한계로 인해 발생할 수도 있고, 감사인의 부적절한 감사절차의 선택 때문에 발생할 수도 있다. 이 중 표본이 모집단을 완전히 대표하지 못해 발생하는 통계적 위험에 기인한 위험을 표본위험이라고 한다. 반면에 감사인의 부적절한 감사절차의 선택 때문에 발생하는 비표본위험은 표본규모와 상관없이 감사인 능력 부족이나 부주의로 인해 잘못된 감사의견을 제시할 위험을 의미한다. 이와 같이 적발위험은 표본위험과 비표본위험에 기인하여 발생한다.

한정된 자원으로 회계감사를 수행해야 하는 현실에서 회계감사 기준에 따라 수행해야 하는 감사인의 인적 물적 자원을 재무제표의 모든 요소에 균등하게 배분하는 것은 비효율적이다. 왜냐하면 해당 계정 자체가 재무제표의 왜곡표시위험이 별로 없는 계정이거나(고유위험이 낮은 경우) 기업의 내부통제 구축 및 운영을 통해 특정 계정 등은 이미 재무제표에 대한 중요한 왜곡표시를 방지하기 위한 효과적인 감시 체계가 구축(통제위험이 낮은 경우)되어 있을 수 있기 때문이다. 위와 같은 이유로 감사계획을 수립할 때 사전에 재무제표가 중요하게 왜곡표시될 위험을 평가한 후 위험평가 결과에 기반하여 추가감사절차에 대한 전반감사전략과 감사계획을 수립하고 있다.

(3) 중요왜곡표시위험은 어떻게 식별하고 평가하나요?

중요왜곡표시위험은 감사의 착수 이전에 재무제표가 중요하게 왜곡표시 되어 있을 위험을 의미한다. 따라서 중요왜곡표시위험은 고유위험과 통제위험의 결합확률을 의미한다. 고유위험과 통제위험은 기업 측 위험으로서 재무제표감사와 독립적으로 존재한다. 감사기준은 일반적으로 고유위험과 통제위험을 구분하여 언급하지 않고 이들을 결합하여 평가한 "중요왜곡표시위험"으로 칭하고 있다.

피감사회사의 재무제표에 내재된 중요왜곡표시위험에 대한 평가를 통해 유의한 위험을 지닌 것으로 평가된 부분을 식별하기 위해서는, 기업 및 기업환경에 대한 이해를 통해 고유위험을 평가하고 기업에 구축되어 운영되고 있는 내부통제에 대한 이해를 통해 통제위험을 평가하는 것이 선행되어야 한다. 그런데 이 때 왜곡표시위험이 중요한지 여부를 판단하기 위해서는 중요성 수준의 설정이 필요하다.

따라서 중요왜곡표시위험의 식별 및 평가는 중요성 수준의 설정 후에 (1)기업과 기업환경에 대한 이해, (2)내부통제에 대한 이해 후에 이를 기반으로, 중요왜곡표시위험의 식별 및 평가를 수행하게 된다.

(4) 중요왜곡표시위험의 평가결과가 감사계획에 어떻게 반영되나요?

주어진 수준의 감사위험에서 감사인이 수용 가능한 적발위험의 수준은 경영진주장 수준의 평가된 중요왜곡표시위험과 역의 관계에 있다. 예를 들어, 감사인이 중요왜곡표시위험을 크게 평가한 경우, 수용 가능한 적발위험은 더 작아야 하며 감사인은 실증절차를 강화하도록 감사계획을 수립해야 한다.

Chapter

06

내부통제와 내부회계관리제도

학습목표

- 본 장을 통해 내부통제제도가 무엇인지를 이해하고 통제테스트가 어떻게 수행되는지를 이해한다.
- 내부회계관리제도를 이해하도록 한다.
- 내부회계관리제도 검토와 감사의 차이를 이해하도록 한다.

제1절 내부통제와 회계감사

1.1 내부통제란?

(1) 개 요

내부통제제도(internal control system)란 경영자가 효율적이고 효과적인 조직의 운영, 신뢰성 있는 재무보고, 관련 법규 및 정책의 준수 목적을 달성하기 위해 설정한 절차이다.

2000년대 초의 미국 엔론사의 회계부정 사건으로 인해 이전까지는 기업 외부로 공개되지 않았 던 기업의 내부통제제도가 주목을 받게 되었다. 당시 엔론사의 감사실패 사유로 지적되었던 것 중 하나가 취약한 내부통제였고 따라서 기업의 내부통제에 대한 중요성이 대두되기 시작하였다. 이로 인해 2002년 사베인스-옥슬리 법(Sarbanes-Oxley Act, 이하 'SOX')이 시행되어 내부통제제도에 취약점이 있다면 그 사실을 공시하고(SOX 404(a)) 외부감사인이 재무제표에 대한 감사의견과는 별도로 내부통제제도에 취약점이 있는지에 대한 감사의견을 제시하도록 하였다(SOX 404(b)). COSO(Committee of Sponsoring Organizations of the Treadway Commission)는 Internal Control Framework를 발표하고 내부통제의 목표 및 핵심구성요소를 제시하였으며, 2013년에는 17개의 원칙(principles)을 바탕으로 전사수준의 통제를 강조하는 2013 COSO Framework를 발표하였다.

이러한 내부통제는 다음과 같은 큐브로 이해할 수 있다.

[그림 6-1] COSO 큐브

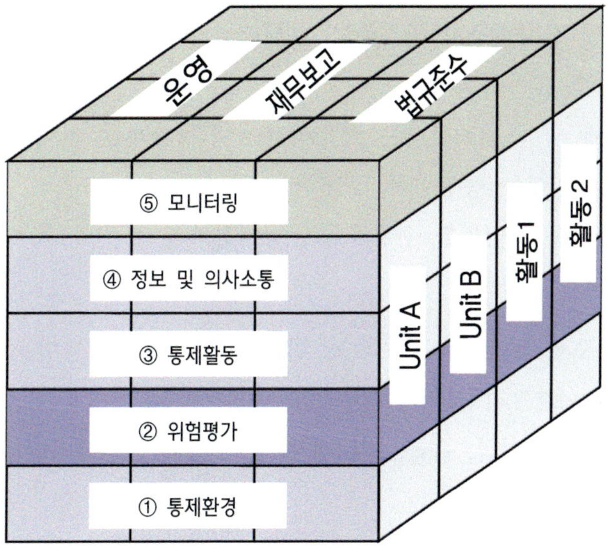

즉 내부통제는 다음의 세가지 목표를 달성하기 위해 구축되어 운영된다.

- 재무보고의 신뢰성
- 경영의 체효과성 및 효율성
- 관련 법규의 준수

위와 같은 세 가지 목표를 달성하기 위해 내부통제의 5요소인 모니터링, 정보시스템 및 커뮤니케이션, 통제활동, 위험평가, 통제환경이 구축되어 운영되는 것이다.

(2) 내부통제의 5요소

1) 통제환경(Control Environment)

통제환경은 구성원 전체의 의식에 영향을 미치는 조직의 의지와 노력을 의미하며, 다른 내부통제 요소들이 갖추어 지기 위한 기초. 일반적으로 통제환경은 조직 전체에 영향을 미치는 성실성과 도덕적 가치(Integrity and Ethical Values), 업무관리를 위한 노력(Commitment to Competence), 이사회 또는 감사위원회(Board of Directors or Audit Committee), 경영진의 철학과 운영스타일(Management Philosophy and Operating Style), 조직 구조(Organizational Structure), 권한과 책임의 할당(Assignment of authority and responsibility), 인사정책과 절차(Human Resource Policies and Practices) 등으로 구성된다.

COSO 기준에 의한 내부통제 프레임워크에 의하면, 통제환경에 있어서의 내부통제 관점의 취약점의 예시는 다음과 같다.

- 경영진,이사회 및 감사기구가 윤리강령, 부정행위를 발견시 보고 시정할 수 있는 체계를 수립하지 못함
- 회사는 시스템에 의한 관리보다는 재무이사의 인적관계에 의해 운영되었으므로 B의 행위에 문제를 제기하는 종업원이 없었음
- 동일인이 장기간 동일 업무를 수행하도록 방치함
- 적절한 교육훈련을 제공하지 못함

상기와 같은 내부통제 취약점을 제거하기 위한 목적으로 통제환경은 내부통제제도 전체의 기초를 이루는 개념으로서 조직체계 · 구조, 내부통제를 유인하는 상벌 체계, 인력운용 정책, 교육정책, 경영자의 철학, 윤리, 리더십 등을 포함하는 포괄적인 개념이다.

2) 위험평가(Risk Assessment)

위험평가는 기업의 목적을 달성하기 위하여 직면하게 되는 내부 및 외부로부터의 다양한 위험들을 확인하고 분석하는 절차를 의미한다. 경제, 산업, 감독기관의 규제 및 기업 운영을 위한 여건들이 계속하여 변하기 때문에, 경영진은 그러한 변화와 관련된 위험을 확인하고 대처하기 위한 절차를 구성할 필요가 있다. 특별한 주의를 요하는 환경의 변화는 변화된 운영 환경(Changed Operating Environment), 새로운 인원의 영입(New Personnel), 빠른 성장률(Rapid Growth), 신기술(New Technology) 등을 의미한다.

COSO 기준에 의한 내부통제 프레임워크에 의하면, 위험평가에 있어서의 내부통제 관점의 취약점의 예시는 다음과 같다.

- 경영진은 재무제표에 중요한 영향을 미칠 수 있는 부정발생위험이 있는 계정(현금,수시입출금식 수익증권,당좌계정 등)에 대한 위험 인식을 하고 계속적으로 평가를 하지 아니함
- 회사 자산의 유출이 용이한 현금관련 승인절차를 정기적으로 점검하지 못함

상기와 같은 내부통제 취약점을 제거하기 위한 목적으로 위험평가는 회사의 목적달성과 영업성과에 영향을 미칠 수 있는 내·외부의 관련 위험을 식별하고 평가 · 분석하는 활동을 의미하며, 전사적 수준 및 업무프로세스 수준의 위험식별, 위험의 분석 · 대응방안 수립, 위험의 지속적 관리 등이 포함된다.

3) 통제활동(Control Activities)

통제활동은 회사의 특정한 목적을 달성을 위하여 경영진이 구축한 제반 정책이나 절차이다. 이러한 정책이나 절차는 회사의 목표를 달성하기 위해 위험을 다루는데 필요한 적절한 활동을 마련하도록 한다. 가장 일반적인 통제활동의 종류로는 검토(Top Level Reviews), 정보 처리(Information Processing), 자산에 대한 통제(Physical Controls), 업무분장(Segregation of Duties) 등이 있다.

COSO 기준에 의한 내부통제 프레임워크에 의하면, 통제활동에 있어서의 내부통제 관점의 취약점의 예시는 다음과 같다.

- 회계와 자금 담당자의 업무의 분장을 하지 아니함(통장과 인감의 분리보관).
- 현금거래의 완전성을 점검하는 절차가 없었음
- 수표발행시 내역의 타당성을 점검하는 절차가 없었음
- 지출행위를 결정하는 자가 예금의 인출업무도 수행하도록 허용하였음
- 관련계정과 통장잔액 사이의 주기적인 대사가 없었음
- 상급자의 검토가 수행되지 아니함

상기와 같은 내부통제 취약점을 제거하기 위한 목적으로 통제활동은 조직 구성원이 이사회와 경영진이 제시한 경영방침이나 지침에 따라 업무를 수행할 수 있도록 마련된 정책 및 절차와 이러한 정책 및 절차가 준수되도록 하기 위한 제반 활동을 의미하며, 업무의 분장, 문서화, 승인 및 결재체계, 감독체계, 자산의 보호체계 등을 포함한다.

4) 정보와 의사소통(Information and Communication)

관련된 정보(information)는 알맞은 시기에 적절한 절차에 따라 관련된 업무를 원활히 수행될 수 있도록 확인되고, 획득되어, 전달되어야 한다. 회계시스템을 포함하여 재무보고를 위한 정보시스템은 회사의 거래(발생사실 뿐 아니라 거래 조건 등도 포함하여)를 기록하고, 처리하며, 요약하고, 보고할 뿐 아니라 관련된 자산, 부채, 자본 항목에 대한 신뢰성을 유지하기 위한 방법이나 기록 등을 포함하고 있다. 이러한 시스템이 만들어 내는 정보의 질은 회사의 경영진이 회사의 활동을 통제하기 위해 적절한 결정을 내리거나 신뢰성 있는 재무보고를 하는데 영향을 미칠 수 있다. 의사소통은 내부통제와 관련된 개개인의 역할이나 책임에 대한 이해를 제공하는 기능이다.

COSO 기준에 의한 내부통제 프레임워크에 의하면, 정보와 의사소통에 있어서의 내부통제 관점의 취약점의 예시는 다음과 같다.

- 회계정보 시스템의 통제를 위한 별도 체계가 없었고, 통제관련 정보의 의사소통도 원활하지 아니함
- 현금관련 정보보고의 정확성에 대한 검증이 없었음

상기와 같은 내부통제 취약점을 제거하기 위한 목적으로 정보와 의사소통은 조직 구성원이 그들의 책임을 적절하게 수행할 수 있도록 시의적절한 정보를 확인 · 수집할 수 있도록 지원하는 절차와 체계를 의미하며, 정보의 생성 · 집계 · 보고체계, 의사소통의 체계 및 방법 등이 포함된다.

5) 모니터링(Monitoring)

경영진의 중요한 책임 중의 하나는 내부통제를 구축하고 유지하는 것과 내부통제시스템이 의도된 대로 작동하고 있으며 필요에 따라 적절히 수정되고 있는지에 대하여 관찰하는 것이다. 모니터링은 주기적으로 회사의 내부통제제도가 설계된 대로 운용되고 있는지에 대한 평가절차를 의미한다. 이는 내부통제가 적절히 운용되고 있으며 적절한 수정이 이루어지는 가를 평가하는 과정인데,. 이러한 평가를 위해서 지속적인 관찰과 독립적인 별도의 평가 또는 여러 평가의 조합을 통한 모니터링이 이루어져야 한다. 일반적으로 회사의 내부감사 기능이 이러한 감시 기능을 수행한다.

COSO 기준에 의한 내부통제 프레임워크에 의하면, 모니터링에 있어서의 내부통제 관점의 취약점의 예시는 다음과 같다.

- 내부통제가 적절히 운용되는지 확인하는 절차 없었음
- 내부감사가 주기적으로 이루어 지지 않았음

상기와 같은 내부통제 취약점을 제거하기 위한 목적으로 모니터링은 내부통제의 효과성을 지속적으로 평가하는 과정을 의미하며, 회사전체 또는 사업단위에 대한 자체평가, 자체감사활동 및 사후관리 등이 포함된다.

이러한 내부통제는 다음의 원인으로 인해 한계가 존재한다.

- 인적 오류(human error)
- 공모(collusion of two or more people)
- 경영진의 내부통제 무시(inappropriate management override of internal control)

먼저 내부통제를 구축하고 운용하는 사람들의 통제 설계 및 운영상의 의사결정 시의 인적오류로 인해 내부통제 목적 달성에 한계가 존재할 수 있다. 예를 들어, 통제의 설계 또는

변경 과정에 오류가 있을 수 있다. 내부통제 오너와 모니터링 역할 담당자인 2명 이상이 공모하거나 경영진이 부적합하게 내부통제를 무시함으로써 내부통제가 무력화될 가능성도 있다.

1.2 통제테스트 절차

(1) 내부통제 운영의 효과성 테스트

통제테스트란 경영진의 주장과 관련된 중요왜곡표시를 예방 또는 발견 및 수정하기 위한 내부통제가 설계된 대로 운용되고 있는지 내부통제 운용의 효과성을 테스트하는 절차를 의미한다. 이러한 통제 테스트는 감사계획 수립을 위한 내부통제의 이해와는 어떤 차이가 존재할까?

감사계획 수립을 위해 내부통제를 이해하는 단계에서는 재무제표의 중요왜곡표시를 예방이나 적발할 수 있는 내부통제가 제대로 설계되어 있는지 여부를 확인한다. 추적시사의 방법을 통해 주요 거래 유형별로 거래를 한두개씩 따라가면서 프로세스 중간에 재무제표의 중요왜곡표시를 예방이나 적발할 수 있는 내부통제가 제대로 구축되어 있는지 확인하게 된다.

반면에 추가감사절차로서의 통제테스트는 재무제표의 중요왜곡표시를 예방 적발하기 위해 설계된 내부통제가 제대로 운용되고 있는지 운용의 효과성을 테스트하는 것을 의미한다.

감사인은 통제의 운영효과성에 대한 감사증거를 입수하기 위하여 다음의 절차를 수행하여야 한다.

- 질 문 : 전문가적인 의구심을 가질 경우 감사인은 질문으로부터 의미 있는 정보를 얻을 수 있으나 특정 통제절차가 효과적이라는 결론을 뒷받침할 만한 충분한 증거를 제공하지 못하므로 경영진으로부터 서면진술을 받음으로써 질문의 증거력을 보완함
- 관 찰 : 통제절차의 운영과 관련된 문서가 존재하지 않을 때 적절한 방법이나 감사인이 관찰한 순간에만 해당 통제가 존재한다는 증거를 제공할 수 있음
- 검 사 : 통제절차의 운영과 관련된 문서를 검토하는 절차임
- 재수행 : 감사인이 직접 통제절차를 재수행해보는 것이므로 재수행은 그 증거력이 높음. 따라서 질문, 관찰, 검사와 같은 다른 방법이 통제의 운용에 대한 충분한 확신을 제공하지 못할 경우 사용됨

[표 6-1] 통제 운영의 효과성 테스트

내부감사기능이 수행한 업무의 활용		
통제 테스트 시 내부감사기능이 수행한 업무를 활용하는가?	No	

운영 테스트의 성격, 시기, 범위 결정				
테스트 대상 기간	202×년 1월 1일 ~ 9월 30일			
테스트 시기	202×년 10월 ×일	기중 테스트 방법	기중일자 결론	
통제테스트의 성격	질문 ☑	관찰 ☐	검사 ☑	재수행 ☑
통제테스트 절차	2건의 송장 미발행 선적 보고서를 샘플링하여 다음 절차를 수행함 <질문> • 회계팀장에게 선적된 제품에 대해 인보이스가 발행되지 않은 이유를 질문하였으며 해당 항목이 FOB 도착지 조건으로 선적되었다는 답변을 받음 <검사/재수행> • 송장 미발행 선적 보고서상 예외 해당 거래건의 실제 선적서류를 입수하여 검사함. 실제 선적 조건에 따라 해당 거래가 처리되었는지 확인함 • 실제 인보이스 발행 시점과 수익 인식 시점이 실제 선적 조건에 부합하는지 확인함 • 송장 미발행 선적 보고서에			
모집단 정의	1월 ~ 9월까지의 송장 미발행 선적 보고서			
모집단의 완전성을 확인하기 위해 수행한 절차	1월 ~ 9월까지 모든 월의 송장 미발행 선적 보고서를 확인함			
통제 주기 또는 빈도수	매월	표본의 규모	2	

통제수행자의 권한과 적격성			
통제 수행자	회계팀장	통제를 수행하는 사람이 통제를 효과적으로 수행하는 데 필요한 권한과 적격성을 갖추었는지?	Yes
통제수행자의 권한과 적격성에 대한 추가 설명(필요 시)	회계팀장은 해당 직위에서 5년은 근무하였으며, 회사의 선적 조건과 매출 프로세스를 충분히 이해하고 있으며 선적되었으나 인보이스가 미발행되는 건이 무엇인지 명확히 파악하고 있음. 회계팀장은 팀원들에게 지시하여 미발행 이유를 조사하게 할 수 있으며 필요한 경우 송장을 발행하거나 취소하도록 유관부서에 요청할 수 있는 권한을 보유하였음		

테스트 결과

통제테스트 결과를 아래에 문서화하거나 해당 조서를 참조한다.

순번	표본 추출일자	Reference	내용	결과	비고
1	202×년 3월	9410.×.×	송장 미발행 선적 보고서 포함된 항목: 1건 주문번호 : , 고객명 : , 제품번호 : , 수량 : , 금액 : • 회계팀장에게 선적된 제품에 대해 인보이스가 발행되지 않은 이유를 질문하였으며 해당 항목이 FOB 도착지 조건으로 선적되었다는 답변을 받음 • 해당 거래건의 실제 선적서류를 입수하여 검사함. 선적서류상 해당 거래의 선적조건은 FOB 도착지 조건임을 확인하였고, 선적서류를 통하여 제품은 창고에서 202×년 ×월 ××일에 선적되어 도착지에 202×년 (×+1)월 ××일에 도착하였음을 확인함 • 회계팀장에게 질문한 결과 해당 거래는 X월말 현재 목적지에 도착하지 않았으므로 인보이스가 발행되어서는 안 된다고 결정하였다는 답변을 받았으며 실제 인보이스가 ×+1월 ×일에 발행되었음을 확인함 • 회계팀장이 송장 미발행 선적 보고서에 202×년 ×월 ×일 서명 확인하였음을 확인함	예외 사항 없음	
2	202×년 8월	9410.×.×	송장 미발행 선적 보고서 포함된 항목: 1건 주문번호 : , 고객명 : , 제품번호 : , 수량 : , 금액 : • 회계팀장에게 선적된 제품에 대해 인보이스가 발행되지 않은 이유를 질문하였으며 해당 항목이 FOB 도착지 조건으로 선적되었다는 답변을 받음 • 해당 거래건의 실제 선적서류를 입수하여 검사함. 선적서류상 해당 거래의 선적조건은 FOB 도착지 조건임을 확인하였고, 선적서류를 통하여 제품은 창고에서 202×년 ×월 ××일에 선적되어 도착지에 202×년 ×+1월 ××일에 도착하였음을 확인함 • 회계팀장에게 질문한 결과 해당 거래는 ×월말 현재 목적지에 도착하지 않았으므로 인보이스가 발행되어서는 안 된다고 결정하였다는 답변을 받았으며 실제 인보이스가 ×+1월 ×일에 발행되었음을 확인함 • 회계팀장이 송장 미발행 선적 보고서에 202×년 ×월 ×일 서명 확인하였음을 확인함	예외 사항 없음	

통제 이탈의 식별과 평가		
상기 절차의 수행 및 입수한 증거에 따라 통제이탈이 식별되었는가?	No	
통제이탈이 변이에 해당하는가?		
통제이탈이 변이라고 판단한 근거 및 이를 뒷받침하는 증거		
통제이탈이 변이에 해당하는 경우, 표본을 확대하여 테스트를 수행하였는가?		
어떻게 표본을 확대하였는지, 확대 테스트의 결과는 어떠한지 문서화		
통제이탈이 미비점에 해당하는지에 대한 최종 결론 및 근거		
운영의 효과성에 대한 결론		

(2) 통제테스트의 시기

감사인은 통제에 대한 의존계획의 적절한 근거를 제공하기 위하여, 해당 통제에 의존하고자 하는 특정의 시기나 전체 기간에 대하여 통제테스트를 수행하여야 한다.

예를 들어, 보고기간말의 재고실사에 관한 통제를 테스트할 때와 같이, 어떤 시점에만 해당되는 감사증거도 감사인의 목적에 충분할 수 있다. 이와 달리, 감사인이 일정기간에 걸쳐 통제에 의존하고자 할 때는, 해당 기간 중 그 통제가 효과적으로 운영되었다는 감사증거를 제공할 수 있는 테스트가 적합하다. 이러한 테스트에는 기업의 통제 모니터링에 대한 테스트가 포함될 것이다.

만일 감사기준일 이전에 운영효과성 테스트를 수행하는 경우 아래 둘 중 하나의 전략을 선택한다.

(전략1) 기중 일자 결론 : 중간기간에 운영테스트를 수행할 때 운영효과성에 대한 결론을 내릴 수 있는 수준으로 테스트를 수행(conclude at interim)하고 잔여기간 테스트(roll-forward) 절차 수행(예 : 운영효과성 테스트 결론을 내릴 수 있는 표본수가 25개라면, 중간기간에 25개 테스트, 중간기간 ~ 기말 잔여기간 테스트)

(전략2) 연중 고르게 : 운영효과성에 대한 결론을 내릴 수 있는 수준의 표본 수를 중간기

간과 이후 기간에 배분하되 테스트 결론은 중간기간에 내리지 않고 평가기준일 테스트가 완료된 후 내리는 방법(예 : 운영효과성 테스트 결론을 내릴 수 있는 표본 수가 25개라면, 중간기간에 20개 테스트, 중간기간 ~ 평가기준일 5개 테스트)

감사인이 기업이 내부통제를 효과적으로 운용하고 있다고 판단하면, 감사인은 중요왜곡표시위험이 낮다고 결론내리고 내부통제의 의존도를 높여 실증절차의 의존도를 낮출 수 있다. 반대로 내부통제는 효과적으로 설계되었지만 이를 효과적으로 운용하고 있지 않다고 판단하면, 감사인은 중요왜곡표시위험이 높다고 결론내리고 실증절차의 의존도를 낮출 수 없다.

제2절 내부회계관리제도

2.1 개 요

(1) 개 요

내부통제제도(internal control system)란 경영자가 효율적이고 효과적인 조직의 운영, 신뢰성 있는 재무보고, 관련 법규 및 정책의 준수 목적을 달성하기 위해 설정한 절차이다. 내부회계관리제도는 내부통제제도의 보고정보의 신뢰성 확보목적 중 외부에 공시되는 재무제표의 신뢰성 확보를 목적으로 하며, 여기에는 자산의 보호 및 부정방지 프로그램이 포함된다. 운영목적이나 법규준수목적 등 다른 목적과 관련된 내부통제제도가 재무제표의 신뢰성 확보와 관련된 경우 해당 내부 통제제도는 내부회계관리제도의 범위에 포함된다.

내부회계관리제도는 회사의 재무제표가 일반적으로 인정되는 회계처리기준에 따라 작성 · 공시되었는지에 대한 합리적 확신을 제공하기 위해 설계 · 운영되는 내부통제제도의 일부분으로써 회사의 경영진과 이사회를 포함한 모든 구성원들에 의해 지속적으로 실행되는 과정으로 이를 통해 회계 부정이 방지되고 신뢰성 있는 재무보고가 이루어질 수 있다.

감사기준서 1100 내부회계관리제도의 감사 문단6

내부회계관리제도(Internal control over financial reporting). 기업의 재무제표가 해당 재무보고체계에 따라 신뢰성 있게 작성되었는지에 대한 합리적인 확신을 제공하기 위해 설계되어, 지배기구, 경영진 및 그밖에 다른 직원에 의해 시행되는 프로세스로서 다음 내용의 정책과 절차를 포함한다.

i. 기업 자산의 거래와 처분을 합리적으로 상세하게 그리고 정확하고 공정하게 반영하는 기록의 유지와 관련됨
ii. 해당 재무보고체계에 따른 재무제표의 작성을 위하여 필요에 맞게 거래가 기록되고, 경영진과 지배기구의 승인에 의해서만 기업의 수입과 지출이 이루어지고 있다는 합리적인 확신을 제공함
iii. 재무제표에 중요한 영향을 미칠 수 있는 기업 자산의 승인되지 않은 취득, 사용 또는 처분을 예방하거나 적시에 발견·수정하는 것에 대한 합리적인 확신을 제공함

내부회계관리제도는 고유한계를 가지고 있다. 내부회계관리제도는 인간의 성실성과 준법성이 관련되는 프로세스이며, 인적오류로 인하여 판단 착오가 발생하거나 와해될 수 있다. 또한 공모 또는 부적절한 경영진의 통제무력화로 내부회계관리제도를 우회할 수 있다. 이러한 한계 때문에, 내부회계관리제도에 의해 중요한 왜곡표시가 적시에 예방되거나 발견·수정되지 못할 위험이 존재한다. 그러나 이 고유한계는 재무보고

프로세스의 잘 알려진 특성이다. 따라서 프로세스 내에 안전장치를 설계함으로써 이러한 위험을 제거할 수는 없지만, 줄일 수는 있다.

(2) 내부회계관리제도 준거 기준

1) 외부감사법

현재 상장사와 자산 1천억원 이상(직전 사업연도) 비상장사에게는 내부회계관리제도 구축 및 외부감사인 검토의무가 부과되고 있다. 그런데 비상장사는 자산총액 기준이 일률적으로 적용되어 기업규모와 투자자 수에 비해 부담이 큰 측면이 있고 미국과 일본은 상장사에 대해서만 내부회계관리제도(ICFR) 구축의무 부여하고 있음을 고려하여 비상장사 내부회계 구축의무 대상을 변경 예정인 대형 비상장사 범위에 맞게 축소한다. 즉 비상장사인 경우에는 자산 5천억원 이상 기업만을 대상으로 하되, ①사업보고서 제출회사, ②공정거래법상 공시대상 기업집단(자산 5조원) 소속 회사 등은 구축대상으로 포함한다.

감사기준서 1100 내부회계관리제도의 감사 문단6

제8조(내부회계관리제도의 운영 등) ① 회사는 신뢰할 수 있는 회계정보의 작성과 공시(公示)를 위하여 다음 각 호의 사항이 포함된 내부회계관리규정과 이를 관리·운영하는 조직(이하 "내부회계관리제도"라 한다)을 갖추어야 한다. 다만, 주권상장법인이 아닌 회사로서 직전 사업연도 말의 자산총액이 1천억원 미만인 회사와 대통령령으로 정하는 회사는 그러하지 아니하다.

1. 회계정보(회계정보의 기초가 되는 거래에 관한 정보를 포함한다. 이하 이 조에서 같다)의 식별·측정·분류·기록 및 보고 방법에 관한 사항
2. 회계정보의 오류를 통제하고 이를 수정하는 방법에 관한 사항
3. 회계정보에 대한 정기적인 점검 및 조정 등 내부검증에 관한 사항
4. 회계정보를 기록·보관하는 장부(자기테이프·디스켓, 그 밖의 정보보존장치를 포함한다)의 관리 방법과 위조·변조·훼손 및 파기를 방지하기 위한 통제 절차에 관한 사항
5. 회계정보의 작성 및 공시와 관련된 임직원의 업무 분장과 책임에 관한 사항
6. 그 밖에 신뢰할 수 있는 회계정보의 작성과 공시를 위하여 필요한 사항으로서 대통령령으로 정하는 사항

③ 회사의 대표자는 내부회계관리제도의 관리·운영을 책임지며, 이를 담당하는 상근이사(담당하는 이사가 없는 경우에는 해당 이사의 업무를 집행하는 자를 말한다) 1명을 내부회계관리자(이하 "내부회계관리자"라 한다)로 지정하여야 한다.

④ 회사의 대표자는 사업연도마다 주주총회, 이사회 및 감사(감사위원회가 설치된 경우에는 감사위원회를 말한다. 이하 이 조에서 같다)에게 해당 회사의 내부회계관리제도의 운영실태를 보고하여야 한다. 다만, 회사의 대표자가 필요하다고 판단하는 경우 이사회 및 감사에 대한 보고는 내부회계관리자가 하도록 할 수 있다.

⑤ 회사의 감사는 내부회계관리제도의 운영실태를 평가하여 이사회에 사업연도마다 보고하고 그 평가보고서를 해당 회사의 본점에 5년간 비치하여야 한다. 이 경우 내부회계관리제도의 관리·운영에 대하여 시정 의견이 있으면 그 의견을 포함하여 보고하여야 한다.

⑥ 감사인은 회계감사를 실시할 때 해당 회사가 이 조에서 정한 사항을 준수했는지 여부 및 제4항에 따른 내부회계관리제도의 운영실태에 관한 보고내용을 검토하여야 한다. 다만, 주권상장법인의 감사인은 이 조에서 정한 사항을 준수했는지 여부 및 제4항에 따른 내부회계관리제도의 운영실태에 관한 보고내용을 감사하여야 한다.

⑦ 제6항에 따라 검토 또는 감사를 한 감사인은 그 검토결과 또는 감사결과에 대한 종합의견을 감사보고서에 표명하여야 한다.

2) 내부회계관리제도 모범규준

또 하나의 내부회계관리제도 준거기준은 내부회계관리제도 모범규준이다. 내부회계관리제도 모범규준은 내부회계관리제도 운영위원회에서 제시하는 선택적 준거기준이나, 국내에서 공포된 유일한 기준이다. 동 모범규준은 COSO(The Committee of Sponsoring Organizations of the Treadway Commission) 개념체계의 주요 개정내용을 반영하여 제시한 것으로서 거의 모든 국내기업이 동 모범규준을 사용하고 있다. 운영실태보고서와 평가보고서에 내부회계관리제도 모범규준을 준거기준으로 언급하는 이유이기도 하다. 내부회계관리제도 모범규준은 COSO 개념체계의 내용과 거의 동일하다고 볼 수 있다.

[표 6-2] 내부회계관리제도 준거 기준

구 분	회 사	감사인
외감법	준거 기준	준거 기준
재무회계관리제도 모범규준	선택적 준거 기준	평가 시 확인 사항(감사기준의 기반 개념)
감사 기준(검토 기준)	참고사항	준거 기준

모범규준은 '내부회계관리제도 개념체계(이하 '개념체계')'와' 내부회계관리제도 평가및보고기준(이하 '평가 및 보고기준')'으로 구분된다. '개념체계'는 내부회계관리제도의 설계 및 운영에 적용되는 것이고, '평가 및 보고기준'은 내부회계관리제도를 매년 평가하고 운영실태보고서 등을 작성하여 보고하는 과정에 적용되는 기준이다. 대표자는 '개념체계'와 '평가 및 보고기준'에 따라 내부회계관리제도의 설계와 운영이 적절했는지 점검하여 보고하여야 하고, 감사위원회는 이를 확인하고 평가해야 한다.

[그림 6-2] 내부회계관리제도 모범규준의 적용

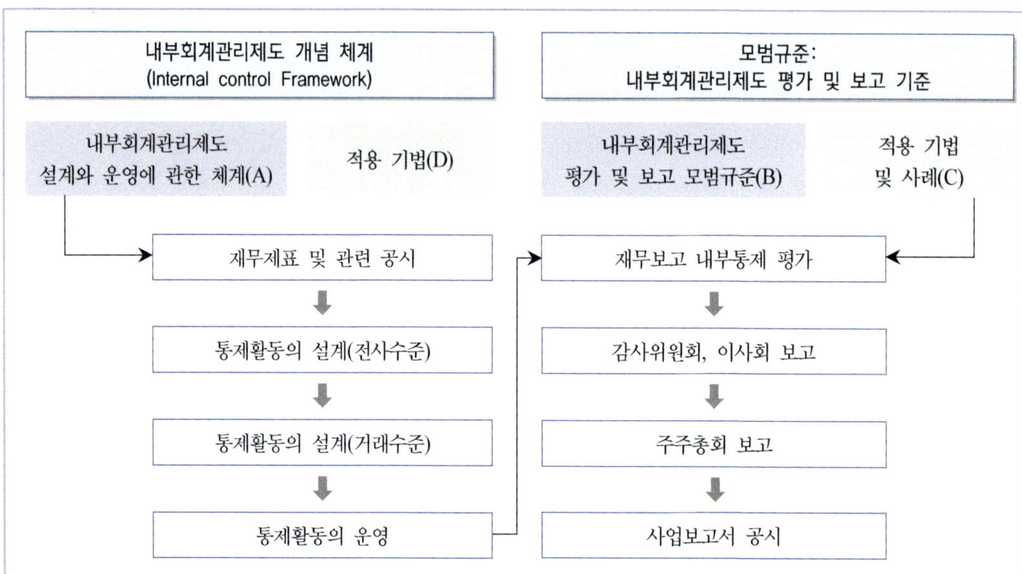

2.2 내부회계관리제도 평가 및 감사

(1) 내부회계관리제도 평가 및 감사 절차

1) 개 요

내부회계관리제도 평가 및 감사는 다음의 3단계로 수행된다.

(1단계) 대표이사 및 내부회계관리자의 운영실태 평가(설계 · 운영 · 평가 · 보고)

(2단계) 감사(위원회)의 내부회계관리제도 평가

(3단계) 외부감사인의 감사의견 표명 등

① 대표이사(내부회계관리자) 및 내부회계관리자의 운영실태 평가	운영실태보고서
↓	
② 감사(위원회)의 내부회계관리제도 평가	내부회계 평가보고서
↓	
③ 외부감사인의 내부회계 감사의견 표명	감사보고서

2) (1단계) 대표이사 및 내부회계관리자의 운영실태 평가

먼저 대표이사가 운영실태 보고서를 작성하여 직접 이사회, 감사(위원회) 및 주주에게 내부회계관리제도 운영 및 평가에 대해 보고해야 한다.

신외감법 이전에는 내부회계관리자가 이사회, 감사에게 내부회계관리제도 운영 및 평가에 대해 보고하였으나 신외감법 도입으로 대표이사의 책임이 강화되었다.

[그림 6-3] 대표이사 등의 운영실태 보고

내부회계관리제도 운영실태 보고서

삼성전자주식회사 주주, 이사회 및 감사위원회 귀중

대표이사 및 내부회계관리자는 2021년 12월 31일 현재 동일자로 종료하는 회계연도에 대한 당사의 내부회계관리제도의 설계 및 운영실태를 평가하였습니다.

내부회계관리제도의 설계 및 운영에 대한 책임은 대표이사 및 내부회계관리자를 포함한 회사의 경영진에 있습니다.
대표이사 및 내부회계관리자는 회사의 내부회계관리제도가 신뢰할 수 있는 재무제표의 작성 및 공시를 위하여 재무제표의 왜곡을 초래할 수 있는 오류나 부정행위를 예방하고 적발할 수 있도록 효과적으로 설계 및 운영되고 있는지의 여부에 대하여 평가하였습니다.

대표이사 및 내부회계관리자는 내부회계관리제도의 설계 및 운영을 위해 내부회계관리제도 운영위원회에서 발표한 '내부회계관리제도 설계 및 운영 개념체계'를 준거기준으로 사용하였습니다. 또한 내부회계관리제도의 설계 및 운영실태를 평가함에 있어 '내부회계관리제도 평가 및 보고 모범규준'을 평가기준으로 사용하였습니다.

회사는 내부회계관리규정을 관리·운영하는 내부회계관리 조직을 운영하고 있으며, 내부회계관리제도의 효율적 운영 및 회계정보의 투명성 제고를 위해 내부회계관리 시스템을 운영하고 있습니다.

회사는 내부회계관리 시스템을 통해 주요업무를 15개 영역으로 세분화하고 핵심 통제항목에 대해 주기적으로 평가·점검하였습니다.

대표이사 및 내부회계관리자의 내부회계관리제도 운영실태 평가결과, 2021년 12월 31일 현재 당사의 내부회계관리제도는 '내부회계관리제도 설계 및 운영 개념체계'에 근거하여 볼 때, 중요성의 관점에서 효과적으로 설계되어 운영되고 있다고 판단됩니다.

대표이사 및 내부회계관리자는 보고내용이 거짓으로 기재되거나 표시되지 아니하였고, 기재하거나 표시하여야 할 사항을 빠뜨리고 있지 아니함을 확인하였습니다.

또한 대표이사 및 내부회계관리자는 보고내용에 중대한 오해를 일으키는 내용이 기재되거나 표시되지 아니하였다는 사실을 확인하였으며, 충분한 주의를 다하여 직접 확인 검토하였습니다.

2022년 1 월 25 일

대 표 이 사 김 기 남

내부회계관리자 박 학 규

3) (2단계) 감사(위원회)의 내부회계관리제도 평가

감사(위원회)는 운영실태평가결과를 문서화하고 주주총회 1주전 이사회에 대면보고 함으로써 대표이사의 내부회계관리제도 운영 및 평가에 대해 관리 감독한다.

[그림 6-4] 감사(위원회)의 내부회계관리제도 운영실태 평가절차

운영실태평가를 위한 절차 수행 (독립적인 평가, 대표자 점검의 적정성 검토 등)	▶	운영실태평가 (감사위원회는 대면회의 개최	▶	평가결과 문서화 1. 실질적 운영여부 2. 거싯의 기새여부 3. 시정계획의 평가	▶	평가보고서 이사회 대면보고 (주총 1주전까지)

[그림 6-5] 감사(위원회)의 운영실태 평가

내부회계관리제도 운영실태 평가보고서

삼성전자주식회사 주주 및 이사회 귀중

본 위원회는 2021년 12월 31일 현재 동일자로 종료하는 회계연도에 대한 당사의 내부회계관리제도의 설계 및 운영실태를 평가하였습니다.

내부회계관리제도의 설계 및 운영에 대한 책임은 대표이사 및 내부회계관리자를 포함한 회사의 경영진에 있으며 본 감사위원회는 관리감독 책임이 있습니다.

본 위원회는 대표이사 및 내부회계관리자가 본 위원회에게 제출한 내부회계관리제도 운영실태보고서를 참고로, 회사의 내부회계관리제도가 신뢰할 수 있는 재무제표의 작성 및 공시를 위하여 재무제표의 왜곡을 초래할 수 있는 오류나 부정행위를 예방하고 적발할 수 있도록 효과적으로 설계 및 운영되고 있는지의 여부에 대하여 평가하였으며, 내부회계관리제도가 신뢰성있는 회계정보의 작성 및 공시에 실질적으로 기여하는지를 평가하였습니다.

또한 본 위원회는 내부회계관리제도 운영실태보고서에 거짓으로 기재 또는 표시된 사항이 있거나, 기재하거나 표시하여야 할 사항을 빠뜨리고 있는지를 점검하였으며, 내부회계관리제도 운영실태보고서의 시정 계획이 해당 회사의 내부회계관리제도 개선에 실질적으로 기여할 수 있는지를 검토하였습니다.

회사는 내부회계관리제도의 설계 및 운영을 위해 내부회계관리제도운영위원회에서 발표한 '내부회계관리제도 설계 및 운영 개념체계'를 준거기준으로 사용하였습니다.

본 위원회는 내부회계관리제도 설계 및 운영실태의 평가기준으로 '내부회계관리제도 평가 및 보고 모범규준'을 사용하였습니다.

본 위원회의 의견으로는, 2021년 12월 31일 현재 당사의 내부회계관리제도는 '내부회계관리제도 설계 및 운영 개념체계'에 근거하여 볼 때, 중요성의 관점에서 효과적으로 설계되어 운영되고 있다고 판단됩니다.

2022년 1월 25일

감사위원회 위원장 박 재 완

위 원 김 선 욱

위 원 김 한 조

신외감법 이전에는 감사(위원회)는 운영실태평가, 이사회 보고 등의 의무가 있으나 구체적인 절차 규정 없었으나 신외감법 도입으로 감사(위원회)는 운영실태평가결과를 문서화하고 주주총회 1주전 이사회에 대면보고 함으로써 대표이사의 내부회계관리제도 운영 및 평가에 대해 관리 감독책임이 증가하였다.

4) (3단계) 외부감사인의 감사의견 표명

외부감사인은 내부회계관리제도 운영실태 보고서에 대한 검토 수행에서 내부회계관리제도 운영실태 보고서 및 내부회계관리제도 자체에 대해 감사를 수행하는 것으로 외부 검증 방법을 변경한다. 즉 상장법인의 경우 내부회계관리제도에 대한 외부검증이 회사의 자산규모에 따라 2019년부터 순차적으로 '검토'에서 '감사'로 전환된다.

감사의무화 시점이 2019년에는 직전사업연도말 자산 2조원이상 상장사, 2020년에는 직전사업연도말 자산 5천억원~2조원 상장사, 2022년에는 직전사업연도말 자산 1천억원~5천억원 상장사이다.

2023년부터 감사로 전환하기로 예정되었던 소규모 상장사(직전사업연도말 자산 1천억원 미만)의 경우, 내부회계관리제도 감사가 면제된다. 그 이유는 내부회계 감사 도입에 따른 감사보수 증가는 수익성이 상대적으로 열악한 소규모 기업의 부담을 가중할 우려가 크기 때문이다. 2021년 기준으로 상장기업 ROE가 자산1천억원 이상 기업들은 평균 4.3%이나 자산1천억원 미만 기업들은 평균 △11.9%이기 때문이다. 또한 소규모 상장사는 거래규모가 작고 사업구조가 단순한 만큼 재무제표 감사를 통해서도 오류·부정 적발 가능하다는 견해가 존재한다. 즉 내부회계 감사의 이행비용이 편익을 초과한다는 의견이 지속적으로 제기되어 왔다. 따라서 소규모 상장사(자산 1천억원 미만)의 경우 내부회계관리제도 외부감사를 면제하고 인증 수준을 현행 검토로 유지하기로 하였다. 예컨대 미국의 경우 소규모 기업의 규제비용 부담이 더 크다는 점을 고려해 SOX법 등에 따라 ①유동주식(Public Float) $0.75억 미만, ②유동주식 $0.75억~7억이면서, 매출액 $1억 이하 기업은 내부회계 외부감사를 면제하고 있다.

[그림 6-6] 외부감사의 감사의견

Deloitte.

딜로이트 안진회계법인
서울시 영등포구 국제금융로 10
서울국제금융센터 One IFC 빌딩 9층
(07326)

Tel: +82 (2) 6676 1000
Fax: +82 (2) 6674 2114
www.deloitteanjin.co.kr

독립된 감사인의 내부회계관리제도 감사보고서

삼성전자주식회사

주주 및 이사회 귀중

내부회계관리제도에 대한 감사의견

우리는 2021년 12월 31일 현재 「내부회계관리제도 설계 및 운영 개념체계」에 근거한 삼성전자주식회사(이하 "회사")의 내부회계관리제도를 감사하였습니다.

우리의 의견으로는 회사의 내부회계관리제도는 2021년 12월 31일 현재 「내부회계관리제도 설계 및 운영 개념체계」에 따라 중요성의 관점에서 효과적으로 설계 및 운영되고 있습니다.

우리는 또한 대한민국의 회계감사기준에 따라, 회사의 2021년 12월 31일 현재의 재무상태표, 동일로 종료되는 보고기간의 손익계산서, 포괄손익계산서, 자본변동표 및 현금흐름표 그리고 유의적 회계정책의 요약을 포함한 재무제표의 주석을 감사하였으며, 2022년 2월 16일자 감사보고서에서 적정의견을 표명하였습니다.

내부회계관리제도 감사의견근거

우리는 대한민국의 회계감사기준에 따라 감사를 수행하였습니다. 이 기준에 따른 우리의 책임은 이 감사보고서의 내부회계관리제도감사에 대한 감사인의 책임 단락에 기술되어 있습니다. 우리는 내부회계관리제도감사와 관련된 대한민국의 윤리적 요구사항에 따라 회사로부터 독립적이며, 그러한 요구사항에 따른 기타 윤리적 책임들을 이행하였습니다. 우리가 입수한 감사증거가 감사의견을 위한 근거로서 충분하고 적합하다고 우리는 믿습니다.

내부회계관리제도에 대한 경영진과 지배기구의 책임

경영진은 효과적인 내부회계관리제도를 설계, 실행 및 유지할 책임이 있으며, 내부회계관리제도 운영실태보고서에 포함된, 내부회계관리제도의 효과성에 대한 평가에 책임이 있습니다.

(2) 내부회계관리제도 감사 관련 이슈

1) 감사와 검토의 차이

'검토'는 회사가 내부회계관리제도를 자체점검하고, 그 결과를 보고한 운영실태보고서(점검결과, 미비점 및 시정계획, 직전년도 시정조치 이행결과 등이 포함)를 대상으로 주로 검증을 실시하지만, '감사'는 운영실태보고서 외에도 매출, 구매, 생산 등 주된 활동과 관련된 회사의 주요 내부회계관리제도 자체(설계와 운영)를 검증함에 따라 검증대상이 크게 확대된다.

또한 '검토'는 감사인이 회사의 내부통제에 대하여 담당자와의 질문 위주의 검증절차를 수행하는 반면, '감사'는 내부통제와 관련하여 회사가 작성한 문서를 검사하고 중요한 통제 활동에 대하여 재수행하거나 회사의 통제활동을 현장에서 관찰하는 등 내부회계관리제도가 효과적으로 설계 및 운영되는지를 감사인이 직접 검증절차를 수행한다.

[그림 6-7] 내부회계관리제도에 대한 검토 · 감사 비교

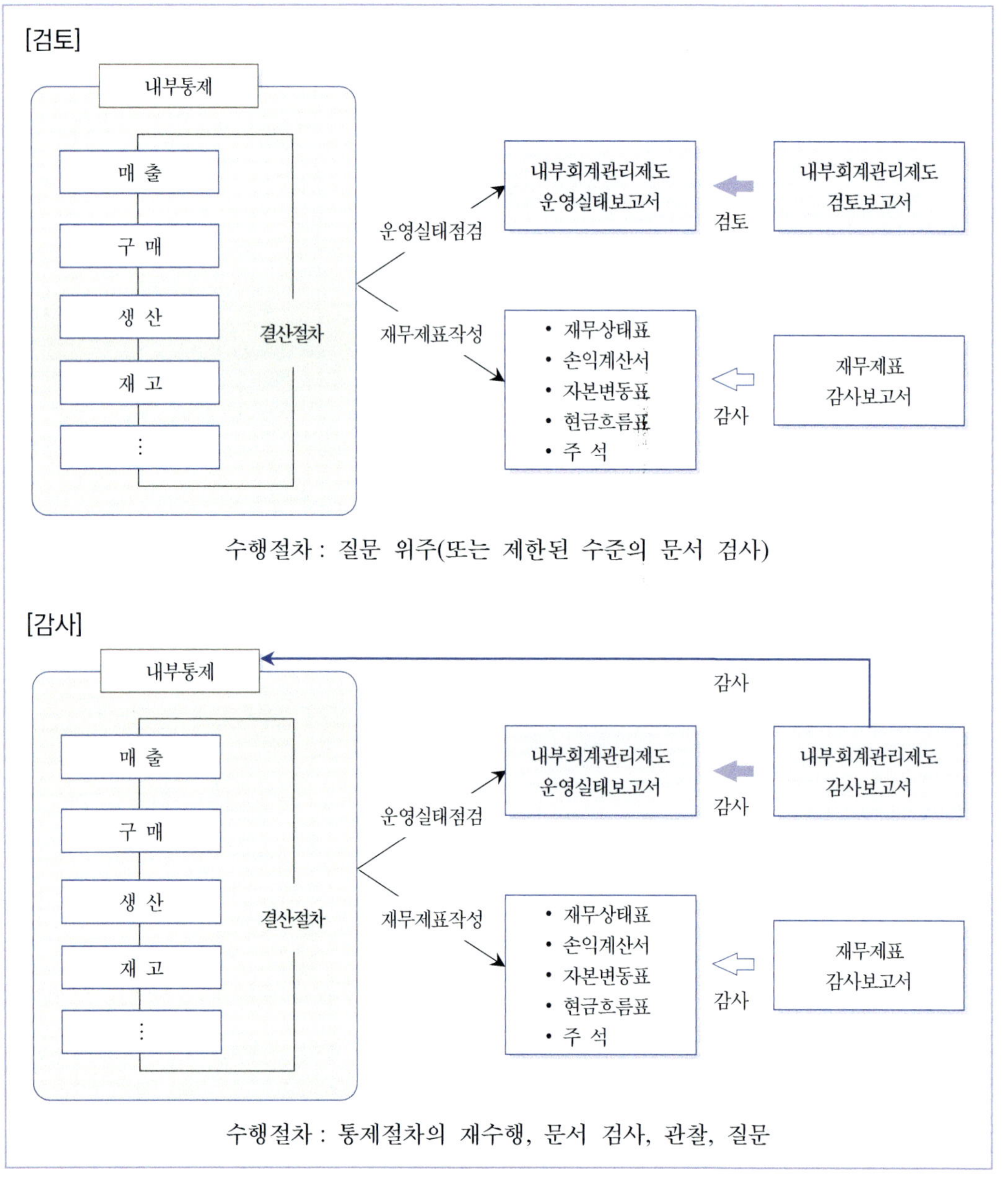

그동안 내부회계관리제도에 대하여 실시한 '검토(review)'는 질문과 분석적 절차 위주로 진행하여 소극적 확신을 제공하는 반면에 '감사(audit)'는 검토보다 높은 수준의 적극적 확신을 제공한다는 점에서 다르다.

즉, '감사'는 중대한 취약점이 존재하는지 여부에 대한 합리적 확신(Reasonable Assurance)을 얻기 위한 것이다.

감사기준서 1100 내부회계관리제도의 감사 문단 5

> 내부회계관리제도감사에서 감사인의 목적은 다음을 모두 포함한다. (문단 A1-A3 참조)
> (a) 내부회계관리제도의 효과성에 관한 경영진 평가(내부회계관리제도 운영실태보고서에 포함됨)에 명시된 일자(이하 "평가기준일"이라고 함) 현재 중요한 취약점이 존재하는지 여부에 대한 합리적인 확신을 얻음

반면에 '검토'는 소극적 확신(Negative Assurance)을 제공한다. 소극적 확신은 검토대상이 되는 정보(경영진의 평가 보고서)에 중요한 왜곡표시가 발견되지 않았다는 점에 대하여 감사보다는 낮은 수준의 확신을 제공하는 것을 의미한다.

내부회계관리제도 검토기준 문단 5.2

> 경영자의 내부회계관리제도의 운영실태보고에 대한 감사인의 검토는 소극적 확신(negative assurance)을 제공한다. 소극적 확신은 검토대상이 되는 정보에 중요한 왜곡표시가 발견되지 않았다는 점에 대하여 회계감사보다는 낮은 수준의 확신을 제공하는 것을 의미한다. 내부회계관리제도에 대한 감사인의 검토는 경영자의 감사인에게 주장한 운영실태보고에 대하여 관련 내용을 확인하고 소극적 확신을 표명하는 것이다.

2) 연결 내부회계관리제도 도입

별도 중심의 현행 내부회계관리제도는 2023년 자산 2조원 이상의 상장법인부터 연결 중심의 내부회계관리제도로 단계적으로 변경되어, 2024년부터는 모든 상장법인으로 확대 적용될 예정이다.

[표 6-3] 연결내부회계관리제도 도입 스케쥴

('20년말 기준)

자산규모	2조원이상	2조원 ~ 5천억원	5천억원 미만	합 계
기업수	168사	249사	1,965사	2,382사
시행일	2023.1.1.	2024.1.1.	2025.1.1.	–

이는 국제회계기준(K-IFRS)에서 연결재무제표를 주 재무제표로 하고 있으므로 내부회계관리제도도 연결 중심으로 설계되어 운영되어야 하기 때문이다.

연결 내부회계관리제도가 도입되는 경우, 자회사의 내부회계관리제도가 모회사의 내부회계관리제도 감사의견에 영향을 미치게 된다. 예를 들어 모회사의 내부회계관리제도가 우수하게 설계되어 운영되고 있더라도 자회사의 내부회계관리제도에 중요한 취약점이 발견된 경우에 모회사의 연결 내부회계관리제도에 대하여 비적정 감사의견이 표명된다. 연결재무제표를 작성할 때, 모회사의 별도재무제표는 적정하더라도 자회사의 재무제표에 중요한 오류나 부정이 있는 경우에 연결재무제표에 대하여 비적정 감사의견이 표명되는 경우와 동일한 논리이다.

또한, 내부회계관리제도에 대한 모회사 경영진의 책임이 증가된다. 모회사의 대표이사는 주주총회에서 모회사와 자회사의 내부회계관리제도를 모두 포함한 연결 내부회계관리제도에 대한 운영실태 보고를 해야 한다. 따라서 모회사의 경영진은 모회사는 물론 자회사의 내부회계관리제도 설계와 운영에 책임을 부담하게 된다.

또한 다중대표소송의 도입으로 인해, 모회사의 주주가 자회사의 이사를 상대로 소송을 제기할 수 있다. 자회사의 주주가 자회사의 이사를 상대로 소송을 제기하는 것은 당연한 일이지만 자회사의 내부회계관리제도 때문에 모회사의 내부회계관리제도에 대해 비적정 감사의견을 받게 되어 모회사의 주주가 손해를 본 경우에 모회사의 주주가 자회사의 이사를 상대로 소송을 제기할 수 있다.

2.3 내부회계관리제도 감사보고서 작성

(1) 내부회계관리제도의 미비점의 발견과 평가

1) 내부회계관리제도의 미비점

내부회계관리제도의 미비점은 경영진과 임직원이 담당 업무를 수행하는 정상적인 과정에서 재무제표 왜곡표시를 예방하거나 적시에 적발할 수 없을 때 발생하며, 설계의 미비점 또는 운영의 미비점으로 구분할 수 있다. 설계의 미비점은 내부회계관리제도의 목적을 달성하기 위한 내부통제가 존재하지 않거나, 내부회계관리제도가 적절하게 설계되어 있지 않아서 내부회계관리제도가 설계된 대로 작동하더라도 그 목적이 달성되지 못할 때 발생한다. 운영의 미비점은 적절하게 설계된 내부회계관리제도가 설계된 대로 운영되지 않거나,

통제를 수행하는 담당자가 통제를 효과적으로 수행하기 위해 필요한 권한이나 자질을 갖고 있지 않을 때 발생한다.

2) 내부회계관리제도의 미비점의 분류

내부회계관리제도의 미비점은 재무제표 왜곡표시의 발생 가능성 및 금액적 중요성에 따라 단순한 미비점(Deficiency), 유의한 미비점(Significant Deficiency), 중요한 취약점(Material Weakness)으로 구분하며, 중요한 취약점이 발견된 경우에는 경영진은 회사의 내부회계관리제도가 효과적이라고 결론지을 수 없다. 경영진은 발견된 모든 미비점을 개별적으로 그리고 다른 미비점과 결합하여 평가하여, 회사의 내부회계관리제도에 유의한 미비점 또는 중요한 취약점이 존재하는지 여부를 평가한다.

이 때, 중요한 취약점이란 하나 또는 여러 개 미비점의 결합으로서 재무제표상 중요한 왜곡표시가 예방 또는 적시에 적발되지 못할 가능성이 낮지 않은(reasonable possibility) 경우를 말한다. 일반적으로 발생가능성은 i) '낮은(remote)', ii) '합리적으로 발생 가능한(reasonably possible)', iii) '높은(probable)'의 세 단계로 구분되는데, 여기에서 ii) '합리적으로 발생 가능한(reasonably possible)' 또는 iii) '높은(probable)' 가능성의 경우 '가능성이 낮지 않은(reasonable possibility) 경우'에 해당한다. '낮은(remote)' 분류에 해당하지 않는 경우 '가능성이 낮지 않은(reasonable possibility)' 경우에 해당하며, 이에 따라 실무적으로는 이를 'more than remote(낮지 않은 발생가능성)'이라고 표현하기도 한다.

반면에 유의한 미비점이란 중요한 취약점으로 분류될 수준은 아니지만, 회사의 재무보고를 감독할 책임이 있는 이사회, 감사(위원회) 등이 주목할만한 하나 또는 여러 개 통제 상 미비점의 결합을 의미한다. 감사인은 유의적 미비점의 경우, 경영진과 지배기구에게 서면으로 커뮤니케이션하여야 한다.

내부회계관리제도의 미비점을 분류할 때에는 일반적으로 재무제표에 미치는 영향의 크기와 같이 양적인 요소와 함께 질적인 특성을 고려하여 다음과 같이 평가하도록 한다.

[그림 6-8] 내부회계관리제도 미비점 분류 Flow-Chart

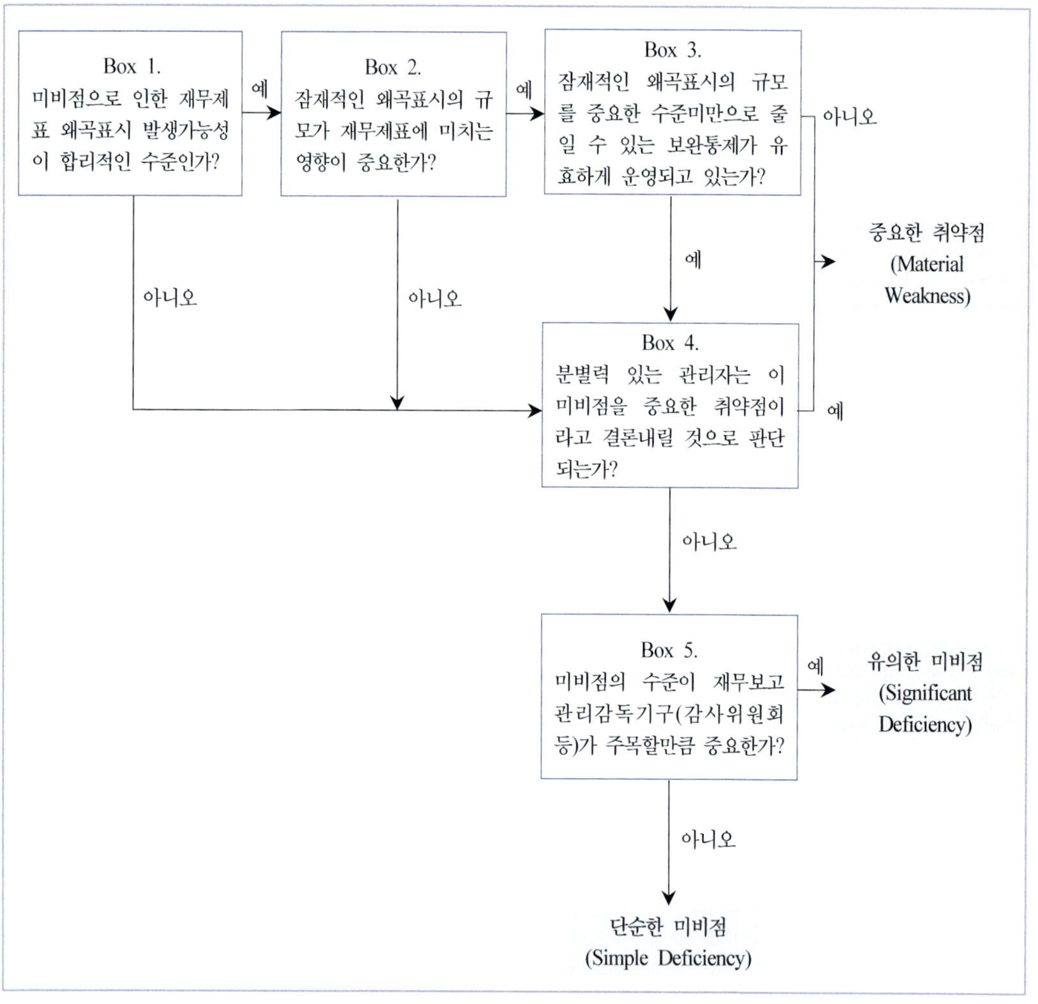

다만, 다음의 예시에 해당하는 미비점은 중요한 취약점으로 분류될 가능성이 있다.

- 중요한 전기오류의 수정을 위하여 전기재무제표를 재작성한 경우
- 회사의 내부회계관리제도에 의해 파악하지 못한 중요한 당기 수정사항으로서, 회사가 제시한 최초 재무제표에 반영되지 아니하였으나 감사인에 의하여 파악된 경우(최종 재무제표에 동 수정사항을 반영하였는지 여부는 관계없음)
- 회사의 대외적 재무보고 및 내부회계관리제도에 대한 감사(위원회)의 감독기능이 효과적이지 않은 경우
- 일부 고위경영자가 관련된 부정행위가 발견되었을 경우(금액크기에 불문함)

(2) 감사보고서의 작성 및 공시

내부회계 감사보고서는 재무제표 감사보고서와는 별도로 작성되며, 공시되는 재무제표 감사보고서에 별도 첨부된다.

내부회계 감사보고서는 감사의견 문단, 감사의견 근거문단 등으로 구성된다, 감사의견은 내부회계의 효과성에 대한 감사의견을 기술하며, 적정의견, 부적정의견, 의견거절로 구분된다. 감사의견 근거 파트에서는 적정, 부적정, 의견거절에 대한 근거를 기술한다. 적정의견은 감사증거가 적정 감사의견을 위한 근거로 충분하고 적합함을 의미한다. 부적정의견은 중요한 취약점으로 인한 중요한 왜곡표시 발생가능성이 낮지 않음을 의미한다. 의견거절은 충분하고 적합한 감사증거를 입수할 수 없으므로 의견을 표명하지 않음을 의미한다.

[그림 6-9] DART 전자공시화면

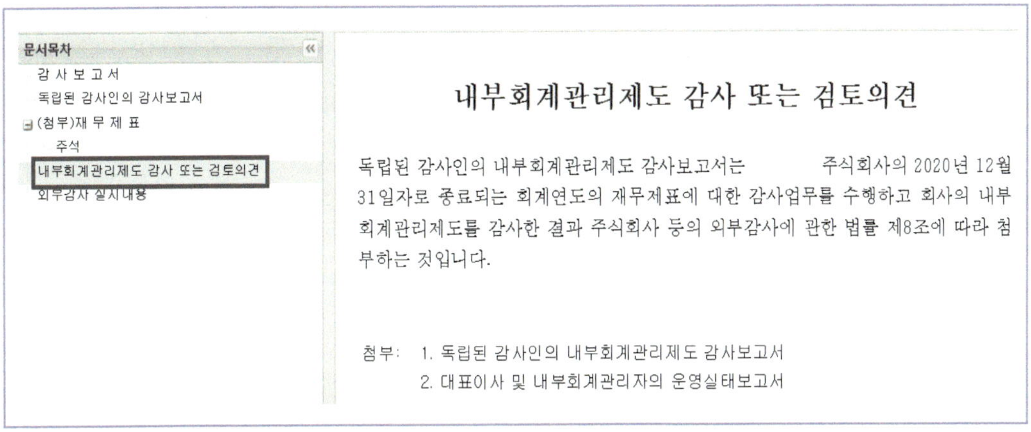

(3) 감사의견 종류 및 예시

감사의견은 중요한 취약점 식별 여부, 감사범위 제한 여부에 따라 적정, 부적정, 의견거절 세 가지로 구분한다.

1) 적정의견

회사의 내부회계는 중요성의 관점에서 효과적으로 설계 및 운영되고 있음을 의미한다.

● 적정의견 발췌 예시

> ❑ 우리는 20XX년 XX월 XX일 현재 「내부회계관리제도 설계 및 운영 개념체계」에 근거한 XX주식회사의 내부회계관리제도를 감사하였습니다.
>
> 우리의 의견으로는 회사의 내부회계관리제도는 20XX년 XX월 XX일 현재 「내부회계관리제도 설계 및 운영 개념체계」에 따라 중요성의 관점에서 효과적으로 설계 및 운영되고 있다.

2) 부적정의견

회사의 내부회계는 중요한 취약점의 영향 때문에 효과적으로 설계 및 운영되지 않고 있음을 의미한다.

● 부적정의견 발췌 예시

> [의견]
>
> ❑ 우리는 20XX년 XX월 XX일 현재 「내부회계관리제도 설계 및 운영 개념체계」에 근거한 XX주식회사의 내부회계관리제도를 감사하였습니다.
>
> 우리의 의견으로는 부적정 의견근거 단락에 기술된 「내부회계관리제도 설계 및 운영 개념체계」의 목적을 달성하기 위한 중요한 취약점의 영향 때문에 XX주식회사의 내부회계관리제도는 20XX년 XX월 XX일 현재 효과적으로 설계 및 운영되고 있지 않습니다.
>
> [부적정의견 근거]
>
> ❑ ···우리가 입수한 감사증거가 부적정의견을 위한 근거로서 충분하고 적합하다고 우리는 믿습니다.
>
> 중요한 취약점은 내부회계관리제도 미비점 혹은 미비점들의 결합으로, 회사의 재무제표의 중요한 왜곡표시가 적시에 예방되거나 발견·수정되지 못할 가능성이 낮지 않은 경우에 존재한다. 다음의 중요한 취약점이 식별되었으며 ···

3) 의견거절

충분하고 적합한 감사증거를 입수할 수 없으므로 의견을 표명하지 않음을 의미한다.

● 의견거절 발췌 예시

[의견거절]

❑ 의견거절근거 단락에서 기술된 사항의 유의성 때문에 우리는 감사의견의 근거를 제공하는 충분하고 적합한 감사증거를 입수할 수 없었습니다. 따라서 우리는 XX주식회사의 내부회계관리제도 효과성에 대한 의견을 표명하지 않습니다.

[의견거절 근거]

❑ [의견거절을 초래하는 사항을 기술]
상기에서 기술된 사항 때문에, 우리는 감사의견의 근거를 제공하는 데 충분하고 적합한 감사증거를 입수할 수 없었습니다. · · ·

(3) 내부회계관리제도 감사보고서 정보효과

정보이용자는 내부회계 감사의견이 갖는 정보효과에 유의해야 한다. 내부회계관리제도에 중요한 재무제표 오류를 예방 · 발견 · 수정하지 못할 가능성이 낮지 않음을 의미하는 중요한 취약점 등이 존재하여 외부감사인이 내부회계 감사의견을 변형한 경우, 정보이용자는 외부감사인이 공시한 내부회계관리제도 감사보고서 상의 중요한 취약점의 내용뿐만 아니라, 회사의 대표자가 '내부회계 운영실태보고서'(사업보고서에 첨부)에 공시한 중요한 취약점의 원인, 개선계획, 이행결과 등을 충분히 살펴보고 이에 유의할 필요가 있다.

Chapter 6 생각해 볼 문제

(1) 내부통제제도와 내부회계관리제도의 차이는 무엇인가?

내부통제제도(internal control system)란 경영자가 효율적이고 효과적인 조직의 운영, 신뢰성 있는 재무보고, 관련 법규 및 정책의 준수 목적을 달성하기 위해 설정한 절차이다. 내부회계관리제도는 내부통제제도의 보고정보의 신뢰성 확보목적 중 외부에 공시되는 재무제표의 신뢰성 확보를 목적으로 하며, 여기에는 자산의 보호 및 부정방지 프로그램이 포함된다. 운영목적이나 법규준수목적 등 다른 목적과 관련된 내부통제제도가 재무제표의 신뢰성 확보와 관련된 경우 해당 내부 통제제도는 내부회계관리제도의 범위에 포함된다.

내부회계관리제도는 회사의 재무제표가 일반적으로 인정되는 회계처리기준에 따라 작성 · 공시되었는지에 대한 합리적 확신을 제공하기 위해 설계 · 운영되는 내부통제제도의 일부분으로써 회사의 경영진과 이사회를 포함한 모든 구성원들에 의해 지속적으로 실행되는 과정으로 이를 통해 회계 부정이 방지되고 신뢰성 있는 재무보고가 이루어질 수 있다.

(2) 통제 테스트는 감사계획 수립을 위한 내부통제의 이해와는 어떤 차이가 존재할까?

감사계획 수립을 위해 내부통제를 이해하는 단계에서는 재무제표의 중요왜곡표시를 예방이나 적발할 수 있는 내부통제가 제대로 설계되어 있는지 여부를 확인한다. 추적시사의 방법을 통해 주요 거래 유형별로 거래를 한두개씩 따라가면서 프로세스 중간에 재무제표의 중요왜곡표시를 예방이나 적발할 수 있는 내부통제가 제대로 구축되어 있는지 확인하게 된다.

반면에 추가감사절차로서의 통제테스트는 재무제표의 중요왜곡표시를 예방 적발하기 위해 설계된 내부통제가 제대로 운용되고 있는지 운용의 효과성을 테스트하는 것을 의미한다.

(3) 내부회계관리제도 감사와 검토의 차이는 무엇인가?

'검토'는 회사가 내부회계관리제도를 자체점검하고, 그 결과를 보고한 운영실태보고서(점검결과, 미비점 및 시정계획, 직전년도 시정조치 이행결과 등이 포함)를 대상으로 주로 검증을 실시하지만, '감사'는 운영실태보고서 외에도 매출, 구매, 생산 등 주된 활동과 관련된 회사의 주요 내부회계관리제도 자체(설계와 운영)를 검증함에 따라 검증대상이 크게 확대된다.

또한 '검토'는 감사인이 회사의 내부통제에 대하여 담당자와의 질문 위주의 검증절차를 수행하는 반면, '감사'는 내부통제와 관련하여 회사가 작성한 문서를 검사하고 중요한 통제활동에 대하여 재수행하거나 회사의 통제활동을 현장에서 관찰하는 등 내부회계관리제도가 효과적으로 설계 및 운영되는지를 감사인이 직접 검증절차를 수행한다.

그동안 내부회계관리제도에 대하여 실시한 '검토(review)'는 질문과 분석적 절차 위주로 진행하여 소극적 확신을 제공하는 반면에 '감사(audit)'는 검토보다 높은 수준의 적극적 확신을 제공한다는 점에서 다르다. 즉, '감사'는 중대한 취약점이 존재하는지 여부에 대한 합리적 확신(Reasonable Assurance)을 얻기 위한 것이다.

[그림 6-7] 내부회계관리제도에 대한 검토 · 감사 비교

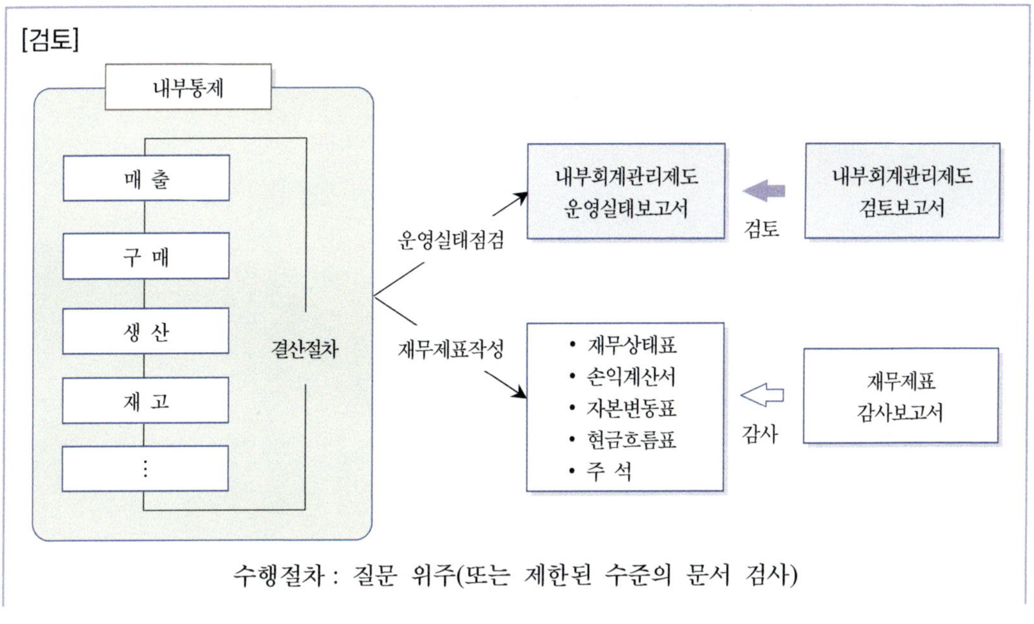

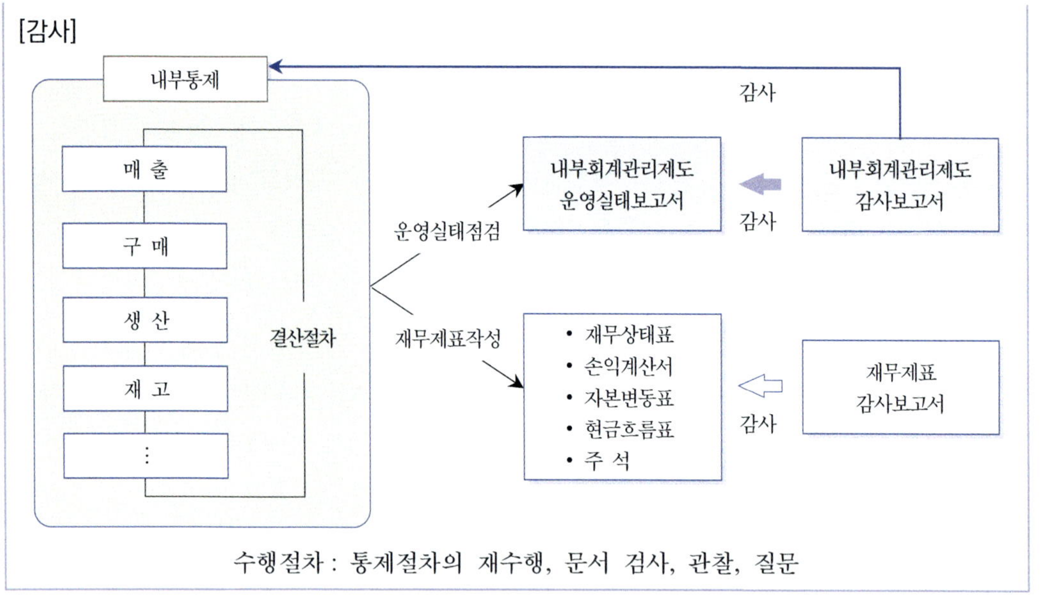
[감사]
내부통제
감사
매 출
구 매
생 산
재 고
결산절차
운영실태점검
재무제표작성
내부회계관리제도
운영실태보고서
감사
내부회계관리제도
감사보고서
• 재무상태표
• 손익계산서
• 자본변동표
• 현금흐름표
• 주 석
감사
재무제표
감사보고서
수행절차 : 통제절차의 재수행, 문서 검사, 관찰, 질문

Chapter 6 회계감사 산책

내부회계감사제도 도입 첫해 … 대형 상장사 중 4곳 '비적정의견'
자산 2조원 이상 상장사 160곳 대상 4곳은 '중요한 취약점' 발견돼

[2조원 이상 상장법인 내부회계관리제도 감사(검토)의견 현황]

구 분	2018년(검토)	2019년(감사)
적정(취약점X) (비율)	157 (98.1)	156 (97.5)
비적정(취약점O)	3	4
합 계	160	160

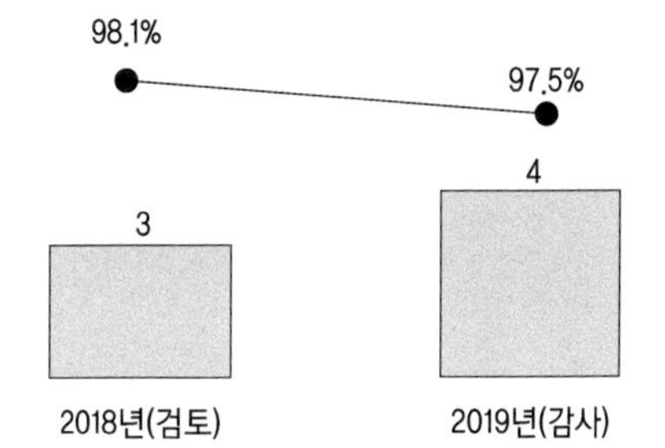

[자료: 금융감독원]

대형 상장사를 대상으로 지난해 처음 도입된 내부회계감사제도를 실시한 결과 4곳이 '비적정의견'을 받은 것으로 집계됐다.

금융감독원은 자산 2조원 이상 상장법인 160곳에 대한 외부감사인의 2019회계연도 내부회계 감사 결과 156곳(97.5%)이 적정의견을 받았으며, 4곳이 '중요한 취약점'이 발견돼 비적정의견을 받았다고 29일 밝혔다.

4곳은 주로 자산 손상인식, 리스 회계처리, 금융상품 회계처리, 소송 충당부채의 측정, 항공기 정비비용 인식 등 재무제표 작성 과정과 관련한 통제 미비점을 중요한 취약점으로 지적받았다.

특히, 이들 4곳 중 3곳은 회사 내부의 감사위원회로부터 '적정' 평가의견을 받았고 1곳만 '부적정' 의견을 받은 것으로 드러났다. 이는 우리나라 상장사 내부의 감사인이 경영진이 실시한 회계 평가 절차에 대해 감독자의 관점에서 독립적으로 평가하지 못하고 있다는 점을 시사하는 것이다.

내부회계감사제도는 상장사 내부회계관리제도 운영 실태에 대한 외부 검증을 의무화한 것으로 새 외부감사법에 따라 지난해 자산 2조원 이상 상장사에 처음 도입됐다. 자산 5천억~2조원 중견기업은 올해부터 적용대상이다. 내부회계관리는 재무정보의 신뢰성을 확보하기 위해 회사가 갖추고 지켜야 할 내부통제 시스템을 말하며, 외부감사인은 상장사의 내부통제 시스템이 미흡하다고 판단하면 '비적정' 감사의견을 줄 수 있다.

[내부회계관리제도 평가 및 감사체계]

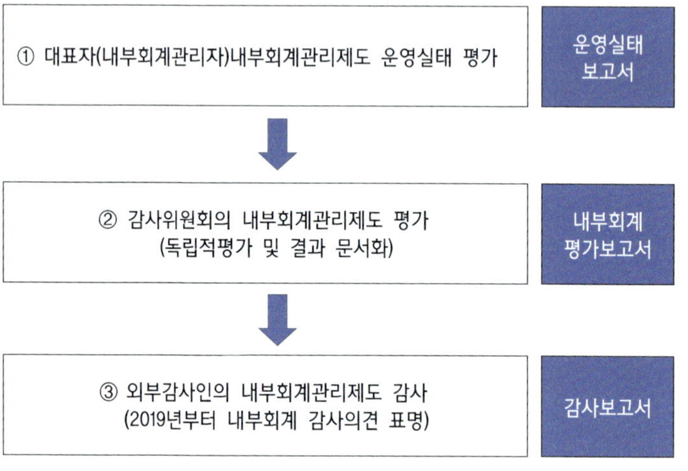

금감원은 "미국에 내부회계감사가 도입된 직후와 비교하면 이 같은 비적정의견 비율은 다소 낮은 수준"이라며 "대형 상장법인은 상대적으로 풍부한 인적 · 물적 인프라를 활용하여 내부회계 감사를 효과적으로 준비했다"고 평가했다. 다만, 금감원은 앞으로 내부회계 감사대상이 중소형 상장법인으로 확대되는 만큼 비적정의견 비율도 증가할 것으로 전망했다.

Chapter
07

계정별 실증절차

1. 개 요
    1.1 실증절차의 구성
    1.2 실증절차 방안
2. 주요 계정별 실증절차
    2.1 현금 및 현금성자산
    2.2 매출채권과 매입채무
    2.3 재고자산
    2.4 차입금과 부외부채
    2.5 기타 계정
3. 가상자산의 회계처리와 감사절차
    3.1 가상자산의 개념과 회계정보 산출의 이슈
    3.2 가상자산의 회계처리 현황과 회계 이슈
    3.3 가상자산의 주석공시 이슈
    3.4 가상자산의 회계감사 이슈

학습목표

- 본 장을 통해 주요 계정별 실증절차를 이해하도록 한다.
- 채권 · 채무 계정에 대한 실증절차 시 외부조회 필요성과 절차를 이해한다.
- 재고자산 계정에 대한 실증절차 시 실물검사의 필요성과 절차를 이해한다.
- 차입금 계정에 대한 실증절차의 필요성과 절차를 이해한다.

제1절 개 요

1.1 실증절차의 구성

(1) 개 요

실증절차란 경영진주장 수준의 중요왜곡표시위험을 발견하기 위해 설계된 감사절차를 의미한다. 실증절차의 목표는 중요왜곡표시위험을 발견하는 것이다. 중요왜곡표시를 발견하기 위해 추세분석을 수행하여 이탈하는 계정을 찾아낼 수도 있고(실증적 분석절차), 표본감사를 통해 기중의 거래유형이나 기말 잔액 등을 테스트(세부테스트)할 수도 있다.

실증절차는 다음과 같이 구성되어 있다.

- 재무제표 결산절차와 관련된 실증절차
- 유의적 위험에 대응하는 실증절차

(2) 재무제표 결산절차와 관련된 실증절차

먼저 감사인은 기업의 재무제표 결산절차와 관련된 실증절차를 수행할 때 다음의 감사절차를 포함하여야 한다.

(a) 재무제표가 그 기초가 되는 회계기록과 일치하는지를 확인하거나 차이를 조정함

(b) 재무제표를 작성하는 과정에서 행한 중요한 분개 및 기타 수정사항에 대하여 조사함

이는 말하자면 총계정원장(Ledger)과 계정별 명세서(Sub-ledger) 간에 정합성을 제일 먼저 체크하고 계정별 실증절차인 실증적 분석절차와 세부테스트를 수행하라는 의미로 받아들여야 한다. 즉 재무제표 결산절차와 관련된 실증절차는 일반적으로 중요왜곡표시위험 평

가에 따른 추가감사절차 플로우를 따르기 전에 위험평가 결과와 무관하게 모든 계정에 대해 데이터 정합성 확보를 위해 수행해야 하는 절차이다.

(3) 유의적 위험에 대응하는 실증절차

감사인은 경영진주장 수준의 평가된 중요왜곡표시위험이 유의적이라고 결정하면, 해당 위험에 구체적으로 대응하는 실증절차를 수행하여야 한다. 유의적 위험에 대응하는 접근방법이 실증절차만으로 구성되어 있는 경우에는, 반드시 세부테스트(tests of details)를 포함하여야 한다.

위험에 대한 대응

(감사위험대응총괄표)

회 사 명 : ________________ 작 성 자 : ________ 일 자 : ________

결 산 일 : ________________ 검 토 자 : ________ 일 자 : ________

구분[*1]	유의적 위험 (Y/N)[*2]	경영진주장[*3]									추가감사절차[*4]				조서번호[*5]
		A	C	CO	E	O	V	RO	CL	U	통제활동 이해 및 평가 실시여부 (Y/N)	통제 테스트 실시여부 (Y/N)	실증절차 실시여부: 실증적 분석절차 실시여부 (Y/N)	실증절차 실시여부: 세부 테스트 수행여부 (Y/N)	
I. 전체재무제표 수준에서의 왜곡표시위험															
1. 부정으로 인한 전체 재무제표 왜곡표시위험	Y	V	V	V	V	V	V	V	V	V	Y	N	Y	Y	
2. 회사의 계속기업으로서의 존속가능성에 관한 의문이 제기되는 경우	N	V	V	V	V	V	V	V	V	V	N	N	N	Y	
3. 특수관계자 거래가 적절하게 회계처리 및 공시되지 않을 위험	Y	V	V	V	V	V	V	V	V	V	Y	Y	N	Y	
4. 법률과 규정의 미준수 사례가 존재할 위험	N	V	V	V	V	V	V	V	V	V	N	N	N	Y	
5. 기타사항 [구체적으로 기술함]	N/A														

II. 거래유형, 계정잔액, 및 공시에 대한 경영진주장의 수준															
현금성자산	N	V	V		V		V	V	V	V	N	N	N	Y	
장단기금융상품	N	V	V		V		V	V	V	V	N	N	N	Y	
차입금	N	V	V		V		V	V	V	V	N	N	N	Y	
이자수익	N	V	V	V		V			V	V	N	N	Y	N	
이자비용	N	V	V	V		V			V	V	N	N	Y	N	
판매비와관리비	N	V	V	V		V			V	V	N	N	Y	N	

1.2 실증절차 방안

(1) 실증적 분석절차

1) 개 요

분석적절차(analytical procedures)란 재무데이터와 비재무데이터 간의 관계를 이용하여 재무정보를 평가하는 것을 의미한다. 분석적절차에는 다른 관련된 정보와 일관성이 없거나 예측금액에서 유의적으로 벗어난 추세 또는 상관관계에 대하여 조사하는 것을 포함한다.

즉, 분석적절차는 비율과 추세, 관련 있는 재무 또는 비재무정보 간 상관관계를 이용하여 특정 계정잔액에 대한 합리적인 기대치를 산출하고 이를 재무제표상의 금액과 비교함으로써 재무제표상의 금액이 적정한지 여부에 대한 증거를 수집하는 것을 의미한다. 따라서 분석적절차를 수행하기 위해서는 데이터 간에 상관관계가 존재하며 그 상관관계가 지속된다는 기대가 전제된다.

분석적절차(기준서 315)

회 사 명 : ____________ 작 성 자 : ________ 일 자 : ________

결 산 일 : ____________ 검 토 자 : ________ 일 자 : ________

	전 기 12/31/201×	당 기 12/31/201×	Variance		불일치 또는 유의적인 금액 차이?		설명 또는 검토할 조서의 번호/링크
			금 액	%	Yes	No	
재무상태표							
유동자산	0	0	0	%			
당좌자산	0	0	0	%			
현금및현금성자산			0	%			
단기투자자산			0	%			
매출채권			0	%			
기 타			0	%			
재고자산			0	%			
비유동자산	0	0	0	%			
투자자산	0	0	0	%			
장기투자자산			0	%			
지분법적용투자주식			0	%			
기 타			0	%			
유형자산			0	%			
무형자산			0	%			
기타비유동자산			0	%			
자산총계	**0**	**0**	**0**	**%**			
유동부채	0	0	0	%			
단기차입금			0	%			
매입채무			0	%			
미지급법인세			0	%			
이연법인세부채			0	%			
유동성장기부채			0	%			
연차수당부채			0	%			
기 타			0	%			
비유동부채	0	0	0	%			
사 채			0	%			
장기차입금			0	%			
퇴직급여충당부채			0	%			
충당부채			0	%			
이연법인세부채			0	%			
기 타			0	%			
부채총계	**0**	**0**	**0**	**%**			

2) 수행한 실증적 분석절차의 평가

수행한 실증적 분석절차에 대해서 다음 절차를 수행하고 문서화하여야 한다.

(1단계) 기록된 금액이나 비율에 대한 기대치를 도출하고, 그러한 기대치가 개별적으로 또는 다른 왜곡표시와 합하여 재무제표의 중요한 왜곡표시를 식별할 수 있을 정도로 충분히 정교한지 여부를 평가한다. 이때, 기록된 금액이나 비율에 대한 감사인의 기대치가 도출될 데이터의 신뢰성을 평가하고 이용가능한 정보의 원천과 비교가능성 및 그 성격과 관련성, 그리고 그 작성에 대한 통제의 신뢰성을 고려한다.

(2단계) 추가적인 조사를 하지 않고 수용될 수 있는, 기록된 금액과 기대치의 차이를 결정한다.

(3단계) 기록된 금액과 예상치의 차이를 계산한다.

(4단계) 만일 분석적절차의 결과, 다른 관련 정보와 불일치하거나 기대치와 유의적인 금액만큼 차이가 있는 변동이나 관계를 식별한 경우에는 그러한 차이에 대해서 다음과 같이 조사하여야 한다.

1) 경영진에게 질문하고 경영진의 답변과 관련성이 있는 적합한 감사증거를 입수
2) 그러한 상황에 필요한 기타의 감사절차를 수행

[표 7-1] 실증적 분석절차의 평가시트

관련계정	Ref.	1. 기대치의 개발	2. 수용가능한 차이의 결정	3. 차이계산	4. 유의적 차이의 조사
매 출	1	[사용된 자료의 신뢰성평가 근거] [정보원천 등] [사용된 자료의 신뢰성 평가 근거] [정보원천 등]			
급 여 *관련 계정과목명을 기재하거나 Leadschedule 등의 조서를 링크한다*	2	*기대치를 기록하고 기대치 개발의 근거(ex. 사용된 데이터의 신뢰성 평가, 정보 원천, 작성에 대한 통제의 신뢰성 등)를 문서화한다*	*중요성 및 실증적 분석절차에서 요구되는 확신수준, 정보의 세분화 정도에 따라 달라질 것이나, 보통은 수행중요성을 초과하지 않을 것임*	*상세한 실증적분석절차의 내용에 대해서는 별도의 sheet를 추가하여 계산하거나 아래 Reference를 추가하여 기재할 수 있다*	*2.의 수용가능한 차이를 초과하는 차이를 조사하고 결론을 문서화한다*

(2) 세부테스트

세부테스트는 거래유형, 계정잔액 및 공시 내용에 대해 표본감사의 방법을 통해 경영자의 주장을 검증하는 절차를 의미한다. 감사인은 경영진주장 수준의 평가된 중요왜곡표시위험이 유의적이라고 결정하면, 해당 위험에 구체적으로 대응하는 실증절차를 수행하여야 한다. 유의적 위험에 대응하는 접근방법이 실증절차 만으로 구성되어 있는 경우에는, 반드시 세부테스트를 포함하여야 한다.

계정잔액은 기초금액에 당기 증감을 가감하여 산출되므로 계정잔액에 대한 검증으로 경영자의 주장에 대한 검증을 완료하면 안된다. 기중 증감 내역 즉 거래유형별 세부테스트를 통해 경영자의 주장에 대한 검증을 수행해야 한다.

제2절 주요 계정별 실증절차

2.1 현금 및 현금성자산

(1) 현금 실사

현금의 실재성에 대한 증거를 수집하기 위하여 감사인은 현금잔액에 대한 실물검사를 실시한다. 현금의 경우 받을어음, 유가증권, 투자자산 등 다양한 자산과 상호 호환성이 있기 때문에 그 금액적 크기가 중요하지 않더라도 질적으로 중요한 것이라 할 수 있으므로 실증절차를 생략할 수 없으며, 현금과 상호호환성이 있는 계정에 대한 실사를 동시에 실시하여야 한다.

현금의 실사는 감사대상회사의 담당자가 입회한 가운데 수행한다. 실사 완료 후에는 담당자로부터 현금이 전액 반납되었음을 확인 받아야 하며, 현금을 실사 한 후 반납하였다는 확인문서를 받아 두어야 한다. 실물의 분실 등으로 인한 오해의 소지를 없애기 위하여 실물검사 후 즉시 반환하였음을 확인받아야만 한다.

현금의 실물검사는 재무제표일을 전 · 후로 하여 실시한다. 만일 재무제표일이 아닌 일자에 현금 실사를 실시하는 경우 실물검사 일로부터 재무제표일까지의 입 · 출금에 대하여 추가적인 증거를 확보하여야 한다.

현 금 실 사 표

회사명 :			자금명 : 실사일자 :		
현 금 항 목			기 타 현 금 항 목		
종 별	수 량	금 액	종 별	수 량	금 액
₩10,000권			미예입수표		
5,000			선일자 수표 및 어음		
1,000			지급 또는 일시대여금		
500			기 타		
100					
50					
10					
5					
1					
소 계(A)			소 계(B)		
실사총액(A) + (B)					
장 부 가 액					
초과(부족)액					

위에 기재된 총액 ₩ 의 현금 및 기타 현금이 ___________회계법인 공인회계사에 의해서 본인의 입회하에 년 월 일 오전(후) : 부터 오전(후) : 사이에 실사 받고 공인회계사로부터 반환받았음을 확인한다. 아울러 상기 자금 이외에 본인이(회사명) ( ) 및 기타 제3자를 위하여 보관하고 있는 자금은 하기 사항 이외에 없음을 확인한다.

기타자금(동시에 실사된 것에 한함)

현 금 의 종 류	금	액		

확인자: ______________________

(직 위)

______________________ ㉠

(성 명)

현 금 시 재 조 정 표

년 월 일(실사일) 현 재 의 실 사 액 ₩ ______________

년 월 일부터 월 일까지의 출금액 (+) ______________

년 월 일부터 월 일까지의 입금액 (−) ______________

년 월 일(기준일) 현 재 의 장 부 가 액 ₩ ______________

(기타비망사항)

작 성 일	작 성 자	조서번호
		A

(2) 예금잔액 등에 대한 조회

1) 은행조회서란?

예금 계정의 실재성, 완전성, 및 권리와 의무에 대한 증거를 확보하기 위해 은행 조회서를 발송하게 된다. 은행조회서란 기업의 장부상 금융거래 내역이 실제와 일치하는지를 확인할 수 있도록 은행이 회계법인에 제공하는 서류로 해당 기업의 모든 은행거래 정보가 기재된다.

감사인이 감사대상회사의 거래 은행에 은행조회서 발급을 요청하면 은행이 해당 회사의 예금과 적금, 차입금, 어음과 수표 등에 관한 사항을 회신해준다. 요즘은 금융결제원을 통한 은행조회서 온라인 발급도 이루어지고 있다. 만약 회사의 임직원이 회삿돈을 횡령하면 그만큼 은행의 예금 잔액이 감소하므로 회사의 장부 잔액과 은행 잔액이 불일치하게 되며, 은행조회서를 발급받으면 이러한 불일치가 발견되어 횡령을 발견할 수 있다.

● 은행조회서의 양식

_______회계법인 또는 _______감사반(담당공인회계사 _______) 귀중

조회대상회사 : 　　　　　　　　　　조회 기준일 : 201_년_월_일 현재

1. 조회기준일 현재 조회대상회사에 대한 당 은행의 대출 거래의 내용은 다음과 같습니다.

총한도액 :

대출종류 (9)	금 액(10)		대출일(11)	최종만기일 (12)	이 자		상환방법 (15)	담보 · 보증 및 관련약정 (16)
	약정한도액	대출금액			연이자율 (13)	최종이자 지급일(14)		
기타 확인한 대출금 (17)								

확인자 : 소속________

성명________

작성요령 1. 본란은 의뢰회사가 기입하고 은행에서 확인한다. 의뢰회사 기입내용과 은행의 기록이 다른 경우에는 은행에서 정정하여 확인한다.

2. (9), (10)란은 당좌대월, 수출산업설비자금대출, 적금(담보)대출, 할인어음 대출, 외화대출, 수출 환어음 매입(내국신용장 환어음 매입 포함), 내국수입유산스(Banker's Usance 포함), 기타 의뢰회사에 대출한 모든 대출거래를 대출약정한 도액과 실제 대출한 금액으로 구분하여 대출종류별, 계좌별로 기입한다. 한도액만 있고 실행금액이 0인 경우에도 기재한다. 포괄한도인 경우 묶어서 표기하되, 지급보증 등 기타한도액이 포함되었음을 부연 설명한다.

3. (11), (12)란은 대출종류별로 기입하되 동일 종목의 대출이 여러 건 있을 경우 건별로 기입한다.

4. (13)란은 조회기준일 현재의 적용이자율을 기록한다.

5. (14)란은 조회기준일 현재까지 각 대출별로 은행이 이자를 수령한 최종일을 기록한다.

6. (15)란은 "만기일 일시상환" 또는 "____년 거치 ____년 분할상환" 등 상환방법을 기입한다.

7. (16)란은 대출별로 지급보증인, 제공받은 담보(견질용보관어음, 수표 포함), 대출계약서 외의 기타 중요 약정사항(예: 이면약정) 등의 내용을 기입한다. 기입할 사항이 많으면 별도로 첨부한다.

2) 은행조회서를 통한 감사절차시 주의사항

은행조회를 통해 예금 · 적금 및 차입금 잔액의 실재성, 완전성 및 권리와 의무에 대한 증거를 효과적으로 확보하려면 다음과 같은 사항에 주의해야 한다.

첫째, 현금성 자산에 대한 조회는 샘플링이 아닌 전수조사를 기본으로 해야 한다. 은행조회는 총계정원장상 예금 · 적금 및 차입금잔액이 존재하는 거래처뿐만 아니라 잔액은 없지만 기중에 거래가 있었던 모든 은행에 대하여 조회서를 발송하여야 한다. 일반적으로 회사는 차입금을 누락할 유인을 가지므로 회사 장부상 예금잔액만 있는 경우에도 금융기관조회서 대신 해당 금융기관이 발행한 예금잔액증명서로 대체할 수 없다.

둘째, 조회서의 발송과 회수는 반드시 감사인이 직접 수행하여야 한다. 감사인을 통하지 않은 조회서는 그 내용이 오염될 가능성이 존재한다.

셋째, 은행조회서에는 재무제표 주석에 해당하는 중요한 약정사항과 차입금 관련 담보제공 및 질권설정 등 사용제한여부를 확인할 수 있는 내용을 포함하여야 한다. 주석내용을 객관적으로 확인하기 위한 방법이다.

(3) 부정발견 중심의 감사절차

1) 은행계정조정표 검토

은행계정조정표는 기업이 기업의 현금성자산의 정확한 금액을 파악하기 위해 장부상의 예금거래내역과 은행거래내역서(bank statement)를 대조한 내용을 바탕으로 작성하는 표이다. 은행거래 내역서란 당좌예금의 거래내역을 은행 측에서 출력하여 회사에게 제시한 내용이다. 기업이 보유하는 대표적인 현금성자산의 거래내역인 당좌예금거래내역과 은행이 발행한 거래내역서의 차이는 일반적으로 양측의 기록시점에서 시차가 존재하기 때문에 발생한다. 은행계정조정표를 작성할 때에는 은행거래내역서상의 잔액과 기업의 당좌예금계정의 잔액을 각각 조정하여 올바른 잔액을 도출해낸다. 기업은 재무제표 이용자들에게 올바른 정보를 제공하고 현금에 대한 내부통제를 유지하기 위해 정기적으로 현금성 자산의 정확한 금액을 파악해야 하므로, 은행계정조정표의 작성은 중요한 일이다. 일반적인 은행계정조정표 조정항목과 조정방법은 다음과 같다.

a) **미기록예금**(deposit in transit)

타사 발행수표를 기업에서 수취한 후 은행에 입금하면서 기업측의 당좌예금계정에 기록하였으나 은행에는 업무마감 이후 도착, 타지역 입금 등의 원인으로 당좌예금계정에 기록되지 못한 경우가 있다. 이 때, 은행측의 당좌예금계정 잔액이 과소계상된다. 따라서 은행측 잔액을 증가시킨다.

b) **기발행미인출수표**(outstanding checks)

기업이 수표를 발행하여 거래 상대방에게 지급하였으나 수표 수취인이 아직 은행에 지급을 요구하지 않은 경우 기업측에서는 당좌예금잔액의 감소를 기록하였지만 은행측에서는 이를 알지 못하는 상황이 발생한다. 이 때, 은행측의 당좌예금계정 잔액이 과대계상된다. 따라서 은행측 잔액을 감소시킨다.

c) **미통지예금**(deposit by third parties)

거래처에서 대금결제를 위해 기업의 당좌예금계좌에 직접 입금하였으나 기업은 아직 은행이나 거래처로부터 이를 통보받지 못할 수 있다. 이 때, 기업측의 당좌예금계정 잔액이 과소계상된다. 따라서 기업측 잔액을 증가시킨다.

d) **은행수수료**(bank service charges)

당좌차월에 대한 이자와 같은 은행수수료가 당좌예금계정에서 차감되었으나 기업측에서는 아직 이를 알지 못하는 상황이 발생한다. 이 때, 기업측의 당좌예금잔액이 과대계상된다. 따라서 기업측 잔액을 감소시킨다.

e) 부도수표(not sufficent fund checks; NSF checks)

기업은 타사로부터 받은 수표를 은행에 입금하고 잔액을 증가시켰으나 타사의 잔고부족으로 은행으로부터 지급이 거절되어 반송되면 부도수표가 발생한다. 이 경우 은행은 부도수표 금액만큼 당좌예금 계정을 감소시키지만 기업이 이를 아직 통보받지 못하는 경우가 있다. 이 때, 기업측의 당좌예금계정 잔액이 과대계상된다. 따라서 기업측 잔액을 감소시킨다.

f) 기장오류(entry error)

기업과 은행 중 어느 한편에서 오류가 발생한 경우이다. 발생한 측에서 잔액을 조정한다.

감사인이 재무제표일 현재 회사측 당좌예금잔액을 기재하여 은행에 조회확인하면, 은행은 은행측잔액을 회신해 준다. 만약 회사측 당좌예금잔액과 은행측 조회회신잔액이 일치하지 않다면 감사인은 은행계정조정표를 검토하여야 한다. 은행계정조정표는 회사가 작성하는 것이고 감사인은 이를 입수하여 타당성을 평가하면 된다.

이 때 감사인은 은행계정조정표 조정항목과 조정방법의 타당성을 검토해야 한다. 이를 위해, 은행계정조정표상의 회사측 잔액과 회사 장부 상의 당좌원장과 대조하고, 은행계정조정표상의 은행측 잔액을 은행거래내역서와 대조한다. 또한 당좌예금의 기간귀속을 검토하여 회계처리의 적절성을 검토한다.

2) 예금횡령(kiting)의 감사

카이팅(kiting)은 기업이 의도적으로 은행간 대체거래를 발생시켜 예입은행 예금계정에는 입금기록, 지급은행 예금계정에는 출금처리를 하지 않아 기말잔액을 과대계상하는 부정수법을 의미한다. 이는 동일직원이 수표발행과 예금기록을 동시에 담당하거나 직원간 공모가 있는 등 예금의 내부통제가 취약할 때 발생한다.

따라서 이러한 카이팅 관련 부정을 발견하려면, 재무제표일 전후의 은행간대체거래를 검토하여 예금의 더블 카운팅 현상을 적발해야 한다. 이를 위해 은행간 대체거래명세서(bank transfer schedule)를 작성하여, 보고기간말 전후로 은행간 수표 입/출금내역을 동시 검증하고, 보고기간말 후 당좌원장 사본을 검토한다. 이를 통해 회사와 은행간 자금이체의 입금과 출금이 각각 동일한 회계기간에 기록되었는지를 검증한다.

2.2 매출채권과 매입채무

(1) 외부조회의 방법과 중요성

매출채권(매입채무) 계정의 실재성 검토를 위해, 실증절차에서 가장 중요한 감사절차는 거래처에 대한 외부조회이다. 외부조회는 문서나 전자 형태 또는 기타 형태의 매체에 의해, 제3자(조회 대상자)가 감사인에게 직접 회신함으로써 감사인에게 입수되는 감사증거를 나타냅니다. 외부조회에는 적극적 조회와 소극적 조회가 있다. 적극적 조회란 요청된 정보를 제공하여 감사인에게 직접 회신해 달라고 요청하는 조회 방법을 의미하는 반면 소극적 조회란 조회처가 조회서의 정보에 동의하지 않는 경우에만 감사인에게 직접 회신해 달라고 요청하는 조회의 방법이다.

예를 들어 감사인은 회사의 매출채권이나 매입채무 잔액 혹은 특정일의 거래 유무 및 계약 조건을 확인하기 위하여 조회 대상 거래처를 직접 선정하여 조회서를 작성하여 해당 거래처로부터 직접 회신받게 된다. 감사인이 감사대상회사의 거래처에 감사대상회사의 채권과 채무 현황에 대해 조회를 하고, 조회 결과를 감사대상회사의 장부 잔액과 비교하여 불일치하면 횡령이 발견될 수 있다. 최근에 재무팀 직원이 245억 원을 횡령한 B사의 경우는 담당 직원이 거래처로부터 대금을 받은 뒤 다른 거래처에 지급한 것으로 서류를 위조했다고 한다. 예를 들어, C사로부터 외상매출금 1억 원을 회수한 후 횡령을 하고, D사에 대한 1억 원의 외상매입금을 상환했다고 장부에 기록한 것이다. 이때는 은행 잔액과 회사장부상의 예금 잔액이 일치하므로 은행조회서를 확인해도 횡령을 발견할 수 없다. 이런 경우에는 D사에 채권채무조회서를 발송하여 B사의 외상매입금 잔액을 확인하면 횡령 사실을 발견할 수 있다. 따라서 횡령을 발견하려면 분기와 반기 검토, 기말 감사를 할 때뿐만 아니라 수시로 은행조회서를 통해 회사의 장부 잔액과 은행 잔액을 확인해야 하고, 채권채무조회를 할 때는 현재의 채권 · 채무 관계가 있는 거래처뿐만 아니라 과거 거래처까지 포함하여 가능한 많은 범위의 조회를 해야 한다.

외부조회 절차는 일반적으로 특정 계정잔액 및 그 구성요소와 연관된 경영진주장을 다룰 때 관련성이 있다. 그러나 외부조회가 계정잔액에만 국한될 필요는 없고 중요 약정사항이나 담보설정, 피감사 기업이 제3자와 맺은 계약이나 거래조건에 대하여 조회를 요청할 수 있을 것이다. 해당 조회요청은 계약에 어떤 수정이 있었는지 그리고 수정이 있다면 관련 세부사항은 무엇인지 묻기 위해 설계될 수 있을 것이다. 외부조회절차는 예를 들어 수익인식에 영향을 미칠 수 있는 “이면계약”이 없다는 것과 같이, 특정 조건이 존재하지 않는다는 것에 대한 감사증거를 얻기 위해 사용되기도 한다. 따라서 외부조회는 계정잔액의 실재성 확인뿐만 아니라 다양한 목적으로 활용된다.

채권 · 채무조회서는 원본, 회신용 2부가 작성되어 원본과 회신용은 해당 거래처에게 송부한다. 해당 거래처는 조회내용을 확인하여 원본은 보관하고 회신용은 담당 공인회계사에게 직접 송부한다.

채권채무조회서

_______________ _______년___월___일

_______________귀하

귀사의 사업이 더욱 번창하시기를 기원하오며, 항상 각별하신 협조에 감사드립니다.
바쁘실 줄 아오나 당사의 회계감사에 필요하여 201_년 __월 __일 현재의 귀사에 대한 당사의 채권 · 채무 잔액과 내용을 확인하고자 하오니 귀사의 장부와 대조, 확인하시고 그 상위유무를 아래 확인통지란에 금액과 내용을 기입, 서명 · 날인하여 회사보관용은 귀사에서 보관하시고 회신용은 즉시 당사의 감사인인 _______회계법인 또는 _______감사반 앞으로 직접 우송하여 주시기 바랍니다. 감사인의 주소가 기입된 회신용 봉투를 동봉한다. (전자조회의 경우에는 전자조회프로그램에서 요구하는 절차에 따라 금액과 내용을 기입하시고 귀사의 전자서명을 하여 주시기 바랍니다)

본 조회내용은 공인회계사법 제20조 및 「주식회사 등의 외부감사에 관한 법률」 제20조에 의거 그 비밀이 보장되고 회계감사 목적으로만 이용될 것이다.

_________(인)

1. 당사가 귀사로부터 받아야 할 금액(귀사가 당사에 지급해야 할 금액)

계정과목	적 요	금 액	비 고
		₩	
합 계		₩	

2. 당사가 귀사에게 지급하여야 할 금액(귀사가 당사로부터 받아야 할 금액)

계정과목	적 요	금 액	비 고
		₩	
합 계		₩	

확 인 통 지

_______회계법인 또는 _______감사반 귀중 ______년___월___일

1. 위 조회서에 기재된 금액과 내용은 당사 장부와 일치하고 있으므로 이에 서명, 날인하여 통지한다.
2. 아래와 같은 상위점의 있음을 알려드립니다(일자, 내용, 금액을 기재하여 주시고 지면이 부족한 경우에는 별지를 첨부하여 주시기 바랍니다).

____

____

____

년 월 일

주 소 ____________

회사 또는 기관명 ____________

대 표 자 성 명 ____________ (인)

문의처 : 담당공인회계사 : __________ (전화 : ________)

감사인명 : _______회계법인 또는 _____감사반

(2) 외부조회시 주의사항주요 계정별 실증절차

외부조회 감사절차시 주의해야 할 점이 있다.

첫째, 조회대상(조회처)은 감사인이 직접 선정하여야 한다. 피감사기업이 조회대상을 선정한다면 정상적인 거래처만 샘플링할 가능성이 크기 때문이다.

둘째, 외부조회서는 감사인이 직접 발송하고 수신하여야 한다. 피감사기업의 누락 발송 및 변조 가능성을 차단하기 위해서이다.

조회서가 회신되면 감사인은 회신잔액과 장부(조회리스트)를 대조하여 일치여부를 확인하게 된다. 이 때 매출채권의 경우 외부조회는 실재성에 대한 신뢰할 수 있는 설득력 있는 감사증거가 된다. 그러나 는 채권의 회수가능성(평가)이나 기록되지 않은 채권의 존재유무(완전성)에 대한 증거를 제공하지는 않는다. 특히 부채의 경우는 조회대상에서 애초에 누락되어 있을 가능성 때문에 매입채무 등에 대한 외부조회는 실재성에 대한 증거를 제공하지만 완전성 목적을 검증하는 데는 한계가 있다. 회사가 거래 관계에 있는 은행이나 거래처 명단을 처음부터 고의로 공인회계사에게 제출하지 않으면 공인회계사는 외부조회 자체를 할 수 없다. 특히, 채권채무조회의 경우에는 표본조사를 하므로 조회서를 발송하지 않은 거

래처와 관련된 횡령이 발생하면 발견이 어렵고, 해당 거래처 직원과 공모하여 거래처에서 거짓 답변을 해도 횡령 사실을 발견하기 어렵다.

따라서 내부회계관리제도의 구축과 운용이 중요하다. 자금집행업무와 회계업무, 거래처 관리 업무 등을 다른 사람이 담당하도록 하는 '업무분장', 중요한 거래에 대하여 상급자가 실질적인 '승인'을 하고, 자금부서와 구매부서 등의 '업무순환'이 제대로 이루어지고 있는지가 중요하다. 재무제표에 대한 회계감사가 사후에 발견하는 것이라면 내부회계관리제도는 사전에 예방하는 역할을 하기 때문이다.

2.3 재고자산

(1) 재고자산의 원가배분

재고자산의 원가배분은 총판매가능 재고자산에 집계된 원가를 판매된 부분(매출원가)과 미판매된 부분(기말 재고자산)으로 배분하는 과정을 의미한다. 즉 재고자산의 원가배분은 전기말에 안 팔려서 당기로 넘어온 기초 재고에 당기에 새롭게 매입한 당기 매입분을 합한 당기 총판매가능상품을 판매 분은 매출원가로, 미 판매분은 기말 재고자산으로 배분하는 과정을 의미한다.

[그림 7-1] 재고자산의 원가배분 실무 적용 방법

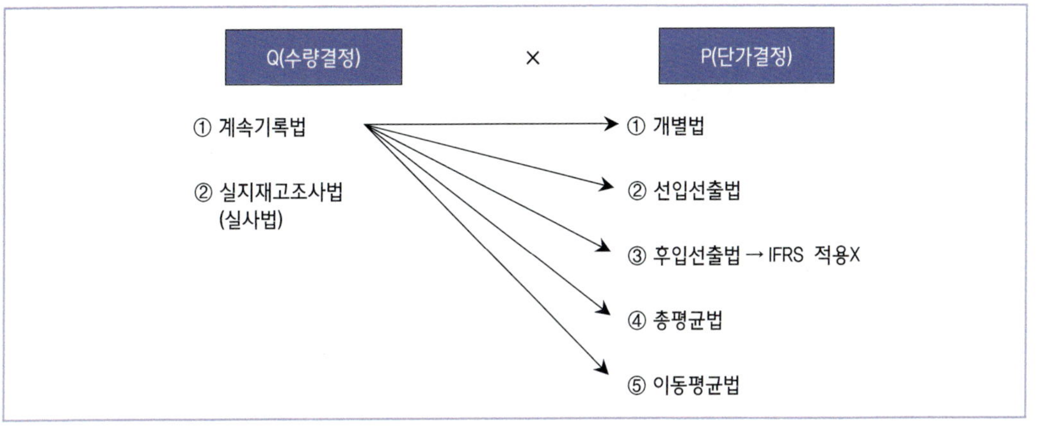

위 사례에서 확인할 수 있는 바와 같이, 당기 총판매가능 상품 중 외부에 판매된 수량에는 판매 수량에 대응되는 단가를 곱하여 매출원가로 원가배분을 하게 된다. 반면에 당기총판매가능 상품 중 외부에 판매되지 않은 미판매 수량에 대해서는 미판매 수량에 대응되는 단가를 곱하여 기말 재고자산으로 원가배분을 하게 된다.

이 때 판매 수량 및 미판매 수량을 결정하는 방법에는 계속기록법과 실지재고조사법(실사법)이 존재한다. 당기 총판매수량 중 기초 재고와 당기 매입분 간에 매입단가의 차이가 존재할 수 있는데 이러한 매입 단가의 결정을 위해서는 개별법, 선입선출법, 후입선출법, 총평균법, 이동평균법이 존재한다.

기말재고자산은 수량에 단가를 곱하여 산출된다. 수량과 단가에 대해 각각 적용되는 감사절차가 다음과 같이 상이함에 주목해야 한다.

[그림 7-2] 재모자산 감사절차

재고자산		수 량		단 가
감사목적 (감사기술)	=	실재성 (실사 또는 실사입회)	×	평 가 (원가계산 검토)

일반적으로 회사는 기중에는 계속기록법, 기말에는 실지재고조사법을 병행하는 병행법에 의해 기말재고수량을 확정한다.

(2) 재고자산 관련 실증절차

감사인은 회사로부터 재고자산 수불부를 확보하여 수량에 대한 실재성 확인을 위해 감사인이 직접 실물을 검사하는 방법(실물검사)과 회사(특히 내부감사팀)가 재고실사를 수행하고 감사인이 입회하는 방법(관찰)이 있다.

이를 통해 재고자산의 실재성을 확인하고 기간귀속(cut-off)의 적정성을 확인하고 담보제공 되었거나 처분이 제한된 재고자산의 확인과 더불어 진부화 재고자산을 파악한다.

단가계산의 적정성은 실제 감사인이 재계산해보는 절차를 많이 취한다. 단가의 적정성은 원가계산을 검토함으로써 확보할 수 있다. 단가의 적정성에 대한 감사는 다음과 같이 진행된다.

① 원가계산서를 입수하여 전기와의 계속성, 원가계산논리의 합리성 검토

② 재고자산 단가적용과 계산과정의 정확성 검토

③ 진부화된 재고자산을 파악하고 그 평가의 적정성 검토

④ 순실현가능가액이 취득원가보다 하락한 경우에 순실현가능가액으로 평가하였는지 여부 검토

⑤ 재무제표일을 전 · 후한 일정기간 동안의 재고자산의 기간귀속 검토(cut-off test)

재무제표에서 재고자산이 중요한 경우, 감사인은 다음의 절차를 통하여 재고자산의 실재성과 상태에 관한 충분하고 적합한 감사증거를 입수하여야 한다.

(a) 실행불가능하지 않는 한, 아래의 절차를 수행하기 위해 재고자산 실사에 입회함 (문단 A1-A3 참조)

  (i) 재고자산 실사의 결과를 기록하고 통제하기 위한 경영진의 지시와 절차의 평가 (문단 A4 참조)

  (ii) 경영진이 수행하는 실사절차에 대한 관찰 (문단 A5 참조)

  (iii) 재고자산에 대한 조사 (문단 A6 참조)

  (iv) 테스트 실사의 수행 (문단 A7-A8 참조)

(b) 재고자산의 최종 기록이 재고자산 실사의 결과를 정확하게 반영하고 있는지 여부를 결정하기 위해 재고자산의 최종 기록에 대한 감사절차를 수행함

재고자산 실사가 재무제표일이 아닌 일자에 수행될 경우, 감사인은 문단 4에서 요구하는 절차에 추가하여 실사일과 재무제표일 사이의 재고자산 변동이 적절하게 기록되었는지 여부에 대한 감사증거를 얻기 위한 감사절차를 수행하여야 한다. 감사인이 예상하지 못한 상황으로 재고자산 실사에 입회할 수 없는 경우 감사인은 다른 일자를 정하여 재고자산을 실사하거나 실사에 입회하여야 하며, 기업의 재고자산 실사일과 감사인의 실사일 (또는 실사입회일) 사이의 거래에 대한 감사절차를 수행하여야 한다.

제3자가 보관, 통제하고 있는 재고자산이 재무제표에 중요한 경우, 감사인은 다음 중 하나 이상의 절차를 수행하여 해당 재고자산의 실재성과 상태에 관한 충분하고 적합한 감사증거를 입수하여야 한다.

(a) 기업을 위하여 보유하는 재고자산의 수량과 상태에 대하여 해당 제3자의 조회를 요청함

(b) 해당 상황에 적합한 검사 또는 기타의 감사절차를 수행함(문단 A16 참조)

2.4 차입금과 부외부채

(1) 차입금 감사절차

1) 은행조회서를 통한 실증절차

은행조회서를 통해 차입금 잔액의 실재성과 완전성 등에 대한 감사증거를 확보할 수 있으며, 중요한 약정사항이나 담보제공 내역 등의 확인도 가능하다. 따라서 앞서 언급한 은행

조회서 발송시의 제반 주의사항에 의거하여 감사인은 면밀히 조회절차를 취하여야 한다. 이와 관련하여 과거 SK글로벌에서 은행조회 절차가 제대로 취해지지 않아 발생되었던 분식회계 사례를 이해할 필요가 있다.

SK글로벌이 과거 1조5천억원대의 분식회계를 할 때 은행들도 직·간접적으로 연루됐던 것으로 밝혀졌다. SK글로벌이 2001 회계연도 결산에서 1조1천8백억원의 은행대출금(유전스·기한부수출환어음매입)을 누락시킬 수 있었던 것은 일부 은행이 대출잔액증명서(은행조회서)상의 '대출잔액'란을 공란으로 처리해줬기 때문이었다. 또한 여신 규모가 컸던 3~4개 은행은 대출잔액을 기재하긴 했지만 회계법인에 우편으로 보내야 할 은행조회서를 SK글로벌에 넘겨줘 결과적으로 서류 위조를 방조한 책임이 있었다.

지난 2000년말까지 대부분의 은행들은 SK글로벌에 대한 은행조회서에 유전스의 '대출한도'만 기재하고 '대출잔액'(현재 나가 있는 대출금)은 공란으로 처리해줬었다. SK글로벌은 이 조회서를 유전스 대출잔액이 없음을 증빙하는 자료로 회계법인에 제시했고 회계법인은 이를 대출잔액이 없는 것으로 해석해 면죄부를 줬다.

게다가 2001 회계연도 결산 때 대출규모가 큰 3~4개 은행은 종전과 달리 조회서를 제대로 작성하긴 했지만 회계법인에 직접 조회서를 전달하도록 되어있는 규정을 어기고 SK글로벌에 넘긴다. SK글로벌은 은행에서 받아온 이들 조회서를 위조해 유전스 대출잔액을 공란으로 처리한 뒤 회계법인에 보낸 것으로 드러났다.

이러한 SK 글로벌 사례의 은행조회 절차에서 잘못된 것은 무엇이었을까? 이는 다음과 같이 정리할 수 있다.

[표 7-2] SK글로벌 은행조회 절차 상의 문제점

업무처리 단계	은행 조회서 작성(은행)	은행 조회서 발송(은행)	회 사	회계감사
정상적 업무흐름	업체의 대출한도와 실제 대금(대출잔액을 빠짐없이 기재)	업체와 회계법인에 각 1부씩 발송	대출금 내역을 사실대로 기장	회사측 보고와 은행 조회서 비교/검증
SK글로벌 실제사례	대출 잔액 표기 누락	회계법인용 은행조회서도 SK글로벌에 연계	대출금 1조 1천 8백억원 누락	추가확인 없이 회사측 보고 인정

2) 차입금 변동 내역에 대한 검토

은행조회서를 통해서는 주로 차입금 잔액에 대한 검증이 이루어지므로 차입금 변동 내역에 대한 추가 감사절차가 필요하다. 차입금 조달 관련하여 실제 계약서와 대사하는 절차와 차입금 상환 관련하여 실제 적절한 지급 관련 통제가 작동하였는지 그리고 장부상 상환 금액과 예금거래내역에서의 상환금액이 동일한지 등을 확인하는 절차가 필요하다.

(2) 부외부채 감사절차

부외부채는 은행조회서를 통해 확인하는 것이 어렵다. 조회 대상에서 누락되기 쉽기 때문이다. 따라서 부외부채 파악을 위해 이자비용 테스트(Overall test)를 흔히 수행한다. 이자비용 테스트(Overall test)는 분석적 절차 중 비율분석에 해당한다.

● 이자비용 테스트(Overall Test)

차입금 보조원장에서 이자율별 차입금적수를 산출하고, 차입금적수를 이용하여 평균차입금을 계산하고 동 금액에 평균이자율(계약서의 약정이자율을 근거로 계산)을 곱해 이자비용의 기대치를 구한다. 이때 수용할 수 있는 기대치와의 차이금액(중요성수준)을 결정하고, 장부상 이자비용과 이자비용의 기대치를 비교한다. 기대이자비용이 장부의 이자비용보다 낮다면 부외부채 가능성을 의심해 볼 수 있으며, 반대의 경우라면 미지급이자와 이자비용을 계상하지 않았을 가능성이 존재한다.
예를 들어 재무상태표 차입금의 연평균잔액이 1,000,000원이며, 손익계산서에 이자비용으로 120,000원이 계상되어 있다. 감사인이 차입계약서를 통해 구한 평균차입이자율은 10%이다. 연평균잔액에 평균차입이자율을 곱하여 계산한 기대이자비용은 100,000원이다. 이렇게 기대이자비용보다 장부의 이자비용이 더 크다면 차입금의 과소계상, 즉 부외부채의 존재가능성을 의심해 볼 수 있다.

2.5 기타 계정

(1) 유형자산 감사절차

1) 검증 대상

유형자산은 감가상각 대상 자산과 비감가상각 대상 자산으로 분류할 수 있다. 토지 등 비감가상각 대상 자산의 경우, 기말 잔액만을 검증하면 된다. 반면에 건물 · 구축물 · 기계장치 등 감가상각 대상 자산의 경우, 본 계정(취득가액)과 감가상각누계액 계정의 기말 잔액 뿐만 아니라 당기 감가상각비 계정도 검증해야 한다.

2) 감사 기술

이 때 기말잔액의 경우 전기말 잔액에 대한 감사는 이미 이루어진 상황이므로, 기중 거래에 해당하는 당기 증가액(취득 등)과 감소액(처분 등)을 감사함으로써 기말 잔액에 대한 합리적인 확신을 얻는 방법을 많이 사용한다. 즉 기중거래에 대한 실증테스트를 통해 유형자산의 실재성에 대한 감사증거를 획득하게 된다.

대상 자산이 매우 방대한 감가상각비의 경우에는 샘플링을 통한 재계산을 통해 금액을 검증하기도 하지만, 분석적절차를 통하여 비정상적인 부분을 파악하여 해당 부분을 실증테스트하는 방법을 주로 사용한다. 이를 통해 감가상각비의 완전성을 감사하게 된다.

또한 추가적으로 재무제표에 계상되어 있는 유형자산에 대한 권리와 의무를 감사하기 위해 관련된 질권 설정과 보험 가입 현황을 확인한다.

(2) 자본 감사절차

1) 검증 대상

자본 계정은 자본금, 자본잉여금, 이익잉여금, 기타포괄손익누계액, 자기주식 등 자본조정 계정으로 분류할 수 있다. 자본 계정의 경우, 자본금, 자본잉여금, 이익잉여금, 기타포괄손익누계액, 자기주식 등 자본조정 계정 등의 기말 잔액을 검증해야 한다.

2) 감사 기술

이 때 기말잔액의 경우 전기말 잔액에 대한 감사는 이미 이루어진 상황이므로, 기중 거래에 해당하는 당기 증가액(증자)과 감소액(감자)을 감사함으로써 자본계정의 기말 잔액에 대한 합리적인 확신을 얻는 방법을 많이 사용한다. 자본 계정별로 기중 거래에 대한 감사 주안점은 다음과 같이 정리할 수 있다.

계 정	실증 절차
자본금	• 증자 : 수권자본범위인지 확인, 입금기록과 등기부등본 확인 • 감자 : 이익소각 혹은 상법상 자본감소의 절차를 제대로 준수했는지에 대한 확인, 감자차손익의 적절성 확인, 출금기록과 등기부등본 확인 • 현물출자 : 출자자산 공정가치 평가가 적절한지와 회계처리 적절성 확인 • 주주명부/주식대장 검토를 통하여 기중 자본 변동상황 확인

자본잉여금	• 자본잉여금 구성내역과 증감사항에 대한 샘플 테스트 통한 금액의 타당성 검토 • 전환증권 발행과 전환 관련하여 회계처리의 적절성 검토
이익잉여금	• 이익잉여금 증감내역의 주주총회 승인여부 확인 • 이익준비금 등의 적립에 법규 준수했는지 여부 확인 • 배당금액 재계산 검증
기타포괄손익누계액	• 기타포괄손익 계정분류의 적절성 확인 • 관련 항목의 처분거래시의 손익인식 처리의 적절성 확인
자기주식의 취득	• 취득경위, 향후 처리계획, 담보제공 여부 확인 • 회계처리 적절성 여부를 확인 • 주식소각목적의 취득시 실제 소각 여부 확인

제3절 가상자산의 회계처리와 감사절차

3.1 가상자산의 개념과 회계정보 산출의 이슈

(1) 가상자산의 개념

가상자산은 블록체인과 분산원장 기술과 암호화에 기반을 둔 디지털 금융자산을 총칭하는 자산을 의미한다. 가상자산은 가상화폐, 암호화폐, 암호자산 등 다양한 용어로 불리우고 있으나, 분산원장과 암호화에 기반을 두고 있고, 중앙은행이나 공공기관에 의해 발행되거나 그 가치가 담보되지 않으며, 교환, 투자, 또는 재화 · 서비스에 접근하기 위한 수단으로 사용 가능하다는 특징을 공유한다.

(2) 가상자산의 분류

1) 코인 vs 토큰

가상자산은 자체 메인네트워크를 보유하고 있는지 여부에 따라, 코인과 토큰으로 분류할 수 있다.

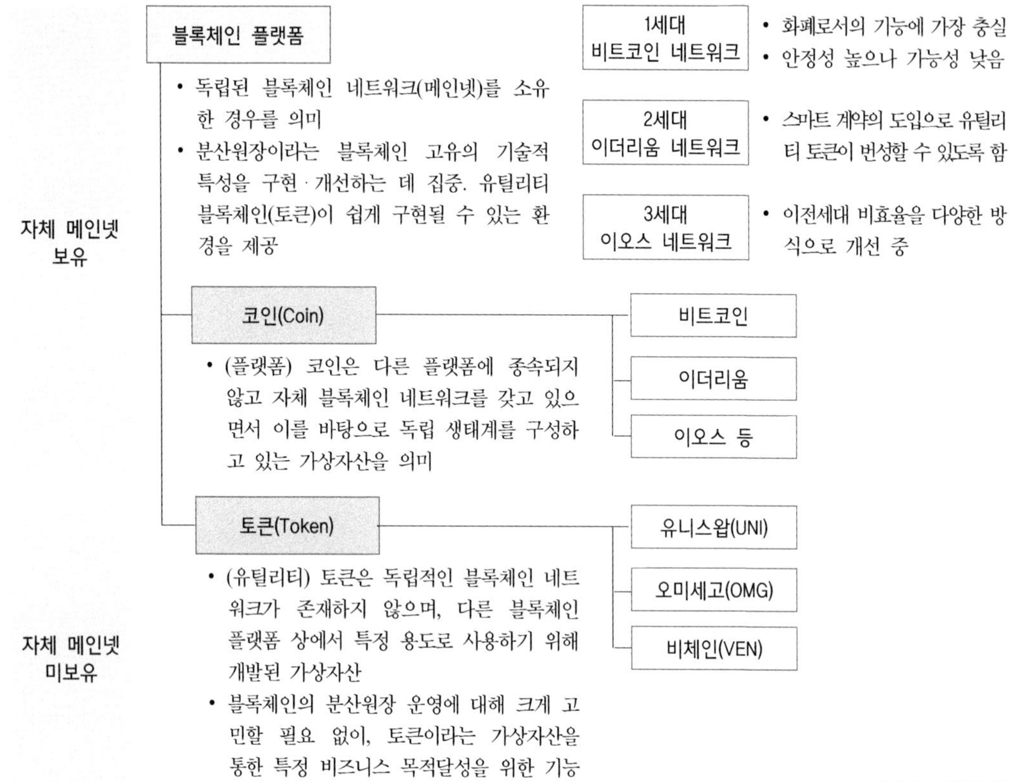

[자료 : 해시넷]

2) 유형에 따른 가상자산 분류

가상자산은 스위스 금융감독당국인 FINMA의 분류에 따라 지불형 토큰, 증권형 토큰, 유틸리티 토큰으로 분류할 수 있다. 또한 블록체인 기술을 기반으로 만들어진 최초의 디지털 가상자산인 비트코인과 비트코인의 단점을 해결하기 위한 대안적 코인인 알트코인으로도 분류할 수 있다. 즉, 비트코인 외에 나머지 모든 가상자산은 알트코인으로 지칭한다.

가상자산

스위스 금융당국 FINMA*에 따른 가상자산 유형

- 지불형 토큰 (Payment Token)
  - 특정 재화나 서비스를 구입할 때 지급결제 수단으로 쓰임
  - 송금 또는 가치 이전을 위해 사용되며 대표적으로 비트코인, 이더리움 등이 있음
- 증권형 토큰 (Asset Token)
  - 향후 이익과 미래 현금흐름에 따라 배당을 받는 등 주식의 성격을 갖는 토큰
  - 금, 상품, 부동산 등 실물 자산을 담보로 하는 자산형 토큰
  - 주식의 성격을 갖는 증권형 토큰의 경우 증권법(자본시장법) 규제 대상
- 유틸리티 토큰 (Utility Token)
  - 블록체인을 기반으로 만들어진 애플리케이션(이하 앱)이나 서비스를 이용할 때 사용
  - 대체로 규제 대상이 아님
  - 발행 시점에 투자 성격을 가지고 있다면 증권법을 적용받는 자산형 토큰으로 볼 수 있음

비트코인을 기준으로 한 가상자산 유형

- 비트코인 (Bitcoin)
  - 블록체인 기술을 기반으로 만들어진 최초의 디지털 가상자산
  - 비트코인의 화폐 단위는 BTC로 표시
- 알트코인 (Altcoin)
  - 알트코인은 Alternative Coin의 약자이며, 비트코인 외 나머지 모든 가상자산을 알트코인으로 지칭
  - 비트코인의 단점을 해결하기 위한 대안적 코인을 의미

[자료 : 해시넷]

3) 사용목적에 따른 가상자산 분류

가상자산은 사용목적에 따라 아래와 같이 분류할 수 있다.

[표 7-3] 사용 목적에 따른 가상자산 분류

구 분	목 적	예
결제 코인 (Payment Coin)	결제 코인은 결제 수단으로 사용되기 위해 화폐처럼 실생활에서 상품이나 서비스의 대가로 결제 · 송금 · 지불 목적으로 사용하기 위해 개발된 가상자산을 의미	비트코인(BTC), 비트코인캐시(BCH), 라이트코인(LTC) 등
스테이블 코인 (Stable Coin)	가상자산은 가격 변동성이 크고 안정적이지 않기 때문에 일상적으로 사용하기에 부적절하며, 이런 문제를 해결하기 위해 다른 가상자산과는 달리 가치가 거의 변동되지 않고 안정적으로 일정하게 유지되는 가상자산을 지칭	테더(USDT), USD코인(UDSC), 다이(DAI), 트루USD(TUSD) 등

구 분	목 적	예
유틸리티 코인 (Utility Coin)	게임, 콘텐츠 등 다양한 서비스를 이용하기 위해 사용하는 코인을 뜻하며, 대개 이더리움과 같은 플랫폼상에서 작동하는 탈중앙화 애플리케이션(Decentralized Application, DApp) 방식으로 개발됨	파일코인(FIL), 시아코인(SC) 시빅코인(CVC) 등
플랫폼 코인 (Platform Coin)	비트코인이 거래와 관련된 정보와 저장되는 한계를 극복하고 거래 관련 정보뿐만 아니라 블록체인 기반으로 스마트 계약 또는 DApp을 개발할 수 있는 플랫폼에서 사용되는 코인을 의미	이더(ETH), 이오스(EOS), 트론(TRX), 넴(NEM) 등
디파인 코인 (DeFi Coin)	디파인 코인은 디파이 경제에서 사용되는 가상자산 코인이며, 탈중앙 거래소, 유동성 풀에서 이자농사(Yield Farming), 대출, 자산관리, 디지털 지갑, NFT 등을 위해 사용되는 가상자산	유니스왑(UNI), 애벌런치(AVAX), 에이브(AAVE) 등
프라이버시 코인 (Privacy Coin)	자금 출처와 목적지를 불분명하도록 할 목적으로 영지식증명(Zero-knowledge Proof) 기술 등을 이용하여 블록체인상에 트랜잭션을 숨기거나 암호화(익명성 · 추적 불가능성 유지)하여 소유자의 노출을 방지하는 가상자산	모네로(XMR), 대시(DASH), 지캐시(Zcash) 등
증권형 토큰 (Security Token)	자금 조달을 목적으로 분산원장기술을 이용한 가상자산 중 증권 속성을 가진 토큰을 의미하며, 매매 시세 차익, 배당 등 약정된 수익을 목적으로 투자	INX 토큰(INX), tZero토큰(TZROP), Blockchain Capital(BCAP) 등

[자료 : 해시넷]

(3) 가상자산의 밸류체인과 회계정보 산출 상의 이슈[1)]

가상자산의 벨류체인은 가상자산 발행, 가상자산 거래, 가상자산 보관, 가상자산의 관리 및 운용, 가상자산의 확장 등으로 구분할 수 있다. 현재 이러한 벨류체인 중에서 가산자산 발행은 국내 규제로 인해 대부분 싱가폴 등 해외에서 이뤄지고 있는 실정이다. 가상자산 거래를 위한 거래소 이외에는 나머지 밸류체인 상의 내용들은 아직 활성화되지 못하고 있다.

1) 금융감독원의 2022.11.15.(화) '가상자산 회계감독 관련 전문가 간담회 논의 결과 및 향후 계획' 보도자료를 참고하여 요약하였다.

[그림 7-3] 가상자산의 밸류체인

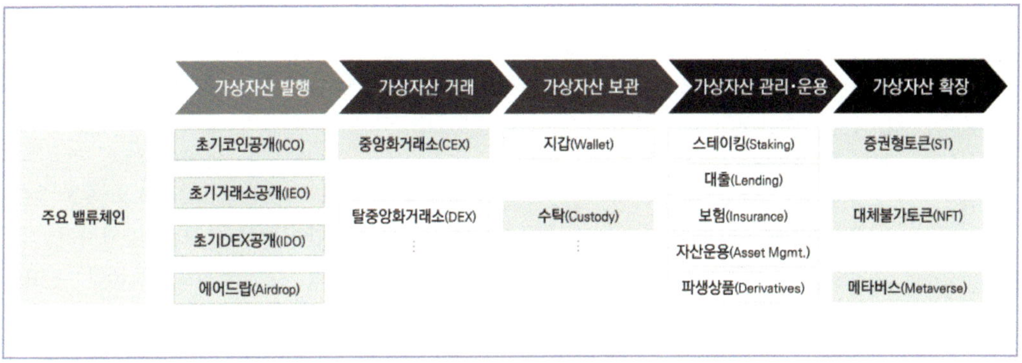

즉, 가상자산은 업권법을 포함한 규제 체계가 완벽하지 못하며, 중개거래, 신사업 활용 등에 따른 다양한 회계 이슈가 있으나, 신분야로서 회계 · 감사지침이 아직 마련되지 못한 상황이다.

예컨대, 우리나라가 채택중인 국제회계기준은 보유시 적용하는 지침(영업목적 보유시 재고자산으로, 그 외는 무형자산)만 있을 뿐, 그 외는 정해진 바가 없다. 또한 가상자산을 둘러싼 기업 등 관계자별로 회계기준 적용(기업)이나 회계감사(감사인)상 애로가 발생하고 관련 정보 제공(이용자)도 미흡하다. 국내 가상자산 매각(수익인식) 관련 논란, 테라·루나 사태, 최근 FTX의 파산 신청 등 일련의 사건으로 가상자산 관련 정보가 투명하게 제공될 필요성이 점점 증가하고 있는 상황이다.

3.2 가상자산의 회계처리 현황과 회계 이슈

가상자산은 크게 ①개발 · 발행(발행사), ②사전판매 등 매각(발행사), ③취득(보유자), ④시장거래(가상자산거래소) 측면에서 회계처리 쟁점이 발생한다.

[표 7-4] 가상자산 거래별 핵심 판단사항 및 회계이슈(요약)

단 계	핵심 판단사항	국내 현황	제기되는 회계이슈
발 행	개발 가상자산의 자산화 여부	엄격한 무형자산의 자산화 요건으로 인해 보수적인 관점에서 전액 비용처리	통상의 무형자산과 다르므로 자산화 요건을 달리 정할 필요(▶기준서 제 · 개정 필요)

단 계	핵심 판단사항	국내 현황	제기되는 회계이슈
매 각	매각대금의 수익인식을 위한 계약상 수행의무* 완료 여부 * 수행의무의 범위를 어디까지 볼지(매각계약상 의무 vs 백서상 의무) 여부	보수적인 관점에서 백서상 의무까지 계약상 수행의무로 보아 수익 이연 다만, 발행사의 수행의무의 범위, 이행정도에 대한 정보는 공시되지 않고 있음	가상자산의 가치는 사용되는 플랫폼의 안정화 및 활성화와 관련성이 높으므로 백서 등의 수행의무 파악이 매우 중요 다만, 수행의무 범위 등은 판단이 어려우므로 발행사가 직접 주석공시로 제공할 필요(▶주석 요구사항에 반영)
보 유 (취 득)	재고자산(영업목적) 또는 무형자산 분류의 적정성 여부	중개 목적인 가상자산거래소는 재고자산으로, 일반 기업은 주로 무형자산으로 분류 ※ 재고자산 또는 무형자산은 취득원가 이상의 가치(평가) 상승은 불인정	활성화된 시장이 존재하는 가상자산은 공정가치 평가로 가치상승 재무제표 반영 필요(▶기준서 제·개정 필요) 보유 가상자산 현황(보유목적, 규모 등)에 대한 주석공시 강화(▶주석 요구사항에 반영)
거 래 (거래소)	고객위탁 가상자산을 거래소 자체 자산·부채로 인식* 여부 * 가상자산 암호를 거래소가 보유하고, 해킹 등의 발생시 거래소 책임범위 불명확 등으로 인식 필요 주장	고객위탁 가상자산은 거래소가 통제권을 보유하고 있지 않으므로 재무제표에 미인식 ※ IFRS는 자산의 통제권을 기준으로 자산인식 여부 결정 아울러, 위탁된 가상자산 수량 및 금액에 관한 정보는 적용하는 회계기준에 따라 상이	가상자산의 기술적, 법적위험과 아울러 투자자 보호 측면에서 거래소의 자산 및 부채로 인식할 필요성 제기 ※ 일본('18.3월)과 미국('22.3월)은 거래소 자산과 부채로 인식 위탁자산의 주석정보에 대한 기준을 일치시키고 강화할 필요(▶주석 요구사항에 반영)

3.3 가상자산의 주석공시 이슈

가상자산의 거래규모, 투자자 보호 등을 고려할 때 가상자산 관련 유용한 정보를 주석으로 제공할 필요성이 크다. 다만, 기준서상 관련 근거가 없을 경우 기업의 자율적 판단에 따른 공시만 가능하므로, 주석공시 기피 방지 등을 위해서는 주석공시 의무화가 바람직하다. 이 경우 기준서에 주석공시 근거를 신설할 필요가 존재한다.

[표 7-5] 가상자산 주석공시 이슈(요약)

<table>
<tr><th>단 계</th><th>이 슈</th></tr>
<tr><td>발 행</td><td rowspan="2">• 플랫폼 구축 등 발행사의 의무범위와 이행정도에 따라 가상자산 가치나 수익 인식 등에 영향을 미쳐 관련 정보제공이 중요
- 매각한 경우 매각대가, 수익인식 여부 등의 정보도 제공
• 개발사 보유 가상자산은 총발행물량의 상당부분을 차지하고 있어 보유 수량(변화), 금액 등의 정보를 추가로 공시할 필요</td></tr>
<tr><td>매 각</td></tr>
<tr><td>보 유
(취 득)</td><td>투자자 등의 경우 회사의 가상자산 보유 목적 및 경로, 금액규모, 시장가치 등에 대한 정보를 요구</td></tr>
<tr><td>거 래
(거래소)</td><td>• 고객 위탁 가상자산은 그 규모가 상당하고 해킹 등 발생시 법적 리스크를 고려할 때 관련 정보제공이 필요
- 위탁 가상자산의 금액, 수량 정보와 가상자산 사업자가 부담할 수 있는 잠재적 위험 및 영향 등을 공시</td></tr>
</table>

3.4 가상자산의 회계감사 이슈

가상자산 감사위험을 이해하고 적정 감사품질을 확보할 수 있도록 가상자산 감사 가이드라인의 마련이 시급한 상황이다. 감사와 관련된 이슈는 다음과 같다.

[표 7-6] 가상자산 회계감사 이슈(요약)

단 계	이 슈
감사인 적격성	• 감사인 구성원의 가상자산 산업에 대한 충분한 지식 보유 여부 • 내·외부 전문가 활용 가능 여부, 블록체인 검증 및 가상자산 평가에 필요한 기술 또는 감사 도구 활용 가능성 등 평가 필요
발 행	발행기업의 수행의무 이행 여부 등 수익인식 회계정책을 평가하고 노드 생성 전 발행 자산에 대한 실재성 검증 등 절차 수행
매 각	• 가상자산 매각거래 관련 발생사실 관련 정보 검증이 필요 • 가상자산의 완전성 확인을 위해 증감분석, 기말과 기초리스트 비교, 예외적으로 취득한 자산 인식 여부(예, 무상 등) 등 확인 필요
보 유 (취 득)	• 내부통제 평가와 아울러 신뢰 가능한 프로그램을 통하여 회사 보유량과 블록체인상 기록 일치 여부 확인 필요 • 실재성 파악을 위해서는 개인키(회사 단독) 보유 확인이 중요하며, 제3자 보관 가상자산에 대한 외부조회도 병행 고려
거 래 (거래소)	고객 위탁 보유분과 자체 소유분과의 구분 관리 및 고객 위탁분 관련 리스크 관리 방안에 대한 검토 필요

Chapter 7 생각해 볼 문제

(1) 채권 · 채무 잔액의 실재성에 대한 실증절차 방법으로 외부조회가 가장 널리 활용되는 이유는 무엇일까?

채권 · 채무 잔액의 실재성을 검증하기 위해서는 다음 두가지 방법을 고려해 볼 수 있다.

첫번째 고려 가능 방법은 외부조회이다. 외부조회는 문서나 전자 형태 또는 기타 형태의 매체에 의해, 제3자(조회 대상자)가 감사인에게 직접 회신함으로써 감사인에게 입수되는 감사증거를 나타냅니다. 예를 들어 감사인은 회사의 매출채권이나 매입채무 잔액 혹은 특정일의 거래 유무 및 계약 조건을 확인하기 위하여 조회 대상 거래처를 직접 선정하여 조회서를 작성하여 해당 거래처로부터 직접 회신 받게 된다.

두번째 고려 가능 방법은 문서검사(역진법)이다. 재무제표에 기록된 매출채권 리스트에서 샘플링 된 건이 실제로 존재하는지 확인하기 위해 거래 상대방의 서명이 존재하는 계약서 등을 검토해야 한다.

그런데 감사증거의 신뢰성은 기업 외부의 독립된 원천으로부터 입수할수록 그 신뢰성이 높아집니다. 따라서 채권 · 채무 잔액의 실재성을 검증하기 위한 방법으로써 좀더 그 신뢰성이 높아서 감사증거의 적합성이 높다고 판단되는 외부조회 방법을 활용하게 된다.

(2) 외부조회 실증절차시 유의할 점은 무엇인가?

외부조회 감사절차시 주의해야 할 점이 있다.

첫째, 조회대상(조회처)은 감사인이 직접 선정하여야 한다. 피감사기업이 조회대상을 선정한다면 정상적인 거래처만 샘플링 할 가능성이 크기 때문이다.

둘째, 외부조회서는 감사인이 직접 발송하고 수신하여야 한다. 피감사기업의 누락 발송 및 변조 가능성을 차단하기 위해서이다. SK 글로벌 분식회계 사건을 보면 감사인의 외부조회서를 피감사기업이 수취하여 변조하는 사례를 확인할 수 있다.

(3) 채무 잔액에 대해서 외부조회 실증절차가 효과적이지 않은 이유는 무엇인가?

감사인은 회계감사 시 부채의 경우 완전성과 의무에 초점을 두어 회계감사를 수행해야 한다. 회사의 경영진은 부채는 과소계상하려는 유인이 있다. 즉 감사인은 경영진이 상환의무가 있는 부채를 누락하는 등 완전하지 않게 계상할 가능성에 집중해야 한다.

그런데 외부조회 절차는 실재성을 확인하는데 적합한 감사절차이다. 즉 외부조회 절차는 채무의 완전성을 검증하는데 관련성이 떨어져서 감사증거의 적합성에 문제가 발생한다.

또한 채무 잔액의 실재성 검증 목적으로 외부조회 절차를 적용할 경우 샘플링하는 거래원시증빙 리스트 자체에서 누락될 위험이 있으므로 채무의 실재성 검증에 효과적이지 않다.

(4) 재고자산 잔액에 대해서 문서감사를 통한 실증절차가 효과적이지 않은 이유는 무엇인가?

감사인은 회계감사 수행 시 자산의 경우 실재성과 권리에 초점을 두어 회계감사를 수행해야 한다. 외부 자금차입이나 본인의 성과급 극대화를 위해 경영진은 회사의 자산을 과대평가하려는 유인이 있다. 따라서 감사인은 경영진이 실재하지 않고 권리도 없는 자산을 계상할 가능성에 집중해야 한다.

재고자산의 경우 경영진이 당기순이익 극대화를 위해 가공의 재고자산을 만들어서 재고자산 원가배분 과정에서 매출원가를 감소시켜 당기순이익을 극대화하는데 활용하기 쉽다. 따라서 재고자산 수량의 실재성을 확인하는 것이 매우 중요한다. 그런데 재고자산의 실재성을 확인하기 위해 문서검사(역진법)을 적용하는 것은 감사증거의 신뢰성에 문제의 소지가 있다. 따라서 감사인은 직접 실사를 하거나 피감사기업의 실사에 입회하여 관찰함으로써 재고자산의 실재성을 검증해야 한다. 더불어 제 3자가 보유하고 있는 재고자산에 대해서는 보유처에 외부조회와 같은 방법을 통해 해당 재고자산의 실재성을 확인할 수 있다.

Chapter 7 회계감사 산책

(연합뉴스 권혜진 기자 2014.02.12.)

하나은행, 은행조회서에 "KT ENS와 거래없다" 기재

외부감사법인에 보낸 은행조회서에 대출 사실 누락KT ENS 직원이 협력업체와 공모해 저지른 3천억원대 대출사기 사건과 관련, 가장 큰 피해를 입은 하나은행이 지난해 말 "KT ENS와 어떤 거래도 없다"는 자료를 이 회사의 외부감사법인에 보낸 것으로 나타났다. 12일 금융업계 등에 따르면 하나은행은 지난해 말 KT ENS의 외부감사법인인 안진회계법인에 KT ENS와 대출을 포함해 어떠한 거래 관계도 없다는 내용의 은행조회서를 발송했다. 조회서 발송은 연간 회계보고서를 작성하기 전에 회사의 채무상황을 정확히 파악하기 위한 외부감사법인의 요청에 따른 것이다.

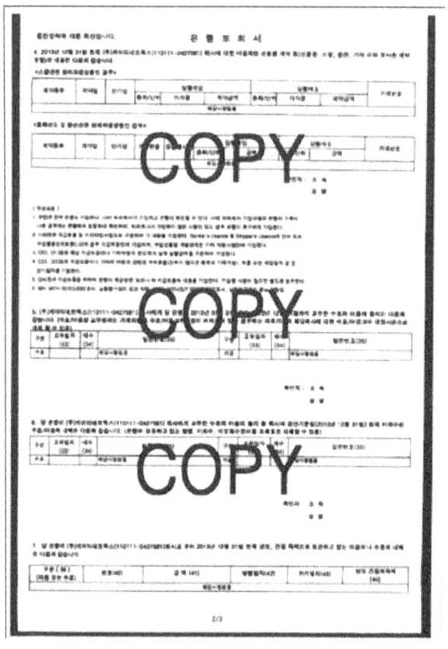

상장사의 외부감사법인은 매년 연말께 시중 모든 은행에 해당 기업과의 ▲ 예 · 적금 ▲ 대출 ▲ 지급보증 및 각종 약정사항 ▲ 선물환 계약 ▲ 수표 · 어음 거래 내역을 확인해달라는 내용의 '은행조회서'를 요청한다. 통상 은행은 은행조회서에 해당 상장사와의 재무 관계나 지급보증 내역은 물론 장래 우발적인 사태로 확정채무가 될 수 있는 '우발적 채무'까지 모두 기재한다. KT ENS의 매출채권 양도 승낙서를 갖고 협력업체에 수천억원을 대출해줬다면 이러한 내역이 당연히 기재돼 있어야 한다는 게 업계 얘기다. 한 회계법인 담당자는 "아무리 소액이라도 은행은 알고 있는 모든 거래 내역을 다 적어 보낸다"면서 "KT ENS에 직접 대출해주지 않았더라도 이 정도 액수라면 기재하는 게 당연하다"고 말했다. 이 조회서는 하나은행 업무지원부장 명의로 작성돼 있다. 업무지원부는 각종 입출금 내역을 검증하고 기록하는 핵심 부서로, 이런 부서에서조차 KT ENS와 관련 있는 대규모 대출건을 제대로 파악하지 못했다는 것이 조회서에서 드러난 것이다.

은 행 조 회 서

이에 따라 업계에서는 허위서류로 대출사기를 벌인 협력업체에 일차적인 책임이 있으나 허위 여부를 제대로 확인하지 못한 하나은행 등 금융권도 책임도 있다는 지적이 나오고 있다. 이번 대출사기와 관련된 은행 중 하나은행의 피해액이 1천600억원으로 가장 많다. 한편 KT ENS는 지난해 9월 말 협력 · 거래업체에 대한 매입채무가 702억원이라고 공시한 바 있다. 이는 하나은행, 국민은행, 농협 등 3개 은행이 2011년부터 특수목적회사(SPC)에 지급, 결과적으로 사기 대출된 금액은 이보다 5 ~ 6배나 많다. 공시보다 많은 액수를 장기간 대출하면서 지급보증한 것으로 돼 있는 KT ENS에 확인을 하지 않은 것이다.

Chapter

08

통제테스트 및 실증절차시 주요 고려사항

학습목표

- 본 장을 통해 표본감사 수행방법과 표본위험을 이해하도록 한다.
- IT 환경이 감사절차에 미치는 영향을 이해하고, IT 통제 및 IT 통제의 평가절차에 대해 이해하도록 한다.
- 부정으로 인한 재무제표의 왜곡표시 관련하여, 지배기구와 감사인의 책임을 이해하고, 부정 발견시의 보고의무에 대해 이해하도록 한다.
- 법규위반으로 인한 재무제표의 왜곡표시 관련하여, 지배기구와 감사인의 책임을 이해하고, 법규위반 사항 발견시의 보고의무에 대해 이해하도록 한다.

제1절 표본감사

1.1 표본감사의 정의와 방법

(1) 표본감사의 정의

표본감사는 전체 항목(100%)보다 적은 수의 표본을 추출한 후 해당 항목에 대해 감사절차를 적용한 결과를 이용하여 모집단(감사인이 표본 추출하여 결론을 도출하려는 감사대상 데이터의 전체 집합) 전체를 추론하는 감사방법을 의미한다.

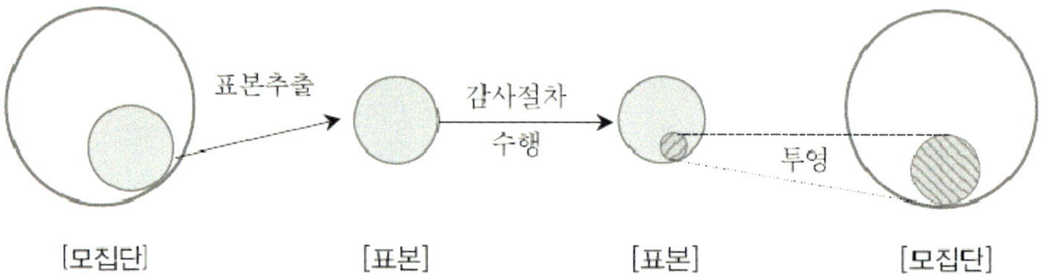

(주) ◎ 부분은 감사절차에 의해 표본에서 발견된 왜곡표시를 의미하며,
◎ 부분은 모집단에서 투영된 왜곡표시를 의미한다.

표본 결과를 기초로 모집단 속성 혹은 금액을 추정하고 모집단의 의미를 해석하게 되는 왜곡표시의 투영과정에서 표본조사로 표본이 모집단을 대표하지 못할 가능성인 '표본위험의 허용치'를 표본이론에 따라 계산하여 조정하게 된다. 즉 표본감사는 무작위 표본 추출과 표본위험의 측정 등 표본결과의 평가에 확률이론을 적용함을 조건으로 한다.

(2) 표본위험

1) 개 요

표본위험은 표본이 모집단을 대표하지 못할 위험을 의미하는데, 표본규모를 증가시킬수록, 통계적 추출을 통해서 모든 표본단위가 균등하게 추출될 기회를 갖게 될 때 표본위험이 감소하게 된다. 표본이 모집단 특성을 반영하는 정도를 표본의 대표성이라고 하는데, 표본감사에서는 대표성의 확보가 표본위험과 직결되므로 매우 중요하다. 이 때, 모집단은 감사인이 표본을 추출하고 결론을 도출하려는 데이터의 전체 집합을 의미하고, 표본단위는 모집단을 구성하는 개별단위로 표본추출의 대상을 의미한다.

감사기준서 5300 문단 5(용어의 정의)

표본위험 : 표본에 근거한 감사인의 결론이 모집단 전체에 동일한 감사절차를 적용하였을 경우 도달하였을 결론과 다를 수 있는 위험. 표본위험은 다음 두 가지 형태의 잘못된 결론에 이르게 할 수 있다.

(i) 통제테스트에서 통제가 실제보다 더 효과적이라고 평가하거나, 세부테스트에서 실제로 중요한 왜곡표시가 존재함에도 불구하고 중요한 왜곡표시가 존재하지 않는다고 결론을 내림. 이것은 감사의 효과성에 영향을 미치며 부적합한 감사의견에 이르게 할 수 있으므로 감사인은 주로 이런 형태의 잘못된 결론에 유의하여야 한다.

(ii) 통제테스트에서 통제가 실제보다 덜 효과적이라고 평가하거나, 세부테스트에서 실제로 중요한 왜곡표시가 존재하지 않음에도 불구하고 중요한 왜곡표시가 존재한다고 결론을 내림. 이러한 형태의 잘못된 결론에 대하여는 일반적으로 최초의 결론이 부정확한지 확인하기 위한 추가적인 업무로 이어지기 때문에 감사의 효율성에 영향을 미친다.

2) 통제테스트의 표본위험

감사목표가 통제테스트인지, 아니면 세부테스트인지에 따라 표본위험의 정의가 상이해진다. 만일 감사목표가 통제테스트라면 감사인이 관심을 가지는 속성은 이탈금액(또는 오류금액)이 아니라 이탈률(또는 오류율)이다. 통제테스트와 관련된 표본위험은 ① 내부통제가 실제로는 비효과적인데 효과적이라고 판단할 위험(과대신뢰위험 : β-risk = 제2종오류), ② 내부통제가 실제로는 효과적인데 비효과적이라고 판단할 위험(과소신뢰위험 : α-risk = 제1종오류)이 발생할 때 관찰된다.

[표 8-1] 통제테스트 관련 표본위험

구 분		내부통제의 실제 상황	
		내부통제가 효과적	내부통제가 비효과적
감사인의 내부통제 결론	효과적	정확한 결론(1-β)	과대신뢰위험(β위험)
	비효과적	과소신뢰위험(α위험)	정확한 결론(1-α)

3) 실증절차의 표본위험

만일 감사목표가 실증절차 상의 세부테스트라면 감사인이 관심을 가지는 속성은 이탈금액(또는 오류금액)이다. 세부테스트와 관련된 표본위험은 ① 계정잔액 관련해서 중요한 왜곡표시가 실제로는 존재하는데 중요한 왜곡표시가 없다고 판단할 위험(부당수용위험 : β-risk = 제2종오류), ② 계정잔액 관련해서 중요한 왜곡표시가 실제로는 존재하지 않는데 중요한 왜곡표시가 있다고 판단할 위험(부당기각위험 : α-risk = 제1종오류)이 발생할 때 관찰된다.

[표 8-2] 실증절차 상의 테스트 관련 표본위험

구 분		계정잔액 중요한 왜곡표시의 실제 존재여부	
		없 음	있 음
감사인의 왜곡표시 결론	왜곡표시 없음	정확한 결론(1-β)	부당수용위험(β위험)
	왜곡표시 있음	부당기각위험(α위험)	정확한 결론(1-α)

4) 표본위험 요소의 해석

통제테스트에서 과소신뢰위험(α위험)이 발생하는 경우, 통제위험이 실제보다 높게 평가되어, 적발위험의 목표수준을 실제보다 낮게 설정하게 되므로, 감사인은 감사범위를 확대시키는 오류로 인해 과도한 회계감사 증거를 수집할 수도 있다. 마찬가지로 실증테스트에서 부당기각위험(α위험)이 발생하는 경우에도, 계정잔액 관련해서 중요한 왜곡표시가 실제로는 존재하지 않는데 중요한 왜곡표시가 있다고 판단하여 감사범위를 확대시키는 오류로 인해 과도한 회계감사 증거를 수집할 수도 있다. 즉, α위험에 해당하는 과소신뢰위험(부당기각위험)은 감사의 효율성(efficiency)을 감소시켜 비효율성을 초래하나 기업의 추가적인 감사 요구로 제거할 수 있는 위험이다.

반면에 과대신뢰위험(β위험)은 통제테스트에서 과대신뢰위험이 발생하는 경우, 통제위험이 실제보다 낮게 평가되어, 적발위험의 목표수준을 실제보다 높게 설정하게 되므로, 감사인은 감사범위를 축소시키는 오류로 인해 부적절한 감사의견을 표명할 수도 있다. 마찬가지로 실증테스트에서 부당수용위험(β위험)이 발생하는 경우에도, 계정잔액 관련해서 중요한 왜곡표시가 실제로는 존재하는데 중요한 왜곡표시가 없다고 판단하여 감사범위를 축소시키는 오류로 인해 부적절한 감사의견을 표명할 수도 있다. 즉, β위험에 해당하는 과대신뢰위험(부당수용위험)은 감사의 효과성(effectiveness)을 감소시켜 비효과성을 초래하므로 진정한 표본위험이다. 이는 기업의 추가감사 요구가 제기되지 않기 때문이다.

5) 비표본위험

비표본위험은 부적절한 감사절차, 감사인의 부주의/경험미숙/이해부족으로 발생하는 위험으로 적합한 품질관리제도(적절한 감사절차 선택, 감사보조자의 적절한 감독)에 의해 감소될 수 있다.

감사기준서 5300 문단 5(용어의 정의)

> 비표본위험 : 감사인이 표본위험과 관련이 없는 다른 이유에 의해 잘못된 결론에 도달할 위험

감사기준서 5300 문단 A1(용어의 정의)

> 비표본위험은 예를 들어 부적합한 감사절차를 적용하는 경우, 또는 감사증거를 잘못 해석하는 경우와 왜곡표시 또는 이탈을 인식하지 못하는 경우가 포함된다.

(3) 표본감사 방법

표본감사에는 통계적 방법과 비통계적 방법이 있다. 통계적 표본감사방법이나 비통계적 표본감사방법 중 어느 것을 선택할지 여부는 특정상황에서 충분하고 적합한 감사증거를 수집하는데 있어서 어느 방법이 더 효율적인지에 대한 감사인의 판단에 따라 결정된다. 예를 들어, 통제테스트와 같이 단순한 오류의 유무확인보다는 오류의 성격과 원인에 대한 분석이 더 중요한 경우에는 비통계적 표본감사방법이 더 적절할 것이다.

통계적 표본감사방법은 다음과 같이 속성표본감사와 변수표본감사로 분류할 수 있다.

<table>
<tr><th colspan="2">구 분</th><th>표본단위</th><th>적용분야</th><th>확률분포</th></tr>
<tr><td colspan="2">속성표본감사</td><td>실물단위</td><td>통제테스트</td><td>포아송분포</td></tr>
<tr><td rowspan="2">변수표본감사</td><td>금액단위표본감사</td><td>화폐단위</td><td rowspan="2">실증절차</td><td>포아송분포</td></tr>
<tr><td>실물단위표본감사</td><td>실물단위</td><td>정규분포</td></tr>
</table>

표본감사에서 포아송분포 가정을 자주 사용하는 이유는 대부분의 회계감사대상 모집단분포 특성이 포아송분포 특성과 유사하기 때문이다. 모수가 하나이므로 계산공식이 단순하며 다른 확률분포이론보다 적용하기 쉽다. 금액단위표본감사도 속성표본감사와 동일한 가정/방법을 사용한다. 다만 실물단위표본감사는 실무적용상의 어려움과 수험 목적을 고려하여 본 교과서에서는 다루지 않도록 한다.

(4) 표본규모의 결정요소

1) 통제테스트 목적의 표본규모 결정요소

표본규모 결정요소	표본규모에 미치는 영향
내부통제제도에 대한 감사인의 의존정도의 증가	증 가
감사인이 수용가능한 허용오류율의 증가	감 소
감사인이 모집단에서 발견할 것으로 예상하는 오류율의 증가	증 가
감사인이 요구하는 신뢰수준의 증가	증 가
통제위험이 모집단의 실제통제위험 수준보다 낮다고 결론 내릴 위험의 감소	증 가
모집단의 표본단위 수의 증가	영향 무시 가능함

2) 실증절차 목적의 표본규모 결정요소

표본규모 결정요소	표본규모에 미치는 영향
감사인이 평가한 고유위험의 증가	증 가
감사인이 평가한 통제위험의 증가	증 가
동일한 경영진주장의 입증을 위한 타 실증절차 사용의 증가	감 소
감사인이 요구하는 신뢰수준의 증가	증 가
중요한 오류가 존재함에도 중요한 오류가 존재하지 않는다고 결론을 내릴 위험의 감소	증 가
감사인의 허용오류의 증가	감 소

(5) 표본추출방법

<table>
<tr><th colspan="2">구 분</th><th>내 용</th></tr>
<tr><td rowspan="3">통계적
추출방법</td><td>무작위추출법</td><td>• 난수표 등 활용하여 모든 항목의 추출 확률이 동일
• 한 항목의 선택이 다른 항목의 선택에 영향을 미치지 않음</td></tr>
<tr><td>층화추출법</td><td>모집단을 층화 또는 분할하여 몇 개의 집단으로 나눈 다음 각각 무작위 추출로 표본을 선택</td></tr>
<tr><td>체계적추출법</td><td>표본단위의 수를 추출하고자 하는 표본규모로 나누어 표본추출간격을 정하고 이후 추출</td></tr>
<tr><td rowspan="2">비통계적
추출방법</td><td>구획추출법</td><td>모집단내의 이웃하는 연속된 항목에서 하나 혹은 복수의 구획을 선택하는 방법</td></tr>
<tr><td>임의추출법</td><td>감사인이 구조화된 논리에 따르지 않고 표본을 추출하는 방법</td></tr>
</table>

1.2 속성표본감사

(1) 속성표본감사의 개념과 관련 용어

구매주문서에 상급자 승인을 받는 내부통제가 설정되어 있다 가정하자. 감사인은 모든 구매주문서가 상급자 승인을 득했는지에 대한 통제테스트를 수행하기 위하여 200건의 구매주문서를 무작위로 추출한 결과, 4건이 정해진 내부통제를 이탈한 것으로 판단하였다. 연간 구매주문서는 총 20,000건에 해당한다. 이 경우 표본이탈률은 2%(= 4/200)이고 모집단에 투영한 이탈률은 표본이탈률과 같이 2%이다. 통제테스트에서는 대부분 표본이탈률이 곧 모집단 전체의 투영 이탈률이기 때문에 이탈에 대한 명시적인 투영이 필요 없다.

속성표본감사는 위와 같이 모집단에서 이탈이나 예외사항 등과 같은 특정속성을 내포하고 있는 항목이 차지하고 있는 비율 혹은 발생빈도를 추정하는데 활용되므로 통제테스트 결과의 추정에 활용된다. 이 때 속성은 구매주문서에 승인을 나타내는 '서명이 없음'이고 내부통제로부터의 이탈률 혹은 이탈빈도를 추정하게 된다. 이러한 속성표본감사의 용어는 다음과 같은 표로 정리할 수 있다.

[표 8-3] 속성표본감사의 용어

용 어	정 의
속 성	검증하고자 하는 대상의 특성
이탈사항	표본항목 중 속성을 이탈한 예외사항(오류)
과대신뢰위험(*ARO*)	진실한 모집단이탈률이 허용이탈률을 초과하는데 감사인이 내부통제가 효과적이라고 판단할 위험의 허용치
허용이탈률(*TDR*)	이탈이 중요하지 않기 때문에 감사인이 중요한 왜곡표시위험을 평가할 때 영향을 미치지 못하는 모집단의 이탈률 허용치
모집단의 예상이탈률(*EPDR*)	표본감사를 수행하기 전에 감사인이 모집단에서 발견될 것으로 예상한 이탈률
표본이탈률(*SDR*)	표본에서 실제 발견된 이탈사항의 수를 표본규모로 나눈 비율
투영이탈률상한(*CUDR*)	일정한 과대신뢰위험 수준에서 추정 · 계산한 모집단의 최대이탈률로 통계식에 의해 작성된 표를 통해 구한다.

(2) 속성표본감사 요소가 표본규모에 미치는 영향

속성표본감사의 용어 관련해서, 허용이탈률(TDR)은 모집단의 허용이탈률상한을 의미하고 이는 감사대상항목 및 관련 감사목표의 상대적 중요성을 기준으로 결정된다. 모집단의 예상이탈률(EPER: Estimated Population Exception Rate)은 표본감사 수행전에 감사인이 모집단에서 발견할 것으로 기대하는 이탈률이므로, 표본감사를 실시하기 전에 추정한 기댓값이다. 이는 기업과 기업환경의 이해단계에서 얻은 지식과 직원이나 내부통제의 변화, 전기에 적용한 감사절차의 결과 등을 고려하여 추정하게 되는데, 표본규모의 결정에만 영향을 미치며, 표본결과에는 영향을 미치지 않는다.

이와 같은 속성표본감사의 요소는 아래와 같이 표본규모에 영향을 미치게 된다.

[표 8-4] 속성표본감사의 요소가 표본규모에 미치는 영향

결정요소의 변화	표본규모에 미치는 영향
감사인이 내부통제의 운영효과성에 보다 많은 확신을 얻고자 할 경우	증 가
허용이탈률(*TDR*)의 감소	증 가
모집단의 예상이탈률(*EPDR*)의 증가	증 가
감사인이 원하는 확신수준(1-과대신뢰위험[*ARO*])의 증가	증 가
모집단의 표본단위 수의 증가	증 가(미미함)*

* 모집단의 규모가 5,000단위 이상인 경우에는 무한모집단에 가까우므로 영향이 거의 없다.

(3) 표본규모의 결정 및 통제테스트 수행

미국공인회계사회(AICPA)에서는 과대신뢰위험(ARO), 허용이탈률(TDR) 그리고 모집단 예상이탈율($EPER$)를 고려하여 모집단수를 결정하는 조견표(table)를 제공하고 있다. ARO에 해당하는 표 선택 후, TDR과 $EPDR$의 교차점의 숫자를 확인하면 된다.

[표 8-5] 과대신뢰위험(ARO) 5%

모집단의 예상이탈률 ($EPDR$)	허용이탈률(TDR)										
	2%	3%	4%	5%	6%	7%	8%	9%	10%	15%	20%
0.00%	149	99	74	59	49	42	36	32	29	19	14
0.25	236	157	117	93	78	66	58	51	46	30	22
0.50	*	157	117	93	78	66	58	51	46	30	22
0.75	*	208	117	93	78	66	58	51	46	30	22
1.00	*	*	156	93	78	66	58	51	46	30	22
1.25	*	*	156	124	78	66	58	51	46	30	22
1.50	*	*	192	124	103	66	58	51	46	30	22
1.75	*	*	227	153	103	88	77	51	46	30	22
2.00	*	*	*	181	127	88	77	68	46	30	22
2.25	*	*	*	208	127	88	77	68	61	30	22
2.50	*	*	*	*	150	109	77	68	61	30	22

[자료출처: AICPA, Audit Guide, Audit Sampling(New York, 2001)]

표본수조견표에서 고려할 정보에 해당하는 표본수가 정해지면 감사인은 해당 표본수를 모집단에서 무작위로 추출하여 통제테스트를 수행한다.

(4) 통제테스트 수행결과의 해석

통제테스트의 결과 표본으로부터 이탈사항(주어진 통제를 벗어난 표본)이 발견되면 표본의 이탈률을 산정한 후 반드시 표본위험을 추가로 고려하여야 한다. 즉, 표본이탈률(= 모집단이탈률)에 추가로 표본위험을 고려하여 모집단이탈상한률(achieved upper deviation rate)을 결정하고 이를 허용이탈률과 비교한다.

결국 감사인은 허용이탈률과 모집단이탈상한률을 비교하여 해당 통제가 효과적인지 아니면 효과적이지 않은지를 결론내린다. 이 때 허용이탈률(TDR) 및 과대신뢰위험(ARO)이

너무 보수적이지 않았는지 재검토하고 동시에 표본규모를 증가시키는 경우 표본위험이 감소하여 투영이탈률상한($CUDR$)이 감소하게 된다. 이 경우에도 “투영이탈률상한 > 허용이탈률” 이라면 모집단을 기각해야 한다.

추가적으로 이탈의 성격, 발생원인 및 타항목에 미치는 영향 등의 질적 분석 수행하여 만일 부정의 존재가능성을 의미하는 이탈이라면 확대된 감사절차를 수행하도록 한다. 경영진과 커뮤니케이션하여 발견된 이탈과 추가적 이탈의 발생가능성을 조사하고 필요한 수정조치를 취하도록 요구한다.

1.3 금액 단위 표본감사

(1) 금액 단위 표본감사의 개념과 특징

- 모집단의 장부가액 = ₩40,000,000
- 표본의 장부가액 = ₩2,000,000
- 표본으로부터 발견된 왜곡표시금액 = ₩10,000(그 중 ₩6,000의 왜곡표시(장부가액 ₩400,000)는 통상적인 경우에 해당하지 않는 예외적인 변이로 판단됨)

위와 같은 상황에서 표본의 왜곡표시를 모집단에 투영할 때 금액에 비례하여 투영하는 방법을 알아보자. 먼저 특정의 왜곡표시가 변이(anomaly)로 밝혀진 경우에는 왜곡표시를 모집단으로 투영할 때 이 왜곡표시는 제외되어야 한다.

표본의 왜곡표시를 모집단에 투영한 추정치(projection of the non-anomalous misstatements)는 ₩99,000이다.

₩4,000 × {(40,000,000 − 400,000) / (2,000,000 − 400,000)} = ₩99,000

총 추정오류(projected misstatement)는 변이가 아닌 표본의 왜곡표시를 모집단에 투영한 추정치 ₩99,000에 변이로 인한 왜곡표시 ₩6,000을 가산한 ₩105,000이다. 이 추정오류에 표본위험의 허용치(allowance for sampling risk)를 가산하여 추정오류상한액을 추정한다. 이 추정오류상한액을 중요성을 고려한 허용오류액과 비교하여 계정잔액의 적정성을 판단하게 된다.

추정오류상한액은 추정오류액에 표본위험의 허용치를 가산한 것이다. 추정오류액은 표본오류를 모집단에 투사(projection)한 점추정치(point estimate)이므로 모집단의 기각여부는 통계적 추론과정에서 발생할 수 있는 오차를 고려할 필요가 있으며 이것이 바로 표본위험의 허용치이다.

이와 같이 실증절차를 수행할 때 거래유형 및 계정잔액에 존재하는 중요한 왜곡표시를 확인하기 위해 금액단위 표본을 추출하여 모집단을 추정하여 결론이 왜곡표시액 or 진실한 계정잔액 등의 화폐액으로 표시되는 방법을 금액단위 표본감사라 한다. 금액단위(1원)를 표본단위로 정의하는 방법은 잔액이 큰 항목의 추출기회를 높임으로써 이들 항목에 감사가 집중되도록 하고 감사대상 표본수를 줄이게 하는 효과가 있다. 표본이 화폐금액에 비례해서 추출되기 때문에 층화표본추출의 결과를 가져온다. 이 방법은 체계적 추출법과 함께 이용할 수 있으며, 무작위 추출법으로 추출할 때 가장 효율적이다.

이와 관련된 용어는 다음과 같다.

[표 8-6] 금액단위 표본감사의 용어

표본규모의 결정요소	고려내용
부당수용위험(*ARIA*)	중요왜곡표시위험의 평가결과를 반영한 적발위험 목표수준과 감사대상 중요성
허용왜곡표시액(*TE*)	중요성의 판단기준
예상왜곡표시액(*E*)	모집단에 대한 사전 이해 혹은 전년도 감사결과를 이용
모집단금액	모집단의 표본단위 개수와 동일한 개념

단 금액단위인 1원이 표본단위가 되므로 금액이 큰 항목은 작은 항목보다 추출될 확률이 높아 중요성 관점에서 감사업무를 수행하는 표본감사 방법으로는 적합하다고 할 수 있다. 따라서 과소계상오류가 포함되어 있는 항목은 당해 항목의 추출확률이 낮아지기 때문에 부채계정의 표본감사 방법으로는 적합하지 않다.

(2) 금액표본감사 요소가 표본규모에 미치는 영향

금액표본감사의 요소는 아래와 같이 표본규모에 영향을 미치게 된다.

[표 8-7] 금액표본감사의 요소가 표본규모에 미치는 영향

요 소	표본규모에 대한 영향
① 감사인이 평가한 중요한 왜곡표시위험의 증가	증 가
② 동일한 경영진주장에 대한 다른 실증절차의 적용을 증가	감 소
③ 감사인이 요구하는 확신수준의 증가(혹은 반대로 부당수용위험 $ARIA$의 감소)	증 가
④ 감사인의 허용왜곡표시(허용왜곡표시금액 TE)의 증가	감 소
⑤ 모집단에서 감사인이 발견할 것으로 예상하는 왜곡표시금액(E)의 증가	증 가
⑥ 모집단 계층화(적절한 경우)의 증가	감 소
⑦ 모집단의 표본단위수(N)	영향이 거의 없음

(3) 표본규모의 결정 및 세부테스트 수행

허용할 수 있는 부당수용허용위험에 적합한 신뢰계수를 찾아 다음 식에 대입하면 표본수가 산출된다. 신뢰계수를 적용할 때에는 항상 과대계상오류의 수가 영(0)인 것을 적용한다. 왜냐하면, 금액가중 확률표본감사는 상대적으로 오류가 거의 없거나 적은 것으로 예상되는 계정잔액을 검증할 때 효과적이라는 특징 때문이다.

$$\text{표본수}(n) = \frac{\text{신뢰계수}(RF) \times \text{장부가액}(BV)}{\text{허용오류액}(TE) - (\text{예상오류액}(EE) \times \text{확장계수}(EF))} = \frac{RF \times BV}{TE - (EE \times EF)}$$

여기서, RF: 신뢰계수(reliability factor) BV: 장부가액(book value)
TE: 허용오류액(tolerable error) EE: 예상오류액(expected error)
EF: 확장계수(expansion factor)

(4) 투영왜곡표시상한액(추정오류상한액)의 산출

다음 2가지 방법을 통해 투영왜곡표시상한액을 산출할 수 있다.

방법 1

표본간격과 신뢰요소를 각각 고려한 투영왜곡표시액의 분리 산출

(1단계) 항목당 표본왜곡표시율을 계산한다 → 왜곡표시율이 높은 순서로 배열

(2단계) 표본간격을 고려한 모집단 투영왜곡표시액(표본왜곡표시율 × 표본간격)을 계산한다.

(3단계) 신뢰요소를 고려한 투영왜곡표시액상한(기본정도 + 모집단투영왜곡표시액 × 신뢰요소 증분치)을 계산한다.

방법 2

> 간편법
> 투영왜곡표시상한액 = 표본간격 × [최초의 신뢰계수 + (Δ신뢰계수 × 항목당오류율)]

(5) 실증테스트 수행결과의 해석

표본시사 결과는 투영왜곡표시상한액(추정오류상한액)과 허용오류액(중요성금액)을 비교하여 평가한다.

1) 투영왜곡표시상한액(추정오류상한액) < 허용오류액

모집단의 추정오류상한액이 허용오류액보다 적을 경우 감사인은 계정잔액이 적정하다는 가설을 채택한다. 그러나 계정잔액에 포함된 오류가 허용오류액을 능가함에도 불구하고 허용오류액을 능가하지 않았다고 결론 내림으로써 부당하게 적정의견을 수용할 가능성(즉, 부당수용위험 = -risk)이 존재할 수 있다는 것을 명심하여야 한다.

2) 투영왜곡표시상한액(추정오류상한액) ≥ 허용오류액

모집단의 추정오류상한액이 허용오류액을 능가할 경우 감사인은 계정잔액이 적정하다는 가설을 기각한다. 그러나 계정잔액에 포함된 오류가 허용오류액을 능가하지 않음에도 불구하고 허용오류액을 능가하였다고 결론 내림으로써 부당하게 적정의견을 거부할 가능성(즉, 부당거부위험 = -risk)이 존재할 수 있다는 것을 명심하여야 한다. 부당거부 위험(= -risk)이 발생할 경우 경영진은 표본의 결과를 부정할 수도 있다. 경영진이 표본결과에 대하여 수긍하지 않는다면 감사인은 그 발생원인별로 다음과 같은 대응책을 고려하여야 한다.

(6) 사 례

1) 모집단

- 재무상태표의 매출채권잔액 : ₩400,000,000
- 총 거래처 수 : 2,000개

2) 표 본

- 표본추출방법 : 체계적추출법
- 조회방법 : 적극적 조회

3) 통계적 방법

- 금액단위 표본감사

- 매출채권에 배분된 중요성수준 : ₩40,000,000
- 예상오류액 : ₩10,000,000

[표본규모의 산출]

매출채권의 과대계상여부는 실재성에 대한 감사이다. 따라서 문서검증 중 역진법이 적합하므로 '거래처별 매출채권 보조부'를 모집단으로 하여 표본을 추출하는 것이 가장 바람직하다.

$$표본규보 = \frac{3.0 \times 400,000,000}{40,000,000 - (10,000,000 \times 1.6)} = 50개$$

[표본간격의 산출]

$$표본간격 = \frac{400,000,000}{50} = 8,000,000$$

4) 표본조사결과

발송한 조회서는 모두 회신되었으나, 이중 4개의 표본은 장부금액(조회금액)과 회신금액이 일치하지 않았다.

[표 8-8] 차이내역

오류표본	장부가액	회신금액	차 이
A	2,000,000	1,750,000	250,000
B	4,000,000	3,600,000	400,000
C	10,000,000	7,000,000	3,000,000
D	9,000,000	8,900,000	100,000

[표 8-9] 기타 통계 자료

부당수용허용위험 : 5%

과대계상요류의 수	부당수용허용위험별 신뢰계수	
	5%	10%
0	3.00	2.30
1	4.75	3.89

2	6.30	5.32
3	7.76	6.68
4	9.16	7.99

[표 8-10] 확장계수

부당수용허용위험	1%	5%	10%	15%	20%
확장계수	1.9	1.6	1.5	1.4	1.3

방법 1

1) 투영왜곡표시상한액(추정오류상한액) = 추정오류액 + 표본위험의 허용치
= 추정오류액 + 기본정도 + 표본위험의 증분허용치
= (항목당오류율 × 표본간격) + (최초신뢰계수 × 표본간격) + [(△신뢰계수 − 1) × 항목당오류율 × 표본간격]

2) 추정오류액(projected misstatement)의 계산
장부가액이 표본간격보다 작은 표본에 대하여 추정오류액을 산출한다.

오류표본	장부가액	회신금액	차 이	오류율	표본간격	추정오류액
A	2,000,000	1,750,000	250,000	12.5%	8,000,000	1,000,000
B	4,000,000	3,600,000	400,000	10%	8,000,000	800,000
C	10,000,000	7,000,000	3,000,000	−	−	3,000,000
D	9,000,000	8,900,000	100,000	−	−	100,000
합 계						4,900,000

3) 기본정도(basic precision)
= 최초신뢰계수 × 표본간격 = 3.0 × 8,000,000 = 24,000,000

4) 표본위험의 증분허용치(incremental allowance)의 계산 : 장부가액이 표본간격보다 작은 표본에 대하여 추정오류액의 크기순으로 나열하여 [(△신뢰계수 − 1) × 추정오류액]을 계산한다.

오류표본	신뢰계수	Δ신뢰계수	Δ신뢰계수 − 1	추정오류액	표본위험의 증분허용치
	3.00				
B	4.75	1.75	0.75	1,000,000	750,000
A	6.30	1.55	0.55	800,000	440,000
합 계					1,190,000

5) 모집단의 투영왜곡표시상한액(추정오류상한액)
= 추정오류액 + 기본정도 + 표본위험의 증분허용치
= 4,900,000 + 24,000,000 + 1,190,000
= 30,090,000

6) 표본결과의 평가
중요성수준이 40,000,000원이고 추정오류상한액이 30,090,000원이므로 매출채권잔액이 적정하다고 결론지을 수 있다. 그러나 매출채권이 적정하다는 결론을 부당하게 수용할 위험 5%(즉, 부당수용위험 = β − risk)가 여전히 존재한다.

제2절 IT환경의 고려

2.1 IT 통제 개요

(1) IT 통제의 내부통제에의 영향

IT 통제(정보기술시스템에 의한 통제)는 아래와 같이 기업의 내부통제에 긍정적인 영향을 미치게 된다.

감사기준서 315 문단 A63(감사인의 위험평가에 관련된 내부통제 요소의 성격)

일반적으로, 정보기술은 다음과 같은 기능을 통하여 그 기업의 내부통제에 도움을 준다.
- 사전에 정의된 사업규칙을 일관되게 적용하고 방대한 양의 거래나 데이터를 처리할 때 복잡한 계산을 수행할 수 있음
- 정보의 적시성, 이용가능성, 정확성을 향상시킬 수 있음
- 정보의 추가적인 분석을 용이하게 함
- 기업의 활동과 정책 및 절차의 수행에 대한 모니터링 능력을 향상시킬 수 있음
- 통제가 무력화될 위험을 감소시킬 수 있음
- 응용소프트웨어, 데이터베이스, 운영시스템에 대한 보안통제의 실행을 통해 효과적인 업무분장을 달성하는 능력을 향상시킬 수 있음

그러나 동시에 IT 통제는 아래와 같이 내부통제의 특유한 위험을 발생시키기도 한다.

감사기준서 315 문단 A64(감사인의 위험평가에 관련된 내부통제 요소의 성격)

정보기술은 예를 들어 다음과 같이 내부통제의 특유한 위험을 발생시키기도 한다.

- 데이터를 부정확하게 처리하거나, 부정확한 데이터를 처리하는 (또는 두 가지 모두에 해당되는) 시스템이나 프로그램에 의존
- 승인받지 않고 데이터에 접근하여 승인되지 않았거나 발생하지 않은 거래를 기록하거나 부정확하게 거래를 기록하는 등 데이터의 파괴나 부당한 변경을 초래할 수 있음. 다수의 사용자가 하나의 공통된 데이터베이스를 사용하는 경우 특별한 위험이 발생할 수 있다.
- 정보기술 담당자가 자신의 직무수행에 필요한 수준을 넘어서는 특권적인 접근권한을 가지게 됨으로써 업무분장이 와해될 가능성
- 마스터파일 내 데이터의 승인받지 않은 변경
- 시스템과 프로그램의 승인받지 않은 변경
- 시스템과 프로그램에 대하여 필요한 변경을 하지 못함
- 부적합한 수작업의 개입
- 데이터의 잠재적 손실 또는 필요한 데이터에 대한 접근불가

이러한 IT 통제는 일반적으로 일반통제와 응용통제로 분류할 수 있다. 일반통제(General Controls)는 특정 응용시스템이나 거래에 대한 통제가 아닌, 모든 정보처리 활동에 공통적으로 적용되는 통제를 의미한다. 따라서 일반통제는 기업의 업무환경이 안정적이고 잘 운영되어 결과적으로 효과적인 응용통제를 강화할 수 있는지를 보장하기 위해 설계되고 구현된 통제이다. 반면에 응용통제(Application Controls)는 데이터 처리 절차 단계 즉, 입력, 처리, 출력 단계 동안 거래(Transaction)가 오류 및 법규에 대한 위반 발생을 예방, 적발, 수정하기 위해 설계 및 구현된 통제를 의미한다. 따라서 일반통제와 응용통제 간의 관계는 다음과 같이 나타낼 수 있다.

[그림 8-1] 일반통제와 응용통제 간의 관계

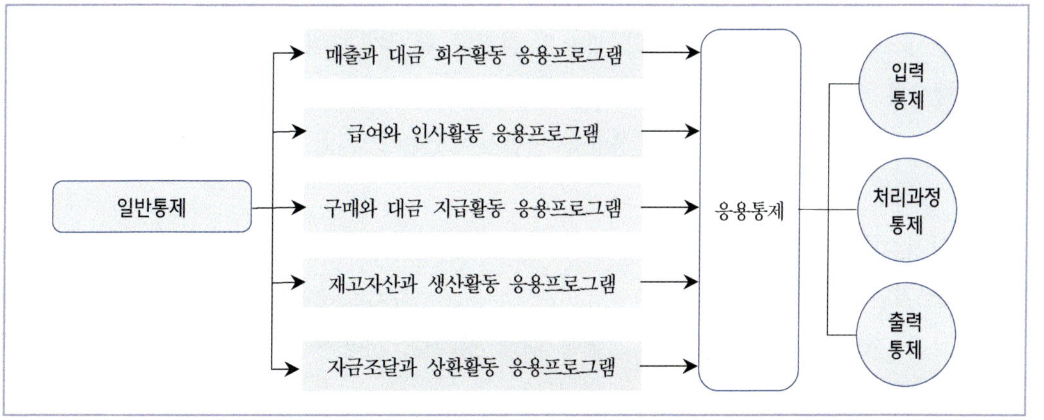

(2) IT 일반통제

1) 정 의

IT 일반통제(정보기술 일반통제)는 전산시스템 환경에서 기업의 전산관련 전반적인 통제 목적을 달성하기 위한 정책과 절차를 의미한다. 즉 정보기술 일반통제(IT General Controls)는 정보시스템이 구입 · 개발되고 유지 · 보수되며 운영되는 전반적인 환경에 대한 통제를 의미한다. IT일반통제는 다수의 응용소프트웨어와 응용통제의 효과적인 작동을 지원하는 정책과 절차이다.

● 감사기준서 315 문단 A108

정보기술 일반통제는 다수의 응용소프트웨어와 응용통제의 효과적인 작동을 지원하는 정책과 절차이다. 이들은 메인프레임, 미니프레임 및 최종사용자 환경에 모두에 적용된다.

정보기술 일반통제에는 전산화 계획의 수립, 재난복구계획 등 다양한 영역이 존재하며, 회사의 정보시스템에의 의존 정도, 회사의 규모나 업종 등에 따라 달라질 수 있으나 일반적으로 다음의 영역이 포함된다.

- 프로그램 개발(Program Development)
- 프로그램 변경(Program Changes)
- 프로그램과 데이터에 대한 접근보안(Access to Program and Data)
- 컴퓨터 운영(Computer Operations)

2) 프로그램 개발(Program Development)

'프로그램 개발'과 관련되어 고려되어야 할 통제에는 일반적으로 다음의 내용이 포함된다.

- 새로운 시스템의 개발 및 도입은 적절한 경영진에 의해 승인된다.
- 전산시스템 및 응용 프로그램의 개발은 적절한 통제가 내재된 개발방법론을 적용하여 수행한다.
- 새로운 시스템의 구축에 의해 영향을 받을 수 있는 기존의 통제는 수정되거나 완전성의 유지를 위해 재설계한다.
- 전산시스템 및 응용프로그램의 개발은 현업부서 및 전산관련 부서의 적절한 테스트과정을 거친다.
- 새로운 전산시스템과 응용프로그램에 대해 시스템, 사용자, 관련 통제에 대한 적절한 문서화가 이루어진다.

- 새로운 시스템을 운영환경으로 이전함에 있어서 접근통제가 수행된다.
- 새로운 시스템으로 이전된 데이터는 완전성을 유지한다.
- 시스템 사용자는 새로운 시스템과 응용프로그램을 사용하기에 적절한 수준의 지식을 보유하고 있다.

3) 프로그램 변경(Program Changes)

프로그램(하드웨어 및 네트워크 포함) 변경 과정을 적절하게 통제되지 않는 경우 재무제표의 신뢰성에 중요한 영향을 미칠 수 있으며, '프로그램 변경'과 관련된 통제는 일반적으로 다음의 사항들을 충족시킬 수 있도록 설계 및 운영된다;

- 시스템의 대한 변경 요청은 적절한 경영진의 승인을 받는다.
- 시스템의 변경의 영향을 적절히 반영하기 위해 관련 시스템, 사용자, 관련 통제문서 등을 적절히 수정한다.
- 시스템의 변경을 적절히 테스트하고, 그 결과를 문서화한다.
- 운영환경에 적용된 시스템은 적절한 관리자의 승인없이 변경되지 않는다.
- 변경된 시스템과 응용 프로그램을 운영환경으로 이전되기 전에 적절한 관리자가 승인한다.
- 각 사용자는 변경된 시스템 및 응용프로그램을 사용하기에 적절한 지식을 보유하고 있다.

4) 프로그램과 데이터에 대한 접근보안(Access to Program and Data)

재무제표의 신뢰성을 유지하기 위해서는 프로그램 및 데이터에 대한 접근보안이 전제되어야 한다. '프로그램과 데이터에 대한 접근보안'과 관련된 통제는 일반적으로 다음의 사항들을 충족시킬 수 있도록 설계 및 운영된다.

- 정보보안 정책을 수립하고 있으며, 보안실무를 고려하여 그 적정성을 정기적으로 검토한다.
- 시스템 접근권한의 적정성을 구성원이 수행하는 업무의 내용 등을 고려하여 정기적으로 검토한다.
- IT 자원(하드웨어, 소프트웨어, 데이터를 포함)에 대한 접근을 관리하기 위한 물리적인 접근통제 및 논리적인 접근통제(식별, 인증, 승인 메커니즘 등)를 수립하고 있다.
- 적시에 사용자 계정을 추가, 수정, 삭제할 수 있는 절차를 수립하고 있다.
- 보안활동에 대한 기록, 발생가능한 보안위반 사항에 대한 식별, 이에 대한 전달 및 적시대응 등을 포함한 효과적인 보안체제를 구축하고 있다.

5) 컴퓨터 운영(Computer Operations)

재무제표의 신뢰성을 확보하기 위해서는 재무정보가 입력, 처리 및 산출되는 제반 정보시스템을적절히 운영하여야 한다. '컴퓨터 운영'과 관련된 통제는 다음의 내용을 포함한다.

- 재무보고에 필요한 데이터, 거래, 프로그램을 복구하기 위해 적절한 백업 및 복구절차가 존재한다.
- 복구절차의 효과성과 백업자료의 질을 정기적으로 테스트하기 위한 절차가 존재한다.
- 백업자료에 대한 접근을 승인된 구성원에게만 허용할 수 있는 통제절차가 존재한다.
- 시스템과 관련된 장애나 오류 등을 기록하고 분석하여 동일한 문제의 재발을 방지할 수 있는 절차가 존재한다.
- 재무보고와 관련된 응용 프로그램이나 데이터에 관한 일괄처리(Batch job) 및 온라인(on-line) 거래가 정확하며 완전하고 적시에 처리된다.

(3) IT 응용통제

1) 정 의

IT 응용통제(정보기술 응용통제)는 거래처리통제라고도 하며, 특정 거래처리를 위해 작성된 개별 응용프로그램과 관련된 통제로써 감사인이 궁극적으로 관심을 갖는 통제이다. IT 응용통제는 전형적으로 사업프로세스 수준에서 운영되며 개별 응용시스템에 의한 거래를 처리할 때 적용되며, 본질적으로 예방 또는 발견 기능을 수행할 수 있고, 회계기록의 완전성이 확보되도록 설계된다.

● 감사기준서 315 문단 A109

> 응용통제는 수작업 또는 자동화된 절차로서 전형적으로 사업프로세스 수준에서 운영되며 개별 응용시스템에 의한 거래를 처리할 때 적용된다. 응용통제는 본질적으로 예방 또는 발견 기능을 수행할 수 있고, 회계기록의 완전성이 확보되도록 설계된다. 따라서, 응용통제는 거래나 기타 재무정보의 개시, 기록, 처리 및 보고에 사용되는 절차들과 관계가 있다. 이러한 통제들은 발생된 거래가 승인되고, 완전하고 정확하게 기록되며 처리되도록 도와준다. 이러한 예로는 입력데이터의 편집점검이나 일련번호 점검, 그리고 이에 따른 예외보고서의 수작업 후속조치나 데이터 입력시점의 수정이 있다.

2) 목적 및 내용

응용통제는 모든 거래가 다음의 4가지 목적을 달성하도록 하여야 한다.

- 완전성(Completeness) : 모든 거래는 중복이나 누락없이 처리되어야 함
- 정확성(Accuracy) : 모든 정보는 정확하게 기록되어야 함
- 정당성(Validity) : 모든 거래는 승인이 되었으며, 가공의 거래가 없어야 함
- 제한된 접근 (Restricted Access) : 자산보호를 위한 물리적인 접근을 제한하거나 혹은 데이터에 대해 논리적인 접근을 제한하여 비인가된 수정이나 기밀노출을 방지하여야 함

응용통제는 모든 거래에 대해 완전성, 정확성 , 정당성 및 제한된 접근을 보장하기 위해 상세한 수준의 비즈니스 순환과정 혹은 거래절차에서 수행되는 자동화 혹은 수작업으로 처리되는 예방, 적발 및 수정통제를 총칭한다.

이 중 IT 응용통제(IT Application Control)는 다음의 5가지 영역을 포함한다.

- 보안(Access) : 업무 분장표에 따라 IT시스템의 보안(Access)이 결정되고, 이에 따른 이용자 그룹만이 해 당 시스템에 접근할 수 있는 통제
- 자동통제(Auto) : 회사의 정책 및 절차가 강제되도록 시스템 내에 설계된 통제
- 계산(Calculation) : 사람 대신 IT시스템에 의해 수행되는 회계처리 절차
- 보고서(Reports) : 수동 통제의 실행 또는 실증절차에 대한 원천문서로 사용되는 시스템에서 생성되는 보고서
- 인터페이스(Interface) : 데이터를 컴퓨터 시스템 간에 전송하는 것으로 데이터가 완전하고, 정확하며, 안전하게 전 송되는지를 확인하도록 설정된 통제

3) 구매프로세스 상의 IT응용통제 사례

다음은 입고 및 검수와 관련한 주요 위험과 이를 완화할 수 있는 통제에 대해 기술한 예시이다.

구 분	입고 및 검수와 관련한 주요 위험	IT 응용통제
위험1	주문되지 않은 자재의 입고처리가 제한되지 않음으로 인해 승인을 우회하여 부적절한 자재가 입고될 위험	발주 없는 입고는 승인권자의 승인을 득한 뒤 처리하며, 수불내역을 정기적으로 검토함
위험2	PO 수량을 초과하는 입고를 허용하여 필요 이상의 입고 및 매입정산이 이루어질 위험	PO 수량을 초과하여 입고처리 하지 못하도록 설정함
위험3	재고단가를 잘못 입력하여 재고자산이 과대 혹은 과소 계상될 위험	입고 테이블의 재고 단가를 PO 단가로부터 자동으로 인식하도록 설정함

구 분	입고 및 검수와 관련한 주요 위험	IT 응용통제
위험4	MM 모듈의 입출고 정보가 FI 모듈에 연동되지 않아 재무 기록에 오류가 발생할 위험	매월 결산 시 MM 모듈 물동수불부와 FI 모듈 수불금액간 대사를 수행함
위험5	권한이 부여되지 않은 자의 접근으로 인해 부적절한 입고처리가 발생할 위험	입고처리의 권한을 자재관리부서 입고담당자에게만 부여함

2.2 IT 통제의 테스트

(1) 테스트 절차

1) 개 요

IT 통제의 테스트를 위해서는 먼저 IT통제에 대한 이해가 선행되어야 한다. 이에 기반하여 IT 일반통제에 대해 설계의 적정성과 운영의 효과성을 테스트한다. IT 일반통제의 테스트 결과에 따라 응용통제에 대한 의존도를 결정하여 실증절차의 범위를 조정하게 되기 때문이다. 마지막으로 IT 응용통제에 대해 설계의 적정성과 운영희 효과성을 테스트한다.

2) 단계별 테스트 절차

구 분	내 용
(1단계) IT통제에 대한 이해	시스템 관련 문서나 IT부서 및 주요 현업부서 담당자와의 인터뷰를 통해, 회계처리 거래 흐름과 그 과정에서의 회계처리 IT시스템의 활용과 회계처리 흐름 내의 IT통제 현황에 대해 파악함
(2단계) IT 일반통제 테스트	IT 일반통제의 설계의 적정성과 운영의 효과성을 평가함 IT 일반통제의 설계의 적정성과 운영의 효과성 테스트 결과 비효과적으로 판단되는 경우, IT 응용통제에 의존할 수 없음.
(3단계) IT 응용통제 테스트	기업에 대한 이해 단계에서 중요왜곡표시위험이 낮은 것으로 평가한 상황 하에서 IT 일반통제의 설계의 적정성과 운영의 효과성 테스트 결과 효과적으로 판단되는 경우, IT 응용통제에 의존하고 실증절차 테스트를 축소하는 방향으로 감사계획을 수립할 수 있음.

(2) 테스트 방법

1) 컴퓨터 주변감사(Audit around the Computer)

컴퓨터 주변감사는 피감사기업의 IT 프로그램의 수정이나 변경 없이 감사인이 원시증빙을 표본추출하여 이에 대한 IT 프로그램의 산출물을 통하여 입력자료와 출력자료를 중심으로 검토하는 방법이다. 이는 수작업 감사기법 중 문서검사와 사실상 동일하며, 프로그램의 처리과정의 통제절차에 대한 검토는 실시하지 않는다는 한계가 존재한다.

2) 컴퓨터 자체감사(Audit through the Computer)

컴퓨터 자체감사는 컴퓨터 주변검사의 한계를 극복하여 프로그램 처리과정의 통제절차를 검토하고자 IT 프로그램의 처리과정 자체를 테스트하는 방법이다. 이는 감사대상 기업의 IT 프로그램에 테스트 목적의 모의 데이터를 처리하여 검증하는 시험자료법, 테스트 목적의 IT 프로그램을 개발하여 이에 실제 데이터를 처리하여 검증하는 병행처리법, 감사대상 기업의 IT 프로그램에 테스트 목적의 모의 데이터와 실제 데이터를 동시에 처리하여 검증하는 통합자료처리법이 존재한다.

시험자료법 사용 시 모의거래자료는 정상적인 거래뿐만 아니라 오류를 야기할 수 있는 비정상적 거래도 포함하여야 하며, 테스트 종료 후 입력한 모의거래 자료를 제거해야 한다. 병행처리법의 경우 기업이 프로그램을 자주 변경, 승인받지 않은 프로그램을 부정한 목적으로 사용할 때 매우 효과적이나 테스트용 프로그램의 개발에 비용이 많이 들고 시간이 소요된다는 단점이 존재한다. 통합자료처리법의 경우, 실제자료를 처리와 동시에 테스트 데이터를 검증하여 내부통제의 유효성을 검증할 수 있다는 장점이 있으나 시험자료법과 마찬가지로 검증 후 시험자료를 제거하여 한다.

2.3 IPE(Information produced by entity) 통제에 대한 인증

(1) IPE의 정의와 종류

IPE란 Information produced by entity의 약자로써 기업의 정보시스템(수작업 시스템 포함)에서 생성되어 기업이 통제를 운영할 때 사용되는 정보를 의미한다.

IPE의 종류는 그 산출 형태에 따라 크게 4가지로 나뉜다. 첫 번째는 표준보고서(Standard Report)이다. 표준보고서란 회사 ERP에서 도출되는 수정불가능 한 데이터를 의미한다. 최종사용자가 관련된 파라메터만을 입력하여 생성하는 리포트로 쿼리 등을 이용하여 보고서의 로직 또는 기본 설정 값을 모두 수정할 수 없는 보고서이다. 두 번째는 비표준보고서(Non-Standard Report)로써, 재고관리시스템이나 POS와 같이 회사의 ERP에 접속하고 있는 시스템에서 도출되는 데이터로 회사가 추가, 삭제 혹은 변경이 가능한 데이터이다. 최종사용자는 보고서 로직을 수정할 수는 없지만 기간설정이나 부서조회 등의 옵션 설정 값은 수정할 수 있다. 세 번째는 제3자 발행보고서(Third party report)로써 이는 외부 서비스 조직이나 벤더 등으로부터 취득한 데이터 이다. 회계법인, 신용평가사, 감정평가법인의 평가보고서 등이 여기에 해당된다. 최종 사용자는 보고서 로직과 기간설정이나 부서조회 등의 옵션 설정값을 모두 수정할 수 있다. 네 번째는 EUC(End User Computing) 데이터로써, 시스템에서 추출된 데이터를 기반으로 최종사용자가 엑셀 등을 이용하여 추가 과정을 거쳐 작성된 데이터이다. 최종사용자는 EUC 데이터 산출을 위한 모든 정보를 입력, 수정할 수 있으며 수작업으로 작성된 스프레드시트나 스케줄표가 여기에 해당된다.

[표 8-11] IPE의 종류

종 류	개 념
표준보고서 (Standard Report)	회사 ERP에서 도출되는 데이터로 관련 Parameter(기간, 생성자 등)만 입력하여 도출하는 리포트를 의미(시스템 Query등을 이용하여 수정할 수 없는 데이터를 의미)
비표준보고서 (Non-Standard Report)	대게 회사의 ERP에 Add-on된 시스템(매장재고관리시스템, POS 등)에서 도출되는 데이터로 회사가 추가 개발/변경한 report 등의 데이터를 의미
제3자 발행보고서 (Third party report)	외부 서비스 조직 또는 벤더 등으로부터 취득한 정보
EUC(End User Computing) 데이터	최종사용자가 엑셀 등 spreadsheet를 이용하여 작성한 데이터

정보는 신뢰할 수 있는 데이터를 기반한 경우에만 유의미하게 사용될 수 있다. 회사의 내부회계관리제도의 설계 및 운영이 적절히 수행되고 있다 하더라도 통제의 설계 및 운영에 사용되는 정보인 IPE의 신뢰성 확보 체계가 구축되어 있지 않다면 해당 통제는 신뢰할 수 없으며, 따라서 효과적이라고 볼 수 없다. 즉, IPE에 대한 신뢰성 확보체계의 구축은 내부회계관리제도의 신뢰성을 높이고 내부회계관리제도를 고도화 및 정교화 하는데 중요한 요건이다.

(2) IPE 관련 규정

내부회계관리제도의 유효성을 위한 IPE의 신뢰성 확보체계 구축은 내부회계관리제도 개념체계의 정보 및 의사소통 구성요소와 관련하여 새롭게 도입된 원칙인 "관련 있는 정보의 사용(원칙13)"을 기반으로 하며 그 세부적인 내용은 아래와 같다.

[표 8-12] 내부회계관리제도 개념체계 : 관련있는 정보의 사용 원칙(원칙 13)

구성요소	원 칙	원칙 달성을 위한 중점 고려사항
정보 및 의사소통	13. 관련있는 정보의 사용 회사는 내부회계관리제도의 운영을 지원하기 위하여 관련 있는 양질의 정보를 취득 또는 생산하고 사용한다.	1. 정보 요구사항의 식별 : 회사의 내부회계관리제도 목적 달성과 내부회계관리제도 구성요소들의 기능을 지원하기 위해 필요하고 요구되는 정보를 식별하는 절차가 수립되어 있다. 2. 내부 및 외부의 데이터 원천 포착 : 정보시스템은 내부 및 외부의 데이터 원천을 포착한다. 3. 관련 있는 데이터를 의미 있는 정보로 변환 : 정보시스템은 관련 있는 데이터를 처리하여 의미 있는 정보로 변환한다. 4. 정보 처리 과정에서 품질의 유지 · 관리 : 정보시스템은 시의 적절하고, 최신의, 정확하고, 완전하고, 접근가능하고, 보호되고, 검증가능한 정보를 생산하고 유지하며 동 정보가 내부회계관리제도 구성요소 지원에 적절한 정보인지 검토한다. 5. 비용과 효익 고려 : 의사소통 대상이 되는 정보의 성격, 양, 상세한 정도는 회사의 내부회계관리제도 목적에 부합하고, 목적 달성을 지원한다.

회사의 기존 내부회계관리제도에서 거래수준 통제활동이 잘 운영되어 있다고 해도, 통제활동과 관련된 정보의 신뢰성을 확인하는 절차가 구축되어 있지 않다면 IPE의 신뢰성은 확보될 수 없으며 회사의 내부통제도 효과적이라고 볼 수 없다. 따라서 경영진은 내부통제활동에 활용되는 IPE에 대한 신뢰성을 확보하는 데 노력을 기울여야 한다. 이와 관련하여 내부회계관리제도 모범규준에서는 다음과 같이 언급하고 있다.

내부회계관리제도 모범규준, 내부회계관리제도 설계 및 운영 적용 기법 문단 120

효과적인 내부회계관리제도를 위해 경영진은 내부회계관리제도 관련 문서에 포함되는 중요한 정보를 파악하고 이의 신뢰성을 확보하기 위해 다음과 같은 절차를 취할 수 있다.

- 통제가 효과적으로 작동하기 위해 필요한 중요한 정보를 파악(예 : 재고수불리포트, 각종 평가 보고서, 평가에 사용되는 각종 예측 정보 등)
- 필요한 정보의 취득과 관리 방안
- 해당 정보의 원천과 산출 방식의 신뢰성에 관련된 통제의 파악, 통제가 존재하지 않는 경우에는 신설을 고려
- 재무정보를 포함한 관리 방안

● 내부회계관리제도 모범규준, 내부회계관리제도 설계 및 운영 적용 기법 문단 123

내부회계관리제도에 사용되는 정보는 시스템에서 산출되는 정보를 포함하고 있으며, 정보의 신뢰성 검토는 정보의 중요성과 성격에 따라 다양한 방안이 적용될 수 있다.

이와 같이 내부회계관리제도 개념체계 및 모범규준에서는 회사의 내부회계관리제도를 설계 · 구축 및 운영 · 평가하는 과정에서 회사가 생산 및 이용하는 정보인 IPE의 중요성을 강조하고 이에 대한 신뢰성 확보체계의 구축을 요구하고 있다. 이에 따라 회사는 재무보고를 위한 통제들에 사용되는 데이터의 원천을 확인하여 이를 카테고리 별로 구분하고, 해당 카테고리 별 IPE의 신뢰성 확보 통제절차를 수립하여 문서화하여야 한다.

(3) IPE 관련 감사인의 고려사항

회사의 경영진 뿐 아니라 외부감사인도 내부회계관리제도를 평가할 때 IPE를 이용한다. 외부감사인은 내부회계관리제도 감사의 도입으로 내부회계관리제도 전체에 대해 합리적 확신을 제공하기 위해 내부회계관리제도의 설계 및 운영 효과성에 대해 평가해야 한다. 이를 위한 통제 테스트를 실시할 때 테스트 대상인 통제에 이용되는 정보가 IPE이므로 IPE에 대한 신뢰성 확보는 감사인이 감사의견을 형성할 때 중요한 요소이다. 이에 대해 한국 회계감사기준에서는 테스트할 통제가 간접통제에 의존하고 있다면 간접통제의 효과성도 감사의 대상이 되며, 정보의 정확성에 대한 통제는 이 간접통제에 해당한다고 명시하고 있다. 따라서 IPE의 정확성에 대한 통제, 즉 IPE 신뢰성 확보절차가 별도로 구축되어 있는지 여부는 내부회계관리제도의 효과성에 대한 감사인의 의견을 형성하는데 영향을 미친다는 점에서 중요하다.

● 감사기준서 330. 평가된 위험에 대한 감사인의 대응 문단10.(b), A30

10(b). 테스트할 통제가 다른 통제 (간접통제)에 의존하고 있는지 여부를 결정함. 만약 그렇다면 그러한 간접통제가 효과적으로 운영되고 있음을 뒷받침하는 감사증거를 입수할 필요가 있는지 여부를 결정하여야 한다.

A30. 상황에 따라 간접통제의 효과적인 운영을 뒷받침하는 감사증거를 입수할 필요가 있을 수 있다. 예를 들어 감사인이 승인된 신용한도를 초과한 매출의 예외보고서에 대하여 사용자검토의 효과성을 테스트하기로 결정한 경우, 사용자검토 및 관련 사후점검은 감사인에게 직접적으로 관련성이 있는 통제다. 보고서 정보의 정확성에 대한 통제(예를 들어, 정보기술 일반통제)는 "간접" 통제로 불린다.

한국공인회계사회에서도 외부감사인이 감사 의견 표명을 위한 절차를 수행 할 때 기업이 생성한 정보(IPE)의 완전성과 정확성에 대한 통제에 미비점이 있으면서 다른 보완 통제가 없다면 통제 운영에 해당 정보를 사용하는 통제 역시 미비점이 있는 것으로 식별하고 미비점의 심각성을 평가해야하는 것으로 제시하고 있다. 미국의 관련규정인 PCAOB AS1105와 AICPA AU-C 500을 살펴보면, 회사가 사용한 정보에 대해, 내부통제를 감사하는 감사인은 해당 정보의 정확성과 완전성을 확인해야 하며 관련성과 신뢰성을 평가해야 하고 해당 정보가 감사인의 목적에 맞게 충분하게 정확하고 상세한지 여부를 확인하라고 명시하고 있다.

즉, 외부 감사인에게 IPE는 직접적으로 감사의 대상이 되는 정보는 아니지만 통제활동에 이용되는 정보로써 감사의 증거를 제공하므로 IPE에 대한 신뢰성 확보체계 구축은 내부회계관리제도 감사에 대응하기 위한 통제활동의 고도화 및 정교화에 필수적이고 기본적인 절차라 할 수 있다.

2.4 서비스조직의 통제에 대한 인증

(1) 서비스 조직 이용 시 고려 사항

기업의 재무제표에 대한 책임은 서비스 조직(아웃소싱)을 이용 여부와 무관하게 동일하며, 이에 대한 적절한 내부통제를 유지해야 하는 것도 동일하다. 즉, 위탁한 기능이 효과적으로 운영되고, 이를 기반으로 산출되는 숫자가 정확한지에 대한 직접적인 통제 혹은 서비스 조직에 대한 모니터링을 수행할 필요가 있다.

단, 서비스 조직 감사인이 'ISAE 3402 서비스조직 통제에 대한 인증보고서' 기준에 따른 보고서를 제출하거나, 한국공인회계사회가 ISAE 3402 기준을 도입하여 제정한 '서비스조직의 통제에 대한 인증업무기준'에 의한 서비스조직의 통제 설계와 운영의 효과성 평가에 대한 보고서를 제출하는 경우에는 보고서를 이용하여 해당 부분에 대한 별도 내부통제 평가를 하지 않을 수 있다.

[그림 8-2] 서비스조직의 통제 인증 관련 Flowchart

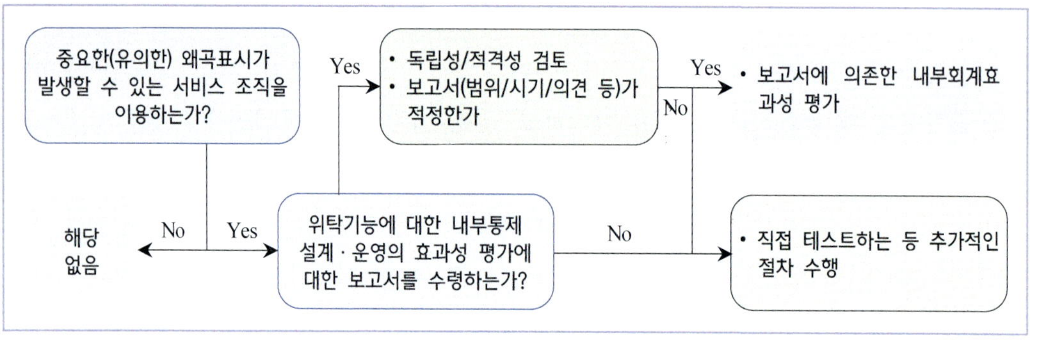

(2) 서비스조직 통제에 대한 인증보고서 유형과 보고서의 적정성 판단 시 고려사항

1) 서비스조직 통제에 대한 인증보고서 유형

서비스조직 통제에 대한 인증보고서는 '유형1 보고서'와 '유형2 보고서'로 분류할 수 있다. 유형1 보고서는 서비스조직의 특정일 시점의 IT통제의 설계의 적정성에 대한 인증을 제공하는 것이 목적이다. 반면에 유형2 보고서는 서비스조직의 특정일 시점의 IT통제의 설계의 적정성 및 특정 기간 동안의 IT통제의 운영의 효과성에 대한 인증을 제공하는 것이 목적이다. 따라서 유형1 보고서는 보통 서비스 조직을 이용하는 피감사기업에 대한 감사시작 시점에 제공받게 되며, 통상적으로는 감사인은 유형2 보고서를 입수해야 한다.

[표 8-13] 서비스조직 통제에 대한 인증보고서 유형

유형1 보고서	유형2 보고서
유형1 인증보고서는 다음의 서비스조직 주장에 대한 인증을 제공함(특정일 현재에 대한 보고, "as of" basis reporting) ① 서비스조직의 시스템기술서가 특정일 현재 설계되고 구축된 대로 해당 시스템을 공정하게 표시하고 있는지 여부 ② 서비스조직의 시스템기술서에 기재된 통제목적의 관련 통제들이 특정일 현재 적합하게 설계되었는지 여부	유형2 인증보고서는 다음의 서비스조직 주장에 대한 인증을 제공함(일정기간 동안에 대한 보고, "period" basis reporting) ① 서비스조직의 시스템기술서가 특정 기간 동안 설계되고 구축된 대로 해당 시스템을 공정하게 표시하고 있는지 여부 ② 서비스조직의 시스템기술서에 기재된 통제목적의 관련 통제들이 특정 기간 동안 적합하게 설계되었는지 여부 ③ 서비스조직의 시스템기술서에 기재된 통제목적의 관련 통제들이 특정 기간 동안 효과적으로 운영되었는지 여부

2) 서비스조직 통제에 대한 인증보고서 적정성 판단 시 고려사항

- 보고서 작성자의 적격성과 독립성은 적정한가?
- 당사의 위탁 운영 서비스가 모두 포함되었는가?
- 보고서 기준일자와 당사 내부회계 평가일자에 유의한 차이가 있는가?
- 발견된 미비점은 존재하는가?
- 서비스 조직 감사인 보고서 의견은 적정한가?

위 사항 고려 시 충분하지 않다고 판단되는 경우 직접 테스트하는 등의 추가적인 절차가 필요하다.

(3) 서비스조직 통제에 대한 직접 테스트하는 등의 추가적 절차

[그림 8-3] 서비스조직 통제에 대한 직접 테스트하는 등의 추가적 절차 Flowchart

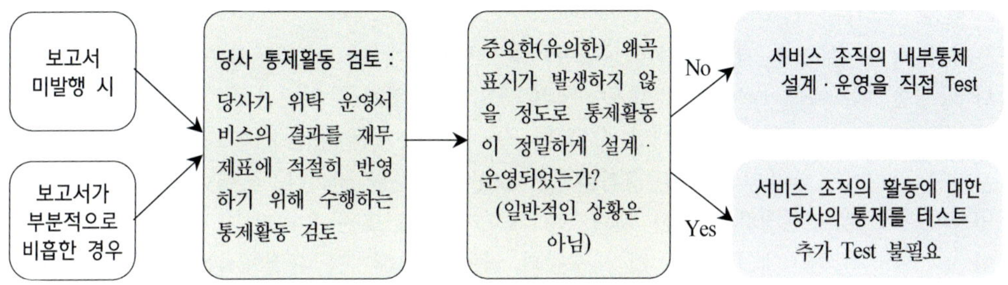

* 당사 내부통제가 서비스 조직의 내부통제를 충분히 대체할 수 있다고 판단되는 경우는 서비스가 미미한 규모이거나, 당사통제가 직접적으로 서비스 조직에 정교하게 작용하는 경우임

제3절 부정과 오류의 고려

3.1 부정의 정의와 책임

(1) 부정의 정의와 전문가적 의구심

1) 정 의

재무제표는 부정과 오류에 의하여 왜곡표시될 가능성이 존재하는데, 이중 의도적인 재무제표의 왜곡은 부정으로, 의도적이지 않는 재무제표의 왜곡은 오류로 분류한다.

이 중 부정은 구체적으로 경영진, 지배기구, 종업원 또는 제3자 중 1인 이상이 부당하거나 불법적인 이득을 취하기 위해 기만행위가 연루된 의도적 행위를 의미한다. 부정으로 인한 왜곡표시는 부정한 재무보고에 의한 왜곡표시와 자산의 횡령에 의한 왜곡표시의 2가지 유형으로 나눌 수 있다.

부정으로 인한 재무제표의 왜곡표시는 다음의 세 가지 요인, 즉 부정의 동기 및 압력, 부정의 기회, 부정의 합리화가 결합될 경우 발생하게 된다.

감사기준서 240 문단 A1

- 부정의 동기 및 압력 : 부정한 재무보고의 동기나 압력은 경영진이 기업 내 외부로부터 예정된(아마도 비현실적인) 이익목표나 재무적 성과의 달성압력을 받고 있을 때, 특히 재무적 목표를 달성하지 못할 경우 경영진에 미치는 영향이 중요할 때 존재한다. 이와 마찬가지로 개인의 경우 수입액을 초과하는 생활을 하고 있는 경우 자산횡령의 동기를 가질 수 있다.
- 부정의 기회 : 부정을 저지를 수 있는 알려진 기회는 개인이 내부통제를 무력화할 수 있다고 믿을 때, 예를 들어 해당 내부통제의 책임있는 위치에 있거나 내부통제의 특정 미비점을 잘 알고 있을 경우 존재할 수 있다.
- 부정의 합리화 : 개인은 부정한 행위를 합리화할 수 있을 것이다. 어떤 사람은 의식적이고 의도적으로 부정직한 행위를 저지르는 태도나 성격 또는 윤리적 가치관을 가지고 있다. 그러나 정직한 개인이라도 일정 수준의 압력이 가해지는 환경에서는 부정을 저지를 수 있을 것이다.

2) 전문가적 의구심

전문가적 의구심은 오류나 부정으로 인한 왜곡표시 가능성을 나타내는 것일 수 있는 상황에 유의하면서, 의문을 갖는 마음과 감사증거에 대한 비판적인 평가를 포함하는 태도를 의미한다.

전문가적 의구심을 유지할 때는 입수된 정보나 감사증거가 부정으로 인한 중요한 왜곡표시의 존재를 의미하는지 지속적으로 의문을 가지도록 요구한다. 이러한 의구심은 감사증거로 이용될 정보의 신뢰성 그리고 이러한 정보의 작성과 유지에 관한 통제의 신뢰성에 대하여 고려할 경우에도 필요하다. 부정의 특성 때문에, 감사인의 전문가적 의구심의 자세는 부정으로 인한 중요왜곡표시위험을 고려할 때 특히 중요하다.

감사인이 경영진과 지배기구의 정직성과 성실성에 대한 감사인의 과거 경험을 무시할 것을 기대할 수는 없으나, 그 동안 상황의 변화가 발생했었을 수도 있으므로 감사인의 전문가적 의구심은 부정으로 인한 중요왜곡표시위험을 고려할 때 특히 중요하다.

(2) 부정에 대한 지배기구와 경영진의 책임

1) 부정에 대한 지배기구와 경영진의 책임

부정과 오류의 예방과 발견에 대한 주된 책임은 기업의 지배기구와 경영진에게 있다.

● 감사기준서 240 문단 4(부정의 예방 및 발견에 대한 책임)

부정과 오류의 예방과 발견에 대한 주된 책임은 기업의 지배기구와 경영진에게 있다. 지배기구의 감시와 더불어, 경영진은 부정의 예방을 강조하여 부정이 발생할 기회를 감소시키고, 또 부정의 억제를 강조함으로써 각 개인들이 부정의 발견 및 이에 대한 처벌의 가능성을 의식하여 부정을 저지르지 않도록 설득하는 것이 중요하다. 이는 정직하고 윤리적으로 행동하는 문화의 창조의지와 관련되며, 지배기구의 적극적인 감시에 의하여 더욱 강화될 수 있을 것이다. 기업의 성과와 수익성에 대한 재무분석가들의 인식에 영향을 주기 위해 이익을 조정하려는 경영진의 노력과 같이, 지배기구의 감시에는 재무보고절차에 대한 통제를 무력화하거나 기타 부적절한 영향력을 행사할 가능성에 대하여 고려하는 것이 포함된다.

2) 부정에 대한 경영진의 서면진술

감사인은 다음 사항에 대하여 경영진(적절한 경우 지배기구를 포함)의 서면진술을 입수하여야 한다. 이는 부정에 대한 경영진의 책임을 명확히 하는 의미가 있다.

● 감사기준서 240 문단 40(서면진술)

감사인은 다음 사항에 대하여 경영진(적절한 경우 지배기구를 포함)의 서면진술을 입수하여야 한다.

(a) 부정의 예방과 발견을 위한 내부통제의 설계, 실행 및 유지할 책임이 이들에게 있다는 사실을 인정한다는 것
(b) 부정에 의하여 재무제표가 중요하게 왜곡표시 될 위험에 대한 경영진의 평가결과를 감사인에게 공개하였다는 것
(c) 다음의 사람들이 연루되고 기업에 영향을 미치는 부정 또는 의심되는 부정에 대하여, 이들이 알고 있는 바를 감사인에게 공개하였다는 것
  (i) 경영진
  (ii) 내부통제에 유의적인 역할을 수행하는 종업원
  (iii) 부정이 재무제표에 중요한 영향을 미칠 수 있는 경우의 기타 관련자
(d) 기업의 재무제표에 영향을 미치는 부정 또는 의심되는 부정에 대한 주장들로서, 이들이 종업원, 과거의 종업원, 분석가, 규제기관 등으로부터 알고 있는 사항을 감사인에게 모두 공개하였다는 것

3) 부정에 대한 감사인의 책임

감사기준에 따라 감사를 수행하는 감사인은 재무제표가 전체적으로 부정이나 오류로 인한 중요한 왜곡표시가 없다는 합리적 확신을 얻을 책임이 있다.

● 감사기준서 240 문단 4(감사인의 책임)

감사기준에 따라 감사를 수행하는 감사인은 재무제표가 전체적으로 부정이나 오류로 인한 중요한 왜곡표시가 없다는 합리적 확신을 얻을 책임이 있다. 감사인이 감사기준에 따라 적절하게 감사를 계획하고 수행하여도 감사의 고유한계에 의하여 재무제표의 중요한 왜곡표시 중 일부가 발견되지 못할 불가피한 위험이 존재한다.

3.2 부정으로 인한 재무제표 왜곡표시 위험의 고려

(1) 개 요

감사인은 재무제표 수준과 거래유형, 계정과목 및 공시에 대한 경영진주장의 수준에서 부정으로 인한 중요왜곡표시위험을 식별하고 평가하여야 한다. 부정으로 인한 중요왜곡표시위험이 존재할 경우에는 반드시 유의적 위험으로 간주해야 한다. 특히 수익인식과 경영진의 통제무력화 위험과 관련해서는 부정으로 인한 중요왜곡표시위험의 하나로 보아 유의적 위험으로 분류한다.

(2) 수익인식의 부정위험의 이해와 감사절차

1) 수익인식 상의 왜곡표시 유형

수익의 인식과 관련하여 부정한 재무보고로 인한 중요한 왜곡표시는 종종 수익의 조기인식이나 가공수익의 계상 등에 의한 과대계상에 기인하며, 수익의 부적절한 이연인식 등 수익의 과소계상에 기인할 수도 있다.

2) 수익인식 상의 왜곡표시 동기

어떤 기업의 수익인식에서의 부정위험은 다른 기업보다 더 클 수 있다. 예를 들어 어느 상장기업 경영진의 성과가 매년의 매출액 성장률이나 순이익에 의해 측정되는 경우, 경영진이 부적합한 수익인식을 통하여 부정한 재무보고를 할 압력이나 동기가 존재할 수도 있다. 마찬가지로 예를 들어 상당한 비중의 수익이 현금매출을 통하여 창출되는 기업의 경우 수익인식에 있어 부정위험은 더욱 클 수도 있다.

3) 감사절차

감사인은 수익인식에는 부정위험이 존재한다는 가정에 기초하여 어떤 유형의 수익거래 또는 경영진주장이 그러한 위험을 발생시키는지 평가하여야 한다. 다만 수익인식에 부정위험이 존재한다는 가정에는 반론이 있을 수 있다. 예를 들어 단일 임대용 재산의 수익과 같이 단일 유형의 단순한 수익거래만 존재하는 경우, 감사인은 수익인식과 관련하여 부정으로 인한 중요왜곡표시위험은 없다고 결론을 내릴 수 있을 것이다.

(3) 경영진에 의한 통제무력화 위험에 대응한 감사절차

1) 경영진의 통제무력화가 유의적 위험인 이유

경영진은 그렇지 않았다면 효과적으로 운영된다고 보이는 통제를 무력화하여 회계기록을 조작하고 부정한 재무제표를 작성할 수 있는 능력이 있기 때문에, 부정을 저지를 특별한 위치에 있다. 경영진에 의한 통제무력화의 위험은 기업마다 그 정도가 다를 것이나, 이러한 위험 자체는 모든 기업에 존재한다. 이 같은 통제무력화는 예측불가능하게 발생될 수 있기 때문에, 이는 부정으로 인한 중요왜곡표시위험의 하나이며, 따라서 유의적 위험이다.

2) 경영진의 통제무력화 위험에 대응한 감사절차

경영진에 의한 통제무력화 위험에 대한 감사인의 평가결과에 관계없이, 감사인은 다음의 감사절차를 반드시 계획하고 수행하여야 한다.

(A) Journal-Entry Test(분개 테스트)

총계정원장에 기록된 분개와 재무제표 작성시 이루어진 조정사항의 적절성을 테스트함. 이러한 테스트를 위한 감사절차를 설계하고 수행할 때 감사인은 다음의 절차를 수행하여야 한다.

(i) 분개 및 기타 조정사항의 처리와 관련하여 부적합하거나 비경상적인 행위가 있었는지에 대하여 재무보고절차에 관여하는 사람들에게 질문함

(ii) 보고기간말에 이루어진 분개 및 기타 조정사항을 추출함

(iii) 보고기간 전체를 통하여 이루어진 분개 및 기타 조정사항을 테스트할 필요가 있는지 고려함

(B) 회계추정치에 대한 검토

회계추정치에 편의가 있는지 검토하고, 편의가 있다면 이를 유발하는 환경이 부정으로 인한 중요왜곡표시위험을 나타내는 것인지 여부를 평가함. 감사인은 이러한 검토를 할 때

다음의 절차를 수행하여야 한다.

(i) 경영진이 재무제표에 반영된 제반 회계추정을 할 때 행한 판단과 결정이 비록 개별적으로는 합리적이라고 하더라도, 부정으로 인한 중요왜곡표시위험을 의미할 수 있는 경영진의 편의가능성을 나타내는 것인지 여부를 평가함. 만약 그렇다면 감사인은 회계추정치를 전반적으로 다시 평가함

(ii) 전기재무제표에 반영된 유의적 회계추정치에 관련된 경영진의 판단과 가정들을 소급해서 재검토함 (문단 A46-A48 참조)

(C) 비정상적이거나 비경상적 유의적 거래에 대한 평가

기업의 정상적인 사업과정을 벗어나는 거래, 또는 기업과 그 환경에 대한 감사인의 이해와 감사 중에 입수한 정보에 근거했을 때 비경상적으로 보이는 유의적 거래의 경우, 감사인은 해당 거래의 사업상 논리적 근거(또는 그 결여)에 비추어 볼 때 그러한 거래가 부정한 재무보고를 수행하거나 자산횡령을 은폐하기 위하여 체결되었음을 나타내는 것인지 여부를 평가하여야 한다. (문단 A49 참조)

3.3 경영진의 부정행위 등에 대한 감사인의 보고의무

(1) 개 요

감사인이 경영진의 부정을 발견하였다고 하더라도 비밀유지의무가 존재하므로 외부에 직접적으로 알리거나 감독기관이나 검찰에 고발할 수는 없다. 감사인은 경영진의 부정을 발견한 경우 이를 지배기구와 커뮤니케이션 하여야 하고, 만일 부정을 수행한 경영진이 이사인 경우 외감법 제22조에 따라 증권선물위원회에 보고하여야 한다. 부정행위의 보고와 관련하여 외부감사법 제22조는 감사인의 의무를 다음과 같이 규정하고 있다.

● 주식회사 등의 외부감사에 관한 법률 제22조(부정행위 등의 보고)

제22조(부정행위 등의 보고) ① 감사인은 직무를 수행할 때 이사의 직무수행에 관하여 부정행위 또는 법령이나 정관에 위반되는 중대한 사실을 발견하면 감사 또는 감사위원회에 통보하고 주주총회 또는 사원총회(이하 "주주총회등"이라 한다)에 보고하여야 한다.

② 감사인은 회사가 회계처리 등에 관하여 회계처리기준을 위반한 사실을 발견하면 감사 또는 감사위원회에 통보하여야 한다.

> ③ 제2항에 따라 회사의 회계처리기준 위반사실을 통보받은 감사 또는 감사위원회는 회사의 비용으로 외부전문가를 선임하여 위반사실 등을 조사하도록 하고 그 결과에 따라 회사의 대표자에게 시정 등을 요구하여야 한다.
> ④ 감사 또는 감사위원회는 제3항에 따른 조사결과 및 회사의 시정조치 결과 등을 즉시 증권선물위원회와 감사인에게 제출하여야 한다.
> ⑤ 감사 또는 감사위원회는 제3항 및 제4항의 직무를 수행할 때 회사의 대표자에 대해 필요한 자료나 정보 및 비용의 제공을 요청할 수 있다. 이 경우 회사의 대표자는 특별한 사유가 없으면 이에 따라야 한다.
> ⑥ 감사 또는 감사위원회는 이사의 직무수행에 관하여 부정행위 또는 법령이나 정관에 위반되는 중대한 사실을 발견하면 감사인에게 통보하여야 한다.
> ⑦ 감사인은 제1항 또는 제6항에 따른 이사의 직무수행에 관하여 부정행위 또는 법령에 위반되는 중대한 사실을 발견하거나 감사 또는 감사위원회로부터 이러한 사실을 통보받은 경우에는 증권선물위원회에 보고하여야 한다.

즉 감사인은 회사의 회계처리기준 위반 사실이나 이사의 부정행위 또는 법령이나 정관 위반 관련 중대한 사실에 대해 다음과 같은 보고의무를 부담하게 된다.

[표 8-14] 외부감사법 22조 요약

구 분	회계처리기준 위반	이사의 부정행위 또는 법령이나 정관에 위배되는 중대한 사실
감사인	감사(감사위원회)에 통보	• 감사(감사위원회)에 통보 • 주주총회 등에 보고 • 이사의 부정행위 또는 법령에 위배되는 중대한 사실 발견하거나 감사(감사위원회)로부터 통보받은 경우, 증권선물위원회에 보고
감 사 (감사위원회)	• 회사의 비용으로 외부전문가를 선임하여 위반사실 등을 조사하도록 하고 그 결과에 따라 회사의 대표자에게 시정 등을 요구 • 회계처리기준 위반사실에 따른 조사결과 및 회사의 시정조치 결과 등을 즉시 증권선물위원회와 감사인에게 제출	감사인에 통보

(2) 회계처리기준 위반시 회계부정 조사 절차

[그림 8-4] 회계부정 조사 절차

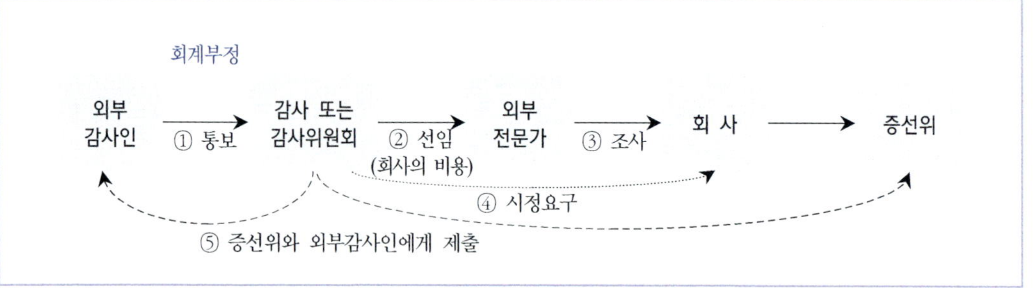

1) 회계부정 조사 요건

외감법 제22조에 따른, 감사인이 내부감사기구에 통보하는 회계부정의 통보대상은 회계처리기준 위반이 ①회계부정으로 인한 것으로 ②재무제표에 미치는 영향이 중요하다고 판단되는 사항이다. 회계부정은 재무제표와 관련하여 부당하거나 불법적인 이득을 취하기 위한 고의적 위반행위를 의미하며, 단순 오류는 제외된다. 또한 중요성 판단은 위반의 성격이나 금액이 재무제표 이용자의 의사결정에 영향을 미치는 경우를 중요하다고 판단한다. 통보범위는 감사과정에서 확인한 회계부정뿐만 아니라 회계부정에 의한 것일 수 있다는 합리적인 의심이 제기되는 사항 예컨대 감사인이 경영진, 내부감사기구, 제보 등을 통해 회계부정이 존재할 가능성을 알게 된 경우 경영진 면담 등 추가 확인 절차 후에도 의심이 해소되지 않는 상황도 포함된다.

그런데 외감법 제22조는 회사의 회계처리 위반 발생시 내부감사기구가 수행해야 할 역할을 구체화하여 규율하고 있다. 감사인에게 통보받거나 혹은 내부감사기구가 자체적으로 발견하든 회사의 회계처리 위반 발생시 내부감사기구의 외부전문가 선임 · 조사(시정요구 포함) 및 증선위 · 감사인에 보고의무가 존재한다.

내부감사기구는 (회사가 회계부정 조사 관련 정책 및 절차를 수립하여 운영하고 있으면) 외부전문가를 선임하기 전에 경영진의 내부조사 및 자진시정을 우선적으로 고려해야 한다. 내부감사기구는 경영진의 내부조사가 객관성 · 적격성 측면에서 적절치 않다고 판단되는 경우 외부전문가를 선임하여 조사에 착수해야 한다.

2) 내부감사기구의 회계부정 조사결과 및 시정조치 보고

내부감사기구는 조사 관련 주요 사항에 대한 의사 결정을 하며, 조사의 모든 단계를 감독할 의무 및 권한을 보유한다. 내부감사기구는 다음 내용을 포함한 회계부정에 대한 조사결과 및 시정조치 결과를 즉시 증선위와 감사인에게 제출해야 한다.

예 시

[조사결과 및 회사 시정조치에 포함되어야 하는 사항]

① 회계부정이 재무제표에 미치는 영향 측정
② 임원, 경영진, 직원이 연루된 회계부정인지에 대한 판단
③ 회계부정을 예방하고 적발하기 위한 통제 및 절차의 취약점과 해당 통제 및 절차의 위반 여부 식별
④ 시정을 위한 재무제표 등 공시자료 수정 및 인사 관련 조치
⑤ 재발을 막기 위한 정책 수립 및 내부통제활동 수정

3) 회계부정 조사결과 및 시정조치 보고에 대한 감사인의 고려사항

감사인은 내부감사기구가 제출한 회계부정 조사결과와 회사의 시정조치가 충분하고 적절한지 평가하고 문서화하여야 한다. 내부감사기구 등의 조치가 충분하고 적절하다고 판단되지 않는경우 감사인은 내부감사기구에 재조사 등을 요구하고, 이후에도 충분하고 적절한 조치가 이루어지지 않는 경우 감사의견의 변형을 고려할 수 있다.

예 시

[조사결과 및 회사 시정조치에 대한 감사인의 고려사항]

① 회계부정 또는 회계부정이 의심되는 사항이 적격성 있는 객관적인 주체에 의해 충분히 조사되었는지 여부
② 조사 결과에 따라 관련 사항이 적시에 시정되었는지 여부
③ 아직 발생하지 않은 회계부정을 예방하기 위한 조치를 수행하였는지 여부
④ 재발위험을 제거하기 위하여 추가적인 통제나 교육 등 적절한 조치를 수행하였는지 여부

(3) 이사의 부정행위 발견시 감사인의 증선위 보고의무

1) 감사인의 증선위 보고의무의 의미

이사의 부정행위 또는 법령이나 정관에 위배되는 중대한 사실을 내부감사기구가 발견한 경우 감사인에 보고할 의무가 존재한다. 반면에 감사인이 발견한 경우 내부감사기구와 주주총회 등에 보고해야 하며, 이사의 부정행위 또는 법령에 위배되는 중대한 사실 발견하거나

감사(감사위원회)로부터 통보받은 경우, 증권선물위원회에 보고해야 할 의무가 존재한다.

이 중 특히 투자자보호 차원에서 의미 있는 부분이 바로 '이사의 부정행위 발견 시 감사인의 증선위 보고의무'이다. 회계감사의 의견거절을 사유로 한 주식회사의 상장폐지 사례가 증가하고 있는데 이 중 절반 이상이 상장폐지 이전부터 경영진 등의 횡령 배임이 발생한 경우이다. 그러나 현행 외감법 하에서는 감사인이 경영진의 횡령 · 배임 등과 같은 부정행위를 인지하더라도 감사 또는 감사위원회에게 통보하고 주주총회에 보고하도록 하고 있을 뿐이며 회사 외부에는 그 사실을 알리도록 되어 있지 않고, 유가증권시장 공시규정에 의하여도 거래소는 회사가 횡령 등 혐의를 확인한 때에 관련 내용을 공시하도록 하고 있어 경영진의 부정행위가 발생하더라도 뒤늦은 공시로 인하여 다수의 피해자가 발생하게 되는 문제가 있었다.

2) 미국 SEC 사례

위와 같은 사안에 대하여 미국은 증권거래법(Section 10A of Securities Exchange Act of 1934)에서 감사인이 회사의 부정행위를 발견하였거나 그 징후를 알게 된 경우 회사의 경영진에게 즉시 알리고, 회사의 재무제표에 미치는 영향 및 경영진의 시의적절한 시정조치 여부 등에 대한 검토 결과를 감사위원회 또는 이사회에 전달하도록 정하고 있다. 감사위원회 또는 이사회는 감사인으로부터 위 결과를 전달 받은 후 1영업일 이내에 그 사실을 SEC에 보고하고 감사인에게 SEC 보고문서의 사본을 제출해야 한다. 만약 SEC 보고문서 사본을 수령하지 못한 경우, 감사인은 감사계약을 철회하거나, 회사에 전달한 검토 결과를 SEC에 직접 제출해야 한다.

우리나라에서도 이사의 혐의사실이 인지된 시점부터 증선위에 보고하도록 하는 것이므로, 감사(또는 감사위원회)를 통해 SEC에 전달하도록 하는 미국의 경우보다 조금 더 강화된 방안으로 보인다. 증선위에 보고한 사항이 추가적으로 전자공시시스템을 통해 공시까지 된다면 투자자들이 적시에 필요한 정보를 파악하여 투자금을 회수할 수 있는 조치를 취할 수 있을 것으로 예상된다.

제4절 법규위반에 대한 감사인의 대응

4.1 법규준수 관련 감사인 책임

(1) 재무제표상의 중요하고 직접적인 영향을 주는 법규에 대한 책임

감사인은 일반적으로 재무제표의 중요한 금액과 공시의 결정에 직접적인 영향을 미칠 것으로 인식되는 법규조항의 준수에 관하여 충분하고 적합한 감사증거를 입수하여야 한다. 세금이나 연금 관련 법규와 같이 재무제표상의 중요한 금액과 공시를 결정하는 데 직접적인 영향을 준다고 일반적으로 인식되는 법규 조항이 그 대표적인 예이다. 이들 법규는 예를 들어 아래와 같은 사항에 관련된 내용을 포함할 수 있다.

- 재무제표의 형식과 내용
- 산업 특유의 재무보고 이슈
- 정부계약에 기초한 거래의 회계처리
- 법인세 또는 연금비용의 발생 또는 인식

이들 법규의 어떤 조항은 재무제표의 특정 주장(예를 들어, 미지급 법인세의 완전성)과 직접 관련이 있는 반면, 재무제표 전체와 직접 관련이 있는 조항도 있을 것이다(예를 들어, 전체재무제표의 일부를 구성하는데 요구되는 보고서). 반면에 이들 법규의 기타 조항이나 타 법규의 위반은 기업에 벌금, 소송 또는 기타의 결과를 초래할 수 있으며 그 비용을 재무제표에 표시할 필요가 있을 수도 있지만, 이는 재무제표에 직접적인 영향을 미치는 것은 아니다.

(2) 사업 운영 관련하여 영향을 주는 법규에 대한 책임

예를 들어 사업 허가조건의 준수나 지급능력에 관한 규정준수, 또는 환경규제의 준수 등과 같이, 재무제표 금액과 공시의 결정에 직접적인 영향을 미치지는 않지만, 해당 법규의 준수가 사업의 일상적인 운영 면이나 사업을 계속할 수 있는 능력 또는 중요한 처벌을 면할 수 있는 능력에 대한 근본이 되는 기타 법규에 대하여는, 감사인의 책임은 재무제표에 중요한 영향을 미칠 수 있는 법규의 위반을 식별하는 데 도움을 주는 특정의 감사절차만 수행하는 것으로 제한된다.

감사인은 재무제표에 중요한 영향을 미칠 수 있는 기타의 법규에 대한 위반사례를 식별하는 데 도움을 줄 수 있도록 아래의 감사절차를 수행하여야 한다.

(a) 기업이 이와 같은 법규를 준수하고 있는지 여부에 대하여 경영진(적절한 경우 지배기구를 포함)에게 질의함

(b) 관련 인허가기관이나 규제기관과의 왕복문서가 있는 경우 이를 검사함

(3) 타 감사절차를 통한 법규위반 식별 가능성을 고려하기 위한 책임

재무제표에 대한 의견을 형성하기 위하여 적용한 감사절차에서 감사인이 주목하게 된 법규위반으로 식별되거나 의심되는 사례가 나타날 수 있다. 이러한 감사절차에는 예를 들어 아래의 사항이 포함될 수 있다.

- 회의록 검토
- 소송사건, 청구사건 및 추정배상액에 대하여 경영진과 내부 또는 외부의 법률고문에게 질문
- 거래유형, 계정잔액 또는 공시에 대한 세부적인 실증절차의 수행

감사인은 재무제표에 대한 의견을 형성하기 위해 적용한 다른 감사절차에서 위반사례가 식별되거나 위반으로 의심되는 사례가 발견될 가능성에 대하여 감사 중 주의를 유지하여야 한다.

(4) 서면 진술 제공 요청책임

감사인은 경영진(적절한 경우 지배기구를 포함)에게 재무제표를 작성할 때 그 영향을 고려해야 하는 법규위반 또는 위반으로 의심되는 사항으로서 알고 있는 모든 사실들을 감사인에게 공개하였다는 내용의 서면진술을 제공하도록 요청하여야 한다. 법규가 재무제표에 미치는 영향은 매우 다양할 수 있으므로, 서면진술은 경영진이 재무제표에 중요한 영향을 미칠 수도 있는 식별되거나 의심되는 법규위반에 대하여 알고 있는지에 대하여 필요한 감사증거를 제공한다. 그러나 서면진술 그 자체만으로는 충분하고 적합한 감사증거가 제공되지 않으므로, 감사인이 입수해야 할 다른 감사증거의 성격과 범위에 영향을 미치지 않는다.

4.2 법규위반이 식별되거나 의심될 때의 감사절차

(1) 감사절차 개요

감사인은 법규위반 또는 의심되는 법규위반 사례에 대한 정보를 알게 되면 다음의 절차

를 수행하여야 한다.

(a) 행위의 성격 및 그 행위가 발생한 상황을 이해함

(b) 재무제표에 미칠 수 있는 영향을 평가하기 위한 추가적인 정보를 입수함.

재무제표에 미치게 될 영향에 대한 감사인의 평가와 관련하여 추가적으로 입수해야 할 정보에는 다음이 포함된다.

- 예를 들어, 벌금, 과태료 및 과징금의 부과, 자산 수용의 위험, 강제적 영업중단, 소송 등 식별되었거나 의심되는 법규위반으로 재무제표에 미칠 잠재적 재무적 결과
- 잠재적 재무적 결과를 공시할 필요가 있는지 여부
- 이러한 잠재적 재무적 결과가 재무제표의 공정한 표시에 의문을 제기하거나 재무제표가 오도할 정도로 심각한지 여부

(2) 지배기구와의 커뮤니케이션

감사인은 위반이 존재할지 모른다고 의심하는 경우에는, 법규상 금지되지 않는 한 적절한 수준의 경영진(적합한 경우 지배기구를 포함)과 그 사항에 대하여 논의하여야 한다. 감사인은 감사과정에서 알게 된 법규위반과 관련된 사항들이 명백히 경미한 경우를 제외하고는 지배기구와 커뮤니케이션하여야 한다. 특히 감사인은 법규위반이 의도적이며 중요하다고 판단되는 경우 실행가능한 한 가급적 조기에 이러한 사항을 지배기구에 커뮤니케이션하여야 한다.

경영진 또는 지배기구가 위반에 연루된 것으로 의심되면, 감사인은 기업의 감사위원회 또는 이사회 등과 같은 그 다음 상위기구에 이 사항을 커뮤니케이션하여야 한다. 상위의 기구가 존재하지 않거나, 그러한 커뮤니케이션이 이루어지지 않을 것으로 판단되거나 보고대상자에 대한 확신이 없는 경우, 감사인은 법적 조언을 구할 필요성을 고려하여야 한다.

(3) 식별되었거나 의심되는 법규위반이 감사의견에 미치는 영향 평가

만약 감사인이 재무제표에 중요한 영향을 미치는 식별되었거나 의심되는 법규위반이 재무제표에 적절히 반영되지 않았다고 결론을 내리는 경우에는, 감사인은 한정의견 또는 부적정의견을 표명하여야 한다.

감사인이 재무제표에 중요할 수 있는 위반이 발생되었거나 발생되었을 가능성이 있는지 여부를 평가하기 위한 충분하고 적합한 감사증거를 입수하는 데 경영진 또는 지배기구로부

터 방해를 받은 경우에는, 재무제표에 대하여 감사범위의 제한을 이유로 한정의견을 표명하거나 의견을 거절하여야 한다.

만약 위반이 경영진이나 지배기구에 의해서가 아니고 주변 상황에 의한 제약 때문에 발생한 것인지 여부를 감사인이 결정할 수 없는 경우에는, 감사인은 감사의견에 미치는 영향을 평가하여야 한다.

Chapter 8 생각해 볼 문제

(1) 표본위험은 무엇이고 표본위험 중 β위험이 중요한 이유는 무엇인가??

표본위험은 표본이 모집단을 대표하지 못할 위험을 의미하는데, 표본규모를 증가시킬수록, 통계적 추출을 통해서 모든 표본단위가 균등하게 추출될 기회를 갖게 될 때 표본위험이 감소하게 된다. 표본이 모집단 특성을 반영하는 정도를 표본의 대표성이라고 하는데, 표본감사에서는 대표성의 확보가 표본위험과 직결되므로 매우 중요하다. 이 때, 모집단은 감사인이 표본을 추출하고 결론을 도출하려는 데이터의 전체 집합을 의미하고, 표본단위는 모집단을 구성하는 개별단위로 표본추출의 대상을 의미한다.

통제테스트에서 과대신뢰위험(β위험)이 발생하는 경우, 통제위험이 실제보다 낮게 평가되어, 적발위험의 목표수준을 실제보다 높게 설정하게 되므로, 감사인은 감사범위를 축소시키는 오류로 인해 부적절한 감사의견을 표명할 수도 있다. 마찬가지로 실증테스트에서 부당수용위험(β위험)이 발생하는 경우에도, 계정잔액 관련해서 중요한 왜곡표시가 실제로는 존재하는데 중요한 왜곡표시가 없다고 판단하여 감사범위를 축소시키는 오류로 인해 부적절한 감사의견을 표명할 수도 있다. 즉, β위험에 해당하는 과대신뢰위험(부당수용위험)은 감사의 효과성(effectiveness)을 감소시켜 비효과성을 초래하므로 진정한 표본위험이다. 이는 기업의 추가감사 요구가 제기되지 않기 때문이다.

(2) 속성표본감사와 금액단위 표본감사의 경우 각각 테스트 수행결과를 어떻게 평가하게 되는가?

속성표본감사를 통한 통제테스트의 결과 표본으로부터 이탈사항(주어진 통제를 벗어난 표본)이 발견되면 표본의 이탈률을 산정한 후 반드시 표본위험을 추가로 고려하여야 한다. 즉, 표본이탈률(= 모집단이탈률)에 추가로 표본위험을 고려하여 모집단이탈상한률(achieved upper deviation rate)을 결정하고 이를 허용이탈률과 비교한다. 결국 감사인은 허용이탈률과 모집단이탈상한률을 비교하여 해당 통제가 효과적인지 아니면 효과적이지 않은지를 결론내린다. 이 때 허용이탈률(TDR) 및 과대신뢰위험(ARO)이 너무 보수적이지 않았는지 재검토하고 동시에 표본규모를 증가시키는 경우 표본위험이 감소하여 투영이탈률상한

$(CUDR)$이 감소하게 된다. 이 경우에도 “투영이탈률상한 > 허용이탈률” 이라면 모집단을 기각해야 한다. 추가적으로 이탈의 성격, 발생원인 및 타항목에 미치는 영향 등의 질적 분석 수행하여 만일 부정의 존재가능성을 의미하는 이탈이라면 확대된 감사절차를 수행하도록 한다. 경영진과 커뮤니케이션하여 발견된 이탈과 추가적 이탈의 발생가능성을 조사하고 필요한 수정조치를 취하도록 요구한다.

반면에 금액단위 표본감사를 통한 표본시사 결과는 추정오류상한액과 허용오류액(중요성금액)을 비교하여 평가한다.

1) 추정오류상한액 < 허용오류액

모집단의 추정오류상한액이 허용오류액보다 적을 경우 감사인은 계정잔액이 적정하다는 가설을 채택한다. 그러나 계정잔액에 포함된 오류가 허용오류액을 능가함에도 불구하고 허용오류액을 능가하지 않았다고 결론 내림으로써 부당하게 적정의견을 수용할 가능성(즉, 부당수용위험 = -risk)이 존재할 수 있다는 것을 명심하여야 한다.

2) 추정오류상한액 ≥ 허용오류액

모집단의 추정오류상한액이 허용오류액을 능가할 경우 감사인은 계정잔액이 적정하다는 가설을 기각한다. 그러나 계정잔액에 포함된 오류가 허용오류액을 능가하지 않음에도 불구하고 허용오류액을 능가하였다고 결론 내림으로써 부당하게 적정의견을 거부할 가능성(β위험)이 존재할 수 있다는 것을 명심하여야 한다. 부당거부 위험(β위험)이 발생할 경우 경영진은 표본의 결과를 부정할 수도 있다. 경영진이 표본결과에 대하여 수긍하지 않는다면 감사인은 그 발생원인별로 다음과 같은 대응책을 고려하여야 한다.

(3) 일반통제와 응용통제의 차이는 무엇인가?

IT 통제는 일반적으로 일반통제와 응용통제로 분류할 수 있다. 일반통제(General Controls)는 특정 응용시스템이나 거래에 대한 통제가 아닌, 모든 정보처리 활동에 공통적으로 적용되는 통제를 의미한다. 따라서 일반통제는 기업의 업무환경이 안정적이고 잘 운영되어 결과적으로 효과적인 응용통제를 강화할 수 있는지를 보장하기 위해 설계되고 구현된 통제이다. 반면에 응용통제(Application Controls)는 데이터 처리 절차 단계 즉, 입력, 처리, 출력 단계 동안 거래(Transaction)가 오류 및 법규에 대한 위반 발생을 예방, 적발, 수정하기 위해 설계 및 구현된 통제를 의미한다. 따라서 일반통제와 응용통제 간의 관계는 다음과 같이 나타낼 수 있다.

[그림 8-1] 일반통제와 응용통제 간의 관계

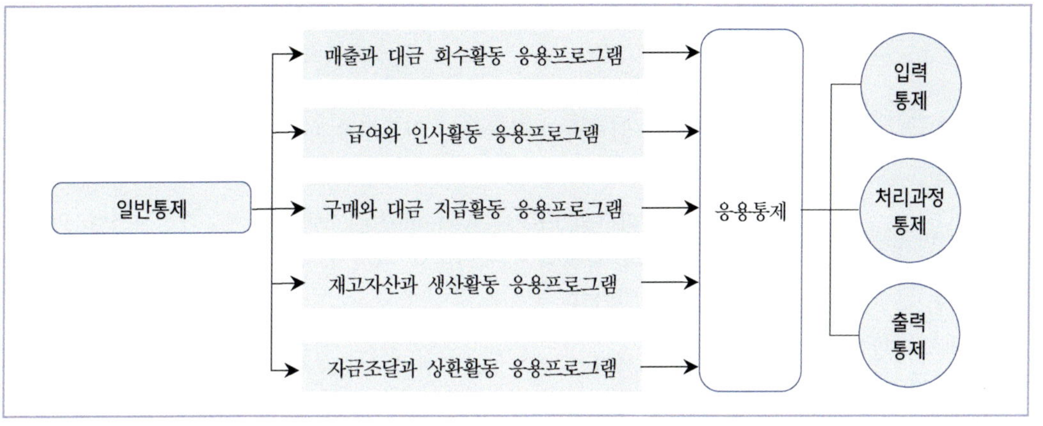

(4) IPE는 무엇이고 왜 중요한가?

IPE란 Information produced by entity의 약자로써 기업의 정보시스템(수작업 시스템 포함)에서 생성되어 기업이 통제를 운영할 때 사용되는 정보를 의미한다.

IPE의 종류는 그 산출 형태에 따라 크게 4가지로 나뉜다. 첫 번째는 표준보고서(Standard Report)이다. 표준보고서란 회사 ERP에서 도출되는 수정불가능 한 데이터를 의미한다. 최종 사용자가 관련된 파라메터만을 입력하여 생성하는 리포트로 쿼리 등을 이용하여 보고서의 로직 또는 기본 설정 값을 모두 수정할 수 없는 보고서이다. 두 번째는 비표준보고서(Non-Standard Report)로써, 재고관리시스템이나 POS와 같이 회사의 ERP에 접속하고 있는 시스템에서 도출되는 데이터로 회사가 추가, 삭제 혹은 변경이 가능한 데이터이다. 최종사용자는 보고서 로직을 수정할 수는 없지만 기간설정이나 부서조회 등의 옵션 설정 값은 수정할 수 있다. 세 번째는 제3자 발행보고서(Third party report)로써 이는 외부 서비스 조직이나 벤더 등으로부터 취득한 데이터 이다. 회계법인, 신용평가사, 감정평가법인의 평가보고서 등이 여기에 해당된다. 최종 사용자는 보고서 로직과 기간설정이나 부서조회 등의 옵션 설정 값을 모두 수정할 수 있다. 네 번째는 EUC(End User Computing) 데이터로써, 시스템에서 추출된 데이터를 기반으로 최종사용자가 엑셀 등을 이용하여 추가 과정을 거쳐 작성된 데이터이다. 최종사용자는 EUC 데이터 산출을 위한 모든 정보를 입력, 수정할 수 있으며 수작업으로 작성된 스프레드시트나 스케줄표가 여기에 해당된다.

[표 8-11] IPE의 종류

종 류	개 념
표준보고서 (Standard Report)	회사 ERP에서 도출되는 데이터로 관련 Parameter(기간, 생성자 등)만 입력하여 도출하는 리포트를 의미(시스템 Query등을 이용하여 수정할 수 없는 데이터를 의미)
비표준보고서 (Non-Standard Report)	대개 회사의 ERP에 Add-on된 시스템(매장재고관리시스템, POS 등)에서 도출되는 데이터로 회사가 추가 개발/변경한 report 등의 데이터를 의미
제3자 발행보고서 (Third party report)	외부 서비스 조직 또는 벤더 등으로부터 취득한 정보
EUC(End User Computing) 데이터	최종사용자가 엑셀 등 spreadsheet를 이용하여 작성한 데이터

정보는 신뢰할 수 있는 데이터를 기반한 경우에만 유의미하게 사용될 수 있다. 회사의 내부회계관리제도의 설계 및 운영이 적절히 수행되고 있다 하더라도 통제의 설계 및 운영에 사용되는 정보인 IPE의 신뢰성 확보 체계가 구축되어 있지 않다면 해당 통제는 신뢰할 수 없으며, 따라서 효과적이라고 볼 수 없다. 즉, IPE에 대한 신뢰성 확보체계의 구축은 내부회계관리제도의 신뢰성을 높이고 내부회계관리제도를 고도화 및 정교화 하는데 중요한 요건이다.

(5) 부정과 오류의 예방과 발견에 대한 주된 책임은 누구에게 있는가?

부정과 오류의 예방과 발견에 대한 주된 책임은 기업의 지배기구와 경영진에게 있다. 지배기구의 감시와 더불어, 경영진은 부정의 예방을 강조하여 부정이 발생할 기회를 감소시키고, 또 부정의 억제를 강조함으로써 각 개인들이 부정의 발견 및 이에 대한 처벌의 가능성을 의식하여 부정을 저지르지 않도록 설득하는 것이 중요하다. 이는 정직하고 윤리적으로 행동하는 문화의 창조의지와 관련되며, 지배기구의 적극적인 감시에 의하여 더욱 강화될 수 있을 것이다. 기업의 성과와 수익성에 대한 재무분석가들의 인식에 영향을 주기 위해 이익을 조정하려는 경영진의 노력과 같이, 지배기구의 감시에는 재무보고절차에 대한 통제를 무력화하거나 기타 부적절한 영향력을 행사할 가능성에 대하여 고려하는 것이 포함된다.

(6) 감사인이 감사수행 과정에서 경영진의 부정을 발견한 경우 어떻게 처리해야 하는가?

감사인이 경영진의 부정을 발견하였다고 하더라도 비밀유지의무가 존재하므로 외부에 직접적으로 알리거나 감독기관이나 검찰에 고발할 수는 없다. 감사인은 경영진의 부정을 발견한 경우 이를 지배기구와 커뮤니케이션 하여야 하고, 만일 부정을 수행한 경영진이 이사인 경우 외감법 제22조에 따라 증권선물위원회에 보고하여야 한다.

Chapter 09

감사의 종료

학습목표

- 본 장을 통해 감사의견의 형성 과정과 그 중요성을 이해하도록 한다.
- 감사보고서의 구성요소의 의미를 이해하도록 한다.
- 감사보고서를 해석할 때 유의할 점을 이해하도록 한다.

제1절 후속사건에 대한 감사절차

1.1 후속사건의 정의와 분류

(1) 후속사건의 정의

감사기준서 560에서는 재무제표일과 감사보고서일 사이에 발생한 사건 및 감사보고서일 후 감사인이 알게 된 사실을 후속사건(Subsequent Events)이라 한다. 이 때 후속사건을 분류하는 기준이 되는 주요일자로 재무제표일, 재무제표승인일, 감사보고서일, 재무제표발행일 등이 있다. 각각의 일자의 정의는 다음과 같다.

- 재무제표일 : 재무제표 보고대상 기간의 말일
- 재무제표 승인일 : 상법 제447조에 따르면, 이사(대표이사)는 매결산기에 재무제표와 그 부속명세서 및 영업보고서를 작성하여 이사회의 승인을 얻어야 하는데 이사회승인일을 재무제표 승인일이라 함. 이사회의 승인을 받는 재무제표를 회계감사인에게 감사목적으로 제출함
- 감사보고서일 : 감사인은 피감사회사에서 이사회 승인 후 제시받은 재무제표가 회계기준에 따라 작성되었는지를 감사한 후 충분하고 적합한 감사증거를 수집하였다고 판단하는 날에 감사현장에서 철수하는데, 감사종료 후 감사인이 감사보고서에 기재한 보고일자(현장감사 종료일)를 감사보고서일이라 함. 감사보고서일은 아무리 빨라도 '재무제표 승인일(= 이사회의 재무제표 승인일)'보다 빨라서는 안 되고 업무품질관리검토의 종료일보다 빨라서도 안됨
- 재무제표 발행일 : 감사받은 재무제표를 주주총회에서 승인한 후 이를 외부에 공표한 날을 재무제표 발행일이라 함. 재무제표 발행일부터 외부의 제3자가 감사보고서와 재

무제표를 이용할 수 있게 됨.

참고로 기업회계기준서 제1010호 보고기간후사건에 따르면, 보고기간후사건은 보고기간 말과 재무제표 발행승인일 사이에 발생한 유리하거나 불리한 사건을 의미하며, 감사기준서 560 후속사건에서 정의한 후속사건과 동일한 용어로 볼 수 있다.

(2) 후속사건의 분류별 감사인 책임

위의 일자를 기준으로 후속사건을 세가지로 분류할 수 있다.

- 재무제표일과 감사보고서일 사이에 발생한 후속사건
- 감사보고서일과 재무제표 발행일 사이에 발생한 후속사건
- 재무제표 발행일 이후에 발생한 후속사건

[그림 9-1] 후속사건의 분류

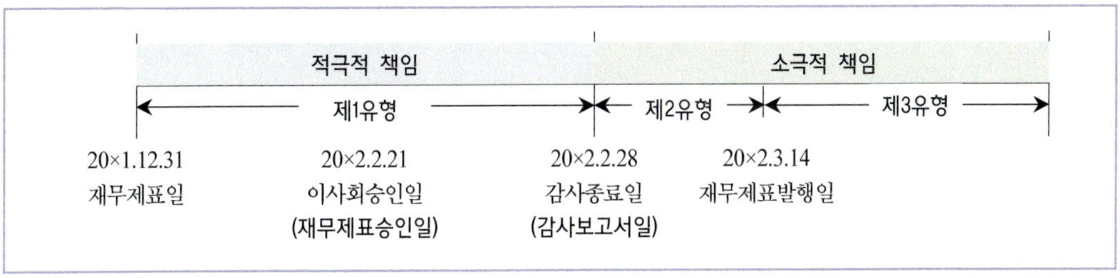

먼저 재무제표일과 감사보고서일 사이에 발생한 후속사건에 대해서는 감사인이 적극적 책임을 부담하게 된다. 감사보고서일은 감사인이 감사보고서에 기재한 보고일자로써 실질적인 감사현장 철수일이므로, 감사보고서일은 해당일까감사인과 경영진 간의 책임의 한계를 구분 짓는 기준일이다. 즉 감사보고서일은 감사증거 수집을 종료한 날로써 직업적 전문가로서 부담하게 되는 책임기간을 결정하는 기준일이 된다. 따라서 감사인은 제1유형 후속사건에 대해서는 후속사건에 필요한 감사절차를 수행할 적극적인 책임을 부담하게 된다.

반면에 감사보고서일 이후에 발생한 후속사건은 감사보고서일 후 감사인이 알게 된 사실에 대해서만 감사보고서 반영 여부를 소극적으로 고려한다는 공통점이 있다. 이 경우 재무제표에 미치는 영향이 중대하다면 재무제표에 반영할 소극적인 책임이 있다. 즉 감사보고서일 후에는 감사인이 현장에서 철수한 상황이므로 감사인이 알게 된 사건에 대해서만 감사보고서에 반영할지 여부를 고려할 소극적인 책임이 있을 뿐이다.

1.2 후속사건 관련 회계처리

기업회계기준서 제1010호에서는 후속사건이라는 용어 대신 보고기간후사건이라는 용어를 쓰고 있으나 이는 감사기준서 560 후속사건에서 정의한 후속사건과 동일한 용어로 볼 수 있다. 보고기간후사건(후속사건)은 다음 두 가지 유형으로 구분한다.

(1) 보고기간말에 존재하였던 상황에 대해 증거를 제공하는 사건 : 수정을 요하는 보고기간후 사건

이러한 사건의 영향으로 재무제표에 이미 인식한 금액은 수정하고, 재무제표에 인식하지 아니한 항목은 새로 인식하여야 한다. 이러한 사건의 수정을 요하는 보고기간후사건의 예는 다음과 같다.

K-IRFRS 제1010호 문단9

(1) 보고기간말에 존재하였던 현재의무가 보고기간 후에 소송사건의 확정에 의해 확인되는 경우. 소송사건과 관련하여 기업회계기준서 제1037호 '충당부채, 우발부채, 우발자산'에 따라 이전에 인식하였던 충당부채를 수정하거나 새로운 충당부채를 인식한다. 소송사건의 확정은 기업회계기준서 제1037호의 문단 16에 따라 고려하여야 할 추가적인 증거를 제공하므로 단순히 우발부채로 공시하는 것은 적절하지 아니하다.

(2) 보고기간말에 이미 자산손상이 발생되었음을 나타내는 정보를 보고기간 후에 입수하는 경우나 이미 손상차손을 인식한 자산에 대하여 손상차손금액의 수정이 필요한 정보를 보고기간 후에 입수하는 경우. 다음과 같은 예를 들 수 있다.

   (가) 보고기간 후의 매출처 파산은 일반적으로 보고기간말에 고객의 신용이 손상되었음을 확인해준다.

   (나) 보고기간 후의 재고자산 판매는 보고기간말의 순실현가능가치에 대한 증거를 제공할 수 있다.

(3) 보고기간말 이전에 구입한 자산의 취득원가나 매각한 자산의 대가를 보고기간 후에 결정하는 경우

(4) 보고기간말 이전 사건의 결과로서 보고기간말에 종업원에게 지급하여야 할 법적 의무나 의제의무가 있는 이익분배나 상여금지급 금액을 보고기간 후에 확정하는 경우(기업회계기준서 제1019호 '종업원급여' 참조)

(5) 재무제표가 부정확하다는 것을 보여주는 부정이나 오류를 발견한 경우

(2) 보고기간 후에 발생한 상황을 나타내는 사건(수정을 요하지 않는 보고기간후사건)

재무제표의 수정을 요하지 않는 보고기간후사건이 중요한 경우에, 이를 공시하지 않는다

면 특정 보고기업에 대한 일반목적재무제표에 기초하여 내리는 주요 이용자의 의사결정에 영향을 줄 것으로 합리적으로 예상할 수 있다. 따라서 기업은 수정을 요하지 않는 보고기간후사건으로서 중요한 것은 그 범주별로 사건의 성격과 사건의 재무적 영향에 대한 추정치나 그에 대한 설명을 주석에 공시한다.

이러한 사건의 수정을 요하는 보고기간후사건의 예는 다음과 같다.

K-IRFRS 제1010호 문단9

22 수정을 요하지 않는 보고기간후사건으로서, 일반적으로 공시하게 되는 예는 다음과 같다.
(1) 보고기간 후에 발생한 주요 사업결합(기업회계기준서 제1103호 '사업결합'에서는 이 경우 특정한 공시를 하도록 규정하고 있다) 또는 주요 종속기업의 처분
(2) 영업 중단 계획의 발표
(3) 주요한 자산구입, 기업회계기준서 제1105호 '매각예정비유동자산과 중단영업'에 따라 자산을 매각예정으로 분류, 자산의 기타 처분, 정부에 의한 주요 자산의 수용
(4) 보고기간 후에 발생한 화재로 인한 주요 생산 설비의 파손
(5) 주요한 구조조정계획의 공표나 이행착수(기업회계기준서 제1037호 참조)
(6) 보고기간 후에 발생한 주요한 보통주(및 잠재적보통주)거래(기업회계기준서 제1033호 '주당이익'에서는 그러한 거래에 대한 설명을 공시하도록 하고 있으나, 동 기준서에 따라서 조정되는 자본금전입이나 무상증자, 주식분할, 주식병합 관련 거래는 제외하고 있다.)
(7) 보고기간 후에 발생한 자산 가격이나 환율의 비정상적 변동
(8) 당기법인세 자산과 부채 및 이연법인세 자산과 부채에 유의적인 영향을 미치는 세법이나 세율에 대한 보고기간 후의 변경 또는 변경 예고(기업회계기준서 제1012호 '법인세' 참조)
(9) 유의적인 지급보증 등에 의한 우발부채의 발생이나 유의적인 약정의 체결
(10) 보고기간 후에 발생한 사건에만 관련되어 제기된 주요한 소송의 개시

1.3 재무제표일과 감사보고서일 사이의 후속사건 감사절차

(1) 후속사건에 대한 적극적 감사절차의 수행

감사인은 재무제표일과 감사보고서일 사이에 발생한 사건으로서 재무제표를 수정하거나 재무제표에 공시를 하여야 할 사건들이 모두 식별되었다는 충분하고 적합한 감사증거를 입수할 수 있도록 설계된 감사절차를 수행하여야 한다. 이를 위해 감사인은 재무제표일부터 감사보고서일 또는 감사보고서일과 가장 가까운 실행가능한 일자까지의 기간에 대하여 다음의 적극적 감사절차들을 수행해야 한다.

(a) 경영진이 후속사건을 식별하기 위해 수립한 절차들을 이해함

ⓑ 재무제표에 영향을 미칠 수 있는 후속사건이 발생했는지 여부에 대하여 경영진(적절한 경우 지배기구 포함)에게 질문함
ⓒ 재무제표일 후에 개최된 주주, 경영진 그리고 지배기구 회의록이 있을 경우 이를 열람하고, 회의록이 아직 이용가능하지 않는 경우에는 해당 회의에서 논의된 사항들에 대하여 질문함
ⓓ 기업의 최근 후속 중간재무제표가 있다면, 이를 열람함

위의 4가지 감사절차를 후속사건에 대한 적극적 감사절차로 구분하여 이해하도록 하자. 이는 감사인이 다른 목적을 위해 수행하였지만 후속사건에 관한 증거를 제공하는 다른 절차들(예를 들어 기간귀속 절차 또는 매출채권 후속회수와 관련된 절차와 같이, 재무제표일의 계정잔액에 대한 감사증거를 입수하기 위한 절차)과는 별도의 추가적인 절차이다. 즉 감사인은 위 4가지 절차를 통해 적극적으로 후속사건을 식별할 수 있도록 해야 한다. 또한 감사인은 감사기준서 580 에 따라 경영진, 그리고 적절한 경우 지배기구에게 재무제표일 후에 발생한 사건으로서 해당 재무보고체계에 따라 수정이나 공시가 요구되는 사건이 모두 수정 또는 공시되었다는 서면진술을 경영진(적절한 경우 지배기구 포함)에게 요청하여야 한다.

(2) 후속사건 감사결과의 평가

감사인이 위와 같은 절차를 수행한 결과 재무제표의 수정이나 공시가 요구되는 사건을 식별한 경우에는, 그러한 사건이 해당 재무보고체계에 따라 재무제표에 적합하게 반영되었는지 여부를 결정하여야 한다.

또한 상기의 후속사건 감사절차 종료일이 새로운 감사보고서 일자가 된다. 즉 감사인의 적극적 책임기간이 연장된 것이다.

1.4 감사보고서일 이후 재무제표 발행일 전의 후속사건 감사절차

(1) 후속사건에 대한 소극적 감사절차의 수행

감사인은 감사보고서일 후에는 재무제표에 대하여 어떠한 감사절차도 수행할 의무가 없다. 그런데 감사업무의 조건에는 재무제표에 영향을 미칠 수 있는 사실로서 경영진이 감사보고서일부터 재무제표 발행일까지의 기간 중 알게 되는 사실을 감사인에게 통지하는 것에 대한 동의가 포함된다. 따라서 감사인이 경영진의 통지 등을 통해 감사보고서일에 알았더라면 감사보고서를 수정할 원인이 될 수도 있었던 사실을 감사보고서일 후 재무제표 발행

일 전에 알게 된 경우, 감사인은 다음의 소극적 감사절차를 수행하여야 한다.

(a) 경영진(적절한 경우 지배기구 포함)과 이 사항을 토의함

(b) 재무제표의 수정이 필요한지 여부를 결정함

(c) 재무제표의 수정이 필요하다고 결정했다면, 경영진이 재무제표에 이 사항을 어떻게 다룰 계획인지에 대하여 질문함

(2) 경영진 재무제표 수정시 감사인의 대응

1) 개 요

경영진은 보고기간말에 존재하였던 상황에 대해 증거를 제공하는 후속사건이어서 재무제표의 수정을 요하는 후속사건이거나 보고기간 후에 발생한 상황을 나타내는 사건이어서 재무제표의 수정을 요구하지는 않으나 중요한 사건이어서 주석 공시가 필요한 후속사건을 감사보고서일부터 재무제표 발행일까지의 기간 중 발견하는 경우, 감사인에게 통보해야 할 의무가 존재한다. 감사인은 이에 대해 소극적 감사절차를 수행하게 된다.

경영진이 후속사건에 대한 감사인과의 토의 등의 절차 이후 후속사건을 반영하여 재무제표를 수정한 경우, 감사인은 다음과 같은 두가지 선택의 문제에 직면하게 된다.

첫째, 감사인은 후속사건에 대한 감사절차를 감사보고서일 후 발견된 사항에 한정할 것인지, 아니면 모든 후속사건으로 감사절차를 확대할 것인지 여부를 결정해야 한다. 후속사건에 대한 감사절차를 감사보고서일 후 발견된 사항에 한정한다는 것은 감사보고서일까지 후속사건에 대한 감사절차가 이미 취해져 있는 상황을 고려한 것이다. 반면에 모든 후속사건으로 감사절차를 확대한다는 것은 감사보고서일까지 후속사건에 대한 감사절차가 이미 취해져 있음에도 불구하고 추가적인 후속사건이 감사보고서일 이후에 식별되었으므로 잠재적인 후속사건들이 재무제표에 미치는 영향을 파악하기 위해 감사절차를 확대하고자 하는 것이다. 이러한 두가지 감사절차 모두 감사인이 선택하여 적용할 수 있는 옵션이다.

둘째, 감사인은 상기와 같은 후속사건에 대한 감사절차를 추가적으로 수행하기 위해 감사보고서 일자를 연장해야 하는 문제에 직면하게 된다. 감사보고서일이 감사인의 적극적인 책임한계일이므로 감사보고서일을 연장한다는 것은 감사인의 책임 한계 역시 늘어남을 의미한다. 감사인은 새로운 감사보고서일자를 반영한 새로운 감사보고서를 발행해야 한다.

2) 경영진 재무제표 수정시 감사인의 대응

다음의 표로 감사인의 대응절차를 요약할 수 있다.

[표 9-1] 경영진 재무제표 수정시 감사인의 대응절차

<table>
<tr><th>대구분</th><th>소구분</th><th>내 용</th></tr>
<tr><td rowspan="2">감사보고서 발행 후 인지된 추가 후속사건에 한정하여 감사절차를 확대하는 경우</td><td>(옵션1)
이중 감사보고서일 기재</td><td>기존 감사보고서일까지 후속사건에 대한 감사절차가 이미 취해져 있는 상황이므로 기존 감사보고서 일자를 유지한다. 또한 감사보고서 발행 후 인지된 추가 후속사건에 대한 감사절차가 오직 재무제표의 관련 주석에 기술된 수정에만 한정하여 수행되었으므로 이 부분에 대한 감사절차 종료일에 해당하는 추가적인 감사보고서 일자를 포함하도록 한다. 따라서 기존 감사보고서 일자와 새로운 감사보고서 일자가 동시에 기재되는 이중보고서일이 표시된다. 추가적인 일자의 사례는 다음과 같다.
"(기존 감사보고서일), 주석 Y에 관한 사항을 제외한다. (추가적인 감사보고서 일자), 주석 Y에 기술된 수정사항에 한정하여 수행된 감사절차의 종료일"
감사인은 이중 감사보고서일을 기재한 새로운 감사보고서를 경영진에게 제출한다.</td></tr>
<tr><td>(옵션2)
기존 감사보고서일을 유지하되, 후속사건 감사 내용을 강조사항문단 또는 기타사항문단에 포함함</td><td>후속사건에 대한 감사절차는 오직 재무제표의 관련 주석에 기술된 수정에만 한정하여 수행되었다는 설명을 강조사항문단 또는 기타사항문단에 포함하는 새로운 감사보고서를 경영진에게 제출한다.</td></tr>
<tr><td colspan="2">감사보고서 발행 후 발견되지 않는 잠재적인 모든 후속사건을 대상으로 감사절차를 확대하는 경우</td><td>감사인은 잠재적으로 발견될 수 있는 모든 후속사건에 대한 감사절차를 추가적으로 수행하기 위해 감사보고서 일자를 연장하는 옵션을 선택할 수 있다. 감사인은 새로운 책임한계 기준일에 해당하는 새로운 감사보고서 일자까지 적극적 책임을 부담하게 되므로 후속사건에 대한 앞서 언급한 4가지 적극적 감사절차를 취해야 한다. 감사인은 이러한 후속사건에 대한 적극적 감사절차를 감사인의 새로운 감사보고서 일자까지 연장하고, 수정된 재무제표에 대하여 감사인의 새로운 감사보고서를 제출한다. 새로운 감사보고서의 일자는 수정된 재무제표의 승인일보다 빠르지 않아야 한다.</td></tr>
</table>

감사보고서 발행 후 인지된 추가 후속사건에 한정하여 감사절차를 확대하는 경우, 감사인은 결과적으로 기존 감사보고서일에서 새로운 감사보고서일까지 기존 후속사건에 대해서는 소극적 책임을 부담하게 되며, 추가 후속사건에 대해서는 적극적 책임을 부담하게 된다.

반면에 감사보고서 발행 후 발견되지 않는 잠재적인 모든 후속사건을 대상으로 감사절차를 확대하는 경우, 감사인은 결과적으로 새로운 감사보고서일까지 기존 후속사건과 추가 후속사건을 포함한 모든 후속사건에 대해 적극적 책임을 부담하게 된다.

(3) 경영진 재무제표 미수정시 감사인의 대응

다음의 표로 감사인의 대응절차를 요약할 수 있다.

[표 9-2] 경영진 재무제표 미수정시 감사인의 대응절차

구 분	내 용	감사보고서일
감사보고서가 회사에 전달되지 않은 경우	감사보고서 발행 후 인지된 추가 후속사건에 대해 재무제표 수정이 필요함에도 불구하고 만약 경영진이 재무제표를 수정하지 않는 경우에는 감사인은 아직 감사보고서를 기업에 제출하지 않았다면 감사인은 감사보고서를 수정하여야 한다. 즉 감사인은 감사의견을 변형한 후에 한정의견 혹은 부적정의견 감사보고서를 제출하여야 한다.	새로운 감사보고서 일자는 감사인이 취한 감사절차를 다음과 같이 고려해야 한다. - 감사보고서 발행 후 인지된 추가 후속사건에 한정하여 감사절차를 확대하는 경우, 이중 감사보고서일자를 기재하거나 기존 감사보고서일을 유지하되, 후속사건 감사 내용을 강조사항문단 또는 기타사항문단에 포함시켜야 한다. - 감사보고서 발행 후 발견되지 않는 잠재적인 모든 후속사건을 대상으로 감사절차를 확대하는 경우, 감사절차가 종료된 새로운 감사보고서 일자를 기재한다.
감사보고서가 회사에 전달된 경우	이미 감사보고서를 해당 기업에 제출하였다면, 감사인은 경영진(지배기구의 모든 구성원이 그 기업의 경영에 참여하는 경우가 아니라면 지배기구를 포함)에게, 필요한 수정을 하기 전에는 재무제표를 제3자에게 발행하지 말라고 통보하여야 한다. 이렇게 했음에도 불구하고 필요한 수정 없이 재무제표가 발행된 경우, 감사인은 해당 감사보고서에 대한 의존을 못하게 하기 위한 적합한 조치를 취하여야 한다.	이미 감사보고서가 전달된 상황이므로 감사보고서일자 관련 의사결정의 이슈가 존재하지 않음

1.5 재무제표 발행일 후에 발생한 후속사건 감사절차

(1) 후속사건에 대한 소극적 감사절차의 수행

재무제표가 발행된 후에는, 감사인은 그 재무제표에 대하여 어떠한 감사절차도 수행할 의무가 없다. 그러나 감사보고서일에 알았더라면 해당 감사보고서를 수정할 원인이 될 수도 있었던 어떤 사실을 재무제표가 발행된 후에 알게 되었을 경우, 감사인은 앞서 언급한 바대로 후속사건에 대한 3가지 소극적 감사절차를 수행하여야 한다.

또한 이전에 발행된 재무제표와 감사보고서를 수령한 모든 사람들이 재무제표 재발행 상황에 대한 통보를 받았는지 확인하게 하기 위하여 경영진이 취한 조치를 검토한다.

(2) 경영진 재무제표 수정시 감사인의 대응

1) 감사인의 대응절차 요약

감사보고서일 이후 재무제표 발행일 전에 발생한 후속사건에 대한 감사절차와 동일

[표 9-3] 경영진 재무제표 수정시 감사인의 대응절차

<table>
<tr><th>대구분</th><th>소구분</th><th>내 용</th></tr>
<tr><td rowspan="2">재무제표 발행 후 인지된 추가 후속사건에 한정하여 감사절차를 확대하는 경우</td><td>(옵션1)
이중 감사보고서일 기재</td><td>기존 감사보고서 일자와 새로운 감사보고서 일자가 동시에 기재되는 이중보고서일이 표시된다. 감사인은 이중 감사보고서일을 기재한 새로운 감사보고서를 경영진에게 제출한다.</td></tr>
<tr><td>(옵션2)
기존 감사보고서일을 유지하되, 후속사건 감사 내용을 강조사항문단 또는 기타사항문단에 포함함</td><td>후속사건에 대한 감사절차는 오직 재무제표의 관련 주석에 기술된 수정에만 한정하여 수행되었다는 설명을 강조사항문단 또는 기타사항문단에 포함하는 새로운 감사보고서를 경영진에게 제출한다. 이 때 감사보고서일로는 기존 감사보고서과 새로운 감사보고서일 중 하나를 선택하여 적용한다.</td></tr>
<tr><td colspan="2">감사보고서 발행 후 발견되지 않는 잠재적인 모든 후속사건을 대상으로 감사절차를 확대하는 경우</td><td>감사인은 새로운 책임한계 기준일에 해당하는 새로운 감사보고서 일자까지 적극적 책임을 부담하게 되므로 후속사건에 대한 앞서 언급한 4가지 적극적 감사절차를 취해야 한다.</td></tr>
</table>

2) 추가 고려사항

감사인은 새로운 감사보고서 또는 수정된 감사보고서에 강조사항문단 또는 기타사항문단

을 추가한다. 그 문단에는 ① 이전에 발행한 재무제표의 수정이유를 더 넓게 논의한 재무제표 주석을 참조하라는 내용과 ② 감사인이 이전에 발행한 감사보고서를 언급한다. 이는 기존에 유통되어 왔던 재무제표와 감사보고서를 체하여 새로운 재무제표와 감사보고서가 발행되기 때문에 시장의 혼선을 막고 재무제표와 감사보고서의 신뢰를 회복하는데 있다.

(3) 경영진 재무제표 미수정시 감사인의 대응

감사인은 경영진(지배기구의 모든 구성원이 그 기업의 경영에 참여하는 경우가 아니라면 지배기구를 포함)에게, 감사보고서에 대한 차후의 의존을 방지할 조치를 취할 것이라고 통보하여야 한다. 이렇게 했음에도 불구하고 경영진이나 지배기구가 필요한 조치를 취하지 않는 경우, 감사인은 해당 감사보고서에 대한 의존을 못하게 하기 위한 적합한 조치를 취하여야 한다.

제2절 계속기업 존속능력에 대한 감사절차

2.1 재무회계 개념체계와 계속기업 가정

(1) 재무회계 개념체계의 의미와 목적

재무회계 개념체계는 외부이용자를 위한 재무제표의 작성과 표시에 있어 기초가 되는 개념을 정함으로써, 회계기준을 제·개정함에 있어 기본적 방향과 일관성 있는 지침을 제공하고, 대체적인 회계처리방법을 선택함에 있어 일관성 있는 지침을 제공하여 회계기준의 적용 및 재무제표의 작성 · 공시에 통일성을 기하게 하는 목적으로 제정되었다. 이와 관련해서 국제회계기준위원회는 「재무보고를 위한 개념체계」(the conceptual framework for financial reporting)로 공포하였고, 한국회계기준위원회가 이를 번역하여 2019년에 공포하였다. 개념체계는 모두 8개의 장으로 구성되어 있는데, 각 장의 내용은 다음과 같다.

1장 일반목적재무보고의 목적

2장 유용한 재무정보의 질적 특성

3장 재무제표와 보고기업

4장 재무제표의 요소

5장 인식과 제거
6장 측정
7장 표시와 공시
8장 자본 및 자본유지개념

재무회계 개념체계는 한국채택국제회계기준이 아니다. 따라서 이 개념체계의 어떠한 내용도 회계기준이나 그 요구사항에 우선하지 않으나, 특정 거래 등에 대해서 적용해야 할 회계기준이 없는 경우 내용상 유사한 한국채택국제회계기준의 규정이나 지침이 없다면 '개념체계'를 적용할 수 있다.

(2) 계속기업 가정

계속기업 가정은 재무회계 개념체계 제 3장 재무제표와 보고기업에 포함된 내용이다. 재무제표는 일반적으로 보고기업이 계속기업이며 예측가능한 미래에 영업을 계속할 것이라는 가정 하에 작성된다. 따라서 기업이 청산을 하거나 거래를 중단하려는 의도가 없으며, 그럴 필요도 없다고 가정한다. 만약 그러한 의도나 필요가 있다면, 재무제표는 계속기업과는 다른 기준에 따라 작성되어야 한다. 그러한 경우라면, 사용된 기준을 재무제표에 기술한다.

계속기업 가정에 의하면 계속기업(going concern)을 전제로 재무제표를 작성하고 있다. 예상 가능한 기간 동안 영업을 계속할 것이라는 가정 하에 재무제표 작성하고 있는 것이다. 이로 인해 기업은 그 경영활동을 청산하거나 중요하게 축소할 의도나 필요성을 갖고 있지 않다는 가정을 적용할 수 있고, 역사적원가로 측정 가능하며, 취득원가의 미래 이연배분(감가상각 등)이 가능하다. 또한 자산과 부채의 유동, 비유동 구분이 의미를 가진다. 만일 계속기업 가정이 타당하지 않을 경우 다른 기준을 적용하여 재무제표 작성해야 한다. 예를 들어 청산 가능가액을 기준으로 재무상태표를 작성해야 한다. 경영진이 기업을 청산하거나 경영활동을 중단할 의도를 가지고 있지 않거나, 청산 또는 경영활동의 중단 외에 다른 현실적 대안이 없는 경우가 아니면 계속기업을 전제로 재무제표 작성하는 것이다.

2.2 계속기업으로서의 존속능력에 대한 경영진과 감사인의 책임

(1) 경영진 책임

1) 경영진 평가책임 개요

경영진은 재무제표를 작성할 때 계속기업으로서의 존속가능성을 평가해야 한다. 경영진이 기업을 청산하거나 경영활동을 중단할 의도를 가지고 있지 않거나, 청산 또는 경영활동의 중단 외에 다른 현실적 대안이 없는 경우가 아니면 계속기업을 전제로 재무제표를 작성한다. 계속기업으로서의 존속능력에 유의적인 의문이 제기될 수 있는 사건이나 상황과 관련된 중요한 불확실성을 알게 된 경우, 경영진은 그러한 불확실성을 공시하여야 한다. 재무제표가 계속기업의 기준하에 작성되지 않는 경우에는 그 사실과 함께 재무제표가 작성된 기준 및 그 기업을 계속기업으로 보지 않는 이유를 공시하여야 한다.

2) 경영진 평가시 고려요소

계속기업으로서의 존속능력에 대한 경영진의 평가에는 사건이나 상황의 본질적으로 불확실한 미래 결과에 대하여 특정 시점의 경영진 판단이 수반된다. 이러한 판단과 관련성이 있는 요소들은 다음과 같다.

- 평가대상 기간 : 사건이나 상황 또는 그 결과가 보다 먼 미래에 발생할수록 그 결과와 연관된 불확실성의 정도가 유의적으로 증가함. 그러한 이유로, 경영진 평가를 명시적으로 요구하는 대부분의 재무보고체계는 경영진이 이용가능한 모든 정보를 고려해야 하는 기간을 명시한다.
- 평가대상 성격 : 기업의 규모와 복잡성, 사업의 성격과 상황 그리고 기업이 외적 요인에 영향을 받는 정도는 사건이나 상황의 결과를 판단하는 데 영향을 미침
- 후속사건 : 미래에 대한 어떠한 판단도 판단 시점에서 이용가능한 정보에 기초하여 이루어짐. 후속사건들은 그 당시에는 합리적이었던 판단과는 일관되지 아니한 결과를 초래할 수 있다.

(2) 감사인 책임

감사인의 책임은 재무제표의 작성에 있어 경영진의 회계의 계속기업전제 사용의 적합성에 대하여 충분하고 적합한 감사증거를 입수하고 결론을 내리며, 입수된 감사증거에 기초하여 계속기업으로서의 존속능력에 대한 중요한 불확실성이 존재하는지 여부에 대하여 결론을 내리는 것이다.

그러나 감사인은 계속기업으로서의 존속을 중단시킬 미래의 사건이나 상황미래 사건이나 상황을 예측할 수 없다. 따라서 감사보고서에서 계속기업으로서의 존속능력에 대한 중요한 불확실성에 대한 언급이 없다고 하여 계속기업으로서의 존속능력을 보장하는 것으로 보아서는 안 된다.

2.3 계속기업에 대한 감사절차

(1) 유의적 의문이 제기되는 상황의 식별(기업과 기업환경 이해 단계)

1) 계속기업으로서의 존속능력에 대하여 유의적 의문을 초래할 수 있는 사건이나 상황의 사례들

[표 9-4] 계속기업 존속능력에 유의적 의문을 초래할 수 있는 사건이나 상황 요약

재무적 사항	영업적 사항	기 타
• 순부채 또는 순유동부채 상태 • 현실적으로 갱신이나 상환의 가능성이 없는 확정만기차입금의 만기 도래, 또는 장기성 자산의 취득자금을 단기차입금에 지나치게 의존함 • 채권자들의 금융지원 철회 징후 • 역사적재무제표 또는 추정재무제표상 부의 순영업현금흐름 • 주요 재무비율의 악화 • 상당한 규모의 영업손실의 발생, 또는 현금흐름의 창출에 사용된 자산가치의 유의적 악화 • 배당금 지급의 연체 또는 배당의 중단 • 채무의 지급기일 준수 불능 • 차입약정 조건의 준수 불능 • 공급자와의 거래가 신용에서 현금결제조건으로 변경됨 • 핵심 신제품의 개발이나 기타 필수적 투자에 대한 자금조달 능력의 부재	• 경영진의 기업청산이나 영업중단 의도 • 후임자의 선임 없이 주요 경영진이 퇴진 • 주요 시장, 주요 고객, 프랜차이즈, 면허 혹은 주요 공급자의 상실 • 노사문제의 어려움 • 주요 부품의 부족 • 대단히 성공적인 경쟁자의 출현	• 금융기관에 대한 지급능력 또는 유동성 요건 같은 자본에 대한 요구사항 또는 기타 법령상의 요구사항에 대한 위반 • 기업을 상대로 소송 또는 징계 절차가 진행 중이며, 실패할 경우에는 기업이 감당할 수 없을 정도의 배상책임을 부담할 수 있음 • 기업에 불리한 영향을 미칠 것으로 예상되는 법규나 정부정책의 변화 • 발생할 경우에 재앙이 될 사고에 대한 보험에 미가입 또는 불충분한 부보금액

2) 유의적 의문을 초래할 수 있는 사건이나 상황의 식별 절차

감사인은 '기업과 기업환경 이해를 통한 중요한 왜곡표시위험의 식별과 평가 단계'에서 상기와 같은 계속기업으로서의 존속능력에 대하여 유의적 의문을 초래할 수 있는 사건이나 상황의 사례를 식별하기 위한 절차를 수행해야 한다. 이를 위해 감사인은 경영진과의 토의를 통해 필요한 정보를 식별해야 하는데 그 토의의 초점과 방식이 경영진이 이미 계속기업으로서의 존속능력에 대한 예비평가를 수행했는지 여부에 따라 다음과 같이 상이해진다.

[표 9-5] 계속기업 존속능력에 유의적 의문을 초래할 수 있는 사건이나 상황 식별절차 요약

(a) 경영진이 예비평가를 수행한 경우	(b) 경영진이 아직 예비평가를 수행하지 않은 경우
• 감사인은 경영진과 그 평가에 대하여 토의하여야 함 • 경영진이 개별적으로 또는 집합적으로 계속기업으로서의 존속능력에 유의적 의문을 제기할 수 있는 사건이나 상황을 식별하였는지 여부를 확인하여야 함 • 식별된 경우에는 이에 대한 경영진의 대응계획을 확인하여야 함	• 경영진이 계획하는 회계의 계속기업전제 사용의 근거에 대하여 감사인은 경영진과 토의해야 함 • 개별적으로 또는 집합적으로 계속기업으로서의 존속능력에 유의적 의문을 초래할 수 있는 사건이나 상황이 존재하는지 여부를 질문하여야 함

(2) 경영진 평가에 대한 감사인의 평가

1) 경영진의 평가에 대한 감사인 평가

감사인이 경영진이 적용한 회계의 계속기업전제를 고려할 때의 주요 부분은 계속기업으로서의 존속능력에 대한 경영진의 평가이다. 이 때, 감사인의 경영진의 평가내용에 대한평가대상으로 포함될 사항은 다음과 같다.

① 경영진이 평가를 위해 수행한 절차, ② 평가 기초가 된 가정, ③ 경영진의 향후 실행계획, ④ 경영진 계획의 실행가능성 여부

경영진의 평가를 뒷받침하기 위한 경영진의 세부분석이 부족하다고 해서, 해당상황에 경영진의 회계의 계속기업전제 사용이 적합한지 여부에 대하여 감사인이 결론을 내릴 수 없는 것은 아니다. 예를 들어, 기업이 이익을 실현해 왔고 용이하게 금융자원에 접근할 수 있으면 경영진은 세부적인 분석을 수행하지 않아도 계속기업으로서의 존속능력을 평가할 수 있고 감사인도 마찬가지이다.

2) 평가 기간

감사인은 계속기업으로서의 존속능력에 대한 경영진의 평가에 대하여 감사인으로서 이를 평가할 때, 해당 재무보고체계의 요구에 따라 경영진이 평가한 기간과 동일한 기간을 대상으로 평가하여야 한다. 법규에서 경영진이 평가할 기간을 더 길게 정한 경우에도 마찬가지이다. 경영진이 계속기업으로서의 존속능력을 평가한 기간이 재무제표일로부터 12개월에 미달되는 경우, 감사인은 경영진에게 그 평가기간을 적어도 12개월로 확장하도록 요청하여야 한다.

또한 감사인은 경영진이 평가한 기간 후의 기간 중 경영진이 계속기업으로서의 존속능력에 대하여 유의적 의문을 초래할 수 있는 사건이나 상황을 알고 있는지 질문하여야 한다. 감사인은 경영진에 대한 질문 외에는 경영진의 평가기간(적어도 재무제표일로부터 12개월일 것이다)을 초과하여, 계속기업으로서의 존속능력에 유의적 의문을 불러일으키는 사건이나 상황을 식별하기 위한 다른 감사절차를 수행할 책임이 없다.

(3) 사건이나 상황이 식별된 경우 추가적인 감사절차

계속기업으로서의 존속능력에 대하여 유의적 의문을 초래할 만한 사건이나 상황이 식별된 경우, 감사인은 계속기업으로서의 존속능력에 대하여 유의적 의문을 초래할 수 있는 사건이나 상황과 관련된 중요한 불확실성이 존재하는지 여부를 결정하기 위해 추가적인 감사절차를 수행함으로써 충분하고 적합한 감사증거를 입수하여야 한다. 이에는 다음의 절차가 포함되어야 한다. (문단 A16 참조)

(a) 경영진이 계속기업으로서의 존속능력에 대한 평가를 아직 수행하지 않은 경우, 평가를 수행하도록 요청함

(b) 계속기업에 대한 경영진의 평가와 관련된 경영진의 향후 실행계획(자산의 처분, 자금의 차입, 부채구조의 조정, 지출의 축소나 지연, 증자에 대한 계획을 포함)에 대하여, 이러한 계획의 결과가 상황을 개선시킬지 여부 그리고 경영진의 계획이 해당 상황에서 실행가능한지 여부를 평가함

(c) 기업이 현금흐름을 예측하였고 이 예측에 대한 분석이 경영진의 미래 실행계획을 평가할 때 사건이나 상황의 미래결과를 고려하는 데 유의적인 요소인 경우, 다음의 절차를 수행함

　(i) 예측을 위해 생성된 기초 데이터의 신뢰성을 평가함

　(ii) 예측의 기초가 되는 가정들에 대한 적절한 근거가 있는지 여부를 결정함

(d) 경영진이 평가를 실시한 날 후에 추가적인 사실이나 정보가 이용가능하게 되었는지 여부를 고려함

(e) 경영진(적절한 경우 지배기구 포함)에게 향후 실행계획과 이러한 계획의 실행가능성에 대하여 서면진술을 요청함

(4) 감사증거의 평가와 결론의 보고

1) 중요한 불확실성의 의미

감사인은 재무제표의 작성에 있어 경영진의 회계의 계속기업전제 사용의 적합성에 대하여 충분하고 적합한 감사증거를 입수하였는지 여부를 평가하고 결론을 내려야 한다. 감사인은 입수된 감사증거를 기초로 하여 계속기업으로서의 존속능력에 대하여 개별적으로 또는 집합적으로 유의적 의문을 초래할 수 있는 사건이나 상황과 관련하여 이러한 사건이나 상황을 다루기 위한 경영진의 계획을 고려한 후에도 중요하다고 판단되는 불확실성이 존재(잔존)하는지 결정하여야 한다.

한국채택국제회계기준에서는 재무제표에 공시되어야 하는 사항인, 계속기업으로서의 존속능력에 대하여 유의적 의문을 제기하는 사건이나 상황에 관련된 불확실성을 논의할 때 "중요한 불확실성(material uncertainty)"이란 문구를 사용한다. 중요한 불확실성이란, 재무제표의 공정한 표시 목적의 관점(준수체계의 경우, 재무제표가 오도하지 않도록 함)에서 불확실성의 잠재적 영향의 크기와 발생가능성으로 인해 해당 불확실성의 성격과 시사점에 대한 적절한 공시가 필요할 정도라고 감사인이 판단하는 경우를 의미한다.

2) 계속기업에 대한 경영진 공시와 감사보고서 반영

계속기업에 대한 경영진 공시에 따른 감사결론은 다음과 같다.

[그림 9-2] 계속기업의 불확실성과 관련된 감사 절차

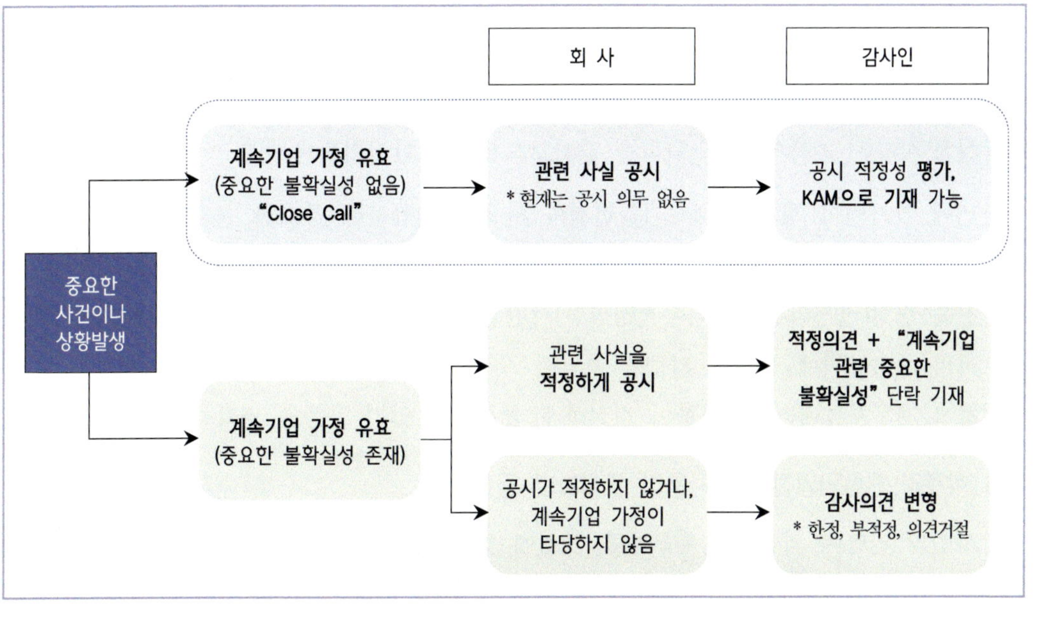

3) 사건이나 상황이 식별되었으나 중요한 불확실성이 존재하지 않는 경우(Close call)

계속기업으로서의 존속능력에 유의적 의문을 초래할 수 있는 사건이나 상황이 식별되었으나 입수된 감사증거를 근거로 감사인이 중요한 불확실성이 존재하지 않는다고 결론을 내리는 경우, 감사인은 해당 재무보고체계의 요구사항에 비추어, 재무제표에 이러한 사건이나 상황에 대한 적절한 공시(adequate disclosures)가 이루어지는지 여부를 평가하여야 한다. 그런데 한국채택 국제회계기준에서는 'close call'에 대해 명시적으로 요구하는 공시가 없다. 감사인은 공정한 표시를 달성하기 위해 추가적인 공시가 필요하다고 결정할 수 있다. 예컨대 감사인은 이를 핵심감사사항으로 포함시킬 수 있다.

4) 회계의 계속기업전제의 사용이 적합하나 중요한 불확실성이 존재하는 경우

감사인은 해당 상황에서 경영진의 회계의 계속기업전제의 사용은 적합하나 중요한 불확실성이 존재한다고 결론을 내리면, 다음 사항을 확인하여 경영진 공시의 적정성을 평가해야 한다.

(a) 계속기업으로서의 존속능력에 대하여 유의적 의문을 초래할 수 있는 주요 사건이나 상황 및 이러한 사건이나 상황을 다루기 위한 경영진의 계획이 재무제표에 적절히 공시되어 있는지 여부

(b) 계속기업으로서의 존속능력에 대하여 유의적 의문을 초래할 수 있는 사건이나 상황과 관련하여 중요한 불확실성이 존재하고, 따라서 정상적인 사업과정에서 자산을 회수하고 부채를 상환하지 못할 수 있다는 사실이 재무제표에 명확히 공시되어 있는지 여부

감사인이 회계의 계속기업전제의 사용이 적합하나 중요한 불확실성이 존재하는 경우에 대한 경영진의 공시가 적절하다고 판단하는 경우, 적정의견과 함께 "계속기업 관련 중요한 불확실성"이라는 제목의 별도 단락을 감사보고서에 포함시키도록 한다.

반면에 감사인이 회계의 계속기업전제의 사용이 적합하나 중요한 불확실성이 존재하는 경우에 대한 경영진의 공시가 적절하지 않다고 판단하는 경우, 회계기준 위배를 근거로 감사의견을 변형(한정의견 또는 부적정의견)시킨다. 동시에 감사의견 근거 단락에, 계속기업으로서의 존속능력에 유의적 의문을 초래할 수 있는 중요한 불확실성이 존재한다는 점을 명시하고 재무제표에는 이 사항이 적절하게 공시되어 있지 않음을 명확히 한다.

5) 회계의 계속기업전제의 사용이 부적합한 경우

감사인의 판단에 의할 때, 재무제표 작성에 있어 경영진의 회계의 계속기업전제 사용이

부적합하다고 판단되면, 감사인은 부적정의견을 표명하여야 한다.

6) 회계의 계속기업전제의 사용이 부적합한 경우

재무제표가 회계의 계속기업전제를 사용하여 작성되었으나 경영진의 회계의 계속기업전제 사용이 부적합하다고 판단되면, 감사인은 경영진의 회계의 계속기업전제 사용이 부적합하다는 내용에 대한 공시가 재무제표에 포함되는지 여부와 관계없이 부적정의견을 표명해야 한다.

해당 상황에서 회계의 계속기업전제의 사용이 적합하지 않은 경우, 경영진은 다른 기준(예를 들어, 청산 기준)에 근거하여 재무제표를 작성해야 하거나 작성하기로 할 수 있다. 감사인이 '해당 상황에서 다른 회계기준이 수용가능하다'라고 결정한다면, 감사인은 그러한 재무제표에 대하여 감사를 수행하는 것이 가능할 수도 있다. 재무제표가 작성되는 회계기준에 대하여 재무제표에 적절한 공시가 있다면, 감사인이 적정의견을 표명하는 것이 가능할 수도 있을 것이다. 그러나 감사인은 대체적인 회계기준 및 이를 적용한 이유에 대한 재무제표 이용자의 주의를 환기시키기 위하여 감사보고서에 강조사항문단을 포함하는 것이 적절하거나 필요하다고 생각할 수도 있다.

7) 경영진이 계속기업에 대한 평가 또는 평가의 확대를 기피하는 경우

재무제표 작성시 경영진의 회계의 계속기업전제의 사용에 대한 충분하고 적합한 감사증거(예, 경영진이 마련한 계획의 존재 또는 기타 다른 경감요소의 존재에 대한 감사증거)를 감사인이 입수하는 것이 가능하지 않을 수 있으므로 감사범위 제한으로 인한 한정의견이나 의견거절이 적합할 것이다.

제3절 감사 결과의 종합

3.1 재무제표 상의 중요한 왜곡표시 집계

(1) 미수정 왜곡표시사항의 구성

감사인이 실증절차를 수행하는 이유는 중요왜곡표시를 발견하기 위해서이다. 감사인은 감사 중 집계한 왜곡표시의 영향을 평가하고 경영진 및 지배기구와 왜곡표시에 대한 커뮤

니케이션하는 데 유익하도록, 사실적 왜곡표시(factual misstatements)와 판단적 왜곡표시(judgemental misstatements) 그리고 투영된 왜곡표시(projected misstatements)를 다음과 같이 구별하는 것이 유용할 것이다.

- 사실적 왜곡표시는 의심의 여지가 없는 왜곡표시를 말함
- 판단적 왜곡표시는 감사인이 비합리적이거나 부적절하다고 고려하는, 재무제표의 인식, 측정, 표시와 공시(회계정책의 선택 또는 적용 포함) 등과 관련된 경영진의 판단으로 인하여 발생하는 차이를 말함
- 투영된 왜곡표시는 모집단의 왜곡표시에 대한 감사인의 최선의 추정치이며, 감사표본에서 식별된 왜곡표시를 표본이 추출된 전체 모집단으로 투영하는 것임

이 때 사실적 왜곡표시는 주요 거래처에 대해 금액단위 표본감사 절차를 통해 표본에서 발견된 왜곡표시금액을 의미한다. 투영된 왜곡표시는 표본감사 과정의 추정오류액을 의미한다. 참고로 금액단위 표본감사 수행시의 투영왜곡표시 상한액(추정오류상한액)은 추정오류액에 표본위험의 허용치를 더하여 산출된다. 즉 추정오류액은 표본오류를 모집단에 투사(projection)한 점추정치(point estimate)이므로 모집단의 기각여부는 통계적 추론과정에서 발생할 수 있는 오차를 고려할 필요가 있으며 이것이 바로 표본위험의 허용치이다. 투영된 왜곡표시는 표본오류를 모집단에 투사(projection)한 점추정치(point estimate)인 추정오류액을 의미한다.

판단적 왜곡표시는 분석적 절차 수행시 감사인 추정치와 실제 장부금액과의 차이로 볼 수 있다.

감사인이 발견하게 되는 미수정왜곡표시사항은 다음과 같이 구성된다.

- 미수정왜곡표시사항의 구성요소
  - 전기 감사시 파악된 미수정 왜곡표시사항의 당기 순 효과와 당기 중 감사인이 새로 발견한 왜곡표시사항
  - 추정의 오류 등 구체적으로 측정할 수 없는 기타 왜곡표시에 대하여 감사인이 내린 가장 합리적인 추정치

미수정왜곡표시사항의 구성요소에 전기 감사시 파악된 미수정 왜곡표시사항의 당기 순 효과를 반영해야 하는 이유는 무엇일까? 이는 만일 전기 감사시 파악된 미수정 왜곡표시사항에 미지급비용과 같은 수정분개사항이 존재하는 경우 당기에 반대 분개를 통해 해소되는 과정을 통해 당기 재무제표에 영향을 미칠 수 있기 때문이다.

(2) 미수정 왜곡표시사항 집계시 고려사항

이 때 "명백하게 사소한 금액"은 미수정왜곡표시사항에 집계되지 않음을 주의해야 한다.

감사인은 어느 왜곡표시가 일정 금액에 미달하며, 이 항목이 명백하게 사소할(clearly trivial) 것이고 또한 그 합계금액이 재무제표에 중요한 영향을 미치지 않을 것이 명백하다고 예상되므로 그 왜곡표시의 집계도 불필요할 것이라고 판단하는 일정 금액을 지정할 수 있는데 이를 "명백하게 사소한 금액"이라 한다. "명백하게 사소하다(clearly trivial)"는 것은 "중요하지 않다(not material)"와 동일한 표현이 아니다. 명백하게 사소한(clearly trivial) 사항이란 감사기준서 320에 따라 결정되는 중요성의 규모와는 전적으로 다른 (즉, 더 작은) 차원이 될 것이며, 개별적으로나 집합적으로 보거나, 혹은 크기, 성격 또는 상황의 어느 기준으로 판단하더라도 명백하게 영향이 미미한 사항일 것이다.

3.2 왜곡표시에 대한 경영진과의 커뮤니케이션

(1) 경영진과의 커뮤니케이션

실증절차로부터 재무제표 상의 중요한 왜곡표시를 발견하였다면 이를 집계하여 경영진에게 제시하여 경영진과 커뮤니케이션을 통하여 수정할 것을 협의한다. 감사인은 법규상 금지되지 않는 한 감사 중 집계한 모든 왜곡표시에 대하여 적합한 수준의 경영진과 적시에 커뮤니케이션을 하여야 한다. 일반적으로, 적절한 수준의 경영진이란 왜곡표시를 평가하고 필요한 조치를 취할 수 있는 책임과 권한을 가진 사람이다. 왜곡표시에 대하여 적절한 수준의 경영진과 적시에 커뮤니케이션하는 것은 경영진이 거래유형, 계정잔액 및 공시가 왜곡표시 되었는지를 평가하게 하고, 경영진이 동의하지 않는 경우 감사인에게 이것을 알리고 필요한 조치를 취할 수 있게 하므로 중요하다. 감사인은 경영진과 커뮤니케이션한 왜곡표시 등 모든 왜곡표시를 경영진에게 수정하게 함으로써, 정확한 회계장부와 회계기록을 유지할 수 있게 하고, 과거의 중요하지 않은 미수정왜곡표시가 누적되어 향후 재무제표도 중요하게 왜곡표시될 위험을 감소시킬 수 있다.

또한 감사인은 경영진에게 이러한 왜곡표시를 수정할 것을 요청하여야 한다.

(2) 경영진이 왜곡표시의 수정을 거부한 경우

만약 경영진이 감사인이 커뮤니케이션한 왜곡표시의 일부 또는 전부에 대하여 수정을 거절하는 경우, 감사인은 경영진이 수정하지 않는 사유를 이해하여야 하며 재무제표 전체 에 중요한 왜곡표시가 없는지 여부를 평가할 때 그 사유를 고려하여야 한다.

3.3 미수정왜곡표시의 영향에 대한 평가

(1) 중요성의 재평가

감사인은 미수정왜곡표시의 영향을 평가하기 전에, 감사계획수립이나 수행 단계에서 결정된 중요성이 기업의 실제 재무결과의 관점에서도 여전히 적합한지 여부를 확인하기 위해 이를 재평가하여야 한다.

감사인이 감사계획 단계에서 중요성을 결정할 때는 기업의 실제 재무결과가 아직 알려지지 않아 종종 기업의 재무결과에 대한 추정치를 근거로 한다. 그러므로 감사인은 미수정왜곡표시의 영향을 평가하기에 앞서 감사계획 단계에서 감사기준서 320에 따라 결정된 중요성을 실제 재무결과를 기초로 수정해야 할 필요가 있을 것이다. 감사인이 최초에 설정한 중요성을 다르게 결정했을 만한 정보를 감사 중에 알게 된 경우에는, 재무제표 전체에 대한 중요성 (그리고 해당되는 경우, 특정 거래유형과 계정잔액 및 공시에 대한 중요성 수준(들))은 수정된다. 따라서 중요성 금액의 유의적인 수정은 감사인이 미수정왜곡표시의 영향을 평가하기 전에 이루어져야 할 것이다. 중요성을 재평가한 결과 중요성 금액이 적어진 경우에는 감사의견의 근거가 되는 충분하고 적합한 감사증거를 입수하기 위하여 수행중요성과 추가감사절차의 성격, 시기 및 범위의 적합성이 재고려된다.

(2) 미수정왜곡표시 평가

감사인은 미수정왜곡표시가 개별적으로 또는 집합적으로 중요한지 여부를 결정하여야 한다. 이를 결정하기 위하여 감사인은 다음 사항을 고려하여야 한다.

1) 특정 거래유형, 계정잔액 혹은 공시 그리고 재무제표 전체와 관련된 왜곡표시의 규모와 성격, 그리고 그러한 왜곡표시가 발생된 특정 상황

a) 개별 왜곡표시가 중요하다고 판단된 경우

만약 개별 왜곡표시가 중요하다고 판단된 경우, 다른 왜곡표시에 의해 상계될 가능성은 희박하다. 예를 들어 수익이 중요하게 과대계상된 경우와 같이, 이익은 동액만큼 과대계상된 비용으로 완전히 상계될 수 있어도 재무제표 전체로는 중요하게 왜곡표시 될 것이다.

동일한 계정잔액이나 거래유형 내에서 발생된 왜곡표시는 상계하는 것이 적절할 수도 있다. 그러나 중요하지 아니한 왜곡표시의 상계가 적합하다고 결론을 내리는 경우, 그 전에 추가적인 미발견 왜곡표시가 존재할 위험이 고려되어야 한다.

왜곡표시와 관련된 상황에 따라서는 비록 해당 왜곡표시가 재무제표 전체의 중요성에 미달하는 경우에도, 감사인이 개별적으로 또는 감사 중 누적된 다른 왜곡표시들과 집합적으로 고려할 때는 중요하다고 평가할 수 있을 것이다.

b) 분류의 왜곡표시가 중요하다고 판단된 경우

분류의 왜곡표시가 중요한지 여부를 결정할 때는 분류의 왜곡표시가 부채 또는 기타 계약상의 약정사항들에 대하여 미치는 영향, 개별 항목이나 소계에 미치는 영향, 또는 주요 비율에 미치는 영향과 같이 질적인 면에 대한 평가가 수반된다. 감사인은 분류의 왜곡표시가 다른 왜곡표시를 평가하는데 적용된 중요성 수준을 초과하는 경우에도 재무제표 전체의 관점에서 중요하지 않다고 결론을 내리는 상황도 있을 것이다. 예를 들어, 재무상태표의 관련 계정항목 크기에 비해 분류의 왜곡표시액이 작고 이것이 손익계산서(또는 포괄손익계산서)나 다른 주요 비율에 영향을 미치지 않는다면, 재무상태표 계정항목간 분류의 왜곡표시는 재무제표 전체의 관점에서 중요하지 않다고 고려될 수 있을 것이다.

c) 개별 질적 공시의 왜곡표시가 중요하다고 판단된 경우

개개의 개별 금액의 왜곡표시는 특정 거래유형, 계정잔액 혹은 공시 수준의 중요성을 초과하는지 여부 등 관련 거래유형과 계정잔액 및 공시에 대한 영향을 평가하기 위해 고려된다. 또한 개개의 개별 질적 공시의 왜곡표시는 재무제표 전반에 대한 전체적인 영향뿐만 아니라 해당 공시에 대한 영향을 평가하기 위해 고려된다. 질적 공시의 왜곡표시가 해당 재무보고체계와 기업의 구체적 상황의 관점에서 중요한지 결정하는 것은 전문가적 판단이 수반되는 사항이다. 왜곡표시가 중요할 수 있는 예는 다음과 같다.

- 보험 및 은행 활동을 하는 기업이 자본을 관리하는 목적, 정책 및 절차에 대한 정보에 대한 부정확하거나 불완전한 기술
- 광업을 영위하는 기업에서 손상차손을 일으키는 사건이나 상황(예: 광물이나 상품 수요의 유의적인 장기 하락)에 대한 정보의 누락
- 재무상태표, 포괄손익계산서, 자본변동표 또는 현금흐름표의 유의적인 항목에 대한 회계정책의 부정확한 기술
- 국제무역 활동을 수행하는 기업에서 환율의 민감도에 대한 불충분한 기술

d) 왜곡표시가 중요하지 않은 경우에도 부정에 의한 것일 가능성이 있는 왜곡표시라고 판단된 경우

왜곡표시의 크기가 재무제표와 관련하여 중요하지 않은 경우에도 부정에 의한 또는 부정에 의한 것일 가능성이 있는 왜곡표시에 대하여 그 시사점을 다음과 같이 고려하는 것이 필요하다. 감사인은 왜곡표시를 식별한 경우 그러한 왜곡표시가 부정의 징후인지 여부를 평가하여야 한다. 만약 그러한 징후가 있으면 감사인은 특정의 부정사례가 고립되어 발생한 사건이 아닐 수 있음을 인식하고, 감사의 다른 측면, 특히 경영진진술의 신뢰성과 관련하여 해당 왜곡표시가 미치는 시사점을 평가하여야 한다. 부정은 부정을 저지르려는 동기나 압력, 그리고 부정을 저지를 수 있는 알려진 기회나 그러한 행위의 합리화와 관련되므로, 특정의 부정사례는 고립되어 발생한 사건이 아닐 가능성이 높다. 따라서, 어떤 한 사업장에서 다수의 왜곡표시가 발생하는 경우에는 그 누적효과가 중요하지 않더라도 그것이 부정으로 인한 중요왜곡표시위험을 나타내는 것일 수도 있다. 상황에 따라 공시의 왜곡표시는 부정의 징후가 될 수도 있으며 예를 들어 다음에서 발생할 수 있다.

- 경영진 판단의 편의에 기인한 오도하는 공시
- 재무제표의 사항에 대한 적절한 이해를 어렵게 만드는 광범위한 중복되거나 정보가치가 없는 공시

e) 왜곡표시가 중요하지 않은 경우에도 집합적으로 중요한 왜곡표시라고 판단된 경우

왜곡표시와 관련된 상황에 따라서는 비록 해당 왜곡표시가 재무제표 전체의 중요성에 미달하는 경우에도, 감사인이 개별적으로 또는 감사 중 누적된 다른 왜곡표시들과 집합적으로 고려할 때는 중요하다고 평가할 수 있을 것이다.

2) 과거 보고기간에 관련된 미수정왜곡표시가 관련 거래유형, 계정잔액 또는 공시 그리고 재무제표 전체에 미치는 영향

과거 보고기간과 연관된 중요하지 않은 미수정왜곡표시라도 그 누적효과는 당기재무제표에 중요한 영향을 미칠 수 있다. 감사인이 이러한 미수정왜곡표시가 당기재무제표에 미치는 영향을 평가하는 데는 수용가능한 다양한 접근방법이 있다. 이 때 동일한 평가방법을 사용하면 기간 간에 일관성이 있을 것이다

(3) 지배기구와의 커뮤니케이션

감사인은 미수정왜곡표시가 개별적으로 또는 집합적으로 감사의견에 미칠 영향에 대하여

지배기구와 커뮤니케이션을 하여야 한다. 이 때 감사인은 중요한 미수정왜곡표시들을 개별적으로 식별하고, 수정하도록 요청하여야 한다.

또한 감사인은 과거 보고기간에 관련된 미수정왜곡표시가 관련 거래유형, 계정잔액 혹은 공시 그리고 재무제표 전체에 미치는 영향에 대하여 지배기구와 커뮤니케이션을 하여야 한다.

(4) 미수정왜곡표시에 대한 경영진 서면진술 요청

감사인은 경영진(적절한 경우 지배기구 포함)에게 이들이 미수정왜곡표시가 개별적으로 또는 집합적으로 재무제표 전체에 중요하지 않다고 믿는지 여부에 대한 서면진술을 요청해야 한다. 그러한 미수정 사항들은 해당 서면진술에 요약되어 포함되거나 첨부되어야 한다.

경영진은 재무제표의 작성에 있어 중요한 왜곡표시를 정정하기 위해 재무제표를 수정할 것이 요구되므로, 감사인은 이들이 미수정왜곡표시에 대하여 서면진술을 제공하도록 요청하여야 한다. 상황에 따라, 경영진은 특정 미수정왜곡표시가 왜곡표시가 아니라고 믿을 수도 있다. 따라서 경영진은 서면진술에 "우리는 다음과 같은 이유[이유에 대한 설명] 때문에 아래의 사항들[사항에 대한 열거]이 왜곡표시를 구성한다는 데 동의하지 않는다"와 같은 문구의 추가를 원할 수 있다. 그러나, 감사인은 이와 같은 진술서를 입수하여도 미수정왜곡표시의 영향에 대하여 그 결론을 형성할 필요성이 경감되는 것은 아니다.

(5) 미수정왜곡표시의 문서화

미수정왜곡표시에 대한 감사인의 문서화에는 다음 사항들을 반영할 수 있다.

(a) 일정 금액 미만의 왜곡표시로서 명백하게 사소하다(clearly trivial)고 간주하게 되는 금액

(b) 감사 중 집계한 모든 왜곡표시 및 그러한 왜곡표시가 수정되었는지 여부

(c) 미수정왜곡표시가 개별적으로 또는 집합적으로 중요한지 여부에 대한 감사인의 결론과 그 근거

이 때 이사회가 승인한 공표용 재무제표에 포함된 감사인 제시 중요왜곡표시사항을 수정하지 않은 미수정왜곡표시의 중요성에 따라 감사의견이 형성된다.

제4절 경영진 서면 진술서

4.1 서면진술의 의의

(1) 서면진술의 정의와 한계

서면진술은 특정 사항을 확인하거나 다른 감사증거를 뒷받침하기 위하여 경영진이 감사인에게 제공하는 서면진술을 의미한다. 재무제표, 재무제표 내 경영진주장, 이를 뒷받침하는 장부와 기록은 이러한 면에서 서면진술에 포함되지 아니한다.

감사증거는 감사의견의 근거가 되는 결론에 도달하는 과정에서 감사인이 이용한 정보이다. 서면진술은 해당 기업의 재무제표감사와 관련하여 감사인이 요구하는 필요적 정보이다. 따라서 질문에 대한 답변과 마찬가지로, 서면진술은 감사증거이다. 서면진술이 비록 필요 감사증거를 제공하지만, 서면진술이 다루는 그 어떠한 사항에 대해서도 서면진술 그 자체는 충분하고 적합한 감사증거를 제공하지 않는다. 뿐만 아니라, 신뢰할 수 있는 서면진술을 경영진이 제공했다는 사실이 경영진의 책임완수 또는 특정 경영진주장에 대하여 감사인이 입수하는 다른 감사증거의 성격이나 범위에 영향을 미치는 것은 아니다.

(2) 서면진술의 작성 주체

감사인은 재무제표에 대한 적절한 책임을 갖고 있고 관심 사항에 대한 지식이 있는 경영진으로부터 서면진술을 요청하여야 한다. 서면진술은 재무제표의 작성에 대한 책임이 있는 사람에게 요청된다. 이들은 기업의 지배구조와 관련 법규에 따라 달라질 수 있다. 그러나 (지배기구 보다는) 경영진이 종종 이러한 책임의 당사자이다. 그러므로 서면진술은 최고경영자와 재무담당임원 (또는 이러한 직함을 사용하지 않는 기업의 경우에는) 이와 동등한 사람에게 요청할 수 있을 것이다. 그러나 어떤 경우에는 지배기구와 같은 기타 당사자도 재무제표의 작성에 대하여 책임을 진다. 경영진은 재무제표의 작성 및 기업의 사업수행을 위한 책임이 있기 때문에, 서면진술이 기초를 두고 있는 재무제표 및 이에 포함된 경영진주장의 작성을 위해 기업이 따른 절차에 대하여 충분한 지식을 보유하고 있다고 기대될 것이다.

그러나 어떤 경우에는, 경영진이 재무제표 및 이에 포함된 경영진주장의 작성과 표시에 참여하는 다른 사람들(서면진술에서 요청되는 사항에 대하여 전문적인 지식을 보유하고 있는 개인들 포함)에게 질문하기로 정할 수도 있다. 그러한 개인들에는 다음과 같은 사람들이 포함될 수 있다.

- 보험수리적으로 결정되는 회계측정치에 대한 책임이 있는 보험계리인
- 환경관련부채의 측정치에 대한 책임이 있으며 전문적인 지식이 있는 기술진
- 소송관련충당부채를 설정하는 데 핵심적인 정보를 제공할 수 있는 내부고문변호사

4.2 서면진술의 종류와 사례

(1) 필수 서면진술 : 경영진 책임에 관한 서면진술

1) 개 요

감사인은 감사계약 전에 감사수임 여부를 먼저 결정해야 한다. 이를 위해 감사인은 감사업무의 경제성을 검토하고 감사의 전제조건 충족 여부를 검토한다. 회계감사를 수행하기 위한 감사의 전제조건은 '(1)감사인 판단에 피감사회사가 재무재표 작성시 적용한 재무보고체계(회계기준)이 수용가능해야 한다'는 점과 '(2) 경영진이 재무제표를 작성할 책임, 내부통제 구축 및 운영에 대한 책임, 감사인에게 필요한 모든 정보를 제공할 책임등에 대하여 동의한다'는 두가지 전제 조건이 만족됨을 의미한다. 이러한 감사의 전제조건 중 '(2) 경영진이 재무제표를 작성할 책임, 내부통제 구축 및 운영에 대한 책임, 감사인에게 필요한 모든 정보를 제공할 책임등에 대하여 동의한다'는 부분은 경영진으로부터 서면진술서를 수령함으로써 경영진의 책임을 명확히 하게 된다.

만일 경영진의 필수 서면진술에 의문이 있거나 서면진술을 거부하는 경우, 감사인은 감사의 전제조건이 만족되지 않기 때문에 대체적인 감사절차 없이 즉각적으로 감사인은 재무제표에 대한 의견표명을 거절하여야 한다.

2) 재무제표의 작성 관련 서면진술

감사인은 감사업무 조건에서 정한 바와 같이 경영진이 해당 재무보고체계에 따라 재무제표를 작성할 책임(관련성이 있는 경우 재무제표의 공정표시책임을 포함)을 완수하였다는 서면진술을 제공하도록 경영진에게 요청하여야 한다.

3) 제공된 정보 및 거래의 완전성

감사인은 다음에 관하여 경영진이 서면진술을 제공하도록 요청하여야 한다.

(a) 경영진은 감사업무 조건에서 합의한 대로 모든 관련 정보를 감사인에게 제공하고 접

근하게 하였음

(b) 경영진은 모든 거래를 기록하고 재무제표에 반영하였음

(2) 기타 서면진술 : 경영진 책임에 관한 서면진술

1) 개 요

재무제표 또는 재무제표 내 (하나 또는 그 이상의) 특정 경영진주장과 관련된 다른 감사증거를 뒷받침할 수 있는 (하나 또는 그 이상의) 서면진술을 입수하는 것이 필요하다고 결정하는 경우에는, 감사인은 그러한 서면진술을 추가로 요청하여야 한다.

만일 경영진의 기타 서면진술에 의문이 있거나 서면진술을 거부하는 경우, 감사인은 대체적인 감사절차를 수행하고 대체적 절차로서도 충분하고 적합한 감사증거를 수집할 수 없는 경우 감사인은 감사범위제한으로 감사의견을 변형할 수 있다.

2) 재무제표에 대한 추가적인 서면진술

재무제표 관련 서면진술 외에, 감사인은 재무제표에 대하여 기타의 서면진술을 요청할 필요가 있다고 생각할 수 있다. 그러한 서면진술은 경영진 책임 관련 서면진술을 보충할 수 있지만, 그 일부를 구성하는 것은 아니다. 추가적인 서면진술에는 다음 사항에 대한 진술이 포함될 수 있다.

- 회계정책의 선택과 적용이 적합한지 여부
- 해당 재무보고체계 하에서 관련성이 있는 경우, 다음과 같은 사항들이 해당 체계에 따라 인식, 측정, 표시 또는 공시되었는지 여부
  - 자산과 부채의 장부가액이나 그 분류에 영향을 미칠 수 있는 계획 또는 의도
  - 실제 발생된 부채 및 우발부채
  - 자산에 대한 권리 또는 통제, 자산에 대한 담보 또는 저당, 그리고 담보로 제공된 자산
  - 재무제표에 영향을 미칠 수 있는 법규와 계약(이에 대한 위반 포함)에 관한 측면

3) 감사인에게 제공된 정보에 대한 추가적인 서면진술

감사인은 제공된 정보에 대한 서면진술 외에, 경영진이 알고 있는 내부통제의 모든 미비점을 감사인에게 전달하였다는 서면진술을 경영진에게 요청할 필요가 있다고 감사인은 생각할 수 있다.

4) 특정 경영진주장에 대한 추가적인 서면진술

감사인은 판단과 의도에 대한 증거를 입수하거나, 판단과 의도를 평가할 때, 다음 중 하나 이상의 항목을 고려할 수 있다.

- 기업이 그 진술한 의도를 수행한 과거의 이력
- 기업이 특정한 일련의 행동을 선택한 이유
- 기업이 특정한 일련의 행동을 추진할 능력
- 감사 중 입수하였을 수 있는 기타의 정보로서 경영진의 판단이나 의도와는 일관성이 없을 수 있는 기타 정보의 존재 또는 결여

(3) 서면진술서 사례

서면진술은 감사인을 수신인으로 하는 진술서 형태이어야 한다. 서면진술일은 가능한 한 재무제표에 대한 감사보고서일에 실행가능한 가장 근접한 날로 하되, 감사보고서일보다 늦지 않아야 한다. 서면진술은 감사보고서에서 언급된 모든 재무제표와 기간을 대상으로 하여야 한다.

서 면 진 술 서

(이 양식은 정형화된 것이 아니며 볼드체부분은 회사의 상황에 맞게 반드시 수정 필요, 이 확인서를 통한 경영자의 진술은 회사별 · 회계기간별로 다를 수 있음)

201X년 XX월 XX일

___________**(회계법인 · 감사반)** 귀중

이 진술서는 **주식회사 ABC(이하 "당사")**의 **201X년 XX월 XX일**로 종료된 보고기간의 재무제표가 한국채택국제회계기준에 따라 모든 중요성의 관점에서 공정하게 표시하고 (또는 진실하고 공정한 관점을 제시하고) 있는지에 대한 의견을 표명하기 위해 귀 회계법인이 수행하고 있는 감사와 관련하여 제공하는 것입니다.

우리는 다음과 같은 사항을 확인합니다. **[관련사항이 있으면 다음 문구도 추가한다: 또한 우리는 적절한 정보입수 목적에 필요하다고 판단한 경우, 우리가 알고 또 믿고 있는 최선으로 질문을 수행하였습니다.]**

재무제표

1. 우리는 **201X년 XX월 XX일자(감사계약일)** 감사업무의 조건에서 정해진 바와 같이 한국채택국제회계기준에 따라 재무제표를 작성할 우리의 책임을 이행하였습니다. 특히 재무제표는 이에 따라 공정하게 표시하고(또는 진실하고 공정한 관점을 제시하고) 있습니다.
2. 공정가치 측정을 포함한 회계추정을 위하여 우리가 사용한 유의적 가정은 합리적입니다.
3. 특수관계 및 그 거래는 한국채택국제회계기준의 요구사항에 따라 적절하게 회계처리되고 공시되었습니다.
4. 수정이나 공시가 요구되는 재무제표일 후의 모든 후속사건은 한국채택국제회계기준의 요구에 따라 수정되고 공시되었습니다.
5. 미수정왜곡표시는 개별적으로나 집합적으로 재무제표에 그 영향이 중요하지 않습니다. 미수정된 왜곡표시의 목록은 별첨4에 첨부되었습니다.

제공된 정보

6. 우리는 감사인에게 다음 사항을 제공하였습니다.
   - 기록, 문서 그리고 기타의 사항과 같이 우리가 알게 된 재무제표의 작성과 관련된 모든 정보에 대한 접근 (의사록 목록 - 별첨5) (*1)
   - 감사를 위해 귀 감사인이 우리에게 요청한 추가적인 정보
   - 귀 감사인이 감사증거의 입수가 필요하다고 결정한 기업 내부의 인원들에 대한 제한 없는 접근
7. 모든 거래는 회계기록에 기재되고 재무제표에 반영되었습니다.
8. 우리는 부정으로 인하여 재무제표가 중요하게 왜곡표시될 위험에 대하여 그 평가결과를 귀 감사인에게 공개하였습니다.
9. 우리는 다음의 사람들이 개입되어 기업에 영향을 미칠 것으로 인지되는 부정이나 의심되는 부정과 관련하여 모든 정보를 귀 감사인에게 공개하였습니다.
   - 경영진
   - 내부통제에 유의적인 역할을 수행하는 종업원
   - 부정이 재무제표에 중요한 영향을 미칠 수 있는 기타의 자
10. 우리는 종업원, 과거에 종업원이었던 자, 분석가, 규제기관 또는 기타의 자 등으로부터 알고 있는 부정혐의 또는 의심되는 부정으로서 기업의 재무제표에 영향을 미치는 모든 정보를 귀 감사인에게 공개하였습니다.
11. 우리는 재무제표를 작성할 때 고려할 법규를 위반하였거나 위반한 것으로 의심되는 모든 알려진 사실을 귀 감사인에게 공개하였습니다.
12. 우리는 우리가 알고 있는 특수관계자의 신원과 모든 특수관계 및 거래에 대하여 귀 감사인에게 공개하였습니다. 특수관계자의 목록 및 특수관계자와의 거래 명세서는 [별첨4]에 첨부되었습니다.

Chapter 9 생각해 볼 문제

(1) 후속사건에 대한 감사인의 적극적 책임과 소극적 책임은 각각 어떻게 다른가?

먼저 재무제표일과 감사보고서일 사이에 발생한 후속사건에 대해서는 감사인이 적극적 책임을 부담하게 된다. 감사보고서일은 감사인이 감사보고서에 기재한 보고일자로써 실질적인 감사현장 철수일이므로, 감사보고서일은 해당일까감사인과 경영진 간의 책임의 한계를 구분짓는 기준일이다. 즉 감사보고서일은 감사증거 수집을 종료한 날로써 직업적 전문가로서 부담하게 되는 책임기간을 결정하는 기준일이 된다. 따라서 감사인은 제 1유형 후속사건에 대해서는 후속사건에 필요한 감사절차를 수행할 적극적인 책임을 부담하게 된다.

반면에 감사보고서일 이후에 발생한 후속사건은 감사보고서일 후 감사인이 알게 된 사실에 대해서만 감사보고서 반영 여부를 소극적으로 고려한다는 공통점이 있다. 이 경우 재무제표에 미치는 영향이 중대하다면 재무제표에 반영할 소극적인 책임이 있다. 즉 감사보고서일 후에는 감사인이 현장에서 철수한 상황이므로 감사인이 알게 된 사건에 대해서만 감사보고서에 반영할지 여부를 고려할 소극적인 책임이 있을 뿐이다.

(2) 계속기업의 불확실성은 감사의견에 어떤 영향을 미치나요?

재무제표 개념체계 상의 기본가정에 의하면 계속기업(going concern)을 전제로 재무제표를 작성하고 있다보니, 경영진은 재무제표를 작성할 때 보고기간 말로부터 향후 12개월 기간에 대한 정보 고려하여 경영진은 계속기업(going concern)으로서의 존속가능성을 평가하게 된다. 따라서 계속기업으로서의 존속능력에 중대한 의문이 제기될 수 있는 사건이나 상황과 관련된 중요한 불확실성을 알게 된 경우, 경영진은 그러한 불확실성을 공시해야 한다.

계속기업 관련 중요한 불확실성은 감사의견에 영향을 미칠 수 있다. 일반적으로 계속기업의 가정에 중요한 불확실성이 존재하는 경우이고 경영진이 그 사실을 적정하게 공시했다면 적정의견이 제시됨과 동시에 일반적으로 감사보고서에 계속기업 관련한 불확실성과 관련된 강조사항이 추가된다. 반면에 계속기업의 가정에 중요한 불확실성이 존재하는 경우이고 경영진이 그 사실을 적정하게 공시하지 않았다면 공시의 적정성을 평가하여 그 중요성에 따라 감사의견을 변형하게 된다.

(3) 회계의 계속기업 전제의 사용이 부적합한 경우 감사인은 어떤 감사의견을 제시해야 하는가?

재무제표가 회계의 계속기업전제를 사용하여 작성되었으나 경영진의 회계의 계속기업전제 사용이 부적합하다고 판단되면, 감사인은 경영진의 회계의 계속기업전제 사용이 부적합하다는 내용에 대한 공시가 재무제표에 포함되는지 여부와 관계없이 부적정의견을 표명해야 한다.

해당 상황에서 회계의 계속기업전제의 사용이 적합하지 않은 경우, 경영진은 다른 기준(예를 들어, 청산 기준)에 근거하여 재무제표를 작성해야 하거나 작성하기로 할 수 있다. 감사인이 '해당 상황에서 다른 회계기준이 수용가능하다'라고 결정한다면, 감사인은 그러한 재무제표에 대하여 감사를 수행하는 것이 가능할 수도 있다. 재무제표가 작성되는 회계기준에 대하여 재무제표에 적절한 공시가 있다면, 감사인이 적정의견을 표명하는 것이 가능할 수도 있을 것이다. 그러나 감사인은 대체적인 회계기준 및 이를 적용한 이유에 대한 재무제표 이용자의 주의를 환기시키기 위하여 감사보고서에 강조사항문단을 포함하는 것이 적절하거나 필요하다고 생각할 수도 있다.

(4) 왜곡표시의 크기가 재무제표와 관련하여 중요하지 않은 경우에도 부정에 의한 또는 부정에 의한 것일 가능성이 있는 왜곡표시에 대하여 감사인은 어떻게 대처해야 하는가?

왜곡표시의 크기가 재무제표와 관련하여 중요하지 않은 경우에도 부정에 의한 또는 부정에 의한 것일 가능성이 있는 왜곡표시에 대하여 그 시사점을 다음과 같이 고려하는 것이 필요하다. 감사인은 왜곡표시를 식별한 경우 그러한 왜곡표시가 부정의 징후인지 여부를 평가하여야 한다. 만약 그러한 징후가 있으면 감사인은 특정의 부정사례가 고립되어 발생한 사건이 아닐 수 있음을 인식하고, 감사의 다른 측면, 특히 경영진진술의 신뢰성과 관련하여 해당 왜곡표시가 미치는 시사점을 평가하여야 한다. 부정은 부정을 저지르려는 동기나 압력, 그리고 부정을 저지를 수 있는 알려진 기회나 그러한 행위의 합리화와 관련되므로, 특정의 부정사례는 고립되어 발생한 사건이 아닐 가능성이 높다. 따라서 어떤 한 사업장에서 다수의 왜곡표시가 발생하는 경우에는 그 누적효과가 중요하지 않더라도 그것이 부정으로 인한 중요왜곡표시위험을 나타내는 것일 수도 있다. 상황에 따라 공시의 왜곡표시는 부정의 징후가 될 수도 있으며 예를 들어 다음에서 발생할 수 있다.

- 경영진 판단의 편의에 기인한 오도하는 공시
- 재무제표의 사항에 대한 적절한 이해를 어렵게 만드는 광범위한 중복되거나 정보가치가 없는 공시

(5) 감사인이 경영진으로부터 경영진책임에 관련 서면진술을 반드시 수령해야 하는 이유는 무엇인가?

감사인은 감사계약 전에 감사수임 여부를 먼저 결정해야 한다. 이를 위해 감사인은 감사업무의 경제성을 검토하고 감사의 전제조건 충족 여부를 검토한다. 회계감사를 수행하기 위한 감사의 전제조건은 '(1) 감사인 판단에 피감사회사가 재무재표 작성시 적용한 재무보고체계(회계기준)이 수용가능해야 한다'는 점과 '(2) 경영진이 재무제표를 작성할 책임, 내부통제 구축 및 운영에 대한 책임, 감사인에게 필요한 모든 정보를 제공할 책임등에 대하여 동의한다'는 두가지 전제 조건이 만족됨을 의미한다. 이러한 감사의 전제조건 중 '(2) 경영진이 재무제표를 작성할 책임, 내부통제 구축 및 운영에 대한 책임, 감사인에게 필요한 모든 정보를 제공할 책임등에 대하여 동의한다'는 부분은 경영진으로부터 서면진술서를 수령함으로써 경영진의 책임을 명확히 하게 된다.

만일 경영진의 필수 서면진술에 의문이 있거나 서면진술을 거부하는 경우, 감사인은 감사의 전제조건이 만족되지 않기 때문에 대체적인 감사절차 없이 즉각적으로 감사인은 재무제표에 대한 의견표명을 거절하여야 한다.

Chapter
10

감사의견 형성과 감사보고서 작성

학습목표

- 본 장을 통해 감사의견의 형성 과정과 그 중요성을 이해하도록 한다.
- 감사보고서의 구성요소의 의미를 이해하도록 한다.
- 감사보고서를 해석할 때 유의할 점을 이해하도록 한다.

제1절 감사의견의 형성과 상장폐지

1.1 감사의견의 종류

(1) 감사결과의 평가

감사인은 경영진이 공표용 재무제표에 반영하지 않은 미수정왜곡표시의 합계와 중요성 수준을 비교하여 다음과 같이 감사결과를 평가한다.

[표 10-1] 감사결과의 평가

구 분	상 황	판 단
감사결과의 평가	① 미수정왜곡표시 < 중요성수준	적정의견
	② 미수정왜곡표시 > 중요성수준	한정의견(왜곡표시가 중요하나 전반적이지 않은 경우)
	③ 미수정왜곡표시 < 중요성수준	부적정의견(왜곡표시가 중요하고 전반적인 경우)

이 때 다음 세 가지 사항에 유의해야 한다.

첫째, 미수정왜곡표시의 합계와 비교하게 되는 중요성 수준은 수행중요성이 아니라 재무제표 전체에 대한 중요성 수준과 비교하게 됨에 유의해야 한다. 둘째, 재무제표 전체에 대한 중요성 수준과 비교하게 되는 미수정왜곡표시사항은 최초에 감사인이 경영진에게 제시한 중요왜곡표시사항의 합계가 아니라 공표용 재무제표에 미반영된 사항의 합계임에 유의해야 한다. 셋째, "명백하게 사소한 금액"은 미수정왜곡표시사항에 집계되지 않음을 주의해야 한다.

(2) 감사의견의 형성

감사의견의 변형의 원인이 무엇인지에 따라 상이한 감사의견이 형성될 수 있다. 만일 재무제표가 왜곡표시된 경우라면 그 사항의 중요한 정도와 전반적인지 여부에 따라 적정의견/한정의견/부적정의견이 제시된다. 즉 재무제표의 왜곡표시가 중요하지 않다면 적정의견, 중요하나 전반적이지 않다면 한정의견, 중요하고 전반적이라면 부적정의견이 제시된다. 이때, 전반적이라는 용어의 의미는 다음 2가지 중 하나에 해당할 때를 의미한다.

- 중요한 왜곡표시가 재무제표의 특정요소, 계정과목이나 항목에 국한되지 않거나
- 재무제표의 특정요소, 계정과목이나 항목에 국한되지만 이들이 재무제표의 상당부분을 구성하고 있거나 구성할 수 있는 경우

반면에 감사인이 감사를 수행함에 있어서 피감사기업의 협조를 충분히 받지 못하여 감사증거를 충분하고 적합하게 수집하지 못하는 감사범위의 제한이 발생한 경우에는 상이하게 감사의견이 형성된다. 즉 감사범위의 제한이 중요하지 않다면 적정의견, 중요하나 전반적이지 않다면 한정의견, 중요하고 전반적이라면 의견거절이 제시된다.

의견거절은 감사범위 제한이 중요하고 전반적이어서 아예 감사를 수행하지 못한 것으로 보므로 감사의견 제시를 거절하는 것이다. 반면에 부적정의견은 감사는 수행하였으나 감사결과 발견한 재무제표의 왜곡표시가 중요하고 전반적인 경우이다. 따라서 재무제표의 유용성 측면에서 그 심각성을 따지자면 의견거절의 감사의견이 부적정의견 보다 심각한 상황으로 판단할 수 있다.

[표 10-2] 감사의견의 구분

			적정의견	한정의견	부적정의견	의견거절
감사범위의 제한	• 중요하지 않은 경우		✔			
	• 중요하지만 전반적이지 아니한 경우			✔		
	• 중요하면서 전반적인 경우					✔
회계기준의 위배	• 중요하지 않은 경우		✔			
	• 중요하지만 전반적이지 아니한 경우			✔		
	• 중요하면서 전반적인 경우				✔	
계속기업 존속가능성	• 타당하나 중요한 불확실성 존재	회사가 공시	✔			
		회사가 미공시		✔	✔	✔
	• 타당하지 않음				✔	✔

1.2 감사의견과 상장폐지

(1) 감사의견 관련 상장폐지 기준

감사의견은 상장법인의 상장폐지에 영향을 미치게 된다. 주식시장별로 감사의견과 관련된 상장폐지 기준은 다음과 같다.

[표 10-3] 감사결과의 평가

구 분	관리종목 지정	상장폐지 기준
유가증권시장	• 감사보고서상 감사의견이 감사범위제한 한정인 경우(연결감사보고서 포함) • 반기 검토보고서상 검토의견이 부적정 또는 의견거절인 경우	• 최근사업연도 감사보고서상 감사의견이 부적정 또는 의견거절인 경우(연결감사보고서 포함) • 2년 연속 감사보고서상 감사의견이 감사범위 제한 한정인 경우
코스닥시장	• 반기보고서 부적정, 의견거절, 감사범위 제한으로 인한 한정	• 최근사업연도 감사보고서 부적정·의견거절·범위제한 한정(연결감사보고서 포함)
코넥스시장	해당 없음	• 최근사업연도 감사보고서 부적정, 의견거절, 범위제한 한정

(2) 감사의견 관련 상장폐지 사례

1) ㈜유양디앤유 사례

위와 같은 주식시장별 상장폐지 규정으로 인해 의견거절과 같은 감사의견을 받은 경우 다음과 같이 상장폐지 된다.

[표 10-4] 투자유의안내

1. 제 목	㈜유양디앤유 주권 투자유의 안내(2020.03.19)	
2. 내 용	㈜유양디앤유는 2019사업연도 감사인의 감사보고서 상 감사의견이 '의견거절'임을 공시(2020.3.19.)하였다. 동사 주권이 상장폐지기준(유가증권시장 상장규정 제48조)에 해당됨에 따라, 동사 주권에 대하여 상장폐지절차(동 규정 제25조에 따른 이의신청 및 동 규정 제9조에 따른 정리매매등)가 진행됨을 알려드립니다.(이의신청시한 2020.4.9.) (한국거래소)	
3. 기타 투자판단과 관련한 중요사항	-	
	※ 관련공시	2020-03-19 감사보고서 제출

이와 같이 감사의견이 상장폐지에 영향을 미치게 되므로 이를 회피하려는 피감사기업과 회계감사인 간의 전략적 선택이 의심되는 상황이 야기되곤 한다.

2) SK글로벌 사례

일전의 SK글로벌 감사의견 사례가 바로 그렇다. SK글로벌이 '감사범위 제한에 따른 한정 감사의견'을 받은 것에 대해 논란이 일었었다. 영화회계법인은 감사보고서에서 SK글로벌이 해외현지법인에 대해 지급보증한 2조3927억원은 대지급손실이 발생할 것으로 추정되지만 해외현지법인의 추가적인 손실 존재 여부를 검토하기 위한 감사보고서 등 관련자료를 입수하지 못해 감사범위 제한에 따른 한정 의견을 제시했다고 밝혔었다.

이에 대해 회계업계와 증권업계에서는 SK글로벌의 상장폐지를 피하기 위해 감사의견거절이나 부적정 의견이 아닌 한정 의견을 제시했다는 지적이 일었다. A회계법인 회계사는 "2조3927억원의 손실액이 SK글로벌 자산이나 부채의 50%에 달할 만큼 규모가 큰 데다 계속기업으로서의 불확실성이 높은 상황임을 고려할 때 감사의견거절이 나오는 것이 마땅하다"고 지적했다.

이에 따라 "감사의견 한정이 내려졌다는 것은 상장폐지를 막기 위한 정책적인 고려 때문이라고 밖에 볼 수 없다"고 말했다. 상장폐지에 따른 SK글로벌 소액주주의 반발이나 대내외적인 신뢰도 추락, 주식시장에서의 자금조달 차질 등으로 채권단의 경영정상화 이행과정에 중대한 차질이 빚어질 수 있기 때문이다. 2조3927억원의 손실을 반영할 경우 SK글로벌의 총부채는 5조7655억원에서 8조원대로, 자본(총부채 − 총자산)도 마이너스 2128억원에서 마이너스 2조6055억원으로 급증하게 된다. 회계감사기준에 따르면 감사범위 제한의 영향이 매우 중요하고 전반적이어서 감사인이 충분하고 적합한 감사증거를 획득할 수 없었을 경우에는 의견거절을 표명하도록 하고 있다.

2002년 감사의견에 대해서 피감사회사가 해외현지법인에 대한 지급보증추정손실 23,927억원을 반영하지 않은 사실과 해외현지법인의 부실규모 등에 대한 관련자료 불충분으로 피감사회사의 재무제표에 미치는 영향을 판단할 수 없는 사안은, 피감사회사의 재무제표에 매우 중요하고 전반적인 영향을 미치고 있는 사안임에도 한정의견을 표명한 사실이 있는 것이다.

그 당시 감사준칙에 따르면, 감사인과 경영자간의 의견불일치나 감사범위의 제한으로 인한 영향이 중요하여 적정의견을 표명할 수 없지만 부적정 의견이나 의견거절을 표명하여야 할 정도로는 중요하지 않거나 전반적이지 않은 경우에 한정의견을 표명하여야 한다. 한정의견은 한정의견의 사유가 되는 사항의 영향을 제외하고는 이라는 표현으로 표명되어야 한다.

또한 감사인과 경영자간의 의견불일치로 인한 영향이 대단히 중요하고 전반적이어서 한정의견의 표명으로 재무제표의 오도 또는 왜곡 표시된 내용을 적절히 공시할 수 없다고 감사인이 판단했을 경우에 부적정 의견을 표명하여야 한다.

그 당시 감사인인 영화회계법인은 다음과 같이 주장하고 있다.

감사준칙 상 전반적의 의미

전반적이라는 용어는 국제회계감사기준의 pervasive를 번역한 것으로 이는 모든 부분에 전체적으로 퍼져있다는 의미이다. 회계감사 준칙 상 감사범위제한의 영향 또는 감사인의 경영자간의 의견불일치로 인한 영향이 전반적이라는 것은 기업회계기준의 위반, 감사범위의 제한, 내부통제상의 결함 등으로 인하여 재무제표상 계정과목 대부분이 중요하게 왜곡 표시됨으로써 재무제표가 정보이용자들을 오도하거나 정보이용자에게 실질적으로 유용성이 없게 되는 경우를 의미한다.

영화회계법인의 한정의견을 표명한 이유로는 2002 회계연도 감사보고서에 표시된 한정사항은 해외현지법인과 직접 관련된 항목으로 해외현지 법인에 대한 지급보증대지급손실 및 매출채권에만 국한된 항목으로 '전반적'이지 않으며 특정하게 제한된 항목이므로 이들 항목을 제외한 피감사회사의 재무제표는 여전히 정보이용자에게 의미 있는 정보를 제공하고 있다고 판단한 것이다. 또한 더욱이 해외현지법인에 대한 지급보증대지급손실 예상액 23,927억원 미계상에 대한 감사인과 경영자간 의견불일치로 인한 영향 및 해외현지법인에 대한 매출채권 추가 대손예상액과 관련된 감사범위 제한은 감사보고서 본문에 충분하고 적절하게 공시되었기 때문에 한정의견의 표명으로도 재무제표의 왜곡표시된 내용을 적절히 공시할 수 있다고 판단하였던 것이다.

이에 대한 감독원의 입장은 '전반적'이라는 의미는 영향을 미치는 계정과목의 항목수를 의미하는 것이 아니라 영향의 정도가 중요하다고 하였다. 감사인의 주장대로라면 피감사회사가 반영하지 아니한 해외현지법인 지급보증에 따른 대지급손실 추정치 23,927억원과 해외현지법인에 대한 순매출채권 28,677억원은 회사의 실질적인 자산 총계의 64%이고 매출액의 28%에 해당되는 매우 중요한 금액이라는 것이었다. 또한 '전반적'이라는 의미가 영향을 미치는 항목수를 의미한다고 볼 때, 감사보고서에 표시된 한정의견은, 대지급채무, 매출채권, 이로 인한 투자유가증권(해외현지법인주식) 등에 영향을 미치는 전반적인 사항이라고 볼 수 있다는 것이다.

위의 동일한 현상을 이해하고 해석하는데도 감사인과 감독당국간에 차이가 있을 수 있다. 이러한 판단은 주관적인 판단이며 그렇기 때문에 위와 같은 동일한 수치에 대해서 다른 판단이 수행되는 것이다. 중요성 수준도 전문가적 판단의 결과이지만 전반적이라는 용어의 사용도 매우 주관적인 것이다.

제2절 표준감사보고서 항목과 의미

2.1 표준감사보고서 사례

다음은 표준감사보고서 사례이다.

독립된 감사인의 감사보고서

ABC주식회사
주주 및 이사회 귀중

재무제표감사에 대한 보고1)

감사의견

우리는 ABC 주식회사(이하 "회사")의 재무제표를 감사하였습니다. 해당 재무제표는 20X1년 12월 31일 현재의 재무상태표, 동일로 종료되는 보고기간의 손익계산서(또는 포괄손익계산서), 자본변동표, 현금흐름표 그리고 유의적인 회계정책의 요약을 포함한 재무제표의 주석으로 구성되어 있습니다.

우리의 의견으로는 별첨된 회사의 재무제표는 회사의 20X1년 12월 31일 현재의 재무상태와 동일로 종료되는 보고기간의 재무성과 및 현금흐름을 한국채택국제회계기준(또는 일반기업회계기준)에 따라, 중요성의 관점에서 공정하게 표시하고 있습니다.

1) "기타 법규의 요구사항에 대한 보고"라는 두 번째 소제목의 해당사항이 없을 경우, "재무제표감사에 대한 보고"라는 소제목은 불필요하다.(감사기준서 700 문단 44, A55)

감사의견근거
우리는 대한민국의 회계감사기준에 따라 감사를 수행하였습니다. 이 기준에 따른 우리의 책임은 이 감사보고서의 재무제표감사에 대한 감사인의 책임 단락에 기술되어 있습니다. 우리는 재무제표감사와 관련된 대한민국의 윤리적 요구사항에 따라 회사로부터 독립적이며, 그러한 요구사항에 따른 기타의 윤리적 책임들을 이행하였습니다. 우리가 입수한 감사증거가 감사의견을 위한 근거로서 충분하고 적합하다고 우리는 믿습니다.

계속기업 관련 중요한 불확실성
재무제표에 대한 주석 XXX에 주의를 기울여야 할 필요가 있습니다. 재무제표에 대한 주석 XXX은 20X1년 12월 31일로 종료되는 보고기간에 순손실 ZZZ가 발생하였고, 재무제표일 현재로 기업의 유동부채가 총자산보다 YYY 만큼 더 많음을 나타내고 있습니다. 주석 XXX에서 기술된 바와 같이, 이러한 사건이나 상황은 주석 XXX에서 설명하고 있는 다른 사항과 더불어 계속기업으로서의 존속능력에 유의적 의문을 제기할 만한 중요한 불확실성이 존재함을 나타냅니다. 우리의 의견은 이 사항으로부터 영향을 받지 아니합니다.

핵심감사사항[2)]
핵심감사사항은 우리의 전문가적 판단에 따라 당기 재무제표감사에서 가장 유의적인 사항들입니다. 해당 사항들은 재무제표 전체에 대한 감사의 관점에서 우리의 의견형성 시 다루어졌으며, 우리는 이런 사항에 대하여 별도의 의견을 제공하지는 않습니다.

[감사기준서 701에 따른 핵심감사사항 각각에 대한 기술]

(핵심감사사항 1)
[재무제표의 관련 공시에 대한 언급, 해당 사항이 핵심감사사항으로 결정된 이유, 해당 사항이 감사에서 다루어진 방법]

(핵심감사사항 2)
[재무제표의 관련 공시에 대한 언급, 해당 사항이 핵심감사사항으로 결정된 이유, 해당 사항이 감사에서 다루어진 방법]

강조사항
재무제표 이용자는 재무제표에 대한 주석 X에 주의를 기울여야 할 필요가 있습니다. 재무제표에 대한 주석 X는 회사의 생산설비 화재의 영향을 기술하고 있습니다. 우리의 의견은 이 사항으로부터 영향을 받지 아니합니다.

---

2) 핵심감사사항은 상장기업(유가증권시장 및 코스닥상장기업)의 일반목적 전체재무제표에 대한 감사와 감사인이 감사보고서에 핵심감사사항을 커뮤니케이션할 것을 결정하는 상황에 적용한다.(감사기준서 701 문단 5)

기타사항
ABC 주식회사의 20X0년 12월 31일로 종료된 보고기간의 재무제표는 타감사인이 감사하였으며, 이 감사인의 20X1년 3월 31일자 감사보고서에는 해당 재무제표에 대하여 적정의견이 표명되었습니다.

재무제표에 대한 경영진과 지배기구의 책임[3)]
경영진은 한국채택국제회계기준(또는 일반기업회계기준)에 따라 이 재무제표를 작성하고 공정하게 표시할 책임이 있으며, 부정이나 오류로 인한 중요한 왜곡표시가 없는 재무제표를 작성하는데 필요하다고 결정한 내부통제에 대해서도 책임이 있습니다.

경영진은 재무제표를 작성할 때, 회사의 계속기업으로서의 존속능력을 평가하고 해당되는 경우, 계속기업 관련 사항을 공시할 책임이 있습니다. 그리고 경영진이 기업을 청산하거나 영업을 중단할 의도가 없는 한, 회계의 계속기업전제의 사용에 대해서도 책임이 있습니다.
지배기구는 회사의 재무보고절차의 감시에 대한 책임이 있습니다.

재무제표감사에 대한 감사인의 책임
우리의 목적은 회사의 재무제표에 전체적으로 부정이나 오류로 인한 중요한 왜곡표시가 없는지에 대하여 합리적인 확신을 얻어 우리의 의견이 포함된 감사보고서를 발행하는데 있습니다. 합리적인 확신은 높은 수준의 확신을 의미하나, 감사기준에 따라 수행된 감사가 항상 중요한 왜곡표시를 발견한다는 것을 보장하지는 않습니다. 왜곡표시는 부정이나 오류로부터 발생할 수 있으며, 왜곡표시가 재무제표를 근거로 하는 이용자의 경제적 의사결정에 개별적으로 또는 집합적으로 영향을 미칠 것이 합리적으로 예상되면, 그 왜곡표시는 중요하다고 간주됩니다.

[4)]감사기준에 따른 감사의 일부로서 우리는 감사의 전 과정에 걸쳐 전문가적 판단을 수행하고 전문가적 의구심을 유지하고 있습니다. 또한, 우리는:
• 부정이나 오류로 인한 재무제표의 중요왜곡표시위험을 식별하고 평가하며 그러한 위험에 대응하는 감사절차를 설계하고 수행합니다. 그리고 감사의견의 근거로서 충분하고 적합한 감사증거를 입수합니다. 부정은 공모, 위조, 의도적인 누락, 허위진술 또는 내부통제 무력화가 개입될 수 있기 때문에 부정으로 인한 중요한 왜곡표시를 발견하지 못할 위험은 오류로 인한 위험보다 큽니다.

---

3) 재무제표 작성 책임자와 재무보고절차 감시 책임자가 동일할 경우 지배기구의 감시책임을 삭제한다.(감사기준서 700 문단 34, A44)

4) 두번째 이하의 감사인의 책임 문단은 감사기준서 700 문단 40(b)에서 감사보고서의 보론에 위치할 수 있다고 설명한다. 문단 40(c)는 법규 또는 해당 국가의 감사기준에서 명시적으로 허용하는 경우 웹사이트의 기술이 아래 감사인의 책임에 대한 기술을 설명하고 이와 일관성이 있으면, 감사보고서에 이 자료를 포함하는 것 보다는 감사인의 책임을 기술하고 있는 관계 당국의 웹사이트를 언급할 수 있다고 설명한다.

- 상황에 적합한 감사절차를 설계하기 위하여 감사와 관련된 내부통제를 이해합니다. 그러나 이는 내부통제의 효과성에 대한 의견을 표명하기 위한 것이 아닙니다.
- 재무제표를 작성하기 위하여 경영진이 적용한 회계정책의 적합성과 경영진이 도출한 회계추정치와 관련 공시의 합리성에 대하여 평가합니다.
- 경영진이 사용한 회계의 계속기업전제의 적절성과, 입수한 감사증거를 근거로 계속기업으로서의 존속능력에 대하여 유의적 의문을 초래할 수 있는 사건이나, 상황과 관련된 중요한 불확실성이 존재하는지 여부에 대하여 결론을 내립니다. 중요한 불확실성이 존재한다고 결론을 내리는 경우, 우리는 재무제표의 관련 공시에 대하여 감사보고서에 주의를 환기시키고, 이들 공시가 부적절한 경우 의견을 변형시킬 것을 요구받고 있습니다. 우리의 결론은 감사보고서일까지 입수된 감사증거에 기초하나, 미래의 사건이나 상황이 회사의 계속기업으로서 존속을 중단시킬 수 있습니다.
- 공시를 포함한 재무제표의 전반적인 표시와 구조 및 내용을 평가하고, 재무제표의 기초가 되는 거래와 사건을 재무제표가 공정한 방식으로 표시하고 있는지 여부를 평가합니다.

우리는 여러 가지 사항들 중에서 계획된 감사범위와 시기 그리고 감사 중 식별된 유의적 내부통제 미비점 등 유의적인 감사의 발견사항에 대하여 지배기구와 커뮤니케이션합니다.

또한, 우리는 독립성 관련 윤리적 요구사항들을 준수하고, 우리의 독립성 문제와 관련된다고 판단되는 모든 관계와 기타사항들 및 해당되는 경우 관련 제도적 안전장치를 지배기구와 커뮤니케이션한다는 진술을 지배기구에게 제공합니다.

우리는 지배기구와 커뮤니케이션한 사항들 중에서 당기 재무제표감사에서 가장 유의적인 사항들을 핵심감사사항으로 결정합니다. 법규에서 해당 사항에 대하여 공개적인 공시를 배제하거나, 극히 드문 상황으로 우리가 감사보고서에 해당 사항을 기술함으로 인한 부정적 결과가 해당 커뮤니케이션에 따른 공익적 효익을 초과할 것으로 합리적으로 예상되어 해당 사항을 감사보고서에 커뮤니케이션해서는 안 된다고 결론을 내리는 경우가 아닌 한, 우리는 감사보고서에 이러한 사항들을 기술합니다.

기타 법규의 요구사항에 대한 보고

[감사보고서에서 이 문단의 형태와 내용은 감사인의 기타의 보고책임에 대한 성격에 따라 달라짐]

이 감사보고서의 근거가 된 감사를 실시한 업무수행이사는 [이름]입니다.[5)]

서울특별시 XX구 XX로 XXX
X X 회 계 법 인
대표이사 X X X (인)

20X2년 X월 X일

5) 상장기업의 일반목적 전체재무제표에 대한 감사보고서에는 업무수행이사의 이름을 포함한다.(감사기준서700 문단45)

이 감사보고서는 감사보고서일 현재로 유효한 것입니다. 따라서 감사보고서일 후 이 보고서를 열람하는 시점 사이에 첨부된 회사의 재무제표에 중요한 영향을 미칠 수 있는 사건이나 상황이 발생할 수도 있으며, 이로 인하여 이 감사보고서가 수정될 수도 있습니다.

2.2 표준감사보고서 항목별 설명

(1) 제목 : 독립된 감사인의 감사보고서

독립된 감사인의 감사보고서라는 제목은 감사인이 독립성에 관한 윤리적 요구사항을 모두 충족시켰으며 따라서 이러한 보고서는 다른 사람들이 발행한 보고서와 구별된다는 것을 확인하는 것이다

(2) 수신인 : 회사의 주주 또는 이사회(지배기구)

일반적으로 감사보고서는 누구를 위하여 보고서가 작성되는지(감사계약 or 해당국가의 법규)에 따라 수신인이 결정되며, 종종 감사대상 기업의 주주나 지배기구를 수신인으로 한다.

주주들은 경영진이 작성하여 제공하는 재무제표에 근거하여 경영진을 평가한다. 그런데 재무제표가 왜곡표시될 경우 경영진을 평가하는데 문제가 생기므로 재무제표에 대한 독립적인 감사의견서를 수신하는 주제가 된다. 이와 같이 적정의견을 받은 재무제표를 근거로 경영진 평가를 해야 하기 때문이다.

(3) 감사의견 파트

감사의견에는 적정의견(unqualified opinion), 한정의견(qualified opinion), 부적정의견(adverse opinion) 및 의견거절(disclaimer opinion)이 있다. 회사가 작성한 재무제표를 감사한 후 감사인은 네 가지 의견 중 하나를 선택해야 한다.

적정의견은 회사가 작성한 재무제표가 중요성의 관점에서 볼 때 회계기준에 따라 작성되었다고 결론을 내린 경우에 표명하고, 한정의견은 감사인이 충분하고 적합한 감사증거를 입수하지 못하거나 감사인이 충분하고 적합한 감사증거를 입수하여 감사를 하였으나 재무제표에 왜곡표시가 발견된 경우에 표명한다. 부적정의견은 재무제표의 왜곡표시가 재무제표에 중요하고 전반적인 영향을 미치는 경우에 표명하고, 의견거절은 충분하고 적합한 감사증거

를 입수하지 못한 것이 재무제표에 중요하고 전반적인 영향을 미치는 경우에 표명한다.

감사의견과 관련하여 최근에 두가지 추세가 발견된다. 하나는 전기 감사인과 당기 감사인의 의견이 달라서 논란이 된 사례가 증가하고 있고, 또 하나는 의견거절을 받는 기업의 수가 증가하는 사례이다.

첫째, 최근 전기 감사인과 당기 감사인의 의견이 달라서 논란이 된 사례가 많이 있었다. 그중 대표적인 사례는 한미사이언스(주)의 사례다. 한미약품(128940)그룹 지주회사인 한미사이언스(008930)는 주요 자회사인 한미약품의 지분 41.38%를 보유한 최대주주로서 그동안 한미약품을 종속기업이 아닌 관계기업으로 분류하고 연결재무제표 작성대상에서 제외하였다. 그런데 한미사이언스 외부감사인으로 2019년에 새로 선임된 한영회계법인은 한미사이언스가 한미약품에 대해 실질 지배력을 갖고 있다고 판단하고, 관계기업으로 분류해온 한미약품을 종속기업으로 바꾸어 연결재무제표 작성대상에 포함해야 한다고 주장한 것이다. 한미사이언스 입장에서는 한영회계법인의 의견을 받아들이지 않으면 적정의견이 표명되지 않을 가능성이 높고, 받아들이면 한미사이언스의 과거 8년치 재무제표를 수정해야 하고, 감리대상으로 선정될 가능성도 높아진다. 이와 관련하여 '한국채택국제회계기준(K-IFRS) 질의회신연석회의'에서는 연결대상 여부에 대해 개별 기업의 자율성을 존중하라고 회신하여, 한미사이언스의 입장을 지지하는 결론을 내려서 논란은 일단락되었다.

이와 관련하여 전기 재무제표의 재작성에 대하여 회사와 전기 감사인이 크게 저항하는 이유는 재무제표가 재작성되는 경우에 감리대상이 될 가능성이 높고 이에 따라 징계를 받을 가능성이 높기 때문이다. 따라서 명백한 오류나 부정이 아닌 이상 전기 재무제표가 재작성되어도 감리대상으로 선정해서는 안 된다. 금융위원회에서도 전기와 당기 감사인 간 의견 불일치가 있을 경우 "전기오류수정 협의회"를 운영하여, 회사, 전기와 당기 감사인 간 조율절차를 우선 거치도록 하고, 회계감리 조치가 있을 경우에 협의회의 충실한 협의를 거친 사항은 정상참작 사유로 보아 최소 1단계 이상 감경하는 등의 개선방안을 마련하였다. 더불어 의견불일치가 발생해서 전기 재무제표가 재작성되어도 감리지적을 하지 않는 것을 원칙으로 해야 한다. 명백한 오류나 부정이 아닌 이상 전기 재무제표가 재작성되어도 감리대상으로 선정해서는 안 된다.

둘째, 요즘 의견거절을 받은 기업이 늘어나고 있다. 외부에서는 회계기준이 복잡해지면서 기업들이 회계처리 방법을 몰라서 의견거절을 받는 것으로 생각하고 있는 것 같다. 하지만 이것은 사실과 다르다. 사실 회계감사에서 의견거절을 받는 회사들은 횡령, 가공매출, 특수관계자와의 비정상적인 자금거래, 영업활동이 회복 불능인 회사들이 대부분이다. 이런 비정상적인 회사들이 영업이 정상화될 것이라는 추가 증거, 가까운 시일 내 자금을 수혈할 수 있다는 증거, 특수관계자와 자금거래 내역의 정확한 증빙을 회계감사인에게 제시하지 못했기 때문에 의견거절을 받게 되는 것이다. 정상적인 영업활동을 하는 회사가 2018년도 새로 개정된 금융상품 기준서나 수익인식 기준서를 잘못 적용하여 의견거절을 받는 경우는 없다고 봐도 무방하다.

(4) 감사의견 근거 파트

감사의견 근거 파트는 다음의 내용을 담아야 한다.

① 감사가 감사기준에 따라 수행되었음을 기술

② 감사기준에 따른 감사인의 책임을 기술하는 감사보고서의 단락 언급

③ 감사인은 감사와 관련된 윤리적 요구사항에 따라 기업으로부터 독립적이며 그러한 요구사항에 따른 기타의 윤리적 책임들을 이행하였다는 기술 포함.

④ 입수한 감사증거가 감사의견의 근거를 제공하기에 충분하고 적합하다고 감사인이 믿는지 여부에 대한 기술

(5) 계속기업 관련 중요한 불확실성 등

일반적으로 계속기업의 가정에 중요한 불확실성이 존재하는 경우이고 경영진이 그 사실을 적정하게 공시했다면 적정의견이 됨과 동시에 일반적으로 감사보고서에 해당 내용이 추가된다.

즉 계속기업 관련 중요한 불확실성은 회계의 계속기업전제의 사용이 적합하나 중요한 불확실성이 존재하는 경우에 해당하고 경영진이 해당 상황을 적절하게 공시하고 있으므로 재무제표의 왜곡표시가 아니다. 따라서 감사인은 적정의견을 표명하며, 해당상황은 '계속기업 관련 중요한 불확실성' 단락으로 기재한다.

(6) 핵심감사사항 파트

대우건설, 모뉴엘, 대우조선해양 등 대형 회계부정사건이 발생하고, 전 세계에서 회계투명성이 낮은 국가로 평가됨에 따라 금융위원회는 부실감사의 재발을 막기 위하여 2017년 1월 "회계투명성 및 신뢰성 제고를 위한 종합대책"을 발표하였다. 이 중 감사인의 품질 제고와 부실감사 방지 대책의 일환으로 2017년부터 수주산업에만 제한적으로 "핵심감사사항

(Key audit matters, KAM)"을 감사보고서에 포함하게 하였지만 2018년에 국제감사기준에 핵심감사사항을 도입하는 세계적 추세에 부응하여 개정 감사기준서 701 "감사보고서 핵심감사사항 커뮤니케이션"에 따라 자산 2조원 이상 상장회사의 2018년 감사보고서부터 단계적으로 적용하여 2020년부터 전체 상장회사로 확대 적용하였다.

핵심감사사항은 지배기구와 커뮤니케이션한 사항 중에서 당기 재무제표감사에서 가장 유의적인 사항으로서 감사인이 전문가적 판단에 따라 결정한 사항이다. 즉, 감사인이 특정 회사의 회계감사에서 가장 중요하다고 판단한 재무적 이슈이다. 핵심감사사항의 공시는 감사인이 회사 재무제표의 적정성뿐만 아니라 회사의 위험까지도 평가한다는 것을 의미한다. 감사인은 감사위원회 등 기업의 내부감시기구와 협의하여 핵심감사사항을 선정하고, 선정한 이유, 감사인이 수행한 절차 및 그 결과를 감사보고서에 기술해야 한다. 즉, 핵심감사(KAM : Key Audit Matters)란 감사인이 회사의 재무제표에 대한 감사를 수행하는 과정에서 회사와 감사인에게 가장 유의한(Most significant) 주의를 요구하는 사항에 대하여 중점적으로 감사하는 것을 말한다.

[그림 10-1] 핵심감사사항의 개념

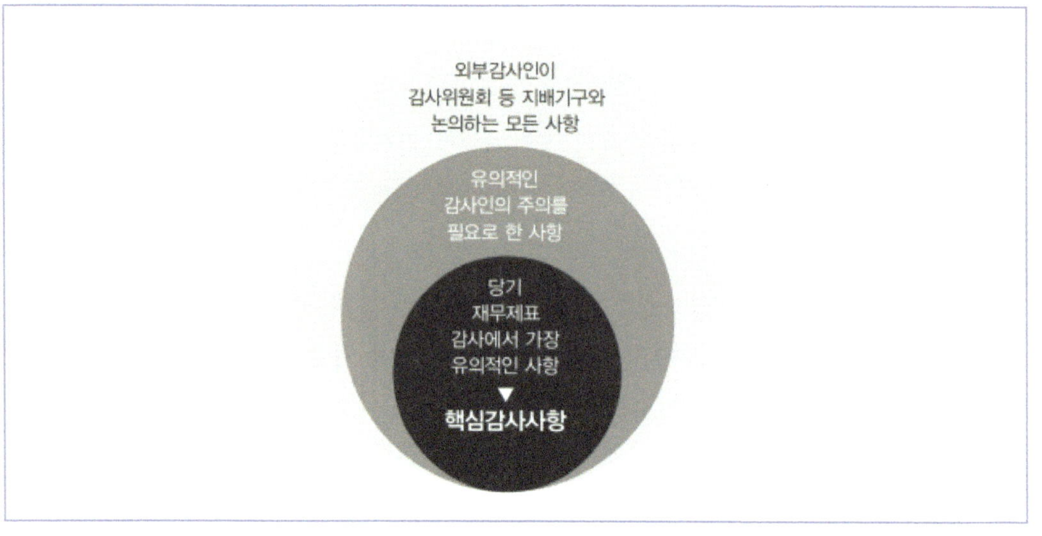

회계감사기준의 정의에 따르면 핵심감사사항은 감사인의 전문가적 판단에 근거하여 당기 재무제표감사에서 가장 유의적인 사항을 의미하며, 감사인이 지배기구와 커뮤니케이션한 사항 중에서 선택된다. 유의적인 감사인의 주의를 필요로 한 사항을 결정하기 위해 감사인이 고려할 사항은 다음과 같다.

감사기준서 701 문단 9

1. 중요왜곡표시 위험이 더 높게 평가되거나 유의적 위험으로 식별된 분야
2. 추정불확실성이 높은 것으로 식별된 회계추정치를 포함하여, 유의적 경영진 판단이 수반된 재무제표 분야와 관련되는 유의적 감사인 판단
3. 보고기간 중 발생한 유의적인 사건이나 거래가 감사에 미치는 영향

유의적 감사인 주의를 필요로 한 사항 중 가장 유의적인 사항에 해당하는 핵심감사사항은 기업과 기업에 대해 수행된 감사의 관점에서 결정되며, 이를 위해 지배기구와의 커뮤니케이션은 중요한 역할을 한다.

유의적 감사인 주의를 필요로 한 사항에 관해 감사인이 지배기구와 커뮤니케이션 했던 빈도, 소요시간, 범위 및 성격 등이 핵심감사사항으로 선정될 근거가 될 수 있다. 핵심감사사항의 선정을 위하여 감사인은 다음을 고려할 수 있다. (감사기준서701 문단A29)

감사기준서 701 문단 A29

지배기구와 커뮤니케이션하는 사항의 상대적 중요성과 그러한 사항이 핵심감사사항인지 여부를 결정하는 것과 관련될 수 있는 기타의 고려사항에는 다음 사항들이 포함된다.

- 의도된 이용자들이 재무제표 전체를 이해하는데 있어서 해당 사항의 중요성. 특히, 재무제표에서 해당 사항의 중요성
- 해당 사항과 관련되는 기초가 되는 회계정책의 성격, 또는 산업 내의 다른 기업과 비교할 때 적합한 정책에 대한 경영진의 선택에 수반되는 복잡성이나 주관성
- 해당되는 경우, 해당 사항과 관련된 부정이나 오류로 인한 수정왜곡표시와 집계된 미수정왜곡표시의 질적이거나 양적인 성격과 중요성
- 해당 사항을 다루기 위해 필요한 감사노력의 성격과 범위. 다음 사항을 포함함
  - 해당 사항을 다루는 감사절차를 적용하거나 또는 그러한 감사절차의 결과를 평가하는데 필요한 전문 기술이나 지식의 범위
  - 해당 사항과 관련하여 업무팀이 외부로부터 받은 자문의 성격
- 감사절차를 적용하고, 감사절차 결과를 평가하며 감사의견의 근거가 되는 관련성이 있고 신뢰할 수 있는 증거를 입수하는데 있어서의 어려움의 성격과 심각성, 특히 감사인의 판단이 더 주관적이 될수록 그러함
- 해당 사항과 관련하여 식별된 통제 미비점의 심각성
- 해당 사항이 개별적이지만 관련있는, 다수의 감사 고려사항과 관련되는지 여부

예를 들어, 장기계약은 수익인식, 소송 또는 기타 우발사항에 대하여 유의적 감사인주의를 수반할 수 있으며 기타의 회계추정치에 영향을 미칠 수 있다.

핵심감사사항의 도입으로 주요 재무적 사항에 대한 다양한 정보를 얻을 수 있고, 감사보고서가 더 많은 정보를 제공하게 되어 감사보고서의 유용성이 증대될 것으로 기대된다는 점에서 긍정적이다. 과거의 감사보고서는 너무 획일적이고 표준화된 문구로만 되어 있어서 이용자들이 감사보고서를 통해 얻는 정보는 '감사의견' 하나밖에 없다는 비판이 있었기 때문이다. 예를 들어 강남의 5,000억원짜리 빌딩을 대기업에 통임대를 한 법인이라서 매출은 임대계약상의 임대료와 관리비뿐인 비상장 기업과 5,000억원의 장기 건설 계약을 수주하여 건설업을 영위하는 상장법인의 감사보고서의 적정 문구는 동일했습니다. 하지만 핵심감사사항 등 재무적 이슈 사항을 회사별로 다르게 기재하면서 과거에는 별다른 정보를 얻기 어려웠던 감사보고서에서도 회사별로 의미 있는 정보를 얻을 수 있게 되었다.

핵심감사사항은 회계감사인이 감사에서 가장 중요하게 여기는 사항들이다. 쉽게 표현하면 회사가 당면한 가장 큰 재무적 이슈라고 할 수 있다. 핵심감사사항의 대표적인 예로는 수주산업의 진행 기준에 따른 수익인식, 영업권 손상평가, 금융자산 평가, 재고자산 평가 등이 있다. 예를 들어 현대건설의 2019년 감사보고서에는 "투입법에 따른 수익인식"과 "손상징후가 존재하는 미청구공사의 회수가능성"이 핵심감사사항으로 기술되어 있다. 건설회사의 경우에는 진행률에 의하여 수익을 인식하므로 "투입법에 따른 수익인식"을 제대로 했는지가 중요하고, 대우조선해양의 분식회계 사례에서 보았듯이 수주산업의 경우에는 "미청구공사" 금액이 중요하기 때문이다. 패션업체인 (주)LF의 2019년 감사보고서에는 "재고자산 저가법 평가"가 핵심감사사항으로 기술되어 있다. 재고자산(의류)이 손상된 경우에 손상차손을 인식해야 하는데, 이를 제대로 수행했는지가 패션업체의 경우에 중요하기 때문이다.

(7) 강조사항

감사보고서에 감사의견과 무관하게 감사의견 관련된 본문에 추가하여 강조사항문단이 추가될 수 있다. 강조사항문단이란 재무제표에 적절하게 표시되거나 공시되어 있지만, 이용자가 재무제표를 이해하는데 근본이 될 정도로 중요한 사항이라고 판단되어 감사인이 이러한 사항을 언급하는 감사보고서에 포함된 문단을 말한다. 재무제표는 주석 등으로 인해 그 양이 광범위하므로 감사인은 감사보고서에 강조사항을 추가함으로써 감사보고서 이용자에게 보다 유용한 정보를 제공하게 된다.

감사인이 강조사항문단을 포함시킬 필요가 있다고 고려할 수 있는 상황은 다음과 같다.

- 예외적인 소송이나 규제조치의 미래 결과에 대한 불확실성
- 재무제표일과 감사보고서일 사이에 발생한 유의적인 후속사건

- 재무제표에 중요한 영향을 미치는 새로운 회계기준을 조기적용하는 경우
- 해당 기업의 재무상태에 유의적인 영향을 미쳤거나 계속해서 영향을 미치고 있는 주요 재해

예시

[강조사항문단의 예시]

강조사항
재무제표이용자는 재무제표에 대한 주석 X에 주의를 기울여야 할 필요가 있습니다. 재무제표에 대한 주석 X는 회사의 생산설비 화재의 영향을 기술하고 있습니다. 우리의 의견은 이 사항으로부터 영향을 받지 아니합니다.

강조사항문단은 강조사항문단에 포함된 정보의 상대적 유의성에 대한 감사인의 판단에 근거하여, 핵심감사사항 단락 이전이나 다음에 직접적으로 표시될 수도 있다.

(8) 기타사항

기타사항문단(Other Matter Paragraph)이란 재무제표에 표시되거나 공시되지 아니한 사항으로서 이용자가 감사, 감사인의 책임 또는 감사보고서를 이해하는데 관련성이 있다고 판단되어 감사인이 이러한 사항을 언급하는 감사보고서에 포함된 문단을 말한다.

감사인은 재무제표에 표시 또는 공시되지 아니한 사항으로서 이용자가 해당 감사, 감사인의 책임 또는 감사보고서를 이해하는데 관련성이 있다고 판단되어 이를 커뮤니케이션할 필요가 있다고 고려하는 경우, 기타사항문단을 포함하여야 한다. 다만, 기타사항문단을 작성하기 위한 조건은 다음 2가지를 만족해야 한다.

① 기타사항문단을 포함하는 것이 법규상 금지되어 있지 않음,

② 해당 사항은 핵심감사사항으로 결정되지 않음

기타사항문단에 포함할 수 있는 예는 다음과 같다.

- 감사에 대한 이용자의 이해와 관련성이 있는 경우
- 감사인의 책임이나 감사보고서에 대한 이용자의 이해와 관련성이 있는 경우
- 하나 이상의 재무제표에 대한 보고
- 감사보고서의 배포나 이용의 제한
- 기타정보의 수정이 필요하지만 경영진이 거부한 경우

예를 들어 전기재무제표가 전임감사인의 감사를 받은 경우, 전기재무제표에 대한 전임감

사인의 감사보고서가 해당 재무제표와 함께 재발행되지 않는 한, 감사인은 당기재무제표에 대한 의견표명에 추가하여 기타사항문단에 다음 사항을 기재하여야 한다.

(a) 전기재무제표는 전임감사인이 감사하였음

(b) 전임감사인이 표명한 의견의 유형, 그리고 해당 의견이 변형되었으면 그 이유

(c) 전임감사인의 감사보고서일

(9) 재무제표에 대한 경영진과 지배기구의 책임 파트

이 파트에서는 다음 사항을 포함해야 한다.

① 해당 재무보고체계에 따른 재무제표의 작성

② 내부통제

③ 해당 기업의 계속기업으로서의 존속능력에 대한 평가와 해당되는 경우 계속기업 관련 사항의 공시뿐 아니라 회계의 계속기업전제의 사용이 적합한지 여부에 대한 평가

④ 지배기구의 책임

첫째, 재무제표에 대한 경영진의 책임 내용이 들어가야 한다. "재무제표에 대한 경영진의 책임" 단락에서는 다음 사항에 대한 경영진의 책임을 기술하여야 한다.

① 해당 재무보고체계에 따른 재무제표의 작성, 그리고 부정이나 오류로 인한 중요한 왜곡표시가 없는 재무제표를 작성하기 위해 필요하다고 경영진이 결정한 내부통제

② 해당 기업의 계속기업으로서의 존속능력에 대한 평가와 해당되는 경우 계속기업 관련 사항의 공시뿐 아니라 회계의 계속기업전제 사용이 적합한지 여부에 대한 평가

이 평가에 대한 경영진 책임의 설명에는 회계의 계속기업전제의 사용이 적합한 시기에 대한 기술을 포함하여야 한다.

둘째, 재무보고절차의 감시에 책임이 있는 자와 경영진으로서의 책임을 완수하는 자가 상이한 경우, 이 단락에서는 재무보고절차의 감시에 책임이 있는 자도 명시하여야 한다. 이 경우, 해당 단락의 제목은 "재무제표에 대한 경영진과 지배기구의 책임"을 사용한다.

또한 본문에는 다음 문장을 추가로 포함한다.

"지배기구는 회사의 재무보고절차의 감시에 대한 책임이 있다"

(10) 재무제표감사에 대한 감사인의 책임

감사보고서는 "재무제표감사에 대한 감사인의 책임"이라는 제목의 단락을 포함하여야 한다. 이 단락에서는 다음 사항을 명시 또는 기술하여야 한다. (ISA 700-36 ~ 38)

① 감사인의 목적이 다음과 같음을 명시
  (a) 재무제표가 전체적으로 부정이나 오류로 인하여 중요하게 왜곡표시 되지 아니하였는지 여부에 대하여 합리적인 확신을 얻음
  (b) 감사의견을 포함한 감사보고서를 발행함

② 합리적인 확신은 높은 수준의 확신을 의미하나, 감사기준에 따라 수행된 감사가 항상 중요한 왜곡표시를 발견할 것을 보장하지는 않음을 명시

③ 왜곡표시는 부정이나 오류로부터 발생할 수 있음을 명시하고 다음 중 하나를 포함
  (a) 왜곡표시가 재무제표를 근거로 하는 이용자의 경제적 의사결정에 개별적으로 또는 집합적으로 영향을 미칠 것으로 합리적으로 예상되면 그 왜곡표시는 중요하다고 간주된다는 기술
  (b) 해당재무보고체계에 따른 중요성의 정의 또는 설명의 제공

④ 감사인은 감사의 전 과정에 걸쳐 전문가적 판단을 하고 전문가적 의구심을 유지함을 명시함

⑤ 아래와 같은 감사인의 책임을 명시함으로써 감사에 대하여 기술함
  (a) 감사인의 책임은 부정이나 오류로 인한 재무제표의 중요왜곡표시위험을 식별하고 평가하며 그러한 위험에 대응하는 감사절차를 설계하고 수행하여 감사의견의 근거로서 충분하고 적합한 감사증거를 입수하는 것임. 부정은 공모, 위조, 의도적인 누락, 허위진술 또는 내부통제 무력화가 개입될 수 있기 때문에 부정으로 인한 중요한 왜곡표시를 발견하지 못할 위험은 오류로 인한 위험보다 큼
  (b) 감사인의 책임은 상황에 적합한 감사절차를 설계하기 위하여 감사와 관련된 내부통제를 이해하는 것임. 그러나 이는 해당 기업의 내부통제의 효과성에 대한 의견을 표명하기 위한 것이 아님. 재무제표감사와 관련하여 감사인이 내부통제의 효과성에 대한 의견을 표명할 책임도 있는 상황이라면, 감사인은 내부통제에 대한 감사인의 고려가 해당 기업의 내부통제의 효과성에 대한 의견을 표명하기 위한 목적이 아니라는 문구를 삭제하여야 함
  (c) 감사인의 책임은 회계정책의 적합성과 경영진이 도출한 회계추정치와 관련 공시

의 합리성을 평가하는 것임

(d) 감사인의 책임은 경영진의 회계의 계속기업전제 사용의 적절성과, 입수한 감사증거를 근거로 계속기업으로서의 존속능력에 대하여 유의적 의문을 초래할 수 있는 사건이나 상황과 관련된 중요한 불확실성이 존재하는지 여부에 대하여 결론을 내리는 것임. 중요한 불확실성이 존재한다고 결론을 내리는 경우, 감사인은 재무제표의 관련 공시에 대하여 주의를 기울이도록 하는 문구를 감사보고서에 기재하여야 하며, 만약 그러한 공시가 부적절한 경우에는 의견을 변형하여야 함. 감사인의 결론은 감사보고서일까지 입수된 감사증거에 기초함. 그러나 미래의 사건이나 상황이 기업의 계속기업으로서 존속을 중단시킬 수 있음

(e) 감사인의 책임은 재무제표가 공정표시체계에 따라 작성될 때, 공시를 포함한 재무제표의 전반적인 표시와 구조 및 내용을 평가하고, 재무제표가 기초가 되는 거래와 사건을 공정한 표시가 달성될 수 있는 방식으로 표시하고 있는지 여부를 평가하는 것임

⑥ 감사인은 여러 가지 사항들 중에서 계획된 감사범위와 시기 그리고 감사 중 식별된 유의적 내부통제 미비점 등 유의적인 감사의 발견사항에 대하여 지배기구와 커뮤니케이션 한다는 것을 명시함

⑦ 상장기업의 재무제표감사에 대하여, 감사인은 독립성에 대한 관련 윤리적 요구사항들을 준수하였고 감사인 독립성 문제와 관련된다고 합리적으로 판단되는 모든 관계와 기타 사항들과, 해당되는 경우, 관련 제도적 안전장치를 지배기구와 커뮤니케이션한다는 진술을 지배기구에게 제공한다는 것을 명시함

⑧ 핵심감사사항을 커뮤니케이션 하는 상장기업 이외 기업에 대한 재무제표감사의 경우, 감사인은 지배기구와 커뮤니케이션 한 사항들 중에서 당기 재무제표감사에서 가장 유의적인 사항들을 핵심감사사항으로 결정한다는 것을 명시함. 법규에서 해당 사항에 대하여 공개적인 공시를 배제하거나 또는, 극히 드문 상황에서, 해당 사항을 감사보고서에 커뮤니케이션 함으로써 발생할 수 있는 부정적 결과가 그러한 커뮤니케이션의 공익적 효익을 훨씬 초과할 것이라고 합리적으로 예상되기 때문에 감사인이 감사보고서에 해당 사항을 커뮤니케이션 해서는 안 된다고 결정하는 경우가 아닌 한, 감사인은 감사보고서에 이러한 사항들을 기술함

(11) 상장사 감사인의 '업무수행이사' 성명

금융위원회는 2017년 말 회계감사기준을 개정하여 2018년 12월 15일 이후 종료되는 보고기간의 상장기업 재무제표에 대한 감사부터 업무수행이사(engagement partner)의 이름을 감사보고서에 적도록 하였는데, 이를 '감사보고서 실명제'라고 한다.

업무수행이사란 감사업무와 감사업무수행 및 발행된 감사보고서에 대해서 회계법인을 대신하여 책임을 지며, 관련 요구사항이 있을 경우에는 전문직단체, 정부 또는 규제기관으로부터 적합한 권한을 받은 파트너를 말한다. 과거에는 감사인과 관련하여 감사보고서에 '××회계법인 대표이사 OOO'만으로 기재하였으나, 개정안에 따라 '업무수행이사는 OOO이다'라는 문구가 추가된 것이다. 업무수행이사는 감사업무와 발행된 감사보고서에 대하여 회계법인을 대신하여 책임을 지며, 자신이 담당하는 감사업무의 전반적인 품질에 대한 최종 책임을 지는 파트너를 말한다. 즉, 업무수행이사는 외부감사의 성패를 좌우하는 핵심적인 역할을 수행하므로 이름을 공개하기로 한 것이다.

업무수행이사의 이름을 공개하는 경우에 감사인에게 특정 감사의견을 강요하기 위해 신체위협, 언어폭력, 사이버폭력 등을 가하는 경우가 있을 수 있다. 따라서 예외적인 상황으로 업무수행이사의 이름을 공시하는 것이 개인의 안전에 대한 위협을 발생시킨다고 합리적으로 예상되는 경우에는 공시하지 않고, 이러한 감사인의 의도를 지배기구와 논의하도록 되어 있다.

우리나라에서 감사보고서에 업무수행이사를 공시한 것이 이번이 처음은 아니다. 과거의 감사보고서에는 '대표사원(현재의 대표이사)'과 '심리사원(현재의 심리실장)' 및 '담당사원(현재의 업무수행이사)' 등 세 명을 공시하였다. 그러나 대표이사만 공시하는 것으로 변경되었다가 2017년 말에 대표이사 외에 업무수행이사도 추가 공시하는 것으로 변경된 것이다.

(12) 감사인의 주소와 서명

감사보고서에는 감사인의 명칭을 기재하고 관련법규에 따라 회계법인의 경우 대표이사, 감사반의 경우 감사에 참여한 구성원 전원이 기명 · 날인한다.

(13) 감사보고서일

우리나라의 경우 재무제표 승인일은 주주총회일에 앞서 이사회가 승인한 날이다. 재무제표를 승인받으면, 경영진은 감사인에게 감사를 요청하고 감사인은 충분하고 적합한 감사증거를 수집하였다고 판단하는 날에 감사현장에서 철수하는데 이 날을 감사보고서일(Date of the auditor's report)이라 한다. 감사보고서일 이전에 발생한 사건에 대해서는 감사인이 감사증거를 수집할 수 있는 위치에 있었으므로 감사인에게 적극적인 책임이 있다.

감사보고서일은 아무리 빨라도 '재무제표 승인일(= 이사회의 재무제표 승인일)'보다 빨라서는 안 된다. 또한 업무품질관리검토의 종료일보다 빨라서는 안 된다.

2.3 감사보고서 해석의 주의사항

감사보고서는 재무제표가 중요성의 관점에서 공정하게 작성되었는지 여부에 대한 감사인의 의견을 보고서 형식으로 작성한 것을 말한다. 금융감독원 '전자공시시스템(dart.fss.or.kr)'에서 확인할 수 있다. 12월 결산 상장법인은 통상 3월말(사업연도 경과 후 90일 이내)까지 사업보고서를 제출하도록 되어 있고, 사업보고서 제출시에는 감사보고서를 첨부하도록 되어 있으므로 동 사업보고서에 첨부된 감사보고서를 열람할 수 있다. 상장법인이 사업보고서(감사보고서 필수첨부)를 기한 내 제출하지 않을 경우 관리종목으로 지정되고 아예 제출하지 않을 경우는 상장폐지된다.

이러한 회계감사보고서를 이용하는데 어떤 점에 주의해야 할까?

첫째, '적정의견'과 기업 재무건전성은 별개이다. 감사인은 회사의 재무제표가 회계처리기준에 따라 적정하게 표시되고 있는지 여부 등에 따라 각기 다른 감사의견(적정의견, 한정의견, 부적정의견, 의견거절)을 표명한다. 감사인의 '적정의견'은 감사인이 '기업의 재무제표가 회계기준에 따라 적정하게 표시되어 있다'고 판단할 때 표명되는 의견일 뿐, 해당 기업의 재무건전성이 양호하다는 것을 보장하는 것은 아니다. 감사인은 정보이용자의 합리적인 의사결정에 참고가 될 사항을 감사보고서의 '강조사항'에 기재한다. 예를 들어 중대한 불확실성 존재(계속기업가정, 소송내용 등), 특수관계자와의 중요한 거래, 영업환경의 변경 등에 대한 사항이다. 이러한 강조사항은 향후 회사의 재무상태와 경영성과에 중요한 영향을 미칠 수 있으므로 주의 깊게 확인해야 한다.

둘째, 감사인이 '계속기업 불확실성' 언급한 회사에 투자하는 것에 유의해야 한다. 외부감사인이 강조사항에서 계속기업 불확실성을 언급한 회사는 그렇지 않은 경우보다 상장폐지 비율이 높다. 최근 연구결과에 의하면 실제로 계속기업 불확실성을 강조사항에 기재한 적정의견기업 중 2년 내 상장폐지 될 비율이 강조사항을 기재하지 않은 기업 중 상장폐지 될 비율보다 훨씬 높게 나타났다.

특히 수주산업 영위회사는 '핵심감사사항(KAM)'을 확인해야 한다. 수주산업은 여러 기간에 걸쳐 손익을 인식하는 과정에서 추정의 개입이 많아 적극적인 회계감사가 필요한다. 즉, 조선업 · 건설업 등 수주산업 법인에 대해 감사인은 재무제표에서 특별한 주의가 요구되는 분야, 즉 '진행기준 수익인식' '미청구공사변동액' 등을 '핵심감사사항(Key Audit Matters, KAM)'으로 정해 감사보고서에 기재하고 있다. 따라서 수주산업에 속해 있는 회사인 경우 핵심감사사항을 반드시 확인할 필요가 있다. 예컨대 감사보고서에는 강조사항에 '계속기업가정의 불확실성'이라는 언급과 수주산업 핵심감사항목에 대한 감사인 강조사항에 '공사예정원가의 증액가능성과 미청구공사의 회수가능성에 유의적인 불확실성' 등이 기재돼 있었다면 아무리 적정의견이라도 부도가능성이 큰 기업일 수 있는 것이다.

제3절 감사의견별 감사보고서 사례

3.1 적정의견 감사보고서

감사의견별로 각각 감사의견 파트와 감사의견근거 파트의 내용이 상이해진다. 감사의견별로 감사보고서 상의 변화를 확인해보자.

(1) 개별재무제표에 대한 감사보고서

감사의견

우리는 ABC 주식회사(이하 "회사")의 재무제표를 감사하였습니다. 해당 재무제표는 20×1년 12월 31일 현재의 재무상태표, 동일로 종료되는 보고기간의 손익계산서(또는 포괄손익계산서), 자본변동표, 현금흐름표 그리고 유의적인 회계정책의 요약을 포함한 재무제표의 주석으로 구성되어 있습니다.

우리의 의견으로는 별첨된 회사의 재무제표는 회사의 20×1년 12월 31일 현재의 재무상태와 동일로 종료되는 보고기간의 재무성과 및 현금흐름을 한국채택국제회계기준(또는 일반기업회계기준)에 따라, 중요성의 관점에서 공정하게 표시하고 있습니다.

감사의견근거

우리는 대한민국의 회계감사기준에 따라 감사를 수행하였습니다. 이 기준에 따른 우리의 책임은 이 감사보고서의 재무제표감사에 대한 감사인의 책임 단락에 기술되어 있습니다. 우리는 재무제표감사와 관련된 대한민국의 윤리적 요구사항에 따라 회사로부터 독립적이며, 그러한 요구사항에 따른 기타의 윤리적 책임들을 이행하였습니다. 우리가 입수한 감사증거가 감사의견을 위한 근거로서 충분하고 적합하다고 우리는 믿습니다.

(2) 연결재무제표에 대한 감사보고서

1) 연결재무제표 감사인의 책임

연결재무제표 감사는 지배기업과 종속기업의 개별재무제표 감사를 전제로 연결재무제표에 대한 감사를 수행하게 된다. 지배회사나 종속회사의 개별재무제표상 회계오류가 연결재무제표에 그대로 포함될 위험을 완화하는 것이 중요하다.

연결재무제표 감사인을 그룹감사인이라 할 수 있는데, 그룹감사에 대해 전적인 책임을 지게 되며, 부문감사인의 책임을 분할해서 부담하지 않는다. 부문감사인이 외감법에 따라 개별재무제표를 감사하지만 이는 그룹재무제표의 한 부문을 담당하는 것에 불과하다. 외감법은 개별재무제표에 대한 책임을 지울 수 있지만 그룹감사에서 해당 부문에 대한 책임도 그룹감사인이 부담한다. 따라서 그룹재무제표에 대한 감사보고서에는 부문감사인을 언급하여서는 안되며, 외감법 등에 따라 언급하는 경우 그룹감사인의 책임이 경감되지 아니함을 그룹재무제표에 대한 감사보고서에 나타내야 한다.

2) 연결재무제표에 대한 감사보고서 사례

감사의견

우리는 ABC 주식회사와 그 종속기업들(이하 "연결회사")의 연결재무제표를 감사하였습니다. 해당 연결재무제표는 20X1년 12월 31일 현재의 연결재무상태표, 동일로 종료되는 보고기간의 연결손익계산서(또는 연결포괄손익계산서), 연결자본변동표, 연결현금흐름표 그리고 유의적인 회계정책의 요약을 포함한 연결재무제표의 주석으로 구성되어 있습니다.

우리의 의견으로는 별첨된 연결회사의 연결재무제표는 연결회사의 20X1년 12월 31일 현재의 연결재무상태와 동일로 종료되는 보고기간의 연결재무성과 및 연결현금흐름을 한국채택국제회계기준(또는 일반기업회계기준)에 따라, 중요성의 관점에서 공정하게 표시하고 있습니다.

감사의견근거

우리는 대한민국의 회계감사기준에 따라 감사를 수행하였습니다. 이 기준에 따른 우리의 책임은 이 감사보고서의 연결재무제표감사에 대한 감사인의 책임 단락에 기술되어 있습니다. 우리는 연결재무제표감사와 관련된 대한민국의 윤리적 요구사항에 따라 회사로부터 독립적이며, 그러한 요구사항에 따른 기타의 윤리적 책임들을 이행하였습니다. 우리가 입수한 감사증거가 감사의견을 위한 근거로서 충분하고 적합하다고 우리는 믿습니다.

3.2 변형된 감사보고서

(1) 항목별 변형 내용

1) 감사의견 문단

변형된 감사의견 구분	적정의견 보고서 상의 내용	변형된 감사의견 보고서 상의 내용
한정의견 (회계기준 위배)	N/A	"감사인의 의견으로는 별첨된 재무제표는 한정의견근거 단락에 기술된 사항이 미치는 영향을 제외하고는"이라는 문구 추가
한정의견 (감사범위 제한)	N/A	"~의 사항이 미칠 수 있는 영향을 제외하고"라는 문구 추가
부적정의견	우리의 의견으로는 별첨된 회사의 재무제표는 회사의 20×1년 12월 31일 현재의 재무상태와 동일로 종료되는 보고기간의 재무성과 및 현금흐름을 한국채택국제회계기준(또는 일반기업회계기준)에 따라, 중요성의 관점에서 공정하게 표시하고 있습니다.	우리의 의견으로는 별첨된 회사의 재무제표는 이 감사보고서의 부적정의견근거 단락에 기술된 사항의 유의성 때문에 회사의 20×1년 12월 31일 현재의 재무상태와 동일로 종료되는 보고기간의 재무성과 및 현금흐름을 한국채택국제회계기준(또는 일반기업회계기준)에 따라 중요성의 관점에서 공정하게 표시하고 있지 아니합니다.
의견거절	• 우리는 ABC 주식회사(이하 "회사")의 재무제표를 감사하였습니다. (중략)	• 우리는 ABC 주식회사(이하 "회사")의 재무제표에 대한 감사계약을 체결하였습니다. (중략)

변형된 감사의견 구분	적정의견 보고서 상의 내용	변형된 감사의견 보고서 상의 내용
의견거절	• 우리의 의견으로는 별첨된 회사의 재무제표는 회사의 20×1년 12월 31일 현재의 재무상태와 동일로 종료되는 보고기간의 재무성과 및 현금흐름을 한국채택국제회계기준(또는 일반기업회계기준)에 따라, 중요성의 관점에서 공정하게 표시하고 있습니다.	• 우리는 별첨된 회사의 재무제표에 대하여 의견을 표명하지 않습니다. 우리는 이 감사보고서의 의견거절근거 단락에서 기술된 사항의 유의성 때문에 재무제표에 대한 감사의견의 근거를 제공하는 충분하고 적합한 감사증거를 입수할 수 없었다.

2) 감사의견 근거 문단

감사의견이 변형된 사유를 감사의견 근거문단에 추가한다.

변형된 감사의견 구분	적정의견 보고서 상의 내용	변형된 감사의견 보고서 상의 내용
한정의견/부적정의견	• (중략)우리가 입수한 감사증거가 감사의견을 위한 근거로서 충분하고 적합하다고 우리는 믿습니다.	• ABC 주식회사의 재무상태표에는 재고자산이 XXX원으로 계상되어 있습니다. 경영진은 재고자산을 취득원가와 순실현가능가치 중 낮은 금액으로 표시하지 아니하고, 취득원가로만 계상하였습니다. 이러한 회계처리는 한국채택국제회계기준(또는 일반기업회계기준)에 위배된 것입니다. 회사의 기록에 따르면, 만약 경영진이 취득원가와 순실현가능가치 중 낮은 금액으로 재고자산을 계상하였을 경우, 재고자산은 XXX원 만큼 감액되어 순실현가능가치로 계상되었어야 합니다. 따라서, 매출원가는 XXX원 만큼 증가되고, 법인세 비용과 당기순이익 그리고 자본은 각각 XXX원, XXX원 및 XXX원 만큼씩 감소되었을 것입니다. • (중략)우리가 입수한 감사증거가 한정의견/부적정의견을 위한 근거로서 충분하고 적합하다고 우리는 믿습니다.

<table>
<tr><td>의견거절</td><td></td><td>• 회사는 X국 소재 조인트벤처 XYZ에 대한 투자에 대하여 재무상태표에 XXX원을 계상하고 있습니다. 이는 20X1년 12월 31일 현재 회사 순자산의 90%를 초과하고 있습니다. 우리는 조인트벤처 XYZ의 감사인의 감사문서를 비롯하여 XYZ의 경영진과 감사인에 대한 접근이 허용되지 않았습니다. 이에 따라 우리는 회사가 공동으로 지배하는 XYZ의 자산에 대한 비례지분, 회사가 공동으로 책임을 지는 XYZ의 부채에 대한 비례지분 및 XYZ의 당기순이익과 비용에 대한 비례지분 그리고 자본변동표와 현금흐름표의 구성요소들에 관하여 수정이 필요한지 여부를 결정할 수 없었습니다.</td></tr>
</table>

3) 핵심감사사항 문단

변형된 감사의견 구분	적정의견 보고서 상의 내용	변형된 감사의견 보고서 상의 내용
한정의견/부적정의견	차이 없음	
의견거절	포 함	포함할 수 없음

4) 재무제표에 대한 경영진과 지배기구의 책임 문단

변형된 감사의견 구분	적정의견 보고서 상의 내용	변형된 감사의견 보고서 상의 내용
한정의견/부적정의견/의견거절	차이 없음	
의견거절	포 함	포함할 수 없음

5) 재무제표감사에 대한 감사인의 책임 문단

변형된 감사의견 구분	적정의견 보고서 상의 내용	변형된 감사의견 보고서 상의 내용
한정의견/부적정의견	차이 없음	
의견거절	• 우리의 목적은 회사의 재무제표에 전체적으로 부정이나 오류로 인한 중요한 왜곡표시가 없는지에 대하여 합리적인 확신을 얻어 우리의 의견이 포함된 감사보고서를 발행하는데 있습니다. 합리적인 확신은 높은 수준의 확신을 의미하나, 감사기준에 따라 수행된 감사가 항상 중요한 왜곡표시를 발견한다는 것을 보장하지는 않습니다. 왜곡표시는 부정이나 오류로부터 발생할 수 있으며, 왜곡표시가 재무제표를 근거로 하는 이용자의 경제적 의사결정에 개별적으로 또는 집합적으로 영향을 미칠 것이 합리적으로 예상되면, 그 왜곡표시는 중요하다고 간주됩니다. (중략)	• 우리의 책임은 대한민국의 회계감사기준에 따라 회사의 재무제표를 감사하고 감사보고서를 발행하는데 있습니다. 그러나 우리는 이 감사보고서의 의견거절근거 단락에서 기술된 사항의 유의성 때문에 해당 재무제표에 대한 감사의견의 근거를 제공하는 충분하고 적합한 감사증거를 입수할 수 없었습니다.

(2) 한정의견 감사보고서

1) 재무제표의 왜곡표시가 중요하지만 전반적이지 않은 경우

한정의견

우리는 ABC 주식회사(이하 "회사")의 재무제표를 감사하였습니다. 해당 재무제표는 20×1년 12월 31일 현재의 재무상태표, 동일로 종료되는 보고기간의 손익계산서(또는 포괄손익계산서), 자본변동표, 현금흐름표 그리고 유의적인 회계정책의 요약을 포함한 재무제표의 주석으로 구성되어 있습니다.

우리의 의견으로는 별첨된 회사의 재무제표는 이 감사보고서의 한정의견근거 단락에 기술된 사항이 미치는 영향을 제외하고는, 회사의 20×1년 12월 31일 현재의 재무상태와 동일로 종료되는 보고기간의 재무성과 및 현금흐름을 한국채택국제회계기준(또는 일반기업회계기준)에 따라, 중요성의 관점에서 공정하게 표시하고 있습니다.

한정의견근거

ABC 주식회사의 재무상태표에는 재고자산이 ×××원으로 계상되어 있습니다. 경영진은 재고자산을 취득원가와 순실현가능가치 중 낮은 금액으로 표시하지 아니하고, 취득원가로만 계상하였습니다. 이러한 회계처리는 한국채택국제회계기준(또는 일반기업회계기준)에 위배된 것입니다. 회사의 기록에 따르면, 만약 경영진이 취득원가와 순실현가능가치 중 낮은 금액으로 재고자산을 계상하였을 경우, 재고자산은 ×××원 만큼 감액되어 순실현가능가치로 계상되었어야 합니다. 따라서 매출원가는 ×××원 만큼 증가되고, 법인세 비용과 당기순이익 그리고 자본은 각각 ×××원, ×××원 및 ×××원 만큼씩 감소되었을 것입니다.

우리는 대한민국의 회계감사기준에 따라 감사를 수행하였다. 이 기준에 따른 우리의 책임은 이 감사보고서의 재무제표감사에 대한 감사인의 책임 단락에 기술되어 있습니다. 우리는 재무제표 감사와 관련된 대한민국의 윤리적 요구사항에 따라 회사로부터 독립적이며, 그러한 요구사항에 따른 기타의 윤리적 책임들을 이행하였다. 우리가 입수한 감사증거가 한정의견을 위한 근거로서 충분하고 적합하다고 우리는 믿습니다.

2) 중요한 불확실성이 존재하고 부적절한 공시로 인하여 재무제표가 중요하게 왜곡표시되어 있다고 결론 내린 경우

한정의견

우리는 ABC 주식회사(이하 "회사")의 재무제표를 감사하였습니다. 해당 재무제표는 20×1년 12월 31일 현재의 재무상태표, 동일로 종료되는 보고기간의 손익계산서(또는 포괄손익계산서), 자본변동표, 현금흐름표 그리고 유의적인 회계정책의 요약을 포함한 재무제표의 주석으로 구성되어 있습니다.

우리의 의견으로는 별첨된 회사의 재무제표는 이 감사보고서의 한정의견근거 단락에서 기술된 사항이 미칠 수 있는 영향을 제외하고는 회사의 20×1년 12월 31일 현재의 재무상태와 동일로 종료되는 보고기간의 재무성과 및 현금흐름을 한국채택국제회계기준(또는 일반기업회계기준)에 따라, 중요성의 관점에서 공정하게 표시하고 있습니다.

한정의견근거

주석 yy에서 논의된 바와 같이, 회사의 금융약정은 20x2년 3월 19일에 종료되며 잔액은 해당 일자로 상환되어야 합니다. 회사는 재협상을 결론짓거나 이를 대체할 자금조달 수단을 마련하지 못하였습니다. 이 상황은 계속기업으로서의 존속능력에 유의적 의문을 제기할 수 있는 중요한 불확실성의 존재를 나타냅니다. 재무제표에는 이 사실이 적절하게 공시되지 않았습니다.

우리는 대한민국의 회계감사기준에 따라 감사를 수행하였습니다. 이 기준에 따른 우리의 책임은 이 감사보고서의 재무제표감사에 대한 감사인의 책임 단락에 기술되어 있습니다. 우리는 재무제표감사와 관련된 대한민국의 윤리적 요구사항에 따라 회사로부터 독립적이며, 그러한 요구사항에 따른 기타의 윤리적 책임들을 이행하였다. 우리가 입수한 감사증거가 한정의견을 위한 근거를 제공하는데 충분하고 적합하다고 우리는 믿습니다.

3) 계속기업 관련 중요한 불확실성이 존재하고 회계의 계속기업전제에 대한 평가를 경영진이 기피하는 경우

한정의견

우리는 ABC 주식회사(이하 "회사")의 재무제표를 감사하였습니다. 해당 재무제표는 20×1년 12월 31일 현재의 재무상태표, 동일로 종료되는 보고기간의 손익계산서(또는 포괄손익계산서), 자본변동표, 현금흐름표 그리고 유의적인 회계정책의 요약을 포함한 재무제표의 주석으로 구성되어 있습니다.

우리의 의견으로는 별첨된 회사의 재무제표는 이 감사보고서의 한정의견근거 단락에서 기술된 사항이 미칠 수 있는 영향을 제외하고는 회사의 20×1년 12월 31일 현재의 재무상태와 동일로 종료되는 보고기간의 재무성과 및 현금흐름을 한국채택국제회계기준(또는 일반기업회계기준)에 따라, 중요성의 관점에서 공정하게 표시하고 있습니다.

한정의견근거

경영진은 회계의 계속기업전제의 적정성을 평가하기 위하여 재무제표일로부터 9개월간의 기간에 대하여 자금수지분석 및 기타 정보를 준비하였습니다. 그러나 회사의 재무상태와 영업의 특징을 고려할 때, 적어도 재무제표일로부터 12개월의 기간에 발생될 사건이나 상황이 계속기업으로서의 존속능력의 평가에 미칠 수 있는 잠재적 유의성에 대한 평가가 필요합니다. 만약 이러한 정보가 제공되었다면 재무제표에 대한 우리의 의견이 달라질 수도 있습니다.

우리는 대한민국의 회계감사기준에 따라 감사를 수행하였습니다. 이 기준에 따른 우리의 책임은 이 감사보고서의 재무제표감사에 대한 감사인의 책임 단락에 기술되어 있습니다. 우리는 재무제표감사와 관련된 대한민국의 윤리적 요구사항에 따라 회사로부터 독립적이며, 그러한 요구사항에 따른 기타의 윤리적 책임들을 이행하였다. 우리가 입수한 감사증거가 한정의견을 위한 근거를 제공하는데 충분하고 적합하다고 우리는 믿습니다.

(3) 부적정의견 감사보고서

1) 재무제표의 왜곡표시가 중요하고 전반적인 경우

부적정의견

우리는 ABC주식회사(이하 "회사")의 재무제표를 감사하였습니다. 해당 재무제표는 20×1년 12월 31일 현재의 재무상태표, 동일로 종료되는 보고기간의 손익계산서(또는 포괄손익계산서), 자본변동표, 현금흐름표 그리고 유의적인 회계정책의 요약을 포함한 재무제표의 주석으로 구성되어 있습니다.

우리의 의견으로는 별첨된 회사의 재무제표는 이 감사보고서의 부적정의견근거 단락에서 기술된 사항의 유의성 때문에 회사의 20×1년 12월 31일 현재의 재무상태와 동일로 종료되는 보고기간의 재무성과 및 현금흐름을 한국채택국제회계기준(또는 일반기업회계기준)에 따라 중요성의 관점에서 공정하게 표시하고 있지 않습니다.

부적정의견근거

주석X에서 설명된 바와 같이, 회사는 보유 중인 매도가능금융자산에 대하여 기업회계기준서 제1039호(또는 일반기업회계기준 제6장)를 적용하여 공정가치로 회계처리하지 않고, 취득원가로 계상하고 있습니다. 매도가능금융자산을 기업회계기준서 제1039호에 따른 공정가치로 평가하였을 경우, 회사의 매도가능금융자산은 ×××백만원 감소되어야 합니다. 따라서 법인세 비용과 당기순이익 그리고 주주지분은 각각 ×××백만원만큼씩 감소되었을 것입니다.

우리는 대한민국의 회계감사기준에 따라 감사를 수행하였습니다. 이 기준에 따른 우리의 책임은 이 감사보고서의 재무제표감사에 대한 감사인의 책임 단락에 기술되어 있습니다. 우리는 재무제표 감사와 관련된 대한민국의 윤리적 요구사항에 따라 회사로부터 독립적이며, 그러한 요구사항에 따른 기타의 윤리적 책임들을 이행하였다. 우리가 입수한 감사증거가 부적정의견을 위한 근거로서 충분하고 적합하다고 우리는 믿습니다.

2) 계속기업 관련 중요한 불확실성이 존재하고 재무제표에 중요한 불확실성 관련 요구된 공시가 누락되어 있다고 결론 내린 경우

부적정의견

우리는 ABC 주식회사(이하 "회사")의 재무제표를 감사하였습니다. 해당 재무제표는 20×1년 12월 31일 현재의 재무상태표, 동일로 종료되는 보고기간의 손익계산서(또는 포괄손익계산서), 자본변동표, 현금흐름표 그리고 유의적인 회계정책의 요약을 포함한 재무제표의 주석으로 구성되어 있습니다.

우리의 의견으로는 별첨된 회사의 재무제표는 이 감사보고서의 부적정의견근거 단락에 언급된 정보의 누락 때문에 회사의 20×1년 12월 31일 현재의 재무상태와 동일로 종료되는 보고기간의 재무성과 및 현금흐름을 한국채택국제회계기준(또는 일반기업회계기준)에 따라 중요성의 관점에서 공정하게 표시하고 있지 아니합니다.

부적정의견근거

회사의 금융약정은 20×1년 12월 31일에 종료되며, 잔액은 해당 일자로 상환되어야 합니다. 회사는 재협상을 결정하거나 이를 대체할 자금조달 수단을 마련하지 못하였으며, 파산신청을 고려하고 있습니다. 이러한 상황은 계속기업으로서의 존속능력에 유의적 의문을 초래할 수 있는 중요한 불확실성이 존재함을 나타냅니다. 재무제표에는 이와 같은 사실이 적절히 공시되지 않았습니다.

우리는 대한민국의 회계감사기준에 따라 감사를 수행하였습니다. 이 기준에 따른 우리의 책임은 이 감사보고서의 재무제표감사에 대한 감사인의 책임 단락에 기술되어 있습니다. 우리는 재무제표감사와 관련된 대한민국의 윤리적 요구사항에 따라 회사로부터 독립적이며, 그러한 요구사항에 따른 기타의 윤리적 책임들을 이행하였다. 우리가 입수한 감사증거가 부적정의견을 위한 근거를 제공하는데 충분하고 적합하다고 우리는 믿습니다.

3) 계속기업 관련 중요한 불확실성이 존재하고 회계의 계속기업전제 사용이 부적합한 경우

부적정의견

우리는 ABC 주식회사(이하 "회사")의 재무제표를 감사하였습니다. 해당 재무제표는 20×1년 12월 31일 현재의 재무상태표, 동일로 종료되는 보고기간의 손익계산서(또는 포괄손익계산서), 자본변동표, 현금흐름표 그리고 유의적인 회계정책의 요약을 포함한 재무제표의 주석으로 구성되어 있습니다.

우리의 의견으로는 별첨된 회사의 재무제표는 이 감사보고서의 부적정의견근거 단락에 기술된 사항의 유의성 때문에 회사의 20×1년 12월 31일 현재의 재무상태와 동일로 종료되는 보고기간의 재무성과 및 현금흐름을 한국채택국제회계기준(또는 일반기업회계기준)에 따라 중요성의 관점에서 공정하게 표시하고 있지 아니합니다.

부적정의견근거

회사의 재무제표는 회사가 계속기업으로서 존속한다는 가정을 전제로 작성되었으므로 회사의 자산과 부채가 정상적인 사업활동과정을 통하여 회수되거나 상환될 수 있다는 가정 하에 회계처리되었습니다. 그러나 재무제표에 대한 주석 X에서 설명하고 있는 바와 같이, 회사는 20×2년 ×월 ×일에 이사회 결의를 통하여 영업정지를 결정하고 이를 공시하였습니다. 이에 따라 회사는 모든 신규 사업수주를 중단하였으며, 진행중인 소송에 대응하고 있습니다.

또한 재무제표에 대한 주석 Y에서 설명하고 있는 바와 같이, 회사는 20×2년 ×월 ×일에 예정된 주주총회에서 회사의 해산을 결의할 예정에 따라 현재로서 계속기업으로서의 존속가능성은 극히 불확실합니다. 따라서 회사의 영업이익에 의한 자금창출과 적절한 자본조달 등 정상적인 사업활동과정을 통하여 회사의 자산과 부채가 회수되고 상환된다는 회계의 계속기업전제의 사용은 부적합하다고 판단됩니다.

우리는 대한민국의 회계감사기준에 따라 감사를 수행하였다. 이 기준에 따른 우리의 책임은 이 감사보고서의 재무제표감사에 대한 감사인의 책임 단락에 기술되어 있습니다. 우리는 재무제표감사와 관련된 대한민국의 윤리적 요구사항에 따라 회사로부터 독립적이며, 그러한 요구사항에 따른 기타의 윤리적 책임들을 이행하였다. 우리가 입수한 감사증거가 부적정의견을 위한 근거를 제공하는데 충분하고 적합하다고 우리는 믿습니다.

(4) 의견거절 감사보고서

1) 재무제표의 다수 구성요소에 대해 충분하고 적합한 감사증거를 입수하지 못한 경우

의견거절

우리는 ABC 주식회사(이하 "회사")의 재무제표에 대한 감사계약을 체결하였습니다. 해당 재무제표는 20×1년 12월 31일 현재의 재무상태표, 동일로 종료되는 보고기간의 손익계산서(또는 포괄손익계산서), 자본변동표, 현금흐름표 그리고 유의적인 회계정책의 요약을 포함한 재무제표의 주석으로 구성되어 있습니다.

우리는 별첨된 회사의 재무제표에 대하여 의견을 표명하지 않습니다. 우리는 이 감사보고서의 의견거절근거 단락에서 기술된 사항의 유의성 때문에 재무제표에 대한 감사의견의 근거를 제공하는 충분하고 적합한 감사증거를 입수할 수 없었습니다.

의견거절근거

우리는 20×1년 12월 31일 이후까지 회사의 감사인으로 선임되지 않았으며, 이에 우리는 당 보고기간의 기초와 기말의 재고자산 실사에 입회하지 못하였다. 우리는 회사의 재무상태표에 계상된 20×0년과 20×1년 12월 31일 현재의 재고자산 ×××원과 ×××원에 대하여 대체적인 방법으로도 그 수량에 대하여 만족할 수 없었다. 뿐만 아니라 회사가 20×1년 9월에 새로 도입한 매출채권전산시스템에 다수의 오류가 발생하였다. 경영진은 보고서일 현재 상기 시스템의 미비점을 교정하고 오류를 수정하는 과정에 있다. 우리는 회사의 재무상태표에 계상된 20×1년 12월 31일 현재의 매출채권 잔액 ×××에 대하여 대체적인 방법으로도 이를 확인하거나 검증할 수 없었다. 이와 같은 사항들의 결과, 우리는 기록되었거나 기록되지 아니한 재고자산과 매출채권, 그리고 손익계산서, 자본변동표, 현금흐름표의 구성요소에 관하여 수정이 필요한 사항이 발견되었을 것인지 여부를 결정할 수 없었습니다.

2) 다수의 불확실성이 관련된 극히 드문 상황에서 재무제표에 대한 의견을 형성하는 것이 가능하지 않다고 결론을 내리는 경우

의견거절

우리는 ABC 주식회사(이하 "회사")의 재무제표에 대한 감사계약을 체결하였습니다. 해당 재무제표는 20×1년 12월 31일 현재의 재무상태표, 동일로 종료되는 보고기간의 손익계산서(또는 포괄손익계산서), 자본변동표, 현금흐름표 그리고 유의적인 회계정책의 요약을 포함한 재무제표의 주석으로 구성되어 있습니다.

우리는 별첨된 회사의 재무제표에 대하여 의견을 표명하지 않습니다. 우리는 이 감사보고서의 의견거절근거 단락에서 기술된 사항의 유의성 때문에 재무제표에 대한 감사의견의 근거를 제공하는 충분하고 적합한 감사증거를 입수할 수 없었습니다.

의견거절 근거

우리는 다음 사항과 관련하여 재무제표에 공시된 유의적 불확실성의 영향을 고려하였다.

[불확실성 사례1 기술]
[불확실성 사례2 기술]

우리는 상기 불확실성 사이의 잠재적 상호작용으로 인해 이들 불확실성의 누적적 영향에 관해 충분하고 적합한 감사증거를 입수할 수 없었습니다.

3) 회계의 계속기업전제와 관련된 유의적인 여러 가지의 중요한 불확실성이 있으며 이로 인하여 충분하고 적합한 감사증거를 입수하지 못한 경우

의견거절

우리는 ABC 주식회사(이하 "회사")의 재무제표에 대한 감사계약을 체결하였다. 해당 재무제표는 20×1년 12월 31일 현재의 재무상태표, 동일로 종료되는 보고기간의 손익계산서(또는 포괄손익계산서), 자본변동표, 현금흐름표 그리고 유의적인 회계정책의 요약을 포함한 재무제표의 주석으로 구성되어 있습니다.

우리는 별첨된 회사의 재무제표에 대하여 의견을 표명하지 않습니다. 우리는 이 감사보고서의 의견거절근거 단락에서 기술된 사항의 유의성 때문에 재무제표에 대한 감사의견의 근거를 제공하는 충분하고 적합한 감사증거를 입수할 수 없었습니다.

의견거절근거

회사의 재무제표는 회사가 계속기업으로서 존속한다는 가정을 전제로 작성되었으므로, 회사의 자산과 부채가 정상적인 사업활동과정을 통하여 회수되거나 상환될 수 있다는 가정하에 회계처리되었습니다. 그러나 재무제표에 대한 주석 X에서 설명하고 있는 바와 같이, 회사는 20X1년 12월 31일로 종료되는 회계연도에 영업손실이 XXX백만원이며 당기순손실이 XXX백만원입니다. 그리고 동일자 현재로 유동부채가 유동자산을 XXX백만원 초과하고 있으며, 총부채가 총자산을 XXX백만원 초과하고 있습니다. 또한 주석 X에서 설명하고 있는 바와 같이, 동일자 현재로 관계회사에 대한 지급보증액 XXX백만원에 대한 우발채무를 지고 있습니다. 이러한 상황은 회사의 계속기업으로의 존속능력에 대하여 유의적인 의문을 초래합니다. 회사가 계속기업으로서 존속할지의 여부는 주석 X에서 설명하고 있는 회사의 향후 자금조달계획과 생산, 판매, 재무 등 경영개선계획의 성패와 우발채무의 최종결과에 따라 좌우되는 중요한 불확실성을 내포하고 있습니다. 그러나 이러한 불확실성의 최종결과로 발생될 수도 있는 자산과 부채 및 관련 손익항목에 대한 수정을 위해 이를 합리적으로 추정할 수 있는 감사증거를 확보할 수 없었습니다.

4) 경영진이 회계의 계속기업전제 사용의 적정성에 대한 평가를 하지 않은 경우

의견거절

우리는 ABC 주식회사(이하 "회사")의 재무제표에 대한 감사계약을 체결하였다. 해당 재무제표는 20×1년 12월 31일 현재의 재무상태표, 동일로 종료되는 보고기간의 손익계산서(또는 포괄손익계산서), 자본변동표, 현금흐름표 그리고 유의적인 회계정책의 요약을 포함한 재무제표의 주석으로 구성되어 있습니다.

우리는 별첨된 회사의 재무제표에 대하여 의견을 표명하지 않습니다. 우리는 이 감사보고서의 의견거절근거 단락에서 기술된 사항의 유의성 때문에 재무제표에 대한 감사의견의 근거를 제공하는 충분하고 적합한 감사증거를 입수할 수 없었습니다.

의견거절근거

[회계의 계속기업전제에 유의적 의문을 제기하는 사건이나 상황에 대한 설명]

이러한 회계의 계속기업전제에 유의적 의문을 제기하는 상황에도 불구하고 회사의 경영진은 회계의 계속기업전제에 대한 평가를 수행하지 않았으며, 이로 인해 우리는 회계의 계속기업전제의 사용이 적합한지에 대한 충분하고 적합한 감사증거를 입수할 수 없었습니다.

3.3 감사보고서와 검토보고서와의 차이점

(1) 검토보고서와의 차이 분석

인증업무는 준거기준에 따라 기초인증대상을 측정하거나 평가한 결과에 대해 인증대상책임자가 아닌 의도된 이용자가 가지는 신뢰의 수준을 향상시킬 수 있게 설계된 결론을 표명하기 위하여 충분하고 적합한 증거를 입수하는 것을 목적으로 하는 업무이다. 감사와 검토는 인증업무라는 공통점이 있으나 업무를 통해 제공하는 확신의 수준이 다르다는 본질적인 차이점이 존재한다.

감사는 일반적으로 제공하는 확신의 수준이 가장 높은 수준인 적극적 의견(positive opinion)을 표명한다. 적극적 의견이란 "...공정하게 표시하고 있다..." 라는 의견을 제시하는 것을 말한다. 즉, 감사인은 충분하고 적합한 수준의 감사증거에 근거하여 절대적 수준은 아니지만 비교적 높은 수준의 합리적인 확신(reasonable assurance)을 제공한다. 반면에 검토는 감사와는 달리 제한된 절차에 따라 중요성의 관점에서 인정되는 재무보고기준에 따라 작성되지 않았다고 판단할 수 있는 사실이 있었는지에 대하여 의견을 표명하는 것이다. 즉, 검토의견은 재무제표가 재무보고기준에 따라 작성되지 않았다는 증거를 수집하여 의견을 표명하는 소극적 의견(negative assurance)인데, 소극적 의견이란 "...중요성의 관점에서 공정하게 표시되지 않은 사항이 발견되지 아니하였습니다..."라는 의견을 제시하는 것을 말한다. 따라서 검토의견이 제공하는 확신의 수준은 감사의견보다 낮은 중간 수준이다.

(2) 검토보고서 사례

1) 적정의견 검토보고서

검토인의 책임

우리의 책임은 재무제표에 대해 검토결론을 표명하는 데 있습니다. 우리는 역사적 재무제표에 대한 검토업무 기준에 따라 검토를 실시하였습니다. 이 기준은 재무제표가 전체적으로 보아 중요성의 관점에서 해당 재무보고체계에 따라 작성되지 않았다고 믿게 하는 점이 발견되었는지에 대한 결론을 표명할 것을 요구합니다. 또한 이 기준은 우리가 관련 윤리적 요구사항을 준수하도록 요구하고 있습니다.

역사적 재무제표에 대한 검토업무 기준에 따른 검토는 제한적 확신을 제공합니다. 검토인은 주로 경영진 및 기업 내의 적합한 다른 사람들에 대한 질문과 분석적절차로 구성된 절차를 수행하고 입수된 증거를 평가합니다.

검토에서 수행되는 절차는 감사기준에 따른 감사에서 수행되는 절차보다 상당히 적습니다. 따라서 우리는 재무제표에 대해 감사의견을 표명하지 아니합니다.

검토결론

우리의 검토결과 회사의 재무제표가 회사의 20X1년 12월 31일 현재의 재무상태와 동일로 종료되는 보고기간의 재무성과 및 현금흐름을 중요성의 관점에서 한국채택국제회계기준에 따라 공정하게 표시하지 않았다는(또는 진실하고 공정한 관점을 제시하지 않았다는) 점이 발견되지 않았습니다.

2) 한정의견 검토보고서

검토인의 책임

상기 보고서와 동일

한정결론근거

ABC주식회사가 해당 보고기간에 취득하고 지분법으로 회계처리하는 해외 관계기업 XYZ에 대한 투자주식은 20X1년 12월 31일 현재의 재무상태표에 XXX로 계상되어 있으며, XYZ의 순이익에 대한 ABC주식회사의 지분인 XXX가 동일로 종료되는 보고기간의 손익계산서에 포함되어 있습니다. 우리는 20X1년 12월 31일 현재의 ABC주식회사의 XYZ회사에 대한 투자주식 계상액 및 XYZ회사의 해당 보고기간 순이익에 대한 ABC주식회사의 지분과 관련하여 XYZ의 관련 재무정보에 접근할 수 없었습니다. 그 결과 우리는 검토업무에 필요하다고 판단되는 절차를 수행하지 못하였습니다.

한정결론

우리의 검토결과 상기 한정결론근거 문단에서 언급하고 있는 사항이 미칠 수 있는 영향을 제외하고는, 회사의 재무제표가 회사의 20X1년 12월 31일 현재의 재무상태와 동일로 종료되는 보고기간의 재무성과 및 현금흐름을 중요성의 관점에서 한국채택국제회계기준에 따라 공정하게 표시하지 않았다는(또는 진실하고 공정한 관점을 제시하지 않았다는) 점이 발견되지 않았습니다.

3) 부적정의견 검토보고서

검토인의 책임

상기 보고서와 동일

부적정결론근거

주석 X에서 설명된 바와 같이, 연결회사는 20X1년 중에 취득한 종속기업 XYZ의 중요한 자산과 부채에 대하여 취득일 현재의 공정가치를 아직 결정하지 못하여 종속기업 XYZ의 재무제표를 연결하지 않았습니다. 따라서 회사는 이 종속기업에 대한 투자를 취득원가 기준으로 회계처리 하였습니다. 한국채택국제회계 기준에 따르면 회사는 종속기업 XYZ를 연결하였어야 합니다. 종속기업 XYZ가 연결대상에 포함되었다면 별첨된 연결재무제표의 많은 요소들이 중요하게 영향을 받았을 것입니다.

부적정결론

우리의 검토결과 상기 부적정결론근거 문단에 기술된 사항의 유의성 때문에 회사의 재무제표는 회사 및 종속기업의 20X1년 12월 31일 현재의 재무상태와 동일로 종료되는 보고기간의 재무성과 및 현금흐름을 중요성의 관점에서 한국채택국제회계기준에 따라 공정하게 표시하고 있지 않습니다(또는 진실하고 공정한 관점을 제시하지 않습니다).

4) 의견거절 검토보고서

검토인의 책임

우리의 책임은 재무제표에 대해 검토결론을 표명하는 데 있습니다. 그러나 우리는 이 검토보고서의 결론거절근거 문단에 기술된 사항 때문에 해당 재무제표에 대한 검토결론을 표명하는데 근거가 되는 충분하고 적합한 검토증거를 입수할 수 없었습니다.

결론거절근거

경영진이 연말의 재고실태를 파악하지 않음에 따라, 우리는 20X1년 12월 31일 재고수량에 대해 관련 절차를 수행할 수 없었습니다. 뿐만 아니라 회사가 20X1년 9월에 새로 도입한 매출채권전산시스템에 다수의 오류가 발생하였습니다. 경영진은 보고서일 현재 상기 시스템의 미비점을 교정하고 오류를 수정하는 과정에 있습니다. 이와 같은 사항들의 결과, 우리는 기록되었거나 기록되지 아니한 재고자산과 매출채권, 그리고 손익계산서, 자본변동표, 현금흐름표의 구성요소에 관하여 수정이 필요한 사항이 발견되었을 것인지 여부를 결정할 수 없었습니다.

결론거절

우리는 상기 결론거절근거 문단에 기술된 사항의 유의성 때문에 재무제표에 대한 검토결론을 형성하기에 충분하고 적합한 검토증거를 입수할 수 없었습니다. 따라서 우리는 재무제표에 대한 검토결론을 표명하지 않습니다.

3.4 기타 인증보고서

(1) 역사적 재무정보에 대한 감사 및 검토 이외의 인증업무기준에 의한 인증보고서

1) 개 요

'역사적 재무정보에 대한 감사 및 검토 이외의 인증업무기준'의 지위는 ISAE 3000의 지위와 같이 모든 인증업무에 적용되는 일반 기준이다. 즉 인증 업무 중 역사적 재무정보에 대한 감사 및 검토를 제외한 모든 인증에 적용된다.

['역사적 재무정보에 대한 감사 및 검토 이외의 인증업무기준'을 적용하는 업무의 예]

- 지속가능성 (Sustainability)
- 법률 또는 규정의 준수 (Compliance)
- 경제성 조사 (Value for money)

2) 합리적 확신 제공 인증보고서 사례

합리적 확신업무에 적절한 형식으로 표현된 결론의 사례는 다음을 포함한다.

구 분	결론 사례
기초인증대상과 해당 준거기준 측면에서 표현되는 경우	우리의 의견으로는, 실체는 중요성의 관점에서 XYZ 법률을 준수하였습니다.
인증대상정보와 해당 준거기준 측면에서 표현되는 경우	우리의 의견으로는, 실체의 재무성과에 대한 추정은 중요성의 관점에서 XYZ 준거기준에 기초하여 적절하게 작성되었습니다.
적절한 당사자가 작성한 진술 측면에서 표현되는 경우	"우리의 의견으로는, 실체가 XYZ 법률을 준수한다는 [적절한 당사자의] 진술은 중요성의 관점에서 공정하게 작성되었습니다." 또는 "우리의 의견으로는, 핵심성과지표가 XYZ 준거기준에 따라 표시되었다는 [적절한 당사자의] 진술은 중요성의 관점에서 공정하게 진술하고 있습니다."

3) 제한적 확신 제공 인증보고서 사례

제한적 확신업무에 적절한 형식으로 표현된 결론의 사례는 다음을 포함한다.

구 분	결론 사례
기초인증대상과 적용가능 준거기준 측면에서 표현되는 경우	수행된 절차와 입수된 증거에 근거하여, [실체가] 중요성의 관점에서 XYZ 법률을 준수하지 않은 점이 발견되지 아니하였습니다.
인증대상정보와 적용가능 준거기준 측면에서 표현되는 경우	수행된 절차와 입수된 증거에 근거하여, 핵심성과지표에 대한 평가가 XYZ 준거기준에 따르려면 중요한 수정이 필요하다는 점이 발견되지 아니하였습니다.
적절한 당사자가 작성한 진술 측면에서 표현되는 경우	"수행된 절차와 입수된 증거에 근거하여, [실체가] XYZ 법률을 준수하였다는 [적절한 당사자의] 진술이 중요성의 관점에서 공정하게 진술되지 않은 점이 발견되지 아니하였습니다."

(2) 서비스조직 통제에 대한 인증보고서(유형2 보고서)

1) 개 요

'역사적 재무정보에 대한 감사 및 검토 이외의 인증업무기준'은 인증 업무 중 역사적 재무정보에 대한 감사 및 검토를 제외한 모든 인증에 적용된다. 다만 특정 주제를 다루는 별도 기준이 있으면 '역사적 재무정보에 대한 감사 및 검토 이외의 인증업무기준'과 별도 기준을 함께 적용한다. 별도 기준의 사례는 다음과 같다.

- 추정재무제표에 대한 검토
- 서비스조직 통제에 대한 인증보고서

2) 서비스조직 통제에 대한 인증보고서(유형2 보고서) 사례

서비스조직 통제에 대한 인증보고서 중 유형2 보고서는 서비스조직의 특정일 시점의 IT 통제의 설계의 적정성 및 특정 기간 동안의 IT통제의 운영의 효과성에 대한 인증을 제공하는 것이 목적이다. 이와 관련된 인증보고서 사례는 다음과 같다.

통제의 기술, 설계 및 운영효과성에 대한 독립된 감사인의 인증보고서

XYZ 회사
이사회 귀중

업무의 범위

우리는 첨부된 XYZ회사(또는 이하 "서비스조직"이라고 함)의 20x1년 xx월 xx일[시작일]부터 20x1년 xx월 xx일[종료일]까지 이용자기업의 거래를 처리하기 위한 xx 시스템[시스템의 종류 또는 이름을 기재함]에 대한 기술서 (이하 "시스템기술서"라고 함), 그리고 해당 시스템기술서에 기재된 통제목적의 관련 통제에 대한 설계와 운영에 대해 보고하는 업무를 수행하였습니다. ***(중략)***

XYZ회사의 책임

XYZ 회사는 시스템기술서와 이에 대한 관련 진술의 작성, 그리고 그 내용의 완전성과 정확성 및 표시방법에 대해 책임이 있습니다. XYZ 회사는 또 시스템기술서에 표시된 서비스를 제공하고 통제목적을 기술하며, 이러한 통제목적을 달성하기 위한 통제를 설계하고 실행하며 효과적으로 운영할 책임이 있습니다.

독립성 및 품질관리

우리는 한국공인회계사회가 제정한 공인회계사윤리기준상 독립성 요구사항과 기타 윤리적 요구사항을 준수합니다. 공인회계사윤리기준은 성실, 공정, 전문가적 적격성 및 정당한 주의, 비밀유지, 전문가적 품위라는 윤리강령에 기초하고 있습니다.

우리는 회계법인으로서 품질관리기준서 1을 적용하며 이에 따라 윤리적 요구사항, 전문직 기준과 해당 법규의 요구사항 준수에 관한 문서화된 정책과 절차 등을 포함한 포괄적인 품질관리시스템을 유지하고 있습니다.

감사인의 책임

우리의 책임은 우리가 수행한 절차를 근거로 XYZ 회사의 시스템기술서, 해당 시스템기술서에 기재된 통제목적의 관련 통제에 대한 설계와 운영에 대하여 의견을 표명하는 것입니다. 우리는 한국공인회계사회가 제정한 "서비스조직의 통제에 대한 인증업무기준"에 따라 업무를 수행하였습니다. 이 기준은 시스템기술서가 중요성의 관점에서 공정하게 표시되었는지, 그리고 통제가 중요성의 관점에서 적합하게 설계되고 효과적으로 운영되었는지에 대해 합리적인 확신을 얻을 수 있도록 절차를 계획하고 수행할 것을 요구하고 있습니다.

(중략)

우리는 우리가 입수한 증거가 우리의 의견을 위한 근거로서 충분하고 적합하다고 믿습니다.

서비스조직 통제의 한계

(중략)

의견

우리의 의견은 이 보고서의 제시된 각 내용에 근거하여 형성되었습니다. 우리가 의견을 형성하기 위해 이용한 준거기준은 xx 페이지에 기술된 바와 같습니다. 우리의 의견은 다음과 같습니다.

시스템기술서는 20x1년 xx월 xx일부터 20x1년 xx월 xx일의 기간 중 설계되고 실행된 대로 XXX시스템[시스템의 종류 또는 이름을 기재한다]을 중요성의 관점에서 공정하게 표시하고 있습니다.

시스템기술서에 기재된 통제목적의 관련 통제들은 20x1년 xx월 xx일부터 20x1년 xx월 xx일의 기간 동안 중요성의 관점에서 적합하게 설계되었습니다.

시스템기술서에 기재된 통제목적이 달성되었다는 합리적 확신을 제공하는데 필요한 통제들은 테스트 결과 20x1년 xx월 xx일부터 20x1년 xx월 xx일의 기간 동안 중요성의 관점에서 효과적으로 운영되었습니다.

통제테스트에 대한 기술

테스트한 특정 통제, 테스트의 성격과 시기 및 결과는 페이지 [yy-zz]에 열거하였습니다.

의도된 이용자 및 보고서의 목적

이 보고서 및 통제테스트에 대한 시스템기술서(페이지 [yy-zz])는 이용자기업 재무제표의 중요한 왜곡표시위험을 평가할 때 이용자기업이 자체적으로 운영하고 있는 통제에 대한 정보 등 기타정보와 더불어 이 보고서와 시스템기술서를 고려할 수 있는 충분한 이해를 갖춘, XYZ 회사의 XXX 시스템[시스템의 종류 또는 이름을 기재한다]을 이용하고 있는 이용자기업과 이용자기업 감사인만을 위한 것입니다.

제4절 감사보고서 제출

4.1 감사인의 감사보고서 제출 의무

(1) 개 요

외부감사법 제23조 제1항 및 동법 시행령 제27조 제1항에 의하면, 감사인은 감사 절차 완료 후 작성한 감사보고서를 피감사기업과 증권선물위원회 및 한국공인회계사회에 제출해야 한다. 관련된 내용은 아래와 같다.

● 주식회사 등의 외부감사에 관한 법률 시행령 제27조(감사보고서의 제출 등)

제27조(감사보고서의 제출 등) ① 법 제23조 제1항 본문에 따라 감사인이 감사보고서를 회사에 제출하여야 하는 기한은 다음 각 호의 구분에 따른다.

1. 한국채택국제회계기준을 적용하는 회사 : 정기총회 개최 1주 전(회생절차가 진행 중인 회사의 경우에는 사업연도 종료 후 3개월 이내)
2. 한국채택국제회계기준을 적용하지 아니하는 회사 : 다음 각 목의 구분에 따른 기한
   가. 재무제표 : 제1호의 기한

나. 연결재무제표 : 사업연도 종료 후 120일 이내(사업보고서 제출대상법인 중 직전 사업연도 말 현재 자산총액이 2조원 이상인 법인의 경우에는 사업연도 종료 후 90일 이내)

② 제1항에도 불구하고 감사인은 회사가 사업보고서 제출기한 이후 정기총회를 개최하는 경우로서 해당 회사의 재무제표(한국채택국제회계기준을 적용하지 아니하는 회사의 연결재무제표는 제외한다)를 감사하는 경우에는 감사보고서를 사업보고서 제출기한 1주 전(회생절차가 진행 중인 회사는 사업연도 종료 후 3개월 이내)까지 회사에 제출하여야 한다.

③ 법 제23조 제1항 본문에 따라 감사인이 감사보고서를 증권선물위원회 및 한국공인회계사회에 제출해야 하는 기한은 다음 각 호의 구분에 따른다.

1. 재무제표 : 정기총회 종료 후 2주 이내(회생절차가 진행 중인 회사인 경우에는 해당 회사의 관리인에게 보고한 후 2주 이내)
2. 연결재무제표 : 다음 각 목의 구분에 따른 기한
   가. 한국채택국제회계기준을 적용하는 회사 : 제1호의 기한. 이 경우 재무제표에 대한 감사보고서와 동시에 제출한다.
   나. 한국채택국제회계기준을 적용하지 아니하는 회사 : 사업연도 종료 후 120일 이내(사업보고서 제출대상법인 중 직전 사업연도 말 현재 자산총액이 2조원 이상인 법인의 경우에는 사업연도 종료 후 90일 이내)

(2) 감사인의 감사보고서 제출의무

감사인의 감사보고서 제출의무는 회사에 대한 부분과 증권선물위원회 및 한국공인회계사회에 대한 부분으로 구분할 수 있다.

먼저 감사인은 피감사 회사에 상장기업 기준으로 정기주주총회 1주전에 감사보고서를 제출해야 한다. 또한 감사인은 증권선물위원회에 상장기업 기준으로 정기주주총회 후 2주 이내에 감사보고서를 제출해야 한다. 보다 상세한 내용은 아래 표와 같다.

[표 10-5] 감사보고서 제출

적용회계기준	사업보고서 제출여부	감사보고서 제출기한	
		감사인 → 회사	감사인 → 증선위
K-IFRS	제 출	정기총회 1주전	정기총회 후 2주 이내
	비제출		

<table>
<tr><th rowspan="2">적용회계기준</th><th rowspan="2">사업보고서
제출여부</th><th colspan="2">감사보고서 제출기한</th></tr>
<tr><th>감사인 → 회사</th><th>감사인 → 증선위</th></tr>
<tr><td rowspan="2">일반기업회계기준</td><td>제 출</td><td>개별) 정기총회 1주 전
연결) 사업연도종료후 120일 이내
* 자산2조원 이상은 사업연도 종료 후 90일 이내</td><td>개별) 정기총회 후 2주 이내
연결) 사업연도종료후 120일 이내
* 자산 2조원 이상은 사업연도 종료 후90일 이내</td></tr>
<tr><td>비제출</td><td>개별) 정기총회 1주 전
연결) 사업연도종료후 120일 이내</td><td>개별) 정기총회 후 2주 이내
연결) 사업연도종료후 120일 이내</td></tr>
</table>

4.2 피감사기업의 사업보고서 제출 의무

(1) 개 요

1) 정기공시 제도의 의의

정기공시는 증권을 발행하거나 상장한 법인 등의 사업내용, 재무상황 등 기업 내용을 정기적으로 공시함으로써 일반투자자에게 합리적인 투자판단 자료를 제공하고 시장에서 공정한 가격형성이 이루어지도록 하여 거래 질서를 확립하고 투자자를 보호하기 위한 제도이다. 사업보고서 제출대상 법인은 사업연도 경과 후 일정기간 이내에 회사의 사업내용 등을 기재한 사업 · 반기 · 분기보고서를 제출하여야 한다.

상장법인 또는 이해관계자가 많은 자본시장과금융투자업에관한법률 시행령에 열거된 비상장법인은 감사보고서 뿐만 아니라 사업보고서가 증선위에 보고되고 불특정다수인이 볼 수 있도록 전자공시 되어야 하는데, 적용회계기준과 무관하게 사업연도 종료일(2017년 12월 31일)로부터 90일 이내(2018년 3월 말일)를 제출기한으로 하고 있다.

2) 정기보고서 제출대상법인

- 주권상장법인
- 주권 외의 지분증권, 무보증사채권, 전환사채권 · 신주인수권부사채권, 이익참가부사채권 또는 교환사채권, 신주인수권이 표시된 것, 증권예탁증권, 파생결합증권을 증권시장에 상장한 발행인
- 주권 및 주권외의 상기 증권을 모집 또는 매출한 적이 있는 발행인*(상장이 폐지된 발행인 포함)

* 모집, 매출 등 여타의 사업보고서 제출대상에 해당하지 않는 소액공모법인의 경우 정기보고서 제출의무가 없음

- 외부감사대상 법인으로서 증권(주권 및 상기 증권)별로 그 증권의 소유자 수가 500인* 이상인 발행인

* 증권의 소유자수는 해당 증권별로 최근 사업연도말 기준으로 1) 주권의 경우에는 주주명부 및 실질주주명부상의 주주수로, 2) 주권외 증권의 경우에는 모집 또는 매출에 의하여 증권을 취득한 자의 수로 하되, 2회 이상 모집 또는 매출을 한 경우에는 그 각각의 수를 모두 더하고 중복되는 자는 제외(단, 회사가 그 증권의 실질 소유자 수를 증명하는 경우에는 그 수로 함)하는 방법으로 산정

(2) 주의사항

1) 정기보고서 미제출 사유로 인한 시장 규제

한국거래소는 정기보고서 제출 지연이나 미제출이 발생할 경우, 시장조치를 다음과 같이 취하게 된다.

구 분	관리종목 지정	상장폐지 기준
유가증권 시장	- 법정제출기한(사업연도 경과 후 90일) 내 사업보고서 미제출 - 법정제출기한(분 · 반기 경과 후 45일 이내) 내 반기 · 분기보고서 미제출	- 사업보고서 미제출로 관리종목 지정 후 법정제출기한부터 10일 이내 사업보고서 미제출 - 반기 · 분기보고서 미제출로 관리종목 지정 후 사업 · 반기 · 분기보고서 미제출
코스닥 시장	- 법정제출기한(사업연도 경과 후 90일) 내 사업보고서 미제출 - 법정제출기한(분 · 반기 경과 후 45일 이내) 내 반기 · 분기보고서 미제출	- 사업보고서 제출기한 후 10일내 미제출 - 분기, 반기, 사업보고서 미제출상태유지 후 다음 회차에 미제출 - 2년간 3회 분기 · 반기 · 사업보고서 법정제출기한 내 미제출

예컨대, 한국거래소 코스닥시장본부 규정에 따르면, 관리종목 지정 사유는 자본잠식률 50% 이상, 자기자본 10억원 미만, 반기 감사·검토보고서 비적정 의견, 반기보고서 법정 제출 기한 내 미제출 등이며, 반기보고서 미제출은 주요 관리종목 지정 사유이다. 미제출 자체는 상장폐지 사유가 되지는 않으나, 2년간 3번 이상 정기보고서(반기 · 분기 · 사업보고서)를 미제출하거나, 두 번 연속으로 정기보고서를 미제출한 경우, 혹은 늦게라도 제출한 반기보고서에서 부적정 의견을 받은 경우 바로 상장폐지 사유가 발생한다.

2) 기업의 재무제표 작성부터 사업보고서 제출까지의 프로세스별 스케쥴

피감사 기업 입장에서는 감사전 재무제표를 감사인과 증권선물위원회에 제출하고 나서 추후에 감사인으로부터 감사보고서를 제출받은 후 사업보고서에 첨부하여 금융위원회와 거래소에 제출해야 할 의무가 존재한다.

반면에 감사인의 경우에는 정기주주총회 전에 피감사기업으로부터 감사전 재무제표를 제출받아서 감사절차를 진행한 후에 감사보고서를 상장사 기준으로 정기주주총회 1주전까지 피감사기업에 전달하게 되고 증선위에는 정기주주총회 후 2주 이내 감사보고서를 전달하게 된다.

따라서 회사가 증선위에 감사받기 전 재무제표를 제출해야 하는 기한과 감사인이 감사보고서를 증선위에 제출해야 하는 기한이 같게 된다. 이런 이유로 증선위에서는 감사받기 전 재무제표와 감사받은 후 재무제표를 한 눈에 보고 어떤 부분이 중요하게 바뀌었는지 상세히 검토할 수 있게 된다.

[표 10-6] 기업 정기공시 프로세스

적용회계기준	사업보고서 제출여부	감사 前 재무제표 제출기한		감사보고서 제출기한		사업보고서 제출기한 (회사 → 금융위원회와 거래소)	분반기 사업보고서 제출기한 (회사 → 금융위원회와 거래소)
		회사 → 감사인	회사 → 증선위	감사인 → 회사	감사인 → 증선위		
K-IFRS	제 출	개별) 정기총회 6주 전 연결) 정기총회 4주 전	정기총회 후 2주 이내	정기총회 1주전	정기총회 후 2주 이내	사업연도 종료 후 90일 이내 * 연결작성회사는 개별 및 연결 재무제표/감사의견 모두 기재	분반기말 종료 후 45일 이내
	비제출						
일반기업회계기준	제 출	개별) 정기총회 6주 전 연결) 사업연도종료 후 90일 이내 * 자산2조원 이상은 사업연도 종료 후 70일 이내	정기총회 후 2주 이내	개별) 정기총회 1주 전 연결) 사업연도 종료 후 120일 이내 * 자산2조원 이상은 사업연도 종료 후 90일 이내	개별) 정기총회 후 2주 이내 연결) 사업연도 종료 후 120일 이내 * 자산2조원 이상은 사업연도 종료 후 90일 이내	사업연도 종료 후 90일 이내 * 연결작성회사는 개별 및 연결 재무제표/감사의견 모두 기재	분반기말 종료 후 45일 이내
	비제출			개별) 정기총회 1주 전 연결) 사업연도 종료 후 120일 이내	개별) 정기총회 후 2주 이내 연결) 사업연도 종료 후 120일 이내		

일반기업회계기준 적용받는 자산규모 2조미만 기업의 경우, 주주총회가 2018년 3월 20일이라고 가정할 때, 아래와 같은 Cycle로 일정이 계획된다.

- 결산일 : 2017년 12월 31일
- 재무제표 제출 : 2018년 2월 6일까지 To 감사인, 2018년 4월 3일까지 To 증선위
- 감사보고서 수령 : 2018년 3월 12일까지 From 감사인
- 주주총회 : 2018년 3월 20일
- 사업보고서 제출 대상인 경우 사업보고서 제출 : 2018년 3월 31일

Chapter 10 생각해 볼 문제

(1) 감사의견은 어떻게 형성되나?

피감사회사 경영진이 감사인이 제시한 중요왜곡표시를 반영하지 않은 미수정왜곡표시사항과 감사인이 설정한 재무제표 수준의 중요성 수준을 비교하여 다음과 같이 감사의견을 형성한다.

[표 10-2] 감사의견의 구분

구분	내용		적정의견	한정의견	부적정의견	의견거절
감사범위의 제한	• 중요하지 않은 경우		✔			
	• 중요하지만 전반적이지 아니한 경우			✔		
	• 중요하면서 전반적인 경우					✔
회계기준의 위배	• 중요하지 않은 경우		✔			
	• 중요하지만 전반적이지 아니한 경우			✔		
	• 중요하면서 전반적인 경우				✔	
계속기업 존속가능성	• 타당하나 중요한 불확실성 존재	회사가 공시	✔			
		회사가 미공시		✔	✔	✔
	• 타당하지 않음				✔	✔

(2) 계속기업의 불확실성은 감사의견에 어떤 영향을 미치나?

재무제표 개념체계 상의 기본가정에 의하면 계속기업(going concern)을 전제로 재무제표를 작성하고 있다보니, 경영진은 재무제표를 작성할 때 보고기간 말로부터 향후 12개월 기간에 대한 정보 고려하여 경영진은 계속기업(going concern)으로서의 존속가능성을 평가하게 된다. 따라서 계속기업으로서의 존속능력에 중대한 의문이 제기될 수 있는 사건이나 상황과 관련된 중요한 불확실성을 알게 된 경우, 경영진은 그러한 불확실성을 공시해야 한다.

계속기업 관련 중요한 불확실성은 감사의견에 영향을 미칠 수 있다. 일반적으로 계속기업의 가정에 중요한 불확실성이 존재하는 경우이고 경영진이 그 사실을 적정하게 공시했다면 적정의견이 제시됨과 동시에 일반적으로 감사보고서에 계속기업 관련한 불확실성과 관련된 강조사항이 추가된다. 반면에 계속기업의 가정에 중요한 불확실성이 존재하는 경우이고 경영진이 그 사실을 적정하게 공시하지 않았다면 공시의 적정성을 평가하여 그 중요성에 따라 감사의견을 변형하게 된다.

(3) 감사보고서에 핵심감사사항이 삽입되는 이유는 무엇인가?

대우건설, 모뉴엘, 대우조선해양 등 대형 회계부정사건이 발생하고, 전 세계에서 회계투명성이 낮은 국가로 평가됨에 따라 금융위원회는 2018년 개정 회계감사기준에서 국제감사기준에 따라 전체 상장기업을 대상으로 순차적으로 "Key Audit Matters"를 도입하기로 하였다.

핵심감사(KAM : Key Audit Matters)란 감사인이 회사의 재무제표에 대한 감사를 수행하는 과정에서 회사와 감사인에게 가장 유의한(Most significant) 주의를 요구하는 사항에 대하여 중점적으로 감사하는 것을 말한다. 핵심감사사항은 회계감사인이 감사에서 가장 중요하게 여기는 사항들이다. 쉽게 표현하면 회사가 당면한 가장 큰 재무적 이슈라고 할 수 있다.

예를 들어 강남의 5,000억원짜리 빌딩을 대기업에 통임대를 한 법인이라서 매출은 임대계약상의 임대료와 관리비뿐인 비상장 기업과 5,000억원의 장기 건설 계약을 수주하여 건설업을 영위하는 상장법인의 감사보고서의 적정 문구는 동일했었다. 하지만 핵심감사사항 등 재무적 이슈 사항을 회사별로 다르게 기재하면서 과거에는 별다른 정보를 얻기 어려웠던 감사보고서에서도 회사별로 의미 있는 정보를 얻을 수 있게 되었다.

특히 수주산업 영위회사는 '핵심감사사항(KAM)'을 확인해야 한다. 수주산업은 여러 기간에 걸쳐 손익을 인식하는 과정에서 추정의 개입이 많아 적극적인 회계감사가 필요한다. 즉, 조선업 · 건설업 등 수주산업 법인에 대해 감사인은 재무제표에서 특별한 주의가 요구되는 분야, 즉 '진행기준 수익인식' '미청구공사변동액' 등을 '핵심감사사항(Key Audit Matters, KAM)'으로 정해 감사보고서에 기재하고 있다.

(4) 적정의견이 해당 기업의 재무건전성을 보장하는가?

적정의견은 영어로 'unmodified opinion(변형되지 않은 의견)'이며, 비적정의견(변형된 의견)은 한정의견, 부적정의견, 의견거절을 말한다. 그런데 재무제표 감사의견에 왜 '정확'이라는 표현을 안 쓰고 '적정'이라는 표현을 쓸까? 이것은 회계감사의 고유한계 때문이다. 회계감사가 갖는 고유한계의 대표적인 예를 들면 다음과 같다.

첫째, 재무제표를 작성할 때는 대손율이나 내용연수의 추정, 공정가치나 재고자산 진부화 등과 관련된 경영진의 주관적인 판단이 수반되므로 아무리 회계감사를 철저히 해도 제거되지 않는 불확실성이 존재한다.

둘째, 공인회계사의 회계감사는 검찰 수사와는 달리 압수수색과 같은 권한이 없으며 제한된 방법만을 이용하게 되므로 근본적인 한계가 존재한다. 또한 관련 당사자들이 공모를 하거나 의도적으로 재무제표를 왜곡하는 경우에는 아무리 회계감사를 잘해도 발견하기 어려운 한계가 존재한다.

셋째, 회계감사는 합리적인 시간 내에 합리적인 비용으로 수행하므로 왜곡표시위험이 높은 분야에 집중하게 되고, 대부분 표본감사를 하므로 표본위험이 존재하게 되어 한계가 존재한다.

이러한 회계감사의 고유한계 때문에 적정의견을 표명하는 경우에도 "'중요성의 관점'에서 공정하게 표시하고 있다"라는 표현을 쓴다. 여기서 '중요성'이란 왜곡표시가 재무제표 이용자의 경제적 의사결정에 영향을 미칠 것으로 합리적으로 예상되는 경우를 말한다. 적정의견은 중요한 정보가 적정하다는 것을 의미하므로 중요하지 않은 정보는 적정하지 않을 수 있다는 것을 암시한다. 즉, 적정의견은 회사가 작성한 재무제표가 '정확'하다는 것이 아니라 중요한 정보들이 크게 잘못되지 않았으므로 재무제표를 믿고 이용해도 큰 문제가 없다는 정도로 해석해야 한다. 감사인의 '적정의견'은 감사인이 '기업의 재무제표가 회계기준에 따라 적정하게 표시되어 있다'고 판단할 때 표명되는 의견일 뿐, 해당 기업의 재무건전성이 양호하다는 것을 보장하는 것은 아니다.

감사인은 정보이용자의 합리적인 의사결정에 참고가 될 사항을 감사보고서의 '강조사항'에 기재한다. 외부감사인이 강조사항에서 계속기업 불확실성을 언급한 회사는 그렇지 않은 경우보다 상장폐지 비율이 높다. 최근 연구결과에 의하면 실제로 계속기업 불확실성을 강조사항에 기재한 적정의견기업 중 2년 내 상장폐지 될 비율이 강조사항을 기재하지 않은 기업 중 상장폐지 될 비율보다 현격히 높게 나타났다.

따라서 적정의견이라 해도 감사보고서 강조사항에 '계속기업가정의 불확실성'이 언급되어 있고 수주산업 핵심감사항목에 대한 감사인 강조사항에 '공사예정원가의 증액가능성과 미청구공사의 회수가능성에 유의적인 불확실성' 등이 기재돼 있었다면 아무리 적정의견이라도 재무건전성에 문제가 존재할 수 있다.

Chapter 10 회계감사 산책

(서울 = 연합뉴스 장하나 기자)

3번 연속 감사의견 거절당한 쌍용차, 렉스턴으로 기사회생할까
상장폐지 위기 넘길지 주목… '임영웅 차' 인기에 기대

새 주인 찾기에 난항을 겪는 쌍용차[003620]가 세 차례 연속 감사 의견을 거절당하는 위기 속에서 올 뉴 렉스턴을 앞세워 기사회생을 노리고 있다.

24일 업계에 따르면 쌍용차는 지난 16일 공시한 3분기 분기보고서에서 삼정회계법인으로부터 감사의견 거절을 받았다고 밝혔다.

삼정회계법인은 분기보고서에서 "3천90억원의 영업손실과 3천48억원의 분기순손실이 발생했고, 유동부채가 유동자산을 5천357억원 초과하고 있다"며 "이런 상황은 계속기업으로서 존속능력에 유의적 의문을 제기하고 있다"고 설명했다.

쌍용차는 올해 1분기 분기보고서와 반기보고서에 이어 이번 분기보고서까지 세 차례 연속 감사의견 거절을 받으며 상장폐지 위기에 처했다.

쌍용차는 현재 관리 종목으로 지정된 상태다.

한국거래소의 유가증권시장 상장규정 48조에 따르면 최근 사업연도의 개별재무제표 또는 연결재무제표에 대한 감사의견이 부적정이거나 의견 거절인 경우 거래소가 해당 보통주권을 상장 폐지한다. 다만 정리매매 시작 전 감사인이 해당 사유가 해소됐음을 증명하는 의견서를 제출하는 경우 등에는 상장 폐지가 유예된다.

내년 3월 공시하는 올해 사업보고서에서 또다시 감사의견 거절을 받더라도 당장 상장폐지가 되는 것은 아닌 셈이다.

하지만 15분기 연속 적자를 기록하는 등 경영난에 시달리고 있는 점은 여전히 부담이다.

쌍용차의 자본 잠식률은 3분기 연결 기준 86.9%다. 작년 말(46.2%)과 비교해도 크게 늘었다.

이런 가운데 새 투자자 찾기도 진도가 나가지 않고 있어 어려움을 더하고 있다.

쌍용차의 대주주인 인도 마힌드라는 지난 10일 실적 발표에서 "쌍용차에 더는 투자하지 않을 것"이라는 입장을 재확인했다. 마힌드라는 새 투자자를 찾으면 현재 75%인 지분율을 50% 미만으로 낮춰 대주주 지위를 포기하겠다는 입장이다.

중국 체리차가 지분을 가진 것으로 알려진 HAAH오토모티브와 지리자동차·BYD 등 중국 업체들이 쌍용차에 관심을 보이는 것으로 알려졌지만 아직 구체적인 진전은 없는 것으로 전해졌다.

그나마 G4 렉스턴 화이트 에디션과 렉스턴 스포츠 다이내믹 에디션, 코란도 R-플러스 등 지속적으로 제품별 스페셜 모델을 출시하고 국내 최초로 홈쇼핑을 통해 신차발표회를 진행하며 3분기 연속 판매 성장세를 보인 점은 고무적이다.

3분기에는 연결 기준 영업손실 932억원을 기록, 신종 코로나바이러스 감염증(코로나19) 여파로 판매와 매출이 줄어든 와중에도 작년 같은 기간보다 영업손실 폭을 다소 줄이는 등 선전했다.

쌍용차는 10월 1만197대를 판매해 4개월 만에 월 판매량 1만대를 돌파하며 올해 들어 처음으로 월 판매실적이 작년 같은 기간보다 늘어나기도 했다.

이에 따라 쌍용차는 최근 트렌드인 '차박'(자동차+숙박)을 내세운 티볼리 에어에 이어 이달 초 출시한 '임영웅 차' 올 뉴 렉스턴에 기대를 걸고 있다.

이달 16일 출고를 시작한 올 뉴 렉스턴은 지난 11일까지 출시 후 일주일간 5천500대(사전계약 포함)의 계약이 이뤄지며 인기몰이 중이다.

쌍용차는 업계 최초로 광고 모델인 가수 임영웅의 신곡 '히어로(HERO)' 발표와 함께 신차 쇼케이스를 진행해 화제를 모으기도 했다. 온라인 쇼케이스 티켓은 1분 만에 매진됐다.

쌍용차 관계자는 "4분기에도 티볼리 에어와 올 뉴 렉스턴 등으로 판매 확대와 수익성 개선을 이룰 것"이라고 말했다.

Chapter
11
감사품질 제고방안

학습목표

- 본 장을 통해 감사품질이 무엇인지 이해하도록 한다.
- 감사품질의 구성요소에 대한 깊이 있는 이해를 통해 감사품질 제고를 위한 각종 제도들의 입법 취지를 정확히 이해하도록 한다.

제1절 감사품질이란?

1.1 감사품질의 정의와 구성요소

회계감사는 능력을 갖춘 독립적인 주체가 특정 경제실체와 관련된 정보와 미리 설정된 평가기준과의 일치정도를 결정하고 보고할 목적으로 그 정보에 관한 증거를 수집하고 평가하는 절차이다. 기업재무제표의 감사시 '주체'는 회계법인의 담당이사(engagement partner)와 감사팀이고, '특정 경제실체'는 피감회사이다. 한편, 이 '주체'는 능력을 보유해야 하며, '특정 경제실체'로부터 독립성을 유지해야 한다. 또한 이 주체는 '절차'를 바르게 따라야 한다. 그 결과로 이 주체는 자신들이 수집한 정보가 설정된 평가기준에 비추어 경제실체의 실질을 잘 반영하는가를 평가해 '감사보고서'의 형태로 정보이용자에게 전달한다. 이러한 일련의 과정이 탁월하게 이루어질 때 우리는 '감사품질'이 높다고 할 것이다.

감사품질(audit quality)이란 감사인이 전문가적 적격성을 발휘하여 재무제표의 중요왜곡표시를 발견(전문성)하여 이를 감사보고서에 적절히 반영(독립성)하는 수준을 의미한다. 즉, 감사품질을 결정하는 두 가지 요소는 감사인의 전문성과 독립성이다. 이 두 가지가 전부 만족되어야 감사품질이 유지된다.

> [감사품질 결정요인]
>
> 감사품질 = f(전문가적 적격성, 독립성)

만일 감사인이 전문성만 갖추고 독립성을 갖추고 있지 않다고 가정해 보자. 감사인은 전문성을 발휘하여 재무제표 상의 중요왜곡표시를 발견한다 해도 독립성이 없기 때문에 피감사회사와 결탁되어 재무제표 상의 중요왜곡표시가 재무제표에 미치는 영향을 감사의견에 제대로 반영하지 않고 누락할 수 있다.

반면에 감사인이 독립성만 갖추고 전문성을 갖추고 있지 않다고 가정해 보자. 감사인은 재무제표 상의 중요왜곡표시를 발견할 수 있는 능력이 부족하기 때문에 재무제표 상의 중요왜곡표시가 재무제표에 미치는 영향을 감사의견에 제대로 반영하지 못할 수 있다.

따라서 보통 감사품질은 감사인의 전문성과 독립성의 결합확률로 보게 된다.

1.2 감사품질 관리체계

감사품질 관리 체계는 감사인 자체적 품질관리와 감독기관에 의한 품질관리로 나눌 수 있다.

회계법인은 품질관리부서(심리실)를 만들어서 감사품질을 향상시키기 위하여 법인 차원의 품질관리 정책 및 절차를 만들고 이를 개별감사 수행 시 적용하도록 하고 있다. 즉 모든 회계법인의 감사보고서는 회계법인 자체적인 품질관리부서인 심리실을 거쳐 외부에 공시된다.

반면에 외부의 감독기관에 의한 품질관리를 감리라고 하며 감리에는 ① 재무제표심사와 감리제도와 ② 품질관리 감리제도가 있다. 먼저 재무제표 심사와 감리는 재무제표 심사와 감리로 구성된다. 이 때 재무제표 심사는 회사의 재무제표 등에 회계처리기준 위반이 있는지 검토하여 발견된 특이사항에 대한 회사의 소명을 들은 후, 회계처리기준 위반이 있다고 판단되는 경우 재무제표의 수정을 권고하는 업무이다. 감리는 회사의 재무제표 및 감사인의 감사보고서에 대하여 회계처리기준 및 회계감사기준의 준수 여부를 확인하고, 위반사항이 발견된 경우 책임소재를 규명하여 일정한 제재조치 등을 하는 업무이다. 재무제표 심사 후 감리 대상으로 분류되거나, 혐의가 구체적이거나 중대한 경우 즉시 감리를 실시한다.

반면에 품질관리감리란 감독기관이 감사인의 감사품질 관리시스템을 조사하는 것이다. 즉 감독기관이 감사인인 회계법인이 전사 차원에서 품질관리시스템을 적정하게 구축하여 개발 감사업무에 적용되도록 운용을 효과적으로 잘하고 있는지를 조사하는 것이다.

이는 다음과 같은 그림으로 요약할 수 있다.

[그림 11-1] 감사품질관리 체계

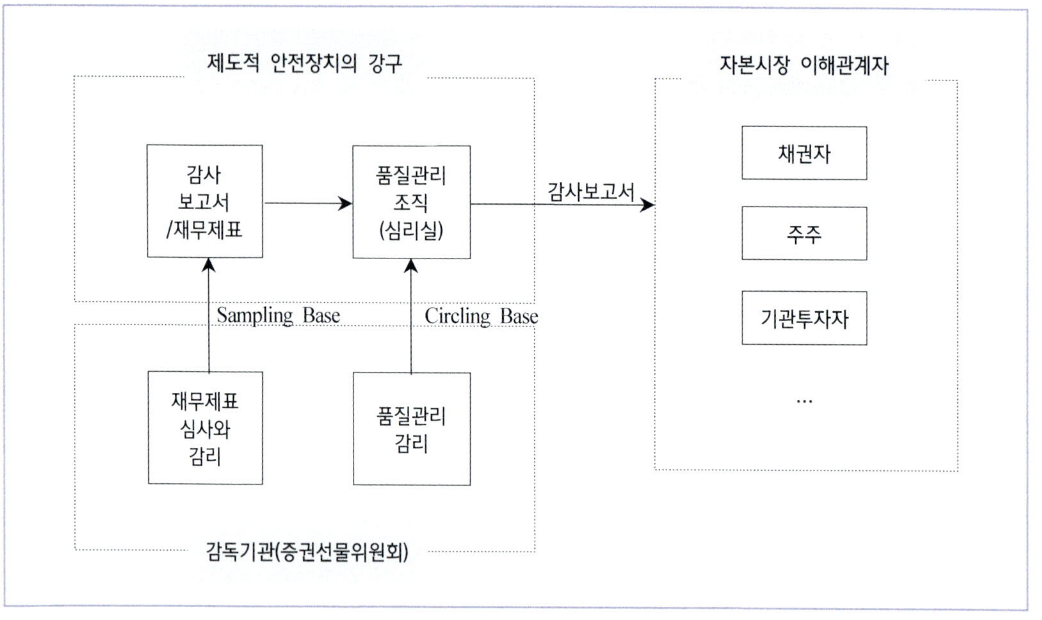

제2절 감사인 자체 품질관리

2.1 개 요

아래의 외부감사법 제17조(품질관리기준)에 따르면 회계법인은 감사품질 관리에 대한 정책과 절차를 포함하는 품질관리시스템을 구축하고 유지하여야 한다.

외부감사법 제17조(품질관리기준)

제17조(품질관리기준) ① 감사인은 감사업무의 품질이 보장될 수 있도록 감사인의 업무설계 및 운영에 관한 기준(이하 "품질관리기준"이라 한다)을 준수하여야 한다.

② 품질관리기준은 한국공인회계사회가 감사업무의 품질관리 절차, 감사인의 독립성 유지를 위한 내부통제 등 감사업무의 품질보장을 위하여 필요한 사항을 포함하여 대통령령으로 정하는 바에 따라 금융위원회의 사전승인을 받아 정한다.

③ 감사인의 대표자는 품질관리기준에 따른 업무설계 및 운영에 대한 책임을 지며, 이를 담당하는 이사 1명을 지정하여야 한다.

감사인은 품질관리기준 등에 따라 품질관리제도를 수립할 때 다음과 같은 6가지 구성요소 별로 정책과 절차를 설계하여 운영하여야 한다.

- 회계법인 내 품질에 대한 리더십 책임-회계법인의 경영진 등 감사업무의 품질관리를 위한 제도를 만들고 운영하는 자의 책임
- 관련 윤리적 요구사항-감사인의 독립성 등 윤리적 요구사항을 준수하는데 필요한 내부통제 방안
- 의뢰인 관계 및 특정 업무의 수용과 유지-감사대상 회사의 위험에 대한 평가 등 감사업무를 맡고 유지하는데 필요한 내부통제 방안
- 인적자원-감사업무수행 인력 및 감사업무의 품질관리 인력의 운영
- 업무의 수행-감사업무의 품질관리에 필요한 업무방식
- 모니터링-상기 사항을 지속적으로 점검하고 평가하는 업무와 관련된 사항

참고로 품질관리기준은 「외부감사법」 제17조에 따라 한국공인회계사회가 금융위원회의 승인을 얻어 정하며, 감사인의 업무설계 및 운영에 관한 기준으로서 감사업무의 품질관리 절차, 감사인의 독립성 유지를 위한 내부통제 등 감사업무의 품질보장을 위하여 필요한 사항을 포함한다.

2.2 감사품질관리의 6요소

(1) 회계법인내 품질에 대한 리더십 책임

회계법인은 품질이 업무수행시 핵심이라는 것을 인식할 수 있는 내부문화를 촉진할 수 있도록 설계된 정책과 절차를 수립하여야 한다. 이러한 정책과 절차는 회계법인의 최고경영자 (또는 그에 준하는 직위)나 사원총회(또는 그에 준하는 기구)가 회계법인의 품질관리시스템에 대한 궁극적인 책임을 지도록 요구하여야 한다.

외부감사법에 따라 실시되는 감사업무를 수행하는 회계법인의 대표자는 품질관리기준에 따른 업무 설계 및 운영에 대한 책임을 지며, 이를 담당하는 이사 1명을 지정하여야 한다.

회계법인은 회계법인의 최고경영자나 사원총회로부터 품질관리시스템의 운영책임을 부여받은 사람이 그 책임을 맡기에 충분하고 적합한 경험과 능력, 그리고 필요한 권한을 갖도록 정책과 절차를 수립하여야 한다.

(2) 관련 윤리적 요구사항

1) 개 요

회계법인은 회계법인 및 그 구성원이 관련 윤리적 요구사항을 준수하고 있다는 합리적인 확신을 제공하도록 설계된 정책과 절차를 수립하여야 한다. 특히 회계법인은 회계법인과 그 구성원이, 관련 윤리적 요구사항이 요구하는 독립성을 유지하고 있다는 합리적인 확신을 제공하도록 설계된 정책과 절차를 수립하여야 한다.

2) 독립성 정책 및 절차의 목적

독립성에 대한 정책과 절차는 다음 사항을 요구하여야 한다.

(a) 회계법인은 구성원(해당되는 경우, 독립성 요구사항의 적용대상이 되는 다른 사람들 포함)에게 회계법인의 독립성 요구사항을 커뮤니케이션함

(b) 독립성에 대한 위협을 발생시키는 상황이나 관계를 식별 · 평가하고, 안전장치를 적용함으로써 해당 위협을 제거하거나 수용 가능한 수준으로 감소시키는 적합한 조치를 취함. 또는, 적합하다고 판단되고 법규상 해지가 가능한 경우, 해당 계약을 해지함

3) 독립성 준수 판단을 위한 정책 및 절차

회계법인 구성원이 업무에 수행에 앞서 사전적 독립성 준수 여부 판단 목적으로 정책과 절차는 다음 사항을 포함하여야 한다.

(a) 독립성 요구사항에 미치는 전반적인 영향을 회계법인이 평가할 수 있도록 업무수행이사는 의뢰인 업무와 관련된 정보(서비스의 범위 포함)를 회계법인에게 제공한다.

(b) 회계법인의 구성원은 독립성에 위협을 발생시키는 상황이나 관계를 회계법인에게 신속히 통보하여 적합한 조치가 취해질 수 있도록 한다.

(c) 관련된 정보를 축적하고 적합한 구성원에게 커뮤니케이션하여 다음 사항이 가능하도록 한다.

(i) 회계법인과 그 구성원이 독립성 요구사항을 충족하고 있는지 여부를 용이하게 확인할 수 있게 한다.

(ii) 회계법인이 독립성 관련 기록을 유지하고 갱신할 수 있게 한다.

(iii) 수용 가능한 수준을 초과한 독립성 훼손위협에 대해 회계법인이 적합한 조치를 취할 수 있게 한다.

이와 관련하여 회계법인은 관련 윤리적 요구사항에 따라 독립성이 요구되는 모든 구성원으로부터 최소한 연1회 독립성에 대한 정책과 절차를 준수하고 있다는 서면확인서를 받아

야 한다.

4) 독립성 요구사항의 위반 관련 의사소통을 위한 정책 및 절차

회계법인은 독립성 요구사항의 위반을 적절히 식별하여 통보된다는 합리적 확신을 제공하며 이러한 상황을 해결하기 위해 적합한 조치를 취할 수 있도록 다음과 같이 설계된 정책과 절차를 수립하여야 한다.

(a) 구성원들은 자신이 알게 된 독립성 위반을 회계법인에게 신속히 통보하여야 한다.

(b) 회계법인은 이러한 정책과 절차의 위반을 식별한 경우, 다음의 사람들에게 신속히 커뮤니케이션하여야 한다.

(ⅰ) 회계법인과 더불어 독립성 위반에 대처할 책임이 있는 업무수행이사

(ⅱ) 적합한 조치를 취할 필요가 있는 회계법인(적절한 경우 네트워크 회계법인 포함) 내의 다른 관련 구성원 및 독립성 요구사항의 적용 대상자

(c) 필요한 경우, 업무수행이사와 상기 (b)(ⅱ)에서 언급한 다른 개인들은 이 사항을 해결하기 위해 취한 조치를 회계법인에게 신속히 커뮤니케이션하여, 회계법인이 추가적인 조치를 취하여야 하는지 여부를 결정할 수 있도록 한다. (문단 A10 참조)

5) 유착위협의 감소를 위한 정책 및 절차

회계법인은 유착위협의 감소를 위해 다음의 정책과 절차를 수립하여야 한다.

(a) 동일한 상위직 구성원을 장기간 인증업무에 참여시킬 때 발생할 수 있는 유착위협을 수용 가능한 수준으로 감소시키기 위한 안전장치의 필요성을 결정하는 기준을 설정함

(b) 상장기업의 재무제표감사의 경우, 관련 윤리적 요구사항에 따라, 명시된 기간이 경과한 후에는 업무수행이사와 업무품질관리검토에 책임을 지는 개인, 그리고 해당되는 경우, 기타 교체대상자를 교체하도록 요구함

외부감사법에 따라 실시되는 감사업무의 경우, 회계법인은 업무수행이사 등이 외부감사법에 따라 교체된다는 합리적인 확신을 제공하도록 설계된 정책과 절차를 수립하여야 한다.

(3) 의뢰인 관계 및 특정 업무의 수용과 유지

1) 의뢰인 관계 및 특정 업무의 수용과 유지의 조건 관련 정책 및 절차

회계법인은 다음 모두에 해당하는 경우에만 의뢰인 관계 및 특정 업무를 수용하고 유지할 것이라는 합리적인 확신을 제공하도록 설계된 정책과 절차를 구축하여야 한다.

(a) 회계법인은 업무수행을 위한 적격성과 업무를 수행할 수 있는 시간과 자원 등 역량을

가지고 있음

(b) 회계법인은 관련 윤리적 요구사항을 준수할 수 있음

(c) 회계법인은 의뢰인의 성실성을 고려하였으며, 성실성이 결여되었다고 결론을 내리게 할 것 같은 정보를 가지고 있지 아니함

2) 의뢰인 관계 및 특정 업무의 수용과 유지 결정 위한 정책 및 절차

(a) 새로운 의뢰인과 업무를 수용하기 전, 기존의 업무를 유지할 것인지 여부를 정할 때, 그리고 기존 의뢰인과의 새로운 업무를 수용할 것인지를 고려할 때, 회계법인은 해당 상황에서 필요하다고 생각한 정보를 입수함

(b) 새로운 의뢰인이나 기존 의뢰인의 업무를 수용할 때 잠재적인 이해상충이 식별된 경우, 회계법인은 해당 업무를 수용하는 것이 적합한지 여부를 결정함

(c) 이슈가 식별되었음에도 회계법인이 의뢰인 관계나 특정 업무를 수용하거나 유지하기로 정한 경우, 회계법인은 이러한 이슈가 어떻게 해결되었는지를 문서화함

(4) 인적 자원

1) 인적자원 정책 및 절차의 목적

회계법인은 다음 사항에 필요한 적격성과 역량을 갖추고 윤리원칙을 준수하는 충분한 인력을 보유하고 있다는 합리적 확신을 제공하도록 설계된 정책과 절차를 수립하여야 한다.

(a) 전문직 기준과 해당 법규의 요구사항에 따라 업무를 수행함

(b) 회계법인이나 업무수행이사가 해당 상황에 적합한 보고서를 발행할 수 있도록 함

2) 업무배정 정책 및 절차의 목적

업무팀의 배정은 업무수행이사의 배정과 구성원 배정으로 나눌 수 있다. 먼저 업무수행이사의 배정 관련하여, 다음 사항을 요구하는 정책과 절차를 수립하여야 한다.

(a) 업무수행이사의 성명과 역할을 의뢰인의 경영진의 핵심구성원과 지배기구에게 커뮤니케이션함

(b) 업무수행이사는 그 역할을 수행하기 위한 적격성, 역량 및 권한을 가짐

(c) 업무수행이사의 책임은 명확히 정의되고 있으며 해당 업무수행이사에게 커뮤니케이션됨

또한 다음 사항을 위해 필요한 적격성과 역량을 보유한 적합한 구성원에게 업무를 배정하는 정책과 절차를 수립하여야 한다.

(a) 전문직 기준과 해당 법규의 요구사항에 따라 업무를 수행함

(b) 회계법인이나 업무수행이사가 해당 상황에 적합한 보고서를 발행할 수 있도록 함

(5) 업무의 수행

1) 업무 수행 관련 정책 및 절차의 내용

회계법인은 전문직 기준과 해당 법규의 요구사항에 따라 업무가 수행되며, 회계법인이나 업무수행이사가 상황에 적합한 보고서를 발행한다는 합리적 확신을 제공할 수 있도록 설계된 정책과 절차를 수립하여야 한다. 이러한 정책과 절차에는 다음 사항이 포함되어야 한다.

(a) 업무수행품질의 일관성을 향상시키는 것과 관련된 사항
(b) 감독책임
(c) 검토책임

회계법인의 검토책임에 관한 정책과 절차는 경험이 부족한 팀원의 업무를 보다 숙련된 팀원이 검토한다는 것에 기초하여 결정되어야 한다.

2) 자 문

업무 수행 시 필요한 경우 제3자의 자문을 받을 수 있다는 다음과 같은 합리적 확신을 제공하도록 설계된 정책과 절차를 수립하여야 한다.

(a) 어렵거나 논쟁의 여지가 있는 사항에 대하여 적합한 자문이 이루어짐
(b) 적합한 자문이 이루어질 수 있도록 충분한 자원이 이용 가능함
(c) 이러한 자문의 성격과 범위, 그리고 해당 자문에 따른 결론이 문서화되며, 이에 대하여 자문을 구하는 사람과 자문을 제공한 사람이 모두 동의함
(d) 자문에 따른 결론이 실행됨

3) 업무품질관리검토 수행 대상

회계법인은 적합한 업무에 대해서, 보고서를 작성할 때 업무팀이 내린 유의적 판단과 도달한 결론에 대한 객관적인 평가를 제공하는 업무품질관리검토 대상에 대한 다음과 같은 정책과 절차를 수립하여야 한다.

(a) 모든 상장기업 재무제표감사(외부감사법에 따른 재무제표 감사의 경우, 해당 상장기업 내부회계관리제도에 대한 감사 또는 검토를 포함함)에 대해서 업무품질관리검토를 요구함
(b) 상장기업 재무제표 감사 외의 모든 역사적 재무정보에 대한 감사와 검토, 기타 인증업무 및 관련 서비스 업무에 대하여 업무품질관리검토를 수행하여야 하는지 여부를

결정하기 위한 평가기준을 정함

(c) 상기 (b)에 따라 정해진 기준을 충족하는 모든 업무에 대하여 업무품질관리검토를 요구함

회계법인은 업무품질관리검토의 성격, 시기 및 범위를 정하는 정책과 절차를 수립하여야 한다. 이러한 정책과 절차는 보고서일자가 업무품질관리검토 전의 일자가 되지 않도록 요구하여야 한다.

4) 업무품질관리검토 수행 내용

회계법인은 업무품질관리검토의 수행에 다음 사항이 포함되도록 요구하는 정책과 절차를 수립하여야 한다.

(a) 유의적 사항을 업무수행이사와 토의

(b) 재무제표 또는 기타 인증대상정보 그리고 보고서 초안을 검토

(c) 업무팀이 내린 유의적 판단 및 도달된 결론과 관련된 일부 업무문서를 선정하여 검토

(d) 보고서를 작성할 때 도달된 결론을 평가하고 보고서 초안이 적절한지 여부를 고려

상장기업의 재무제표감사의 업무품질관리검토시 추가적으로 다음 사항에 대한 고려도 포함하도록 요구하는 정책과 절차를 수립하여야 한다.

(a) 특정 업무와 관련된 회계법인의 독립성에 대한 업무팀의 평가

(b) 의견의 차이가 있는 사항 혹은 어렵거나 논쟁의 여지가 있는 사항에 대하여 적합한 자문이 있었는지 여부 및 그러한 자문으로부터 도출된 결론

(c) 검토를 위해 선정된 문서가 유의적 판단과 관련하여 수행된 업무를 반영하고 있으며, 도달한 결론을 뒷받침하는지 여부

5) 업무품질관리검토자의 적격성 기준

회계법인은 다음 사항을 통해 업무품질관리검토자의 선임을 다루고 이들의 적격성을 확립하기 위한 정책과 절차를 수립하여야 한다.

(a) 해당 역할 수행을 위해 요구되는 기술적 자격 (필요한 경험과 권한 포함)

(b) 업무품질관리검토자로서의 객관성을 훼손하지 않으면서 해당 업무에 대한 자문에 응할 수 있는 정도

6) 업무품질관리검토의 문서화

회계법인은 다음에 관한 문서화를 요구하는, 업무품질관리검토의 문서화에 관한 정책과 절차를 수립하여야 한다.

(a) 업무품질관리검토에 대한 회계법인의 정책에서 요구되는 절차를 수행하였음
(b) 업무품질관리검토는 보고서일 이전에 완료되었음
(c) 검토자는 업무팀이 내린 유의적 판단과 도달된 결론이 적합하지 않았다고 판단할 만한 어떠한 미해결 사항도 인지하고 있지 아니함

7) 의견의 차이

회계법인은 업무팀 내부의 의견차이, 자문수행자의 의견차이, 그리고 해당되는 경우 업무수행이사와 업무품질관리검토자간 의견차이를 다루고 해결하기 위한 정책과 절차를 수립하여야 한다. 이러한 정책과 절차는 다음 사항을 요구하여야 한다.

(a) 도달된 결론은 문서화되고 실행됨.
(b) 보고서일자를 해당 사항이 해결되기 전의 일자로 하지 않음.

8) 업무문서화

회계법인은 해당 업무의 보고서가 확정된 후 업무팀이 적시에 최종업무파일의 취합을 완료하도록 하는 정책과 절차를 수립하여야 한다. 또한 회계법인은 업무문서의 비밀유지, 안전한 보관, 무결성, 접근성 및 재생가능성을 유지할 수 있도록 설계된 정책과 절차를 수립하여야 한다.

회계법인은 회계법인의 필요나 법규의 요구사항을 충족할 수 있는 충분한 기간 동안 업무문서를 보존하는 정책과 절차를 수립하여야 한다. 외부감사법에 따라 실시되는 감사업무를 수행하는 경우, 해당 업무문서를 감사종료 시점부터 8년간 보존 관리한다.

(6) 모니터링

1) 회계법인의 품질관리정책과 절차에 대한 모니터링

회계법인은 품질관리시스템과 관련된 정책과 절차가 관련성이 있고 적절하며 효과적으로 운영되고 있다는 합리적 확신을 제공하도록 설계된 모니터링 절차를 수립하여야 한다. 모니터링 절차는 다음 사항을 포함하여야 한다.

(a) 회계법인의 품질관리시스템에 대한 지속적인 고려와 평가를 포함함(주기적으로 각 업무수행이사마다 최소한 1개의 완료된 업무에 대한 검사를 포함)
(b) 회계법인에서 모니터링 절차를 수행하기에 충분하고 적합한 경험과 권한을 가진 파트너(들) 혹은 다른 사람들에게 해당 책임이 배정되도록 요구함
(c) 업무수행자나 업무품질관리검토자가 해당 업무 검사에 관여하지 못하도록 함

2) 식별된 미비점에 대한 평가, 커뮤니케이션 및 해결

회계법인은 모니터링 절차의 결과로 발견된 미비점의 영향을 평가하여야 하며, 이들이 다음 중 하나에 해당되는지 여부를 결정하여야 한다.

(a) 회계법인이 전문직 기준과 해당 법규의 요구사항을 준수하고 있으며 회계법인이나 업무수행이사가 발행하는 보고서가 해당 상황에 적합하다는 합리적 확신을 제공하기에 회계법인의 품질관리시스템이 불충분함을 반드시 나타내는 것은 아닌 경우

(b) 신속한 시정조치를 요구하는, 체계적이거나 반복적이거나 혹은 기타 유의적인 미비점

회계법인은 모니터링 절차의 결과로 발견된 미비점과 적합한 개선조치를 위한 권고사항을 관련 업무수행이사와 적절한 타 구성원들에게 커뮤니케이션하여야 한다. 발견된 미비점에 대한 적합한 개선조치 권고사항에는 다음 중 하나 이상이 포함되어야 한다.

(a) 개별 업무나 개별 구성원에 대한 적합한 개선조치를 취함

(b) 발견사항을 교육 훈련 및 전문성 개발 업무 책임자와 커뮤니케이션함

(c) 품질관리정책과 절차를 변경함

(d) 회계법인의 정책과 절차를 준수하지 못한 사람(특히 반복적 미준수자)에게 징계 조치를 내림

회계법인은 업무수행이사와 회계법인 내 다른 적합한 개인들(회계법인의 최고경영자 또는 적합한 경우 사원총회 포함)에게 품질관리시스템에 대한 모니터링 결과를 최소한 연 1회 커뮤니케이션하여야 한다. 이러한 커뮤니케이션은 회계법인과 해당 개인들이 필요시 자신들의 역할과 책임에 따른 신속하고 적합한 조치를 취할 수 있도록 하는데 충분하여야 한다. 커뮤니케이션할 정보에는 다음 사항이 포함되어야 한다.

(a) 수행한 모니터링 절차에 대한 설명

(b) 모니터링 절차로부터 도출된 결론

(c) 해당 사항이 있는 경우, 체계적이거나 반복적이거나 혹은 기타 유의적인 미비점에 대한 설명과 이러한 미비점을 해결하거나 시정하기 위하여 취한 조치에 대한 설명

또한 회계법인은 다음 사항을 적절히 다루고 있다는 합리적인 확신을 제공하도록 설계된 정책과 절차를 수립하여야 함

(a) 회계법인이 수행한 업무가 전문직 기준과 해당 법규의 요구사항을 준수하지 못하고있다는 고충과 진정

(b) 회계법인의 품질관리시스템을 준수하지 않는다는 주장

(7) 요약 : 사전심리와 사후심리

감사인(회계법인) 차원에서의 품질관리 활동의 핵심은 사전심리(업무품질관리검토)와 사후심리(모니터링)이다.

사전심리는 감사보고서 발행 전 감사업무 수행과정에서의 중요한 판단사항 및 감사보고서 작성 내용을 감사조서, 증빙자료 등에 따라 객관적으로 평가하여 감사의견에 흠결이 없도록 하는 품질관리 활동으로 다음의 업무를 모두 포함한다.

- 중요한 판단사항과 관련되어 수행된 업무 및 결론을 뒷받침하는 근거를 감사조서에 포함하고 있는지 확인
- 의견의 차이 등으로 자문이 이루어진 경우 그 자문결과에 대한 이행 여부의 확인
- 업무수행 과정에서 파악된 왜곡표시사항 및 미반영수정사항 등에 대하여 감사대상회사의 경영진 및 내부감시기구 등에 보고하였는지 여부를 확인
- 감사업무 관련 독립성 평가
- 발행할 보고서의 적절성 확인
- 주요 감사단계별(감사계획, 중간감사, 기말감사 등)로 중요한 회계감사 관련 이슈 및 의견 차이를 적시에 해결토록 논의

사후심리는 감사보고서 발행 후 수행한 감사업무가 회계 및 감사 관련 법규, 기준 및 회계법인의 품질관리정책, 기준, 절차 등을 적절히 준수하여 이루어졌는지 검토 확인하는 품질관리업무를 의미한다.

제3절 감독기관에 의한 품질관리

3.1 개 요

외부의 감독기관에 의한 품질관리를 감리라고 하며 감리에는 ① 재무제표심사와 감리제도와 ② 품질관리 감리제도가 있다. 감리는 다음의 법률에 근거한다.

외부감사법 제26조(증권선물위원회의 감리업무 등)

제26조(증권선물위원회의 감리업무 등) ① 증권선물위원회는 재무제표 및 감사보고서의 신뢰도를 높이기 위하여 다음 각 호의 업무를 한다. 1. 제23조 제1항에 따라 감사인이 제출한 감사보고서에 대하여 제16조에 따른 회계감사기준의 준수 여부에 대한 감리 2. 제23조 제3항에 따라 회사가 제출한 재무제표에 대하여 제5조에 따른 회계처리기준의 준수 여부에 대한 감리 3. 감사인의 감사업무에 대하여 제17조에 따른 품질관리기준의 준수 여부에 대한 감리 및 품질관리수준에 대한 평가 4. 그 밖에 대통령령으로 정하는 업무

감리를 수행하는 감독기관은 증권선물위원회이다. 다만 일부는 한국공인회계사회에 위탁하여 실시하고 있다. 감사보고서감리의 경우 증권선물위원회는 주권상장법인에 대한 감리를 직접 실시하되 비상장법인에 대해서는 한국공인회계사회에 위탁하여 감리를 실시하고 있다. 품질관리감리의 경우 감사인의 증권선물위원회는 대규모 감사인에 대한 감리를 직접 실시하되 소규모 감사인에 대해서는 한국공인회계사회에 위탁하여 감리를 실시하고 있다.

[표 11-1] 감독기관에 의한 품질관리 체계

구 분	수행주체	감리대상
재무제표 심사와 감리	증권선물위원회	주권상장법인
	한국공인회계사회	비상장법인
품질관리 감리	증권선물위원회	대규모법인
	한국공인회계사회	소규모법인

3.2 재무제표 심사와 감리

(1) 개 요

재무제표 심사와 감리는 ‘재무제표 심사’와 ‘감리’로 구성된다. 이 때 재무제표 심사는 회사의 재무제표 등에 회계처리기준 위반이 있는지 검토하여 발견된 특이사항에 대한 회사의 소명을 들은 후, 회계처리기준 위반이 있다고 판단되는 경우 재무제표의 수정을 권고하는 업무이다. 감리는 회사의 재무제표 및 감사인의 감사보고서에 대하여 회계처리기준 및 회계감사기준의 준수 여부를 확인하고, 위반사항이 발견된 경우 책임소재를 규명하여 일정한 제재조치 등을 하는 업무이다. 재무제표 심사 후 감리 대상으로 분류되거나, 혐의가 구체적이거나 중대한 경우 즉시 감리를 실시한다.

[그림 11-2] 심사감리업무 절차

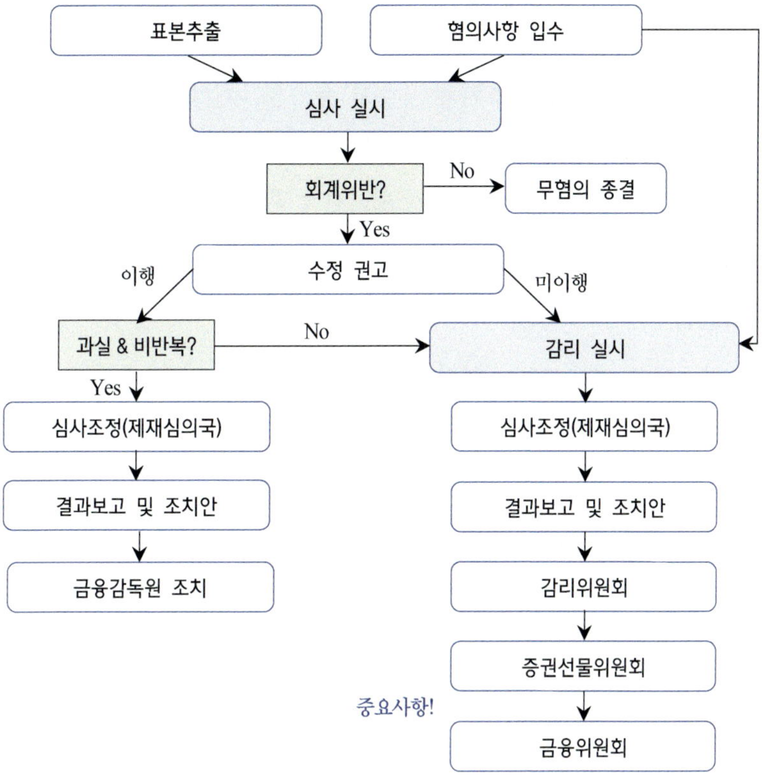

[출처: 법률신문, 2020.6.5]

(2) 재무제표 심사

재무제표 심사는 회사의 재무제표 등에 회계처리기준 위반이 있는지 검토하여 발견된 특이사항에 대한 회사의 소명을 들은 후, 회계처리기준 위반이 있다고 판단되는 경우 재무제표의 수정을 권고하는 업무이다.

2018년 10월 재무제표 심사 제도가 새롭게 도입되었다. 종전에는 외부감사인의 감사보고서 감리를 통해 먼저 발견한 기업의 회계부정 혐의를 규명하는 방식으로 기업의 재무제표를 간접적으로 감독하였으나, 재무제표 심사 제도는 회사의 재무제표를 직접 감독하는 방식이다. 심사는 그 절차와 후속적인 조치가 감리에 비해 간소하기 때문에 감독당국은 더 많은 최근 재무제표를 모니터링할 수 있다. 만약 재무제표 심사 중에 예외적으로 중대한 회계부정이 발견되었다면, 감리를 실시함으로써 추가적인 조치를 취한다.

최근 공시된 재무제표를 모니터링하고 오류가 발견된 경우 신속한 정정을 유도하는 재무제표 심사제도는 미국 등 선진국이 이미 시행하고 있는 방식이다. 미국은 3년 정도의 주기로 상장회사 재무제표를 심사한다. 현재 우리나라 상장회사의 감리 주기가 20년임을 감안할 때, 앞으로 재무제표 모니터링 주기가 상당히 짧아질 것으로 예상된다. 즉, 회사의 최근 재무제표를 감독당국이 들여다볼 빈도와 가능성이 높아졌다는 것을 의미하며, 회계처리기준 위반이 적발될 확률이 높아졌음을 시사한다. 결국 회사의 정확한 재무제표 작성이 더욱 중요해졌다고 할 수 있다

1) 심사 대상 선정

재무제표 심사는 표본 추출 또는 혐의에 기반하여 실시한다. 표본 추출은 계량 및 비계량 분석을 통해 위반가능성이 높다고 판단된 회사, 심사 또는 감리 후 경과기간 등을 고려하여 무작위로 추출된 회사, 중점점검 회계이슈 해당 회사 등을 대상으로 한다. 혐의는 중요성 4배 이상 금액 또는 최근 5년 3회 이상 오류수정이 있는 회사, 제보 또는 중앙행정기관(검찰 등)의 감리 의뢰가 있는 회사, 금감원의 다른 업무수행 중 위반혐의가 발견된 회사 등이 해당된다. 단, 혐의가 구체적이거나 중대한 경우 곧바로 감리를 실시한다.

2) 심사 실시

감독당국은 DART 공시 자료, 한국신용정보원 신용정보, KIS Line 기업정보 등을 통해 회사에 대한 기초 자료를 수집하고 필요한 경우 회사에 요청하여 혐의나 특이사항 관련자료 및 소명자료 등을 입수한다. 그리고 이러한 자료를 바탕으로 회계위반 여부를 판단한다. 이때 주석의 충실한 기재여부도 심사 대상임에 유의해야 한다. 따라서 회사는 재무제표에 반영되는 회계처리의 적정성이나 수치의 정확성뿐만 아니라 주요 계정에 관한 주석이 회계기준 및 금융감독원 제시 모범사례에 따라 작성되었는지를 점검해 보아야 한다.

3) 수정 권고 및 결과 처리

회계위반이 발견된 경우 금융감독원은 회사에 회계위반 판단 내용 및 근거 등을 통지하여 수정을 권고한다. 심사 전이나 심사 중에 회사가 자진수정한 경우에는 동 절차를 생략할 수 있다. 회사는 수정권고 내용에 대해 자체적인 검토 및 외부감사인과의 협의를 거쳐 반영 여부를 결정하고, 검토 및 협의 내용과 이행 결과 등을 금융감독원에 제출한다. 만약 회사가 기한 내에 수정 권고를 이행하지 않거나, 합리적 이행계획 등을 제출하지 않는 경우 감리를 실시한다.

4) 심사결과 조치

심사 결과, 다음 중 어느 하나에 해당하는 경우에는 감리를 실시한다.

- 회계처리기준 위반사항이 고의 또는 중과실
- 과거 5년내 경고를 2회 이상 받은 후 재위반 발견시
- 금융감독원의 수정 권고를 회사가 이행하지 않는 경우

그 외의 사항은 수정 권고 이행시 금융감독원장의 경조치(경고 또는 주의)로 종결된다. 조치 예정일 10일 전까지 회사에 사전통지서가 송부되며, 금융감독원 내 협의, 보고, 승인 과정을 통해 조치가 확정된다. 그리고 확정된 조치의 내용과 사유 및 조치에 대한 불복절차 등을 피조치자에게 통지하여 조치를 시행한다.

(3) 감 리

감리는 회사의 재무제표 및 감사인의 감사보고서에 대하여 회계처리기준 및 회계감사기준의 준수 여부를 확인하고, 위반사항이 발견된 경우 책임소재를 규명하여 일정한 제재조치 등을 하는 업무이다. 재무제표 심사 후 감리 대상으로 분류되거나, 혐의가 구체적이거나 중대한 경우 즉시 감리를 실시한다.

또한, 외부감사법의 개정으로 내부회계관리제도에 대한 인증 수준이 감사로 강화되어, 내부회계관리제도에 대해서도 감리를 실시할 수 있다. 재무제표 심사 또는 감리를 수행하는 과정에서 발견된 회계처리기준 위반이 회사의 내부회계관리규정 위반에 기인한다고 판단되는 경우, 직전 사업연도의 감사보고서에서 회사의 내부회계관리제도에 취약사항이 있다는 감사의견 또는 검토의견을 제시한 경우가 이에 해당한다. 감리 과정은 종전과 동일하며 주요 내용은 다음과 같다.

1) 감리 실시

감리에 착수하면 감독당국은 회사의 회계 관련 장부와 서류를 열람하고 업무와 재산 상태를 조사할 수 있으며, 외부감사인에게 감사조서 등의 열람 및 제출을 요구할 수 있다. 필요한 경우에는 실사 등 현장 감리도 가능하다.

위반사항이 발견되지 않은 경우 무혐의로 감리가 종결되며, 위반사항이 발견된 경우 사실관계를 확인하고 소명할 기회를 제공하기 위하여 문답을 실시하거나 질문서를 발송한 후 답변서를 받아 검토한다.

2) 감리 결과 처리 및 조치

감독당국은 회사, 외부감사인 등 당사자에게 위반에 관한 사실 관계, 조치 내용 등을 사전통지한다. 그리고 감리위원회가 조치안을 심의하며 증권선물위원회에서 조치안을 의결한다. 당사자는 조치가 취해지기 전에 금융위원회 위원장, 증권선물위원회 위원장, 감리위원회 위원장 또는 감독당국에 문서 및 구두로 감리 결과에 대한 의견을 제출할 수 있다.

(4) 심사 · 감리 결과 조치양정기준에 의한 제재

1) 감리결과 근거 조치의 프로세스

증권선물위원회는 감리를 수행한 결과에 기초하여 회사, 회사의 임원, 감사인 등을 조치하고 부과할 과징금을 결정한다. 이를 위해 회계처리위반의 유형, 동기, 중요도와 가중 · 감경 사유를 고려하며, 그 세부적인 내용은 외부감사 및 회계 등에 관한 규정 시행세칙 (별표 1)에서 정하고 있다. 감리결과 근거 조치의 프로세스는 다음과 같이 요약할 수 있다.

[그림 11-3] 감리결과 근거 조치의 프로세스

위법동기의 결정 (3단계)	위반동기	고의, 중과실 또는 과실로 판단
위반행위의 중요도 결정 (5단계)	위반유형	재무제표에 미치는 형태를 4개의 유형으로 분류(A · B · C · D 유형)*
	양적요소	계량적인 위반정도인 규모비율을 계산하여 5단계로 분류(I · II · III · IV · V단계)
⇓		
기본조치의 결정	중요도에 따라 5단계의 조치양정표에서 기본조치 결정	
⇓		
가중 · 감경	가중 · 감경사유가 있는 경우 1단계를 가중 · 감경하되, 질적중요성, 위반행위의 발생원인 등을 감안하여 2단계 이상 조정 가능	
⇓		
감리결과 조치안 결정	회 사	검찰고발, 검찰통보, 임원해임권고, 과징금, 증권발행제한, 감사인지정 등
	감사인	등록취소, 업무정지, 손해배상기금 추가적립, 감사업무제한, 경고, 감사인 지정제외 점수부과 등
	회계사	등록취소, 직무정지, 감사업무참여제한, 경고, 주의, 직무연수 등

참고로 위반유형은 다음과 같이 분류한다.

가. 위법행위가 당기손익 또는 자기자본에 영향을 미치는 경우(이하 "A유형"이라 한다.)

나. 위법행위가 당기손익이나 자기자본에는 영향이 없으나 자산 · 부채의 과대 · 과소계상, 수익 · 비용의 과대 · 과소계상, 영업활동으로 인한 현금흐름의 과대 · 과소계상, 영업 · 비영업손익간 계정재분류, 유동 · 비유동항목간 계정재분류에 영향을 미치는 경우(이하 "B유형"이라 한다)

다. 위법행위가 다음 1)부터 3)까지의 각 항목과 관련한 주석사항인 경우(이하 "C유형"이라 한다)

1) 특수관계자 거래

2) 타인을 위한 담보제공, 질권설정, 지급보증 등으로 인하여 발생가능한 자산의 사용이나 처분의 제한 또는 우발부채(다만, 관련 채무잔액의 130% 이내 금액에 한하고, 관련 채무잔액의 130% 초과금액 또는 자신을 위한 담보제공, 질권설정, 지급보증 등과 관련한 금액은 라.에 해당한다)

3) 진행 중인 소송사건 등으로 발생가능한 우발부채

라. 위법행위가 기타 주석사항 및 계정과목 분류 등과 관련된 사항으로서 가.~다.의 사항 이외에 해당하는 경우(이하 "D유형"이라 한다)

2) 조치양정기준 개선사항

현행 조치양정기준은 개정 외부감사법령을 반영하고, 종전 기준에 대한 비판을 수용하여 위반 동기 판단에 세부 요건을 추가하는 등 합리성을 제고하였다. 첫째, 고의적인 위반행위에 대한 제재를 강화하였다. 위반 내용이 비자금 조성, 횡령, 배임 및 자금세탁행위와 관련되거나 위반 사항 수정 시 상장진입요건 미달 또는 상장퇴출요건에 해당하는 경우, 위법행위 관련 금액이 50억원 이상이면 중요성 기준금액 미만이더라도 조치를 부과할 수 있도록 하였다. 또한 자본시장법에 따른 불공정거래와 관련된 위법행위도 고의로 보는 위반행위에 추가하였다. 둘째, 제재의 수용성을 높이기 위해 중과실 판단 기준에 정량적 요소를 비롯한 세부 요건을 명시하였다. 셋째, 정보의 중요성에 따라 위법 유형을 재분류하였다. 예를 들어, 영업 · 비영업손익, 유동 · 비유동항목 간 계정재분류는 위법 유형을 상향 조정하였다. 그 외에도 연결범위 적용 위반에 대한 조치 기준 완화 등이 새롭게 포함되었다. 넷째, 개정된 외부감사법은 회계처리기준 위반 발생 시 관련 당사자 별로 과징금을 부과한다. 고의 또는 중대한 과실로 회계처리기준을 위반한 경우 회계처리기준 위반 금액의 20%를 초과하지 않는 범위에서 회사에 과징금을 부과하고, 회사의 회계업무를 담당하는 자 등이 회사의 위법행위를 알았거나 현저한 주의의무 위반으로 방지하지 못한 경우 회사에 대하여 부과하는 과징금의 10%를 초과하지 않는 범위에서 과징금을 부과한다. 이에 따르면 2014년 대우조선해양의 약 3조5천억원에 달한 분식회계에 대해 부과한 과징금은 45억원에 불과했으나, 새 기준을 적용하면 6천700억원의 과징금을 회사에 부과하는 것이 가능해진다. 외부감사인은 고의 또는 중대한 과실로 회계감사기준을 위반하여 감사보고서를 작성한 경우, 감사보수의 5배를 초과하지 않는 범위에서 과징금을 부과한다. 제척기간은 위반행위가 있었던 때부터 8년이다.

(5) 회계감리절차 선진화 방안

1) 개 요

'감리'란 '회사의 재무제표와 감사인의 감사보고서가 각각 회계처리기준과 회계감사기준에 부합한지 심사 · 조사하고, 위반 시 제재하는 업무'를 말한다. 감리는 회사와 감사인 모두에게 큰 부담으로 작용하지만 분식회계와 부실감사를 예방 및 적발하는 데 기여를 해왔다. 그러나 그 과정에서 감리기간이 지나치게 길고 피조치자의 방어권 보장 문제가 논란이 되었다. 대표적인 예가 지난 3월 ㈜셀트리온 등 3개사에 대한 감리결과 조치였다. 감리기간이 3년 이상 걸려서 감리 조치의 효과가 크지 않으며, 감리과정에서 피조치자의 방어권이 충분히 보장되지 않은 것이 논란이 되었다. 증권선물위원회는 지난 3월 ㈜셀트리온 등에 대한 감리결과 조치를 발표하면서 "감리기간의 지나친 장기화를 방지하고, 금감원 조사단계에서도 피조치자의 방어권이 실질적으로 보호될 수 있도록 개선방안을 마련해 줄 것을 권고"하였고, 이에 따라 2022년 6월 '회계감리절차 선진화 방안'이 발표된 것이다. 감리 조치를 통해 분식회계와 부실감사를 처벌하는 것도 중요하지만 그 과정에서 절차적 정당성을 확보하는 것도 중요하기 때문이다.

2) 회계감리절차 개선방안

첫째, 감리 조사기간을 원칙적으로 1년으로 제한하고, 불가피한 사유로 연장이 필요한 경우에는 금융감독원장의 사전 승인을 받도록 했다. 이는 바람직한 제도개선이지만, 6개월 단위로 추가연장이 가능하게 되어 있어서 과거처럼 감리기간이 지나치게 증가할 가능성도 있다. 국세기본법에 의하면 세무조사 기간은 최소한이 되도록 해야 하며, 법에서 정한 사유에 해당하는 경우에는 예외적으로 세무조사 기간을 연장할 수 있다. 이와 유사하게 감리 조사기간의 연장도 예외적인 경우로 한정하여 운용해야 한다.

둘째, 피조사자의 실질적인 방어권 보장을 위해 대리인이 질의 · 답변의 주요내용을 수기(手記)로 기록하는 행위를 가능하게 하였다. 이는 그동안 피조사자의 대리인도 기록을 하지 못하게 함으로써 피조사자가 본인 진술 내용과 쟁점을 충분히 숙지하지 못하고 감리위원회나 증권선물위원회에서 대응해야 했던 문제점을 해소하기 위한 방안으로서 바람직한 개선방안이다. 분식회계나 부실감사는 엄하게 처벌해야 하지만 그 과정에서 억울한 피해자가 발생하지 않도록 충분한 방어권을 보장해 주어야 하기 때문이다.

셋째, 감리를 수행하는 과정에서 피조사자에게 구두로 요청한 자료에 대하여 3영업일 이내에 문자화된 전자수단 등을 통해 사후 보완하도록 했다. 이는 과거에 감리를 수행하는 과정에서 피조사자에게 구두로 자료를 요청하는 사례가 많았으며, 구두 요청을 하게 되면 구체적인 요구 내용과 범위에 대한 혼선을 유발하거나 피조사자에게 불필요한 자료제출 부담을 가중할 소지가 있는 문제점을 해소하기 위한 것으로서 바람직한 개선방안이다.

3.3 품질관리 감리

(1) 개 요

품질관리감리란 감독기관이 감사인의 감사품질 관리 시스템을 조사하는 것이다. 즉 감독기관이 감사인인 회계법인이 전사 차원에서 품질관리시스템을 적정하게 구축하여 개발 감사업무에 적용되도록 운용을 효과적으로 잘하고 있는지를 조사하는 것이다. 즉 품질관리 감리는 「외부감사법」 제26조 제1항 제3호에 따라, 감사인이 감사업무의 질적 수준 향상 및 유지를 위하여 품질관리시스템을 적절히 설계 · 운영하고 있는지를 점검함으로써 회계감사의 공정한 수행과 감사에 대한 사회적 신뢰를 확보하기 위한 제도이다. 한국공인회계사회는 증권선물위원회로부터 위탁받아 「외부감사법 시행령」 제44조 제4항 제1호에 따라 '주권상장법인 감사인으로 등록된 회계법인'을 제외한 감사인을 대상으로 품질관리 감리를 실시하고 있다.

재무제표 심사 · 감리는 재무제표에 회계처리기준 위반사항이 있는지를 검토하여 발견된 특이사항에 대하여 회사로부터 소명을 들은 후에 위반사항이 있는 경우 수정을 권고하거나(심사), 회계처리 위반가능성이 높은 경우 등에 해당하면 자료제출 요구 또는 의견진술 요구 등을 통해 조사하는(감리) 업무이며, 상기의 심사 · 감리는 특정 재무제표 또는 개별 감사업무에 대하여 점검하는 업무인 반면, 품질관리 감리는 감사인의 감사업무와 관련한 품질관리

정책과 절차의 전반에 대하여 그 구축 및 운영 실태를 종합적으로 점검하는 업무이다.

(2) 품질관리 감리 대상선정 및 감리 수행방법

금융감독원은 외부감사법 시행령 제44조 제2항 제15호에 따라 증권선물위원회로부터 위탁받아 '주권상장법인 감사인으로 등록된 회계법인'('등록회계법인')을 대상으로 품질관리 감리를 실시하고 있으며, 감사인 지정대상 회사의 규모에 따라 지정 가능한 회계법인을 구분하기 위하여 등록회계사 수, 감사업무 매출액, 손해배상 능력 등을 고려하여 '가,나,다,라 및 마군'으로 분류한 '감사인 지정군 분류기준'을 참고하여 소속 공인회계사 수, 감사대상 상장사 수 등에 따라 회계법인의 규모를 분류하고, 규모별 목표 감리주기 또는 외국 회계감독기관의 공동감리 요청 등을 고려하여 연도별 품질관리감리 대상을 선정한다.

감사인의 본점(주사무소)을 직접 방문하여 실시하는 현장감리를 원칙으로 하고 있으며, 관련 법령에 따라 자료의 제출, 의견의 진술 또는 보고 요구 등의 방법을 활용하되, 필요시 경영진 및 관련자에 대한 질의 및 답변 등도 실시한다.

감사인의 품질관리시스템에 개선이 필요하다고 인정되는 사항(개선권고사항)이 있는 경우 감리위원회 심의 및 증권선물위원회 의결을 거쳐확정하며, 그 결과는 해당 감사인에게 통보하고, 외부에도 공개한다. 개선권고사항은 공개를 원칙으로 하되, '경영상 비밀', '경미한 개선권고사항' 등은 예외적으로 비공개한다. 경미한 개선권고사항 여부는 위반행위의 반복여부, 표본검사(Sampling test) 결과 위반정도(건수, 비율 등), 개선여부 및 증권선물위원회 판단 등을 종합적으로 고려하여 판단한다.

제4절 감사품질 제고를 위한 제도

4.1 개 요

(1) 감사품질의 정의와 감사품질 제고방안 개요

감사품질(audit quality)이란 감사인이 전문가적 적격성을 발휘하여 재무제표의 중요왜곡표시를 발견(전문성)하여 이를 감사보고서에 적절히 반영(독립성)하는 수준을 의미하므로, 감사품질을 결정하는 두 가지 요소는 감사인의 전문성과 독립성이라고 언급한 바 있다.

이는 Deangelo의 1981년 논문에 구체화되어 있다. Deangelo의 1981년 논문에 따르면 감사품질(Audit Quality)은 전문가적 적격성(혹은 전문성 : Capability)과 독립성(Independence)의 함수로 설명할 수 있다. 이 때 전문가적 적격성(Capability)은 재무제표 상의 중요왜곡표시(breach)를 발견(Detect)하는 능력을 의미하며, 재무제표 상의 중요왜곡표시(breach)를 발견하려면 회계감사 수행시 적절한 지식(Knowledge)과 정당한 주의의무(Due Care)를 다해야 한다. 반면에 독립성(Independence)은 발견된 재무제표 상의 중요왜곡표시(breach)를 감사보고서에 적절히 반영하는 것을 의미한다.

[그림 11-4] Deangelo(1981)의 감사품질 이론

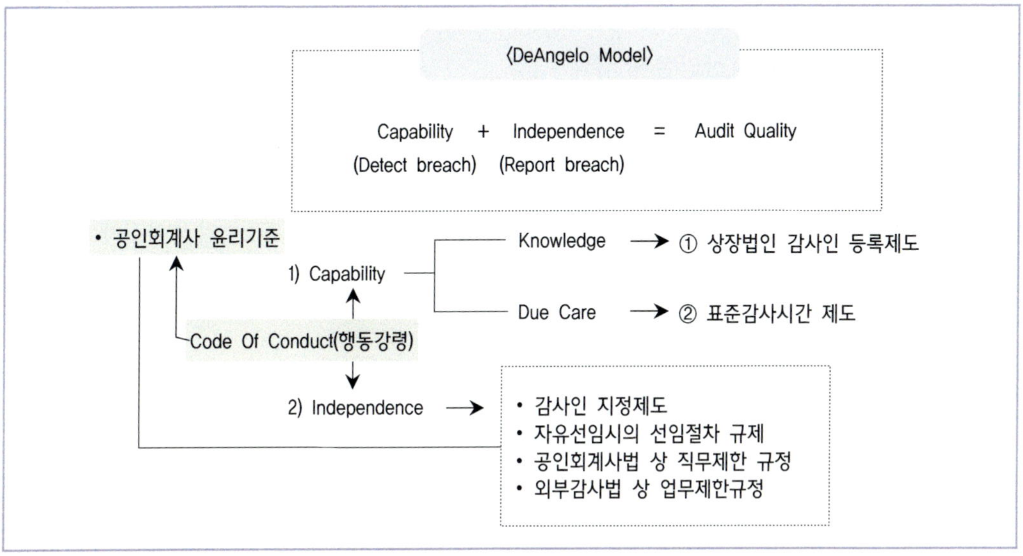

따라서 감사품질을 제고하려면 전문가적 적격성(Capability)과 독립성(Independence)을 제고해야 한다. 한국공인회계사회는 행동강령(Code of Conduct)으로써 공인회계사 윤리기준을 제정하여 전문가적 적격성(Capability)과 독립성(Independence)을 제고하도록 하고 있다. 이러한 공인회계사 윤리기준 외에도 감독 당국은 다양한 제도를 도입하여 감사품질을 제고하고자 노력하고 있다. 이를 감사품질의 요소별로 나누어 다음과 같이 정리해 볼 수 있다.

(2) 전문가적 적격성(Capability) 제고방안

전문가적 적격성(Capability)을 제고하려면 감사인의 지식(Knowledge)과 정당한 주의의무(Due Care)를 강화하는 방안을 고려해야 한다. 이를 위해 감독당국은 다음의 방안을 도

입하고 있다.

- 감사인 지식(Knowledge)제고방안 : 상장법인 감사인 등록제도
- 정당한 주의의무(Due Care) 강화 방안 : 표준감사시간제도

이 제도들에 대해서는 다음 섹션에서 상세히 다루도록 하겠다.

(3) 독립성(Independence) 제고방안

감사인의 독립성(Independence)을 제고하기 위한 다양한 방안이 도입되고 있다. 이는 다음과 같다.

- 감사인 지정제도
- 감사인 자유선임시의 선임절차 규제
- 공인회계사법 상 직무제한 규정
- 외부감사법 상 업무제한 규정

이 제도들 중 앞서 다루지 않은 '상장법인 감사인 등록제도'와 '표준감사시간제도'에 대해 다음 섹션에서 상세히 다룬다.

4.2 상장법인 감사인 등록제도

(1) 배 경

감사인 등록제는 감사인에 대한 행정기관의 평가를 기반으로 시행된다. 따라서 현행 외감법의 배경은 감사인 등록제도 이전부터 실시되던 감독기관의 감사인 평가에서 찾을 수 있다. 외부감사인에 대한 평가는 1997년 증권선물위원회가 감사인에 대하여 조직 및 운영 등에 대한 평가를 실시하면서 시작되었다. 증권선물위원회는 업무의 전부 또는 일부를 금융감독원장 또는 한국공인회계사회(KICPA)에 위탁하였고, 평가대상, 항목 및 배점, 평가시기, 평가 방법, 평가 심의기구의 구성에 관한 사항 등 평가를 위하여 필요한 사항은 KICPA가 증권선물위원회의 승인을 얻어 정하였다. 증권선물위원회는 2001년부터 감사인의 감사업무운영에 관한 감리업무를 실시하였고, 2006년에는 감사업무의 품질 향상을 위한 감사인의 업무설계 및 운영에 관한 감리업무를 도입함으로써 회계감사와 관련된 평가 범위를 확대해 왔다. 이와 같은 증권시장의 관리감독 및 감시를 위한 회계감리 강화의 연장선상에서 2019년에는 상장법인 감사인 등록제도가 도입되었다.

(2) 내 용

주권상장법인을 감사하고자 하는 회계법인은 충분한 인력 · 예산 · 물적설비를 갖추고 감사품질관리를 위한 심리체계 · 보상체계 · 업무방법 등 금융위원회가 정한 등록요건을 갖추어 등록해야 한다. 이를 상장법인 감사인 등록제도라고 한다. 즉 주권상장법인을 감사하고자 하는 회계법인은 등록요건을 갖추고 금융위에 등록해야 하며, 등록전에는 상장법인 감사업무 불가하다. 미국의 경우 PCAOB(Public Company Accounting Oversight Board)라는 기관에서 일정 요건을 만족하는 회계법인이 PCAOB에 등록하고, 등록한 회계법인만만 상장법인을 감사할 수 있게 하고 있는데 미국의 이러한 제도를 도입한 것으로 볼 수 있다. 주권상장법인(이하 "상장법인")은 유가증권시장, 코스닥시장, 코넥스시장에 상장된 주권을 발행한 법인을 의미하며, 상장법인의 경우 보호해야할 이해관계자가 심층적이고 다수이기 때문에 상장법인 등록제도를 통해 감사품질이 확보된 감사인을 통하여 재무제표 감사를 수행하도록 하고 있다.

감사인 등록제에 따라 주권상장법인의 감사인이 되려는 자는 요건을 모두 갖추어 금융위원회에 등록해야 한다. 개정된 외감법 제9조의2(주권상장법인 감사인의 등록 및 취소)는 감사인 등록제의 시행에 관하여 규정한다. 동 법에 따르면 주권상장법인의 감사인은 「공인회계사법에 따라 금융위원회에 등록된 회계법인으로서 감사품질 확보를 위하여 금융위원회가 정한 충분한 인력, 예산, 물적 설비와 감사품질 관리를 위한 사후 심리체계, 보상체계, 업무방법, 그 밖에 금융위원회가 정하는 요건을 모두 갖추어 금융위원회에 등록한 자여야 한다. 외감법 시행령 제11조(주권상장법인 감사인의 등록 및 취소)는 주권상장법인의 감사인이 되려는 자는 등록신청서를 금융위원회에 제출하고, 금융위원회는 등록신청서를 접수하면 등록요건을 모두 갖추었는지를 심사하여 4개월 이내에 등록 여부를 결정하여, 그 결과와 이유를 지체없이 신청인에게 문서로 통지하도록 규정하고 있다. 또한 규정 제8조(주권상장법인 감사인의 등록요건등)는 금융감독원장이 등록신청서 작성에 필요한 서식을 정하고 신청인이 등록요건을 모두 갖추고 있는지 심사하도록 하고 있다. 동 규정에서 명시하는 등록요건은 아래와 같다.

[표 11-2] 상장법인 감사인 등록요건

<table>
<tr><th>구 분</th><th colspan="5">등록요건(요약)</th></tr>
<tr><td rowspan="8">1.
인 력</td><td colspan="5">가. 감사가능 등록회계사 수 : 상시 근무 40명 이상(단, 지방회계법인은 20명 이상)</td></tr>
<tr><td colspan="5">나. 대표이사 경력기간 : 10년 이상</td></tr>
<tr><td colspan="5">다. 품질관리업무 담당이사 경력기간 : 7년 이상</td></tr>
<tr><td colspan="5">라. 품질관리업무 담당이사와 품질관리업무 담당자는 품질관리업무만을 수행</td></tr>
<tr><td colspan="5">마. 품질관리업무 담당자 수(경력 5년 이상 회계사로 품질관리업무만 전담)</td></tr>
<tr><td>감사가능
등록회계사 수</td><td>40~70</td><td>71~100</td><td>101~300</td><td>301~</td></tr>
<tr><td>품질관리업무
담당자의 수</td><td>1명 이상</td><td>2명 이상</td><td>2명 + 100명 초과인원
× 2% 이상(소수점 이하 절사)</td><td>6명 + 300명 초과인원 × 1%
이상(소수점 이하 절사)</td></tr>
<tr><td colspan="5"></td></tr>
<tr><td rowspan="6">2.
물적 설비
및
업무 방법</td><td colspan="5">가. 통합관리체계(인사, 자금, 회계, 내부통제, 감사업무수임, 품질관리 등 경영전반) 구축 운영</td></tr>
<tr><td colspan="5">나. 지배구조의 건전성 및 의사결정의 투명성(대표이사 등을 효율적으로 견제)</td></tr>
<tr><td colspan="5">다. 독립성 점검 · 관리 체계 구축 · 운영</td></tr>
<tr><td colspan="5">라. 감사업무 수행이사 선정 절차 및 방법의 공정성, 투명성, 합리성</td></tr>
<tr><td colspan="5">마. 감사업무시간 관리체계 구축 · 운영</td></tr>
<tr><td colspan="5">바. 감사업무 관련 정보(감사조서 등)의 관리체계 구축 · 운영</td></tr>
<tr><td rowspan="5">3.
심리체계</td><td colspan="5">가. 심리담당자 자격요건 : 독립성과 전문성을 갖춘 경력5년 이상 공인회계사</td></tr>
<tr><td colspan="5">나. 심리 대상 · 범위 · 방법 · 절차, 심리담당자 자격요건, 권한 및 책임 등 규정화</td></tr>
<tr><td colspan="5">다. 필수 사전심리대상 : 주권상장법인, 대형비상장, 금융회사, 감사인 지정회사 등</td></tr>
<tr><td colspan="5">라. 사후심리 : 감사업무 수행이사 중 30% 이상</td></tr>
<tr><td colspan="5">마. 심리결과 문서화 : 감사의견에 영향을 미치는 중요사항에 대한 검토내용</td></tr>
<tr><td rowspan="2">4.
보상
체계</td><td colspan="5">가. 이사 성과평가 : 감사업무 품질평가지표[1] 비중을 70% 이상
• [1]금융위, 증선위 등 조치 유무, [2]심리결과 및 내부규정 준수여부, [3]투입시간, 독립성점검결과, [4]교육시간, [5]함께 감사업무 수행한 자의 설문조사 결과 등을 포함하여 회계법인이 자율결정</td></tr>
<tr><td colspan="5">나. 품질관리업무 담당자 평균연봉 : 소속 회계사 평균 연봉 이상</td></tr>
</table>

상장법인 감사인 등록제도의 핵심은 회계법인이 체계적인 품질관리업무 체계를 구축해야 한다는 것이다. 품질관리업무는 외감법 제17조에 따른 품질관리기준에서 정의하는 품질관리시스템의 설계 구축 운용과 관련된 다음의 업무를 의미한다.

- 품질관리 제도의 설계 및 관리
- 감사보고서 발행 전 · 후 심리 : 사전심리와 사후심리
- 법령 등 · 회계처리기준 · 회계감사기준 · 품질관리기준 등 외부감사 시 준수해야할 사

항에 관한 자문

- 감사 업무 수임 건의 감사위험 유무 확인 등 타당성 검토
- 품질관리 관련 교육훈련 기획 및 운영
- 감리 결과의 조치사항에 대한 이행상태 점검
- 감사조서 관리
- 그밖에 등록요건 유지 등 품질관리에 관한 업무

이 때 사전심리는 감사보고서 발행 전 감사업무 수행과정에서의 중요한 판단사항 및 감사보고서 작성 내용을 감사조서, 증빙자료 등에 따라 객관적으로 평가하여 감사의견에 흠결이 없도록 하는 품질관리 활동을 의미한다. 반면에 사후심리는 감사보고서 발행 후 수행한 감사업무가 회계 및 감사 관련 법규, 기준 및 회계법인의 품질관리정책, 기준, 절차 등을 적절히 준수하여 이루어졌는지 검토 확인하는 품질관리 업무이다.

(3) 미국의 감사인 등록제도

상장기업 감사인 등록제도는 이미 미국에서도 시행되고 있다. 따라서 감사인 등록제도의 실효성 있는 개선 방안을 모색하기 위하여 미국의 감사인 등록제도를 살펴볼 필요가 있다.

Sarbanes-Oxley Act(2002)에 따라 미국 상장법인회계감독국(PCAOB, Public company accounting oversight board)에 등록하지 않은 회계법인은 미국 내 공개기업에 대한 감사보고서를 발행할 수 없다. PCAOB는 등록회계법인의 감사관련 서류와 품질관리에 대한 검사를 실시하며, 검사 결과 적발된 법규위반행위에 대해서는 조사 또는 제재를 한다. 감독기관이 등록된 감사인에 대해서 감사품질을 감독하고 관리한다는 점은 한국과 비슷하다. 그러나 PCAOB의 감사인 등록제는 외감법의 감사인 등록제와는 성격이 다르다. <표 2>의 PCAOB 감사인 등록신청 시 제출서류 및 등록 절차에는 감사품질 관련 준수사항이 규정되어 있지 않다). 즉, 세부내용에서 알 수 있듯이 PCAOB 감사인 등록신청 요건은 회계법인 조직에 대한 개요 정도만을 요구하고 있다는 점에서 한국의 감사인 등록제도와 상이하다.

PCAOB에 등록된 일부 회계법인은 2004년 등록 이후 매년 회계법인의 일반현황, 미국 상장회사에 대한 감사보수 등을 정기적으로 보고하고 있으나 별도의 등록 유지를 위한 심사를 받은 적은 없다고 밝혔다. 감사품질과 관련된 일정 요건을 준수하는 것이 등록감사인 지위를 유지하는 조건이 아님을 알 수 있다. 감독권을 확보할 목적으로 등록신청 시 징구하는, 회계법인 및 관계자에 대해 감사업무와 관련하여 취득한 정보를 제출하도록 요구하

기 위한 PCAOB 업무에 대한 협조동의서를 제외하면, 여타의 제출서류는 사실의 확인을 위한 문서로 특정 요건을 충족할 것을 규정하지 않는다.

[표 11-3] PCAOB 등록신청에 관한 세부내용

구 분	등록요건(요약)
첨부서류	• 법인명, 연락처, 주소, 조직도 등 개요 • 전년도 및 당해연도 감사대상 회사명, 감사보고서일, 감사보수, 기타 비감사용역보수 • 품질관리 정책에 대한 설명 • 형사, 민사, 행정조치 내역 및 진행 중인 민사소송 • 감사대상 증권발행인과의 회계상 의견 불일치 내용에 대한 설명 • 감사업무참여 공인회계사명, 회계법인 소속 공인회계사의 수 및 전체 고용인원의 수 • PCAOB 업무에 대한 협조동의서; 회계법인 및 관계자에 대해 감사업무와 관련하여 취득한 정보를 제출하도록 요구하기 위함이며, 계속 등록의 유효조건으로 이에 동의한다는 진술서도 함께 제출하도록 함
등록절차	• 신청 접수일로부터 45일 이내에 다음 중 하나의 절차를 수행 - 등록승인 서면통보 - 중대한 오류 또는 미비점에 대한 추가정보 요청 - 불승인 사유를 기술하여 서면통지
수수료	• 감사대상 증권발행인 수에 따라 정해진 일정 수수료를 납부해야 함

PCAOB는 감사품질 지표로 감사인력(audit professionals), 감사과정(audit process), 감사결과(audit results)를 제시한다. 감사인력에 대한 감사품질 지표는 가용인력을 평가하기 위한 감사담당이사 당 감사 참여인원과 담당이사 및 감사참여자의 업무량, 인적 역량을 판단하기 위한 감사 참여자의 경험, 산업에 대한 전문성, 교체율 등이 있다. 감사과정에 대한 감사품질 지표에는 감사보수 및 노력, 독립성과 관련된 법규준수수준, 회계법인 내부의 심리 결과, 감독당국의 품질관리결과 등이 포함된다. 감사결과에 대한 감사품질 지표로는 재무제표 재작성의 빈도와 규모, 재무보고 품질측정치를 통한 감사품질 측정, 내부통제 취약점의 적시보고, 계속기업 문제점의 적시보고 등이 제시되어 있다. 이 중 대부분의 감사품질 지표를 감사인 등록 신청 시 감사인이 제출하는 자료로는 평가할 수 없다. 이는 감사품질 수준이 등록 여부를 결정하는 기준이 아님을 의미한다. 따라서 일정한 품질 요건을 충족해야 감사인 등록과 유지가 가능한 한국의 감사인 등록제와 달리, PCAOB의 회계법인 등록제도는 감독기관의 지속적인 관리와 감독을 받도록 하기위한 제도로 볼 수 있다. PCAOB

에 등록된 국내 회계법인 중에는 소속 회계사 40인 미만인 중소회계법인도 있어 감사인의 규모 등을 기준으로 등록을 제한하지 않는 것도 확인할 수 있다. 등록절차는 단순하지만 PCAOB는 강도 높은 사후조사를 통해 감사품질을 관리한다. 이는 물리적, 조직적 외형이 실질적인 감사품질을 보장하지 않는다는 인식을 보여준다.

결론적으로 PCAOB의 회계법인 등록제도는 감독기관의 지속적인 관리와 감독을 받도록 하기 위한 하나의 통과절차로서 등록 그 자체보다는 등록 이후 품질관리 감리를 위한 검사와 회계법인에 대한 지도·감독을 통하여 상장회사 등에 대한 감사품질을 제고하는 방향으로 제도를 운영하고 있다. 한편 일정한 품질 요건을 충족해야 감사인 등록과 유지가 가능한 한국의 감사인 등록제는 일정 수준 이상의 감사품질을 갖추지 못한 감사인이 상장회사 감사시장에 진입을 제한하는 일종의 허가제도의 성격으로 운영됨을 알 수 있다. 또한 등록 그 자체보다는 등록 이후 품질관리 감리를 위한 검사와 회계법인에 대한 지도·감독을 통하여 상장회사 등에 대한 감사품질을 제고하는 방향으로 제도를 운영하고 있는 PCAOB의 등록제도와는 그 성격과 목적에서 큰 차이가 있음을 알 수 있다.

그리고 등록절차와 관련하여 등록 신청한 회계법인의 권리를 보호하기 위한 장치를 마련하고 있다는 점도 유의할 필요가 있다. 보완자료의 요청 또는 청문절차에 대한 서면통지를 통하여 회계법인으로 하여금 보완자료를 제출하거나 청문절차에서 의견을 개진할 수 있는 기회를 제공하고 있으며, 등록신청 회계법인은 청문절차에 응하지 않고 곧바로 SEC에 PCAOB의 의사결정에 대한 검토를 요청할 수도 있다.

그리고 PCAOB는 홈페이지를 통하여 등록신청을 승인하지 않은 경우 그 사유를 공지해 줌으로써 등록신청을 고려하고 있는 법인에 사전적 가이드라인을 제시해주고 있다. 그 뿐만 아니라 등록신청과 관련된 질문이나 신청양식 작성에 관한 기술적인 문제에 대한 해설을 곁들인 Q&A를 제공하는 등 등록신청자와의 정보불균형을 해소하고, 신청자의 권익과 편의를 위한 도모하기 위한 보완장치는 우리나라에서 시급히 보완해야 할 과제 중의 하나이다.

(4) 상장법인 감사인 등록제도의 문제점

상장회사 감사인 등록제도는 일정 요건을 갖춘 감사인만이 상장법인 감사 및 지정감사인 업무를 수행할 수 있도록 한 것이며, 이의 핵심은 감사품질이 좋은 감사인을 선별해서 감사업무를 담당하도록 감사시장을 재편한다는 의미로 귀결된다. 즉, 양질의 감사서비스 결과

물을 얻기 위해서 회계법인 차원의 감사서비스 수행 과정에 대한 품질관리 시스템을 도입하고 운영할 것을 요구하는 것이다.

이 경우 개별 감사계약에 대한 감사품질을 직접적으로 측정하는 어려움 때문에 투자자 보호의 필요성이 상대적으로 큰 상장회사 등의 감사품질에 영향을 미칠 수 있는 회계법인 자체의 요소들을 등록요건으로 설정하게 된 것이다.

그러나 등록요건과 감사품질과의 연관성이 실증적으로 충분히 검증되지 않았고, 요건의 타당성에 대한 이해관계자의 합의는 물론 우리나라 감사시장의 현황도 충분히 반영되어 있지 않다. 더구나 품질관리기준서에 제시된 회계법인 품질관리시스템의 6개 요소와 등록요건으로 제시된 18개 항목과의 관련성을 나타낸 다음의 표에서 알 수 있듯이 논리적 연관성이 부족할 뿐만 아니라 그 균형이 맞지 않는다.

[표 11-4] 품질관리기준 주요 구성요소와 상장회사 감사인 등록요건과의 비교

품질관리기준 요소	상장회사 감사인 등록요건 중 관련 요건	관련성 정도
회계법인내 품질에 대한 리더십 책임 (Leadership Responsibilities)	• 통합관리체계의 구축 및 운영 • 지배구조의 건전성 및 의사결정의 투명성 요건 • 대표이사 경력기간 10년이상 • 이사성과평가시 감사업무 품질평가지표 비중을 70% 이상 유지 • 품질관리업무 담당조직의 담당자 수 요건	비교적 높음
윤리적 요구사항 (Ethical Requirements)	• 감사업무 수행이사 선정절차 및 방법의 공정성, 투명성, 합리성 • 독립성 점검 관리체계 구축 및 운영	낮 음
의뢰인 관계 및 특정 업무의 수용과 유지 (Acceptance & Continuance)	• 독립성 점검 관리체계 구축 및 운영	낮 음

인적자원 (Human Resources)	• 감사가능 등록회계사수 상시근무 40인 이상(지방 20인) 요건 • 품질관리업무 담당이사 경력기간 7년 이상 요건 • 품질관리업무 담당자 자격요건(경력 5년 이상 회계사) • 품질관리업무 담당자 평균연봉이 소속회계사 평균연봉 이상 • 이사성과평가시 감사업무 품질평가지표 비중을 70% 이상 유지 • 감사업무 수행이사 선정절차 및 방법의 공정성, 투명성, 합리성 • 품질관리담당이사와 품질관리업무 담당자는 품질관리업무만을 수행	높 음
업무의 수행 (Engagement Performance)	• 상장회사, 대형비상장회사 등 필수사전심리 요건 • 심리대상 범위, 방법, 절차, 심리담당자 자격요건, 권한 및 책임 규정화 • 심리결과의 문서화 : 감사의견에 영향을 미치는 중요사항에 대한 검토내용 • 감사업무 관련 정보(감사조서 등)의 관리체계 구축·운영 • 감사업무시간 관리체계 구축·운영	비교적 높음
모니터링 (Monitoring)	• 사후심리 : 감사업무 수행이사 중 30% 이상	낮 음

그리고 일부 품질관리요소에 대해서는 현행 상장회사 감사인 등록요건 중 이를 적절히 대표하는 지표가 없는 경우도 있다. 가령 '인력'과 '보상체계 요건'의 경우 품질관리기준의 인적자원 요소와 관련된 것으로 그 비중이 상당히 높은 반면, 윤리적 요구사항이나 의뢰인 관계 및 특정업무의 수용과 유지 등은 등록요건에 제대로 반영하지 못하고 있으며, 상대적으로 내부 품질관리 체계, 프로세스와 절차에 관련된 요건은 그 비중이 너무 작다.

그리고 현행 상장회사 감사인 등록요건의 체계는 인력, 물적설비 및 업무방법, 심리체계, 보상체계로 나누어져 있는데, 앞서 논의한 대로 인력과 보상체계는 서로 연결되어 있으며, 물적설비 및 업무방법은 서로 상이한 개념이 한 영역으로 묶여있는 문제가 있다. 그리고 심리체계에 대한 개별 요건은 인력, 업무방법에서 심리담당부서의 영역만 독립시켜 놓은 것으로 판단되며, 이러한 분류체계 역시 품질관리기준과 부합하지 않으며, 분류항목 내의 세부요건의 경중에 불균형이 존재하는 것을 알 수 있다.

또한 주사무소를 기준으로 40명(지방은 20명) 이상의 회계사를 보유해야 한다는 요건이 지나치게 까다롭다는 지적이 있다. 과거에도 일정 규모 이상의 회계사를 보유한 회계법인만 대기업을 감사하도록 하는 규정이 존재하였었다. 이는 회계법인이 일정 규모 이상이어야 회계사 개인의 능력에만 의존하지 않고, 회계법인 차원의 통합적인 관리와 감사품질 유지가 가능하기 때문이다. 형식적으로 회계사 숫자만 채우는 방식으로 진행된 과거 제도가 이번에 감사인 등록제를 통하여 부활한 것이다. 회계법인 차원의 통합적인 관리와 감사품질 유지를 위하여 일정 규모 이상의 회계사를 보유해야 하는 요건은 필요하며, 40명(지방은 20명) 기준은 적절하다고 생각된다.

밀접한 관련이 있는 상장법인 감사인 등록제와 감사인 지정, 품질관리감리가 따로 운영된다는 비판이 있다. 이러한 논란을 불식시키기 위하여 품질관리감리에서 높은 점수를 받은 회계법인이 유리하도록 품질관리감리 결과를 감사인 지정과 상장법인 감사인 등록에 반영하는 방안을 마련해야 한다.

마지막으로 등록을 하지 못한 중소형회계법인에게 지나치게 불리하다는 비판이 있다. 등록 여부가 낙인효과를 가져와 '우열반'처럼 인식되어 등록하지 못한 감사인은 '열반'으로 분류되어 비상장법인의 감사나 비감사용역도 하지 못하는 경우가 발생할 수 있다는 우려이다. 따라서 감사인 등록 여부는 감사인의 우열을 가리는 것이 아니라 '제품의 차별화'로 보는 인식이 필요하며, 비등록 회계법인을 위한 정책도 필요하다.

요약하면, '상장법인감사인등록제'가 정착될 수 있도록 등록요건의 재검토와 철저한 사후관리가 필요하다. 상장법인감사인등록제는 상장법인의 감사품질 제고를 위해 사전에 금융위원회에 등록한 회계법인에 한해서 상장법인감사인이 될 수 있도록 한 제도로서 2019년 11월 1일 이후 시작하는 사업연도부터 적용하고 있으며, 현재 40개 회계법인이 등록되어 있다. 상장법인감사인으로 등록하기 위해서는 40명 이상의 공인회계사 확보, 경영전반의 통합관리 체계 구축, 적절한 품질관리실 운용, 이사의 성과평가 시 70% 이상의 감사업무 품질평가지표 반영 등의 요건을 만족해야 한다. 그러나 상장법인감사인으로 등록한 일부 회계법인의 경우에는 외관상 · 형식적으로만 이를 준수하고 있다는 비판을 받고 있다. 상장법인감사인 등록요건이 실질적으로 운용되지 않는다면 이는 그 회계법인의 문제가 아니라 상장법인감사인등록제 자체의 문제로 이어질 수 있으므로 등록요건의 재검토와 철저한 사후관리가 필요하다.

4.3 표준감사시간제도

(1) 감사보수와 감사품질 저하

우리나라의 경우 미국과 같은 서구 자본시장과는 달리 감사인 선임시장이 구매자 중심의 시장(Buyer's market)이 형성되어 있다. 한국공인회계사회의 연구 결과에 따르면 2016년 기준 우리나라 코스피 상장 100대 기업 중 감사보수를 가장 많이 지불하는 곳은 삼성전자로 36억9,000만원을 지불한 것으로 조사됐다. 이어 KT 27억원, LG전자 20억3,600만원, 포스코 20억3,300만원, 대우건설 18억9,000만원 순이다. 미국의 6조원이상 상장기업의 감사보수 평균 162억9,000만원과 비교할 때 우리나라 최고 매출 기업인 삼성전자의 감사보수는 4분의 1에서 5분의 1 수준에 불과했다. 삼성전자의 2016년 매출액이 201조9,000억원이나 되고 감사 보수액이 가장 많은 기업인 것을 감안할 때 상당히 낮은 비용을 지불하는 것이다.

특히 매출액이 많은 기업일수록 한 · 미간 감사 보수 격차가 커 대기업일수록 국내 회계법인들이 제대로 감사비용을 받지 못한다는 지적도 나오고 있다. 한국공인회계사회의 2016년 조사에 의하면 미국의 매출액 1,200억원 미만 상장 기업의 감사보수는 4억5,500만원으로 한국의 5,700만원과 비교해 8배 많은 것으로 나타났다. 반면 매출액 6조원 이상 상장 기업의 감사보수 평균은 미국이 162억9,800만원인데 비해 한국은 7억3,800만원에 불과해 그 격차가 22.1배로 크게 벌어진 것으로 조사됐다. 또 최하위구간(매출액 1,200억원 미만)과 최상위구간(매출액 6조원 이상)의 기업간 매출액 차이가 최소 50배 이상임에도 우리나라 상장사의 두 구간 감사보수 차이는 12.9배에 그친 것으로 나타났다. 반면 미국의 경우 두 구간 감사보수 차이가 35.8배로 대체적으로 매출 규모에 상응해 감사보수가 증가한 것으로 나타나 대조를 보였다.

[표 11-5] 상장사 감사보수 비교 : 한국 vs 미국

매출액	상장사 감사보수(백만원)		
	미 국	우리나라	미국/우리나라(배)
1,200억 미만	455	57	8.0
1,200억원 ~ 6천억원 미만	887	85	10.5
6천억원 ~ 1조2천억원 미만	1,892	142	13.3
1조2천억원 ~ 6조원 미만	4,005	256	15.7
6조원 이상	16,298	738	22.1

회계감사는 주주의 경영에 대해 검증하는 측면이 강한데, 국내처럼 오너경영은 스스로 성과에 대해 검증하는 구조가 된다. 따라서 회계감사에 대한 보수 지출에 적극적이지 않다. 즉 대부분의 기업에서 최저가 낙찰로 감사인을 선임하여 감사보수가 낮아지다 보니 충분한 감사시간이 확보되지 않아 감사품질이 저하되는 문제점이 발생할 수 있다.

따라서 회계감사서비스 품질경쟁력을 높이기 위해서는 감사보수를 증가시킬 필요가 있

다. 감사보수는 다음과 같이 결정된다.

감사보수 = 감사시간당 단가 × 감사시간

따라서 감사보수를 증가시키려면 감사시간당 단가를 높여야 하는데 이는 가격담합의 소지가 있다고 보아 공정거래위원회의 규제를 받는다. 따라서 감사보수 확보를 통한 감사품질 제고를 위해 표준감사시간 제도가 도입되었다. 비록 감사위원회나 감사인선임위원회와 같은 지배기구에서 감사인을 선임하도록 하면서 동시에 감사계약을 체결할 때 감사인을 선임한 주체가 감사인의 감사보수와 감사시간, 감사에 필요한 인력에 관한 사항을 문서로 정하도록 하고 있지만, 위원회 멤버들의 독립성 이슈로 인해 감사인 선임과 감사보수가 지배주주의 이해관계와 독립적으로 진행될 거라 보기 힘든 부분이 있는 현실을 고려한 제도이다.

대규모 분식회계가 계속해서 발생하여 회계정보 신뢰 하락이 계속되고 있는데 저거 감사보수로 인한 감사원가 제약으로 인해 충분하지 않은 감사시간이 부실감사 원인으로 대두되었다. 실제로 해외 감사시간과 비교할 때 적은 감사시간(미국 20~41%, 일본의 37~83% 수준)이 확인된다.

[그림 11-5] 상장사 감사시간

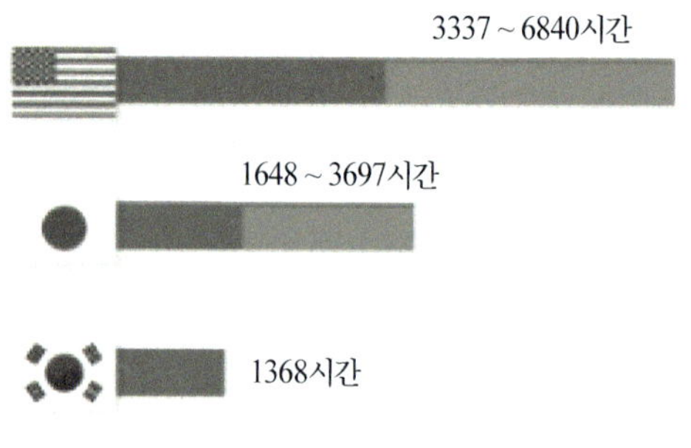

출처 : 금융감독원(2017)

(2) 표준감사시간제도의 도입

1) 배 경

표준감사시간은 '감사업무의 품질을 제고하고 투자자 등 이해관계인의 보호를 위하여 감사인이 투입하여야 할 감사시간'으로서 신(新)외부감사법에 도입되었으며, 한국공인회계사회가 제정하여 지난 2019년부터 시행되고 있다. 표준감사시간은 선진국에 비해 지나치게 적은 감사시간을 낮은 감사품질의 한 요인으로 보고 이를 개선하기 위하여 제정하였다. 표준감사시간은 외부감사인의 주기적 지정제와 함께 신(新) 외부감사법의 핵심제도이다.

회계감사의 품질은 '회계오류·부정을 발견할 수 있는 가능성(detect breach)'과 이를 '보고할 수 있는 가능성(report breach)'에 따라 결정되는데, 회계오류·부정을 발견할 수 있는 가능성은 감사인의 정당한 주의(due care)가 높아질수록 증가하고 발견된 회계오류·부정을 보고할 가능성은 감사인 독립성(independence)이 높아질수록 증가한다. 이 때 감사인의 낮은 독립성 문제를 해결하기 위해 주기적 지정제가 도입되고, 감사인의 due care를 강화하기 위해 표준감사시간제도가 도입되었다. 외부감사법 제16조의2 제1항에 따르면 한국공인회계사회는 감사업무의 품질을 제고하고 투자자 등 이해관계인의 보호를 위하여 감사인이 투입하여야 할 표준 감사시간을 정할 수 있다. 회계개혁에서 표준감사시간이 도입된 이유와 의미, 감사투입시간 증가를 위해 감독기관이 지금까지 기울여온 노력, 외부감사법 규정 등을 종합적으로 고려할 때, 표준감사시간은 감사인이 회계감사기준을 충실히 준수하고 감사품질을 제고하기 위해 감사시간을 충분히 투입하도록 하는 데 그 취지가 있다.

2) 표준감사시간의 정의와 산정 범위

"표준감사시간"이란 감사인이 회계감사기준을 충실히 준수하고 적정한 감사품질을 유지하기 위해 투입해야 하는 감사시간을 말한다. 표준감사시간은 감사업무(내부회계관리제도 검토 또는 감사(영문감사 제외), 업무 수임검토 등 부수업무 포함)와 분·반기검토를 수행하는 담당이사, 등록공인회계사, 수습공인회계사, 품질관리검토자, 전산감사 · 세무 · 가치평가 등 회계법인 내부 전문가의 투입시간을 포함한다. 외부감사법 제16조의2 제1항에서는 표준감사시간을"감사업무의 품질을 제고하고 투자자 등 이해관계인의 보호를 위하여 감사인이 투입하여야 할 표준 감사시간"이라고 명시하고 있다.

● 외부감사법 제16조의2(표준 감사시간)

> 제16조의2(표준 감사시간) ① 한국공인회계사회는 감사업무의 품질을 제고하고 투자자 등 이해관계인의 보호를 위하여 감사인이 투입하여야 할 표준 감사시간을 정할 수 있다. 이 경우 대통령령으로 정하는 절차에 따라 금융감독원 등 대통령령으로 정하는 이해관계자의 의견을 청취하고 이를 반영하여야 한다.

표준감사시간은 외부감사법에 따라 수행되는 재무제표감사와 내부회계관리제도검토 또는 감사에 투입되는 시간으로 구성되며, 자본시장법에 따라 수행되는 분 · 반기검토시간을 포함한다.

이 때 감사업무 수임 검토, 품질관리검토에 투입하는 시간과 전산감사 · 세무 · 가치평가 등 감사인측 전문가(내부전문가에 한정함)가 투입하는 시간을 포함한다. 영문감사보고서 등 외국어감사보고서 검토에 소요되는 시간은 제외한다.

표준감사시간의 범위는 외부감사법과 외감규정에 따라 감사보고서에 첨부하여 공시하는 감사시간의 범위와 일치하는 것이 원칙이다. 다만, 전산감사·세무·가치평가 등을 수행하기 위해 회계법인 외부전문가를 활용하는 시간은 표준감사시간 범위에서 제외하였다. 외감규정에서는 외부전문가 활용시간도 포함하여 공시하도록 한다.

● 외부감사법 제18조(감사보고서의 작성)

제18조(감사보고서의 작성) ① 감사인은 감사결과를 기술(記述)한 감사보고서를 작성하여야 한다. ② 제1항의 감사보고서에는 감사범위, 감사의견과 이해관계인의 합리적 의사결정에 유용한 정보가 포함되어야 한다. ③ 감사인은 감사보고서에 회사가 작성한 재무제표와 대통령령으로 정하는 바에 따라 외부감사 참여 인원수, 감사내용 및 소요시간 등 외부감사 실시내용을 적은 서류를 첨부하여야 한다.

(3) 표준감사시간제도의 개정

1) 개정 내용

외부감사법 제 16조 2항에 따라서, 한국공인회계사회는 3년마다 감사환경 변화 등을 고려하여 표준감사시간의 타당성 여부를 검토하여 이를 반영하고 그 결과를 공개해야 한다. 2019년 표준감사시간이 도입된 이후로 2022년이 시행 3년이 되는 해이므로 신(新)외부감사법의 핵심 제도로 꼽히는 표준감사시간제가 도입 3년 만에 개정되었다.

● 외부감사법 제16조의2(표준 감사시간)

제16조의2(표준 감사시간) ② 한국공인회계사회는 3년마다 감사환경 변화 등을 고려하여 제1항에서 정한 표준 감사시간의 타당성 여부를 검토하여 이를 반영하고 그 결과를 공개하여야 한다.

표준감사시간과 관련하여 그동안 여러 비판이 존재해왔는데 이를 반영하여 표준감사시간 제도를 개정하였다.

첫째, 그간 기업들이 주요 애로사항으로 꼽았던 내부회계관리제도 감사 가산율이 사라지는 것이 대표적이다. 중소회계법인의 경우 실질적인 내부회계제도가 존재하지도 않고 운영되지도 않는 사례가 많았다. 회계 전문가는 고사하고 전사적자원관리시스템(ERP)도 제대로 갖추지 못한 곳이 많기 때문이다. 특히 내부회계관리제도 감사 시 30~40%의 표준감사시간을 기계적으로 더하도록 규정하면서 이런 가산율 산정 근거에 대한 반발이 제기됐다. 이번 개정 과정에서 가산율을 없애기로 협의한 배경이다.

둘째, 표준감사시간에 적용된 업종 분류가 6개(제조업, 서비스업, 건설업, 금융업, 도소매업, 기타)로 너무 단순하여 산업특성을 고려하지 못한다는 지적이 있었으나 '업종별 구분'은 그대로 유지하기로 했다. 전통적인 제조업과는 달리 인터넷 관련 업종의 경우는 자산은 적으나 매출액은 많으므로 표준감사시간 계산 시 기업규모가 왜곡된다는 비판도 있다. 그러나 완벽한 산업분류는 있을 수 없다. 예를 들어 같은 산업에 속하는 삼성전자와 LG전자도 엄밀하게 말하면 같은 산업으로 분류하기 어렵다. 삼성전자와 LG전자는 사업부의 구성과 성격이 상이하므로 같은 산업에 속한다고 보기 어렵다. 산업분류를 세분화할수록 하나의 산업에 포함되는 기업수가 감소하여 추정이 어려운 문제도 존재한다.

셋째, 표준감사시간 가감요인은 상장사와 코넥스 및 비상장사로 통합되고 간소화된다. 현행법은 그룹 1부터 그룹 10까지 그룹별로 가감요인과 가감율을 다르게 적용하고 있는데, 개정안은 가감요인과 가감율을 상장사(그룹1~그룹6)와 코넥스 및 비상장사(그룹7~그룹10)의 두가지로 통합하고 동일하게 적용해 표준감사시간 산정시 혼란을 방지하도록 했다.

넷째, 2023년부터 유한회사에 표준감사시간이 도입된다. 현행법은 유한회사에 대한 규정이 없는데, 주식회사 등의 외부감사에 관한 법률 개정에 따라 유한회사도 내년부터 비상장사에 포함돼 표준감사시간을 적용 받는다.

다섯째, 표준감사시간 제도가 안정되고 있으므로 2022년부터는 기존의 표준감사시간의 상한과 하한 규정을 삭제하고, 표준감사시간 도입 이전 사업연도보다 감사시간이 감소하는 것을 방지하는 규정을 반영하였다.

2) 표준감사시간 산정 방안

a) 개 요

표준감사시간은 상장여부, 회사의 규모, 사업 복잡성, 감사위원회 등 지배기구의 역할 수준, 내부회계관리제도의 구성, 감사인특성 등을 고려하여 다음 그룹구분에 따라 산정한다.

[표 11-6] 그룹별 시행시기와 표준감사시간 적용률

그 룹	기준 (개별자산)	시행방안	2019	2020	2021	2022
그룹1	2조원 이상 (연결규모 5조원 이상)	2019 시행	100%	100%	100%	100%
그룹2	2조원 이상 상장사	2019 시행	100%	100%	100%	100%
그룹3	5천억원 이상 2조원 미만 상장사	2019 시행 단계적 적용	85% 이상	90% 이상	95% 이상	95% 이상
그룹4	1천억원 이상 5천억원 미만 상장사	2019 시행 단계적 적용	85% 이상	90% 이상	95% 이상	95% 이상
그룹5	5백억원 이상 1천억원 미만 상장사	2019 시행 단계적 적용	80% 이상	85% 이상	90% 이상	90% 이상
그룹6	5백억원 미만 상장사	2019 시행 단계적 적용	80% 이상	85% 이상	90% 이상	90% 이상
그룹7	코넥스, 사업보고서 제출대상	2019 시행 단계적 적용	70% 이상	80% 이상	90% 이상	90% 이상
그룹8	1천억원 이상 비상장사	2019 시행 단계적 적용	70% 이상	80% 이상	90% 이상	90% 이상
그룹9	5백억원 이상 1천억원 미만 비상장사	2020 시행 단계적 적용	유 예	70% 이상	80% 이상	80% 이상
그룹10	2백억원 이상 5백억원 미만 비상장사	2021 시행 단계적 적용	유 예	유 예	70% 이상	70% 이상

그룹 1부터 그룹 10의 표준감사시간은 '그룹별 표준감사시간표 등에 기초한 산정결과'에 개별 감사팀의 '숙련도조정계수'를 곱하여 산정한다.

> 표준감사시간 = 그룹별 표준감사시간표 등에 기초한 산정결과 × 숙련도조정계수(개별감사팀단위)

b) 그룹별 표준감사시간표 등에 기초한 산징결과

'그룹별 표준감사시간표 등에 기초한 산정결과'는 그룹별 표준감사시간표와 가감요인을 고려하여 산정한다.

예컨대 그룹1의 표준감사시간표는 다음과 같다.

[표 11-7] 표준감사시간표

기업규모	제조업	서비스업	건설업	금융업	도소매업	기 타
5조	3,770	4,300	5,280	2,460	3,410	2,320
10조	5,110	5,820	7,150	3,330	4,620	3,150
20조	6,930	7,890	9,690	4,520	6,260	4,270
50조	10,360	11,790	14,480	6,750	9,360	6,380
100조	14,040	15,980	19,630	9,150	12,690	8,640
200조	19,030	21,660	26,600	12,400	17,200	11,720
300조	22,730	25,880	31,780	14,820	20,540	14,000

위 표준감사시간표에 가감요인에 따른 내용을 고려하여야 한다. 이 때 가감요인과 가감율을 상장사(그룹1 ~ 그룹6)와 코넥스 및 비상장사(그룹7 ~ 그룹10)의 두 가지로 통합하고 동일하게 적용하여야 한다.

[별표 1~10] 그룹 1~10 표준감사시간표 및 가감요인

1) 상장사(그룹 1 ~ 그룹 6)

① 연결자회사수

자회사수	10개 이하	11개 ~ 50개	51개 ~ 100개	100개 초과
가산율	10% ~ 40%	70% 이하	100% 이하	145% 이하

② 위험계정비중 : 자산총액 대비 [매출채권(금융업의 경우 대출채권) + 재고자산]의 비중

비 중	55% 이하	90% 이하	90% 이상
가산율	5% ~ 10%	10% ~ 15%	15% ~ 20%

③ 금융지주사 : 금융지주사는 25% ~ 60% 범위내에서 차감
④ 비금융지주사 : 비금융지주사는 25% ~ 55% 범위내에서 차감
⑤ 미국상장(미국 뉴욕증권거래소 또는 나스닥 상장사와 그 종속회사) 40% 가산
⑥ 초도감사 : 해당 회사 또는 동일업종 감사경험을 고려하여 5% ~ 20% 범위 내에서 가산
⑦ 당기순손실 : 당기순손실은 5% ~ 30% 범위내에서 가산
⑧ 비적정의견 : 적정의견이 아닌 경우 45% 이내에서 가산
⑨ 분기검토 : 분기검토를 임의로 수행하는 경우 70% 가산 (그룹1 ~ 그룹3제외)

> [참고] 제5조 7항에 따라 표준감사시간을 기초로 회사 개별특성 및 고유환경 등을 고려하여 최종 감사예정투입시간을 조정하여 산정

2) 코넥스 및 비상장사(그룹 7 ~ 그룹 10)

① 연결자회사수

자회사수	10개 이하	11개 ~ 50개	51개 ~ 100개	100개 초과
가산율	15% ~ 35%	60% 이하	80% 이하	110 이하

② 위험계정비중 : 자산총액 대비 [매출채권(금융업의 경우 대출채권) + 재고자산]의 비중

비 중	55% 이하	90% 이하	90% 이상
가산율	2% ~ 15%	15% ~ 30%	30% ~ 35%

③ 초도감사 : 해당 회사 또는 동일업종 감사경험을 고려하여 10% ~ 15% 범위 내에서 가산

④ 당기순손실 : 당기순손실은 2% ~ 20% 범위 내에서 가산

⑤ 비적정의견 : 적정의견이 아닌 경우 45% 이내에서 가산

⑥ 반기검토 : 반기검토를 임의로 수행하는 경우 35%(그룹7), 55% 가산

⑦ 분기검토 : 분기검토를 임의로 수행하는 경우 70% 가산(그룹7)

⑧ IFRS : IFRS 적용하는 경우 10% ~ 20% 범위내에서 가산

⑨ 지주사 : 지주사인 경우 30% ~ 50% 범위내에서 가산

> [참고] 제5조 7항에 따라 표준감사시간을 기초로 회사 개별특성 및 고유환경 등을 고려하여 최종 감사예정투입시간을 조정하여 산정

c) 숙련도 조정계수

"숙련도조정계수"란 기준숙련도에 기초하여 산정된 표준감사시간을 개별 감사팀의 감사인숙련도에 맞게 증가 또는 감소시키기 위해 적용하는 조정계수를 말하며, 기준숙련도를 감사인숙련도로 나누어 산출한다.

> 숙련도조정계수 = 기준숙련도 / 감사인숙련도(개별감사팀단위)

"기준숙련도"란 표준감사시간 산정의 기준이 되는 평균적인 감사인숙련도를 말한다.

감사인숙련도"란 담당이사, 등록회계사, 수습회계사, 품질관리검토자, 세무 · 전산 · 평가 등 회계법인 내부 전문가로 구성된 감사팀의 팀단위 숙련도를 말한다. 개별 감사팀의 감사

인숙련도는 감사팀원의 경력별가중치를 감사팀원의 감사투입시간 비중으로 가중평균하여 산정한다.

$$감사인숙련도(개별감사팀단위) = \sum_{i}^{n} 경력별가중치\ i \times 감사시간투입비율\ i$$

d) 개별 기업의 표준감사시간 산정순서

① 회사에 맞는 그룹 구분 확인

↓

② 규모 · 업종 · 가감요인에 따른 표준감사시간 산출
(표준감사시간표와 가감요인 활용)
↓
그룹별 단계적 적용을 고려

↓

③ 감사인숙련도 · 숙련도조정계수 산출 및 적용

↓

④ 표준감사시간 하한적용

↓

⑤ 내부회계관리제도감사 표준감사시간 가산

↓

최종 표준감사시간

e) 표준감사시간 산정 사례

Case 1

그룹 1 표준감사시간 산정 사례

(가정) - 회사 B는 서비스업을 영위하는 상장사임
- 직전사업연도 개별자산총액은 4조원임
- 연결기준 자산총액은 12조원이고 매출액은 8조원임
- 연결재무제표를 작성하며 연결재무제표 작성대상 종속회사 수는 25개임
- 위험계정비중은 30%이고 비금융지주사에 해당하며 미국상장사는 아님
- 초도감사가 아닌 계속감사에 해당하고 종속회사 감사인은 동일감사인이 아님

표준감사시간표와 가감요인에 따른 회사 B의 표준감사시간 :
① 그룹구분 : 그룹1
- 상장사
- 직전사업연도 개별자산총액이 2조원 이상
- 연결기준기업규모(자산 · 매출 단순평균) = (12조 + 8조) / 2 = 10조 → 5조원 이상

② 표준감사시간표상 시간 : 5,820시간(서비스업, 기업규모 10조)

③ 회사 B에 적용되는 가감요인 고려 : 4,235시간
- 25개의 자회사를 가지므로 가산율 54%를 적용함
- 위험계정비중이 30%이므로 가산율 5%를 적용함
- 비금융지주사에 해당하므로 차감률 55%를 적용함

→ 5,820시간 × (1 + 54%) × (1 + 5%) × (1 − 55%) = 4,235시간

Case 2

그룹 2 표준감사시간 산정 사례

(가정) - 회사 B는 제조업을 영위하는 상장사임
- 직전사업연도 개별자산총액은 4조원임
- 연결기준 자산총액은 5조원이고 매출액은 1조원임
- 연결재무제표를 작성하며 연결재무제표 작성대상 종속회사 수는 3개임
- 위험계정비중은 45%이고 비금융지주사에 해당함
- 당기에 순이익이 보고될 것으로 예상되며 적정의견을 표명할 수 있을 것으로 예상됨
- 초도감사가 아닌 계속감사에 해당하며, 종속회사 감사인은 동일감사인이 아님

표준감사시간표와 가감요인에 따른 회사 B의 표준감사시간 :
① 그룹구분 : 그룹2
- 상장사
- 직전사업연도 개별자산총액이 2조원 이상
- 연결기준기업규모(자산 · 매출 단순평균) = (5조 + 1조) / 2 = 3조 → 5조원 미만

② 표준감사시간표상 시간 : 3,500시간(제조업, 기업규모 3조)

③ 회사 B에 적용되는 가감요인 고려 : 3,638시간
- 연결재무제표를 작성하고 3개의 자회사를 가지므로 가산율 32%를 적용함
- 위험계정비중이 45%이므로 가산율 5%를 적용함
- 지주사에 해당하므로 차감률 25%를 적용함

→ 3,500시간 × (1 + 32%) × (1 + 5%) × (1 − 25%) = 3,638시간

Case 3

그룹 3 표준감사시간 산정 사례

(가정) - 회사 B는 건설업을 영위하는 상장사
- 직전사업연도 개별자산총액은 1조원임
- 연결기준 자산총액은 2조원이고 매출액은 1조원임
- 연결재무제표를 작성하며 연결재무제표 작성대상 종속회사 수는 10개임
- 위험계정비중은 55%이고 지주사에 해당하지 않음
- 당기에 순이익이 보고될 것으로 예상되며 적정의견을 표명할 수 있을 것으로 예상됨
- 초도감사가 아닌 계속감사에 해당하며, 종속회사 감사인은 동일감사인이 아님

표준감사시간표와 가감요인에 따른 회사 B의 표준감사시간 :

① 그룹구분 : 그룹3
- 상장사
- 직전사업연도 개별자산총액 : 1조원 → 5천억원 이상 2조원 미만

② 표준감사시간표상 시간: 2,970시간(건설업, 기업규모 1.5조)
* 연결기준기업규모(자산과 매출의 단순평균) = (2조 + 1조) / 2 = 1조5천억

③ 회사 B에 적용되는 가감요인 고려 : 4,290시간
- 10개의 자회사를 가지므로 가산율 35%를 적용함
- 위험계정비중이 55%이므로 가산율 7%를 적용함

→ 2,970시간 × (1 + 35%) × (1 + 7%) = 4,290시간

Case 4

그룹 4 표준감사시간 산정 사례

(가정) 회사 B는 금융업을 영위하는 상장사
- 직전사업연도 개별자산총액은 3천억원임
- 연결기준 자산총액은 5천억원이고 매출액은 3천억원임
- 연결재무제표를 작성하며 연결재무제표 작성대상 종속회사 수는 3개임
- 위험계정비중은 55%이고 지주사에 해당하지 않음
- 당기에 순이익이 보고될 것으로 예상되며 적정의견을 표명할 수 있을 것으로 예상됨
- 초도감사가 아닌 계속감사에 해당하며, 종속회사 감사인은 동일감사인이 아님
- 표준감사시간표와 가감요인에 따른 회사 B의 표준감사시간

표준감사시간표와 가감요인에 따른 회사 B의 표준감사시간 :

① 그룹구분 : 그룹4
- 상장사
- 직전사업연도 개별자산총액 : 3천억원 → 1천억원 이상 5천억원 미만

② 표준감사시간표상 시간 : 980시간 (금융업, 기업규모 4,000억원)

* 연결기준기업규모(자산과 매출의 단순평균) = (5천억 + 3천억) / 2 = 4,000억원

③ 회사 B에 적용되는 가감요인 고려 : 1,294시간

- 3개의 자회사를 가지므로 가산율 20%를 적용함
- 위험계정비중이 55%이므로 가산율 10%를 적용함

→ 980시간 × (1 + 20%) × (1 + 10%) = 1,294시간

Chapter 11 생각해 볼 문제

(1) 감사품질을 어떻게 정의할 수 있을까?

감사품질(audit quality)이란 감사인이 전문가적 적격성을 발휘하여 재무제표의 중요왜곡표시를 발견(전문성)하여 이를 감사보고서에 적절히 반영(독립성)하는 수준을 의미하므로, 감사품질을 결정하는 두 가지 요소는 감사인의 전문성과 독립성이다. 이 두가지가 전부 만족되어야 감사품질이 유지된다.

만일 감사인이 전문성만 갖춘 경우, 감사인은 전문성을 발휘하여 재무제표 상의 중요왜곡표시를 발견한다 해도 독립성이 없기 때문에 피감사회사와 결탁되어 재무제표 상의 중요왜곡표시가 재무제표에 미치는 영향을 감사의견에 제대로 반영하지 않고 누락할 수 있다. 반면에 감사인이 독립성만 갖춘 경우, 감사인은 재무제표 상의 중요왜곡표시를 발견할 수 있는 능력이 부족하기 때문에 재무제표 상의 중요왜곡표시가 재무제표에 미치는 영향을 감사의견에 제대로 반영하지 못할 수 있다. 따라서 감사품질은 감사인의 전문성과 독립성의 결합확률로 보게 된다.

(2) 감사인과 외부 감독기관에 의한 감사품질 관리 체계는 어떻게 운용되나?

감사품질 관리 체계는 감사인 자체적인 자율적 품질관리와 감독기관에 의한 품질관리로 나눌 수 있다.

회계법인은 품질관리부서(심리실)를 만들어서 감사품질을 향상시키기 위하여 법인 차원의 품질관리 정책 및 절차를 만들고 이를 개별감사 수행시 적용하도록 하고 있다. 즉 모든 회계법인의 감사보고서는 회계법인 자체적인 품질관리부서인 심리실을 거쳐 외부에 공시된다.

외부의 감독기관(증권선물위원회)에 의한 품질관리는 감리라고 하며 감리에는 ① 재무제표 심사와 감리와 ② 품질관리감리가 있다. 재무제표 심사와 감리는 '재무제표 심사'와 '감리'로 구성된다. 이 때 재무제표 심사는 회사의 재무제표 등에 회계처리기준 위반이 있는지 검토하여 발견된 특이사항에 대한 회사의 소명을 들은 후, 회계처리기준 위반이 있다고 판단되는 경우 재무제표의 수정을 권고하는 업무이다. 감리는 회사의 재무제표 및 감사인의 감사보고서에 대하여 회계처리기준 및 회계감사기준의 준수 여부를 확인하고, 위반사항이 발견된 경우 책임소재를 규명하여 일정한 제재조치 등을 하는 업무이다. 재무제표 심사 후 감리 대상으로 분류되거나, 혐의가 구체적이거나 중대한 경우 즉시 감리를 실시한다. 반면에 품질관리감리란 감독기관이 감사인의 감사품질 관리 시스템을 조사하는 것이다.

감리를 수행하는 감독기관은 증권선물위원회이다. 다만 일부는 한국공인회계사회에 위탁하여 실시하고 있다. 감사보고서감리의 경우 증권선물위원회는 주권상장법인에 대한 감리를 직접 실시하되 비상장법인에 대해서는 한국공인회계사회에 위탁하여 감리를 실시하고 있다. 품질관리감리의 경우 감사인의 증권선물위원회는 대규모 감사인에 대한 감리를 직접 실시하되 소규모 감사인에 대해서는 한국공인회계사회에 위탁하여 감리를 실시하고 있다.

(3) 감사품질을 제고하기 위한 제도에는 어떤 것들이 존재하는가?

감사품질(audit quality)이란 감사인이 전문가적 적격성을 발휘하여 재무제표의 중요왜곡표시를 발견(전문성)하여 이를 감사보고서에 적절히 반영(독립성)하는 수준을 의미하므로, 감사품질을 결정하는 두 가지 요소는 감사인의 전문성과 독립성이다.

따라서 감사품질을 제고하려면 전문가적 적격성(Capability)과 독립성(Independence)을 제고해야 한다. 이는 다음과 같이 정리할 수 있다.

전문가적 적격성(Capability) 제고방안	독립성(Independence) 제고방안
• 감사인 지식(Knowledge)제고방안 : 상장법인 감사인 등록제도 • 정당한 주의의무(Due Care) 강화 방안 : 표준감사시간제도	• 감사인 지정제도 • 공인회계사법 상 직무제한 규정 • 외부감사법 상 업무제한 규정 • 감사인 선임절차 규제

참고문헌

- ▶ K-IFRS 재무보고를 위한 개념체계
- ▶ 증권법연구 제22권 제2호 (2021) 남궁주현 '자본시장법상 회계감사인의 손해배상책임: 증권의 유통시장을 중심으로'
- ▶ 월간공인회계사 (2022.10), VOL 353, 이소은 '감사인의 제3자에 대한 손해배상책임' 기고문
- ▶ 중앙법학 제23집 제1호 (2021년 3월), 조상규 '개정 외부감사법에 따른 회계법인 대표이사 및 품질관리업무 담당이사의 책임제한과 면책조항의 필요성'
- ▶ 회계 · 세무와 감사 연구 제62권 제3호(통권 제84호(2020년 9월)), 황인태, 강선민, 이미주 '상장법인 감사인 등록요건과 감사품질에 관한 인식조사'
- ▶ 회계와 정책연구 25권 4호(2020), 정영기, 이영한 '상장회사 감사인 등록제의 해외사례 비교연구'
- ▶ 한국공인회계사회 사이버연수원, 송광혁, 'IPE 및 EUC'
- ▶ 금융감독원 보도자료 2021.1.29.(금) '내부회계관리제도 외부감사의 원활한 정착 지원을 위한 적용 사례 마련'
- ▶ 금융감독원 보도자료 2021.9.24.(금) '2020회계연도 상장법인 내부회계관리제도 감사의견 분석 및 시사점'
- ▶ 회계저널 제31권 제5호 (2022) 신일항, 윤인경 'IPE 신뢰성 확보를 위한 내부회계관리제도 설계 및 운영에 대한 사례 연구'
- ▶ 내부회계관리제도모범규준
- ▶ 내부회계관리제도운영위원회, 내부회계관리제도 설계 및 운영 적용사례(2019.12.3)
- ▶ 금융감독원 보도자료 2019.12.26.(목) '「회계부정 조사 관련 가이드라인」을 마련하였습니다.'
- ▶ 금융감독원 회계관리국, '감사인 지정제도 설명회'자료
- ▶ 금융감독원 기업회계팀, 2022.07 '감사인 지정제도 보완방안'자료
- ▶ 감사인지정 점수 산정방식(제14조제8항제4호나목 관련) 별표3
- ▶ 한국공인회계사회 보도자료 2021.12.21.(화) '기업의 요구사항을 대폭 반영한 표준감사시간 개정안 공고' 합리화 방안 자료
- ▶ 한국공인회계사회 2021.12.21 '표준감사시간 개정 공고문'
- ▶ 한국공인회계사회 2022.1.17 '표준감사시간 상세지침'
- ▶ 한국공인회계사회, 회계감사기준 국어전문(2022년 개정)
- ▶ 한국공인회계사회, 서비스조직의 통제에 대한 인증업무기준(2022년 개정)
- ▶ 한국공인회계사회, 역사적 재무정보에 대한 감사 및 검토 이외의 인증업무기준(2022년 개정)
- ▶ 한국공인회계사회, 인증업무 개념체계(2022년 개정)
- ▶ 금융위원회, 2022.10.6. '회계신뢰는 높이고, 기업부담은 낮추는 중소기업 회계부담 합리화 방안'

▶ 금융감독원, 2022.12. '알기쉬운 新 외부감사법 가이드 북'

▶ 한국공인회계사회, 품질관리기준서1 재무제표 감사와 검토, 그리고 기타 인증 및 관련 서비스 업무를 수행하는 회계법인의 품질관리(2018년 개정)

저자소개

저자 신 일 항

경 력 (현) 가천대학교 경영대학 부교수
한국윤리경영학회 부회장(ESG위원회 위원장)
한국공인회계사회 논문편집위원회 위원
인성메디칼 사외이사
(전) 한국회계정보학회 부회장(IT 회계혁신위원장)
한국윤리경영학회 상임이사(AI & Tech윤리위원회 위원장)
삼일회계법인, Senior Manager
삼정회계법인, Manager

학 력 연세대학교, 경영학 박사
연세대학교, 경영학 석사
연세대학교, 경제학 학사

자격증 공인회계사(K.I.C.P.A.) : 2001.11, 한국공인회계사회
공인내부감사사(C.I.A.) : 2004.10, The Institute of Internal Auditors
공인정보시스템감사사(C.I.S.A.) : 2004.10, Information Systems Audit and Control Association

저 서 경영학을 만나다 (한경사), 2022
알기쉬운 회계감사 (탐진), 2021
회계입문바이블 (탐진), 2021

논 문 Asia-Pacific Business Review / Asia-Pacific Journal of Accounting & Economics / 회계학연구 / 회계저널 / 회계와 감사연구 등 다수

회계감사 바이블

지 은 이 · 신 일 항

펴 낸 이 · 최 재 범

펴 낸 곳 · 도서출판 탐진

등록 1-996호(倫). 1990. 1. 12.

서울시 마포구 신수로 27-1

Tel. 715-1092 ~ 3 / Fax. 701-6391

E-mail. tamjin1990@hanmail.net / Homepage. www.tamjin.co.kr

저자와의 협의하에 인지를 생략함

2022. 12. 24. 초 판 발행

ISBN 978-89-5540-705-1 93320

정가 25,000원

이 저서는 2022년 가천대학교 교내연구비 지원에 의한 결과임(GCU-202205460001)

와타나베 전문가 치간세정요법

치주질환과 임플란트주위염 관리를 위한 숙주면역강화요법